„ März 94 für
„Ritual u. schön derte
Realität"   VO SS94
KREISER

Über den Verfasser

Richard Schechner, geb. 1934, ist Professor of Performance Studies an der Universität von New York; daneben mehrere Lehraufträge im In- und Ausland. 1967 gründete er die weithin bekannte ‹Performance Group›, der er bis 1980 als Regisseur auch vorstand. Seit 1983 leitete er zahlreiche Performance Workshops in Indien, Europa und den USA. Schechner ist Herausgeber der führenden amerikanischen Theaterzeitschrift ‹The Drama Review›.

Wichtigste Veröffentlichungen: Public Domain, 1968; Environmental Theatre, 1973; Theatres, Spaces, and Environments (with Brooks McNamara and Jerry Rojo), 1975; Essays on Performance Theory, 1977; The End of Humanism, 1982; Performative Circumstances, 1983; La Teoria della Performance, 1984; Between Theater and Anthropology, 1985; The Engleburt Stories: North to the Tropics (with Samuel MacIntosh-Schechner), 1987; Performance Theory (re. and exp. edition of Essays on Performance Theory), 1988.

Richard Schechner

Theater-Anthropologie
Spiel und Ritual
im Kulturvergleich

Aus dem Amerikanischen
von Susanne Winnacker

rowohlts enzyklopädie

rowohlts enzyklopädie

Herausgegeben von Burghard König

Redaktion Barbara Wenner
Mitarbeit Walter Ybema

Deutsche Erstausgabe
Veröffentlicht im Rowohlt Taschenbuch Verlag GmbH,
Reinbek bei Hamburg, August 1990
Copyright © 1990 by Rowohlt Taschenbuch Verlag GmbH,
Reinbek bei Hamburg
Mit freundlicher Genehmigung von Richard Schechner
Umschlaggestaltung Jens Kreitmeyer
(Vignette: Mudmen of Asaro)
Satz Sabon (Linotronic 500)
Gesamtherstellung Clausen & Bosse, Leck
Printed in Germany
2680-ISBN 3 499 55439 9

Inhalt

1 Formen der Annäherung zwischen anthropologischem und theatralischem Denken

Es mag den Praktikern und Theoretikern beider Disziplinen gefallen oder nicht: Es gibt bereits Berührungspunkte zwischen Anthropologie und Theater, und in der Zukunft werden diese sich mehren. Gegenwärtig berühren sich beide Bereiche noch selten; lediglich ein kleiner Teil der Anthropologie beschäftigt sich mit einem kleinen Ausschnitt des Theaters. Quantität ist allerdings nicht der einzige und bei weitem nicht der entscheidende Maßstab gedanklicher Produktivität, und die Vermischung beider Teile wird sich dennoch als fruchtbar erweisen.

Clifford Geertz schreibt: «In den letzten Jahren ist außerordentlich oft eine Vermischung der Genres in den Sozialwissenschaften zu verzeichnen, die mit einer Entwicklung im Leben der Intellektuellen überhaupt korrespondiert» (1980, S. 165). Weiterhin erklärt er, die «dramatische Analogie» sei eine Hauptströmung anthropologischen Denkens. Der Begriff der Analogie ist von Victor Turner einer besonders sorgfältigen Untersuchung unterzogen worden. Für Turner folgen soziale Konflikte einer dramatischen Struktur, die unterordnende ‹Als-ob›-Situationen verwendet. Seine Arbeit ergänzt die Forschungen Erving Goffmans, der auf einer Ebene von ‹Szene› und ‹Charakter› (im Sinne des von Stanislawski aufgestellten Postulats ‹wer ist oder behauptet wer zu sein›) in jeder alltäglichen Situation des Lebens Formen von Theater entdeckt.

Wo aber finden sich die Berührungspunkte auf der Seite der verschiedenen darstellenden Künste? Weil ich durch meine Arbeit als Theaterregisseur darüber ein wenig Bescheid weiß, werde ich mich auf diesen Aspekt konzentrieren.

Inwieweit sind sich zum Beispiel die Performer von Hirschtanz-Ritualen – die Jakuten in Arizona oder die koreanischen Schamanen, um nur zwei Gruppen zu nennen, über die ich authentische Informationen besitze – des künstlerischen Gehalts ihrer geheiligten Rituale bewußt? Welche Wirkungen gehen von den großen performativen Ereignissen wie dem Ramlila im Norden Indiens und den iranischen Ta'Ziyeh-Passionsspielen aus, die nicht ausschließlich und ohne weiteres dem Ritual, dem Theater oder dem politischen Ereignis zugerechnet werden können? Bleibt die Berührung einseitig oder ist sie ein wechselseitiger Vorgang? Einige Anthropologen, ihnen voran Victor Turner, begründeten eine «Aufführungsanthropologie» (Turner and Turner 1982), die im Theater, insbesondere von Peter Brook, Jerzy Grotowski und vor allem Eugenio Barba, aufgegriffen wurde. Sie entwickelten daraus etwas, wofür Barba heute selbst den Begriff «Theateranthropologie» verwendet (Barba 1985). Bevor ich mich aber diesen konkreten Beispielen zuwende, werde ich sechs solcher Berührungspunkte im einzelnen vorstellen.

Transformation des Seins und / oder des Bewußtseins

Die Performer selbst und manchmal auch die Zuschauer werden entweder dauerhaft wie durch Initiationsriten oder zeitweilig wie im ästhetischen Theater oder im Trancetanz durch den Akt der Aufführung verändert. Was bewirkt diese grundlegende Veränderung oder zeitweilige Ent-führung? Ist es ein Unterschied, ob Olivier den Othello gibt oder ein Nô-Spieler die Benkei-Maske vorführt oder etwa ein balinesischer Sanghyang-Tänzer in Trance gerät? Gibt es eine reale Differenz zwischen den verschiedenen Begriffen, die sich in den unterschiedlichen Kulturen zur Beschreibung dessen, was Darsteller tun, herausgebildet haben? Kann die Transformation des Bewußtseins während einer Aufführung auf der Ebene des Denkens erfahrbar gemacht werden?

Während ich im November 1981 das Hirschtanz-Ritual der Jakuten in Arizona verfolgte, verschmolz für mich die Figur, die ich sah, mit dem Mann, der aufführte, und dem Hirsch, den er aufführte. Oder als Frage formuliert, die einem Performer angemessener scheint: Führt das Überziehen der Hirschmaske nicht zu einem Zustand, der ‹Nicht-Mensch› und ‹Nicht-Hirsch› ist und also etwas zwischen beiden Liegendes bezeichnet. Der mit der Hirschmaske bedeckte Schädel erscheint als Hirsch. Unterhalb des weißen Stoffes erkennt man jedoch Augen, Nase und Mund des Menschen. Durch das weiße Tuch, das der Performer umlegt, wird die Unmöglichkeit der vollständigen Transformation in einen Hirsch deutlich. In den Momenten, in denen der Tänzer ‹nicht er selbst› und noch ‹nicht nicht er selbst› ist, läßt sich seine Identität nur im Grenzbereich von ‹Charakter›, ‹Repräsentation›, ‹Imitation›, ‹Ent-führung› oder ‹Transformation› lokalisieren. All diese Begriffe kreisen um die Unmöglichkeit für den Performer zu be-

Ein Hirschtänzer der Yaqui in New Pascua, Arizona
(Foto Richard Schechner)

stimmen, wer er ist. Die Menschen zeichnen sich von den Tieren durch die Fähigkeit aus, verschiedene Identitäten gleichzeitig nicht nur zu besitzen, sondern auch ausdrücken zu können.

Die Jakuten, die dem Hirschtanz zusehen, haben das Gefühl, einem Wesen aus der *huya aniya* («Blumenwelt»), der Welt der wilden, freien Lebewesen, zu begegnen, das nur für kurze Zeit in der Welt der Menschen erschienen ist. Dieses Wesen kann nicht eingefangen werden, es muß freiwillig hervorkommen. Der Unterschied zu dem, was die Balinesen empfinden, wenn ihre Götter und Geister ‹niedergehen›, um von den Tänzern in Trance Besitz zu ergreifen, ist gering. Um was für ein Konzept es sich auch handeln mag, die Konzentrationsübungen, mit denen die Performer sich auf die Aufführung vorbereiten, sind nahezu identisch für den Hirschtänzer und den balinesischen Trancetänzer oder für einen New Yorker Schauspieler. Sie bestehen aus präziser Beobachtung, Nachahmung, Korrektur und Wiederholung.

Gleichzeitig muß betont werden, daß ein ‹Außenstehender›, der den Hirschtanz erlernt, von den Jakuten gänzlich anders wahrgenommen wird als einer der Ihren, der den Hirschtanz aufführt. Das mexikanische Ballett Folklorico hat einen sogenannten «Hirschtanz» im Programm. Anselmo Valencia, der die Rituale der Jakuten in Arizona leitet, sagt über das Ballett Folklorico (1981, S. 4):

«*Valencia:* Die Mitglieder dieser Gruppe, die von überall her zusammengekommen waren, praktizierten die kulturell verschiedenartigsten Tanzformen aus ganz Mexiko. – Sie vertraten den Standpunkt, daß jedermann tanzen lernen kann, und so taten sie es einfach. Sie erarbeiteten eine sehr weitgefaßte Imitation des Hirschtanzes.

Frage: Was empfanden die Jakuten selbst, die das sahen und die gleichzeitig wußten, wie der Hirschtanz ursprünglich einmal gewesen war?

Valencia: Sie waren sehr, sehr entmutigt. Einer der jungen Hirschtänzer zum Beispiel, der zu der Zeit seinen Militärdienst ableistete, sah den Tanz in Mexiko. Er war sehr niedergeschlagen und sagte: ‹Weißt du, sie machen sich nur über die Jakuten lustig.› Ich antwortete ihm, er müsse lernen, es auf andere Weise, als ein Spiel zu betrachten. Für sie steckt nichts Religiöses mehr in dem Tanz, nichts Indianisches. Sie zeigen es für die nichtindianische Bevölkerung. Es ist keine Jakuten-Aufführung.

Frage: Gibt es Unterschiede zwischen der Darbietung des Ballett Folklorico und dem Tanz, wie wir ihn gestern gesehen haben?

Valencia: Alles ist anders. Der Hirschkopf ist anders, die Haltung beim Gehen ist anders. Es verletzt uns nicht, es frustriert uns. Unser Volk hat aufgehört, diesen Tanz zu tanzen. Es ist frustrierend, jemanden sagen zu hören: ‹Ich zeige etwas von den Jakuten›, obwohl die Jakuten wissen, daß es nicht wahr ist».

Valencia erzählte weiter von den Hirschgesängen, die aufgezeichnet und verkauft worden waren. Die alten Lieder «waren gut für viele hundert Jahre»; aber «das Aufzeichnen des Mythos nahm diesen Liedern jede spirituelle Kraft», und die Menschen hörten auf, sie zu singen.

«*Valencia:* Und wenn Hunderte von Liedern aufgezeichnet und verkauft würden, ich glaube, wir würden sie dann nicht mehr benutzen. Das ist keine Frage der ‹Originalität›. Man muß ein Jakute sein oder zumindest ein Indianer, um das Mysterium dieser Lieder zu begreifen – die Worte, den Zweck, den spirituellen Sinn, um zu verstehen, daß den Liedern die spirituelle Kraft genommen ist, wenn sie kommerzialisiert werden» (1981, S. 4–5).

Heute werden den Jakuten, hauptsächlich dank der Führung und Anleitung Valencias, die Lieder und Tänze zurückgegeben. Es ist wichtig festzustellen, daß diese Aufführungen über kein unabhängiges Leben verfügen: Sie bestehen nicht losgelöst von den Menschen, die sie sehen oder hören. Die zwingende Kraft solcher Aufführungen liegt in der Wechselbeziehung zwischen den Darstellern und dem genau bestimmbaren Personenkreis, für den die Aufführungen gemacht sind. Sind die Zuschauer nicht Indianer oder Jakuten, sondern normale Theaterkonsumenten, dann büßen die ‹spirituellen Kräfte› ihre Wirkung ein.

Die Transformation des Seins, aus der sich die Realität einer Aufführung zusammensetzt, manifestiert sich in allen möglichen Anachronismen und in seltsamen, scheinbar unvereinbaren Zusammenstellungen, die auf die Grenzbereiche dieser Aufführungen zur Theatervorstellung verweisen. Daß die Wassertrommel des Hirschtänzers in einem Metallkochtopf liegt, der direkt aus der Küche neben dem Tanzplatz stammt, ist kein Beleg für eine modernistische oder einfach nur originelle Lösung eines praktischen Problems (wofür Darsteller auf der ganzen Welt berühmt sind), sondern ein Beispiel für die transformative Verdoppelung einer Idee. Mit dem Kochtopf passiert dasselbe wie mit den Tänzern und Sängern: Der Topf hört nicht auf zu sein, was er ist, auch wenn er dazu benutzt wird, die Blumenwelt für den Hirschgesang heraufzubeschwören. Topf und Darsteller zusammen schaffen die Verbindung zweier Bereiche von Erfahrungen, den beiden Bereichen, um die es in den Aufführungen auf der Welt immer geht: den der gewöhnlichen Gegenstände und Personen, den bedingten Existenzen auf der einen Seite und den der transzendenten Existenzen, magischen Werkzeuge der Götter, Dämonen und Charaktere auf der anderen Seite. Der Darsteller hört nicht auf, er selbst zu sein, wenn er oder sie zu etwas anderem wird. Die Verschiedenheiten seines Selbst leben in ungelöster

Die Wassertrommel liegt auf der dazugehörigen Metallschüssel, daneben die Raspel und die Hirschmaske. (Foto Richard Schechner)

dialektischer Spannung zu gleicher Zeit in ihm fort. Gerade so, wie eine Marionette nicht aufhört, ‹tot› zu sein, wenn sie be-lebt wird, hört der Darsteller nicht auf, in einer bestimmten Weise zu existieren, wenn er von einem Gott besessen ist oder die Rolle der Ophelia spielt. Selbst bei Stanislawski, der einen systematischen Naturalismus vertritt, heißt er: «Verliere nie dich selbst auf der Bühne. Agiere immer mit deiner eigenen Person. Du kannst dir nicht selbst entfliehen. Der Augenblick, in dem du dich selbst auf der Bühne verlierst, markiert den Moment, in dem du das wahrhafte Leben in deiner Rolle verläßt und ein falsches übertriebenes Spiel beginnst» (1946, S. 167). Die Balinesen sagen, eine Person, die sich in Trance verletzt, hat nur getäuscht.

Die Schönheit von Präsenz auf der Bühne zeigt sich in den vielen Bedeutungsebenen, die gleichzeitig bewußt gemacht werden: Es geschieht sowohl ‹dies› als auch das ihm innewohnende ‹andere› während ein und desselben Bühnenvorgangs. Das alltägliche Leben erscheint den Menschen schicksalhaft: Die Möglichkeit zu sagen, ‹Halt, wir beginnen von vorn›, gibt es so gut wie nie. Aber die besondere Form der Bühnenpräsenz bietet diese Möglichkeit und ist selbst voller Alternativen. Solche Alternativen werden besonders in Probensituationen offengehalten; die Arbeit ist ihrer Intention entsprechend niemals festgelegt. Gerade die Zelebration zufälliger Zusammenhänge, dieses wenn auch zeitlich begrenzte Gebot über Leben, Tod und Schicksal kann als Beschreibung ritueller Performances dienen, vor allem wenn sie von alten Meistern durchgeführt werden, deren Improvisationsvermögen unbestritten ist.

Das gleiche Aufführungsprinzip erscheint im Nô-Theater; es wird sichtbar an der Maske des Darstellers, die sein Gesicht nicht vollständig bedeckt, sondern zu schmal ist, wenn als normal vorausgesetzt wird, daß eine Maske das ganze Gesicht zu bedecken habe. Im Nô sieht der Zuschauer unter der edlen weißen Maske der jungen Frau die festen dunklen Kinnladen des reifen männlichen Darstellers. Die extreme Formalisierung im Nô läßt keinen Zweifel daran aufkommen, daß diese doppelte Entblößung der Figur beabsichtigt ist. Warum aber bleibt das Gesicht des Hauptdarstellers zum Teil sichtbar, wenn dadurch die Illusion, die durch Maske und Kostüm entstehen könnte, zerstört wird? Wird also vielleicht das Vergnügen am Nô noch erhöht durch das Wissen um die unvollständige Verwandlung des Darstellers?

Seami, der im 15. Jahrhundert die Nô-Shite in Training und Darstellung einführte, betonte die dialektische Spannung zwischen *tai* (dem, was von der Vorstellungskraft wahrgenommen wird) und *yu* (dem, was vom Auge gesehen wird). Vor nicht allzu langer Zeit hat Tatsuro Ishiji die späteren Schriften Seamis, in denen diese Ideen ausgebreitet sind, untersucht.

«Seami definiert tai und yu nicht ausdrücklich in einem modernen Sinne, dennoch kann tai wie eine fundamentale Spielstruktur gesehen werden, die abhängig ist von der Haltung des Darstellers, und yu wie das Äußerliche, das optisch Sichtbare... Kopiert man es, wird tai zu yu. Die Kopie des yu ergibt ein verfälschtes tai, und man wird weder tai noch yu erreichen... Die Vorstellung von tai und yu erinnert an ein anderes Axiom über Schauspielerei, das sich in Seamis Kakyo findet: ‹Das Herz zu zehn (von zehn) Teilen, den Körper zu sieben Teilen bewegen›» (1982, S. 8–9).

Das Problem für den Schauspieler, daß viele Instruktionen, die zunächst wie einfache Anweisungen klingen, in der Praxis viel komplexer sind, betrifft euro-amerikanische und asiatische Traditionen gleichermaßen. Vom tai des Nô kann gesagt werden, daß es der Maske innewohnt, die zwar weithin sichtbar ist, aber den Schauspieler nicht vollständig bedeckt; das yu im Nô realisiert sich in den fleischigen Kinnladen, die zwar teilweise zu sehen sind, sich jedoch größtenteils unter der Maske versteckt befinden. Die Aufgabe des Shite liegt darin, das tai der Maske erscheinen zu lassen. Dazu reicht es nicht, die Maske einfach aufzusetzen oder den Versuch zu machen, sie aktiv zu beleben. Der Shite muß sich ihr unterwerfen, sich selbst hingeben und sein eigenes yu verlassen. Diese Art zu arbeiten unterscheidet sich nicht grundlegend von dem, was Grotowski – beeinflußt von asiatischen Formen, besonders dem Yoga und Kathakali – von seinen Schauspielern verlangte.

«Für den durchschnittlichen Schauspieler ist das Theater zuerst und vor allem *er selbst* und nicht, was er mittels seiner künstlerischen Technik zu erreichen imstande ist... Eine derartige Haltung erzeugt die Unverfrorenheit und Selbstzufriedenheit, die es ihm ermöglichen, Handlungen vorzuführen, die keine besonderen Kenntnisse erfordern, banale Gemeinplätze... der Schauspieler, der einen Akt der Selbstdurchdringung unternimmt, der sich offenbart und sein Allerinnerstes opfert – das Schmerzlichste, das, was nicht für die Augen der Welt bestimmt ist –, muß in der Lage sein, den geringsten Impuls zu manifestieren. Er muß durch Laute und Gesten imstande sein, jene Impulse auszudrücken, die auf der Grenze zwischen Traum und Wirklichkeit flimmern» (1986, S. 22, 27).

Grotowski und auch Seami verlangen von ihren Schauspielern jahrelanges Training. Die Erlangung des tai entspricht dem, was Grotowski ‹das Opfer des allerinnersten Teils seiner selbst› nennt.

In beiden Fällen durchlebt der Schauspieler grundlegende, oft dauerhafte Veränderungen seines Bewußtseins. Mit Blick auf die Situation der amerikanischen Kultur des späten 20. Jahrhunderts muß allerdings darauf hingewiesen werden, daß die Lehre Seamis seit vierhundert Jahren existiert und jeweils vom Vater an den Sohn weitergegeben wurde durch viele Nô-Shite-Familien hindurch, während Grotowskis Phase des «Armen Theaters» gerade zehn Jahre bis 1969 andauerte, in denen so wundervolle Produktionen entstanden sind wie *Der standhafte Prinz, Akropolis* und *Apocalypsis cum Figuris*. Möglicherweise konnte Grotowski auf seinem Weg nicht weiter voranschreiten, weil das persönliche Bewußtsein, das er weckte, aber auch von jedem verlangte, auf Dauer zu anspruchsvoll war und weil sein strenges Trainingssystem sich mit dem euro-amerikanischen Individualismus und Narzißmus als unvereinbar erwies.

Wie Grotowski und Seami unterstreicht auch Brecht die kreativen Möglichkeiten, die in der unvollständigen und ständig sich problematisierenden Transformation liegen, der sich der Schauspieler unterzieht.

«In keinem Augenblick läßt er es zur restlosen Verwandlung in die Figur kommen. Ein Urteil: ‹er spielt den Lear nicht, er war Lear›, wäre für ihn vernichtend. Er hat seine Figur lediglich zu zeigen oder, besser gesagt, nicht nur lediglich zu erleben; dies bedeutet nicht, daß er, wenn er leidenschaftliche Leute gestaltet, selber kalt sein muß. Nur sollten seine eigenen Gefühle nicht grundsätzlich die seiner Figur sein, damit auch die des Publikums nicht grundsätzlich die der Figur werden. Das Publikum muß da völlige Freiheit haben» (Bredt, 1967, S. 683).

Die Distanz zwischen Darsteller und dargestellter Person schafft Raum für den Kommentar. Bei Brecht war es meist ein politischer, aber es könnte auch ein ästhetischer oder persönlicher Kommentar sein – wie bei vielen postmodernen Tänzern und Performance-Künstlern. Brecht fand für die Praxis seiner Schauspieler ein Vorbild im chinesischen Theater. Über die Schwierigkeiten der europäischen Schauspieler, allabendlich in ihre Rollen zu schlüpfen und darin aufzugehen, sagt er: «Der chinesische Artist kennt diese Schwierigkeiten nicht, er verzichtet auf die restlose Verwandlung. Von vornehrein beschränkt er sich darauf, die darzustellende Figur lediglich zu zitieren. Aber mit welcher Kunst tut er das!» (1967, S. 623).

Wie andere Meister der Darstellung und der Regie betont also auch Brecht die Notwendigkeit von Schauspieltechniken, einer Schauspielkunst, in der die Transformation des Bewußtseins nicht nur absichtlich unvollständig ist, sondern sich in seiner Unvollständigkeit dem Zuschauer offenbart, der sich dann dieser ungelösten Dialektik erfreuen soll.

Es ist indessen überflüssig zu erwähnen, daß es nicht nur diese Art der Schauspieltechnik gibt. Stanislawskis Arbeit und vor allem die Weise, in der in Amerika mit ihr umgegangen wird, soll die Basis für einen Naturalismus schaffen, der jede Form von Künstlichkeit untergraben will. Dieser Stil behauptet sich im amerikanischen Film und im Fernsehen, und auf amerikanischen Bühnen ist er zumindest vertreten. Vielerorts wird mit Hilfe von Trance, Gesichts- und Körpermasken oder anderer Aufführungstechniken eine vollständige Verwandlung im Sinne totaler Rollenidentifikation angestrebt. Meist sind diese Verwandlungen – ich nenne sie «Abtransporte» – zeitlich begrenzt. Auffallend daran ist: Je reifer, erfahrener und anerkannter ein Darsteller ist, desto eher wählt er die Möglichkeit der unvollständigen bzw. unaufgelösten Transformation.

Der Schlüssel für die Lösung des Problems der Transformation ist folgerichtig die Frage nach dem Publikum. Wird von ihm erwartet, eine

Distanz aufzubauen und aus ihr heraus zu urteilen, wie Brecht es von seinen Zuschauern verlangte? Oder sollen sie mit solcher Macht von der Vorstellung aufgesogen werden, daß – wie ich es in einigen Kirchen in New York City erlebt habe – auf dem Höhepunkt der Feier jeder oder zumindest fast jeder Anwesende zum Performer wird? Zwischen diesen beiden Extremen kann beinahe jedes andere Verhalten und jede andere Form der Einbeziehung von Publikum seinen Platz finden. Insgesamt läßt sich feststellen, daß dem Zuschauer in den je unterschiedlichen Aufführungen völlig unterschiedliche Grade von Aufmerksamkeit und den Schauspielern ganz verschiedene Arten und Intensitäten von Bewußtseinstransformation abverlangt werden und gelingen; immer sind aber Spielarten von transformiertem Bewußtsein daran beteiligt: die unter individuellen Performern stattfinden oder innerhalb der jeweils aufführenden Gruppe, die in einer Zuschauermenge, ihren Individuen und in der Wechselbeziehung aller zu allen sich Bahn brechen.

Die Intensität der Aufführung

In jeder Aufführung wird ein bestimmter Grenzbereich berührt und überschritten. Ist dies nicht der Fall, hat die Aufführung versagt. In der Zeit, als ich die Performance Group leitete (1967 bis 1980), konnte es passieren, daß infolge miserabler Kritiken in Verbindung mit schlechtem Wetter oder fehlendem Etat für Werbung nur wenige Leute unsere Vorstellung besuchten. Oft diskutierten die Mitglieder der «TPG» vor so einer Aufführung darüber, ob wirklich ‹die Show weitergehen› müsse. Wir machten es für uns zu einer Faustregel, nicht zu spielen, wenn mehr Spieler als Zuschauer anwesend waren, weil in einem Theater, das den ganzen Raum einbezieht, in dem die Spieler sich der Anwesenheit des Publikums bewußt sind und in dem der Raum erst durch die Interaktion von Spielern und Zuschauern entsteht und lebendig wird, sonst die Hefe fehlt, die die Vorstellung erst aufgehen läßt. Keine Theateraufführung kann unabhängig vom Publikum bestehen. Natürlich sind Tanz- und Theaterformen (ästhetische wie rituelle), die auf der Teilnahme des Publikums aufbauen, viel mehr von ihm abhängig als Theaterereignisse, bei denen die Zuschauer passive Rezipienten bleiben. Aber selbst bei einem klassischen Konzert oder einer Aufführung von Racine, wo die Zuschauer scheinbar passiv sind, wird ein volles Haus, das begierig ist, die Vorstellung zu sehen und die Arbeit eines bestimmten Künstlers zu betrachten, ein Ensemble buchstäblich emporheben, antreiben und unterstützen.

Zuschauer sind sich des Augenblicks, in dem eine Vorstellung funktioniert, ‹Präsenz› manifest wird, ‹etwas geschieht›, sehr bewußt. Die Spieler haben dann das Publikum berührt oder bewegt, und es entsteht eine Zusammenarbeit; theatrales Leben erwächst daraus. Die Intensität einer Vorstellung – und ich persönlich glaube nicht, das Gleiches in Film oder Fernsehen möglich ist –, deren Kraft darin liegt, Menschen einzeln anzusprechen, und nicht, gemeinsame Energien entstehen zu lassen, wurde von Mihaly Csikszentmihalyi *flow* genannt (1985, S. 54 ff).

Aufführungen versammeln ihre Energien beinahe so, als ob Zeit und Rhythmus faßbare Größen seien. Zeit und Rhythmus können benutzt werden wie Text, Requisiten, Kostüme, Körper der Darsteller und die Zuschauer. Eine große Aufführung modelliert die Intervalle von Ton und Stille, die zu- und abnehmende Dichte von Vorgängen in der Zeit, im Raum sowie emotional und von der Bewegung her. Diese Elemente zusammen werden in ein kompliziertes, allerdings offenbar unvermeidliches und als einfach erfahrbares Muster verwoben. Selbst Aufführungen, die nicht in dem Sinne auf einen Höhepunkt zusteuern, kennen diesen *flow* eines Pfingstgottesdienstes oder einer Aufführung von *Tod eines Handlungsreisenden* oder *Macbeth*. Die wirbelnden Derwische in der Türkei beispielsweise, die kreisförmigen postmodernen Tänze der Laura Dean oder Robert Wilsons quälend langsame, über Stunden ausgedehnte Bewegungen in *Deafman Glance* oder *Einstein on the Beach* – jede dieser Aufführungen entwickelt ein eigenes Raster von sich akkumulierender oder auch beschleunigender Intensität. Die Tänzerin Trisha Brown nennt einige ihrer kraftvollsten Arbeiten «accumulations»: «Der Begriff der Akkumulation beschreibt einen additiven Vorgang: Bewegung eins wird gezeigt. Eins wird wiederholt und zwei wird hinzugefügt. Eins und zwei werden wiederholt und Bewegung drei wird hinzugefügt usw., bis der Tanz endet» (1975, S. 29).

Aufführungen wie die von Laura Dean, Trisha Brown oder den wirbelnden Derwischen steigern sich nicht einem Höhepunkt zu; die Akkumulation und Wiederholung läßt die Spieler und oft auch die Zuschauer in eine Art ekstatischer Trance fallen. In einer Akkumulation wie der repititiven Musik Philip Glass' stimmt sich der Zuhörer in die feinen Veränderungen ein, die in einer narrativen Struktur oder einer Komposition, die ihren Stellenwert in der melodiösen Entwicklung hat, nicht mehr erkennbar wären. Mehrere Male habe ich selbst Tanzabende organisiert, die eine ganze Nacht dauerten, um etwas von der Kraft zu zeigen, die diesem Prinzip der Akkumulation und Wiederholung innewohnt. Gruppen zwischen acht und fünfundzwanzig Personen tanzten in einem einfachen Kreis vier bis zehn Stunden lang gegen den Uhrzeigersinn. Warum gegen den Uhrzeigersinn? Es hat wohl mit den unterschiedlichen Hirnhälftenfunktionen zu tun. Für mich und auch für andere Teilnehmer an diesen Tänzen ergaben sich jedesmal die tranceartige Erfahrung eines vollkommenen Flusses und ein zeitweiser Verlust des Zeit- und Raumgefühls sowie des Bewußtseins für das Selbst als Person. Übrig blieb ein schwach erinnerbares Gefühl für die Bewegung im Kreis und die Sensibilität für die anderen Personen zu beiden Seiten bzw. für ihre Körper. Diese Art der Erfahrung findet auf einem sehr niedrigen Energielevel statt, während sich das, was ich bei der Pfingstgemeinde oder beim Schweineschlachtfest im Hochland von Papua-Neuguinea erlebt habe (Schechner 1977, S. 63–98), auf einem überaus hohen Energielevel abspielte. In beiden Fällen verschwand mein Gefühl für mich, Richard Schechner, fast vollständig. Auf dem niedrigen Energielevel verringert sich der Pulsschlag, der Blutdruck sinkt, die Pupillen verkleinern sich, das EEG verläuft synchron. Man fällt in Trance oder neigt zu Schläfrigkeit. Auf hohem Energielevel steigt der Blutdruck, das Herz schlägt schneller, die Pupillen erweitern sich, und das EEG wird asynchron. Man fühlt sich erregt und beschwingt.

Die Intensität einer Aufführung zu verstehen bedeutet herauszufinden, wie diese Aufführung mit dem Phänomen der Monotonie umgeht, sie erzeugt, ansammelt oder benutzt; wie sie die Teilnehmer einbezieht oder absichtlich ausschließt; wie der Raum konzipiert und benutzt, wie mit Szenario und Skript umgegangen wird, kurz: eine eingehende Untersuchung des ‹Aufführungstextes› und, mehr noch, eine genauso eingehende Untersuchung der Erfahrungen aller Beteiligten, vom Regisseur bis zu dem Kind, das im Zuschauerraum einschläft.

Der Hirschtanz in New Pascua schien einer Matrix, bestehend aus acht Intensitätsstufen, zu folgen. Von einem sehr langsamen Anfang bewegte er sich auf ein sehr schnelles Ende zu, dem ein abrupter Bruch und ein neuer Anfang folgten. Die Struktur dieser Matrix läßt sich in der Ästhetik des japanischen Jo-Ha-Kyu wiederfinden.

‹Der Ausdruck jo-ha-kyu stellt drei Phasen dar, in die alle Aktionen des Schauspielers unterteilt werden können. Die erste Phase wird vom Gegensatz einer anwachsenden und einer zurückhaltenden Kraft bestimmt (jo = zurückhalten); die zweite Phase (ha = brechen) setzt in dem Moment ein, in dem der Schauspieler von dieser Kraft befreit wird, bis er zur dritten Phase (*kyu* = Schnelligkeit) kommt, in der die Aktion ihren Höhepunkt erreicht und ihre ganze Kraft benutzt, um plötzlich wie angesichts eines neuen Hindernisses, eines neuen Widerstands zu stoppen... Die drei Phasen des *jo-ha-kyu* durchdringen die Kerne, die Zellen, den ganzen Organismus japanischer Aufführungen. Sie gelten für jede Handlung eines Schauspielers, für jede Geste, für die Atmung, für jede theatralische Szene, für jedes Stück, für die Komposition eines ganzen Nô-Tages wie ein Lebenskode, der alle Ebenen der Organisation des Theaters durchläuft» (Barba 1985, S. 167f).

Während des Hirschtanzes, den ich 1981 sah, führte ich ein Protokoll; es enthält eine Einteilung in folgende acht Phasen: 1. Das Zwischenspiel, eine Art Herunterstimmen und Aufwärmen vor dem Tanz und auch hinterher, sorgte für eine Basis der Normalität, aus der die außergewöhnlichen Linien des Tanzes aufsteigen konnten. Während des Zwischenspiels entspannte sich jedermann; es wurde geraucht, geredet, Kaffee getrunken und man ging herum. 2. Junge Pascola beginnen, ohne Masken zu tanzen, begleitet von zwei alten Männern auf einer Harfe und einer Violine. Pascola sind die rituellen Clowns der Jakuten. Oft tragen sie Tier- oder Dämonenmasken, aber niemals die Hirschmaske. Die Pascola spielen mit den Zuschauern und machen sich über sie (wie auch über mich) lustig. Die Jakuten stimmen mit den Forschern darin überein, daß die Pascola aus sehr alter Zeit stammen müssen und wahrscheinlich älter sind als der Hirschtanz selbst. Allerdings wird die Pascola-Musik auf europäischen Instrumenten gespielt; nur die Wassertrommel, Raspel, Pfeife und Felltrommel des Hirschtanzes stammen von den amerikanischen Ureinwohnern. Beim Tanz der jungen Pascola schauen wenige Jakuten zu (die Forscher hingegen, professionelle Zuschauer auf eine andere Art, waren hingerissen). Auch diese Phase des Tanzes glich einem öffentlichen Training. Nachdem der Hirschtanz vorüber war, übten sich zwei weniger ausgebildete Tänzer auf dem gleichen Platz. Valencia bestätigte mir, daß sowohl die Tänze der Pascola als auch der Hirschtanz auf diese Weise eingeübt würden, gleichermaßen in der Öffentlichkeit wie in geschlossenen Proben, und zwar nach- und auch durcheinander. Der Tanz und die Musik zeigen Überlappungen eingeborener mit ursprünglich amerikanischen und euro-amerikanischen Elementen. Pascola erscheint also gegenüber dem Hirschtanz gleichzeitig älter und auch jünger. 3. Während die Felltrommel geschlagen und die Pfeife geblasen wird, setzt der Hirschtänzer langsam seine Maske auf. Die jungen Pascola tanzen mit ihren Masken, der Hirsch tanzt nicht. Musiziert wird auf der Violine, der Harfe, der Felltrommel und der Pfeife. 4. Wassertrommel und Pfeife setzen ein, Violine und Harfe verstummen. 5. Der maskierte Hirsch tanzt, während sich am anderen Ende der Ramada die alten Pascola mit ihren Masken bewegen; dadurch entsteht eine Spannung zwischen der naiv-natürlichen ‹Blumenwelt› des Hirsches und etwas teils Dämonischem, teils Menschlichem, das durch die Pascola repräsentiert wird. Während dieser Phase singt der Hirschtänzer; es ertönen Wassertrommel und Raspel, und der Hirsch schüttelt sein Geweih. Wer im Hirschtanz mimetisches Drama finden möchte, mag in dieser Phase eine Einladung des Hirsches erkennen, gejagt zu werden. 6. Der älteste, würdevollste Pascola tanzt. Das Tempo steigert sich und damit entfaltet sich der Tanz, der die direkte Konfrontation zwischen Hirsch und Pascola enthält, indem sich der Pascola vom anderen Ende der Ramada in das Territorium des Hirsches begibt. Wer danach sucht, findet hier die mimetische Handlung mit Sicherheit. Die Musik wird ausschließlich von den Instrumenten produziert, die dem Hirsch zugeordnet sind: Wassertrommel, Raspel, Felltrommel und Pfeife. Der Harfenspieler sitzt im Hintergrund der Ramada und raucht. Der Violinspieler steht da und schaut zu, tut das aber mit einstudierter Teilnahmslosigkeit. 7. Der Pascola zieht sich an den Rand der Ramada zurück. Der Hirsch tanzt allein. Wenn der Pascola abtritt, verstummen Felltrommel und Pfeife; doch der Hirschsänger, mit Wassertrommel und Rassel, fährt fort. Scheinbar ist dies der älteste, wesentlichste und ursprünglichste Teil des Hirschtanzes. 8. Alle halten ein. Das Ende ist unvermittelt: Das Lied hört auf, und: vorbei. Auf der Ramada wird geredet. Der Hirsch entledigt sich seiner Maske. Pascola gehen herum. Violinist und Harfenist stimmen ihre Instrumente für eine nächste Runde mit acht Phasen. Phase 1 ist wie Phase 8.

Ich habe bereits angedeutet, daß diese achtphasige Matrix der des japanischen Jo-Ha-Kyu entspricht, das Seami vor Jahrhunderten beschrieben hat. Dabei handelt es sich nicht um eine unzulässige Diffusion und Verallgemeinerung. Daran, daß ich diese japanische Theorie an das Genre der amerikanischen Eingeborenen angelegt habe, mögen die Anthropologen ruhig Anstoß nehmen. Sie verlangen von den teilnehmenden Beobachtern, mit den Augen des Eingeborenen zu sehen und womöglich mit dessen Herzen zu fühlen. Solchen Ansprüchen gegenüber ist aber Vorsicht geboten, sie erweisen sich oft als kaum verschleierte Arroganz. Wer will entscheiden, was und wie ein Eingeborener sieht und wie sein Herz fühlt? Ich ziehe es vor, die Eingeborenen für sich sprechen zu lassen und meinerseits mit eigenen Augen zu sehen. Ich lade andere dazu ein, mich und meine Kultur mit ihren Augen zu betrachten. So werden wir in der Lage sein, Sichtweisen auszutauschen. Ästhetische Erscheinungen interkulturell zu nutzen heißt, sich direkt auf soziale Theorie zu beziehen. Turners vierteiliges «soziales Drama» mit Bruch, Krise, besänftigender Handlung, Reintegration (oder bleibendem Bruch) stammt beispielsweise direkt vom griechisch-europäischen Dramenmodell ab. Aber es kann vorkommen, daß, wie Turner sagt, eine Phase des sozialen Dramas Jahr um Jahr gären muß und keine Auflösung stattfinden kann, selbst nach einer ganzen Reihe von Zuspitzungen nicht. Großer Erregung folgt das plötzliche Ende eines Aufruhrs, anders als bei *Hamlet*, wo sich am Schluß alles zueinander fügt. Wenn Turner das Jo-Ha-Kyu als Modell benutzt hätte, so hätte er vielleicht die lange Zeit des Gärens als Jo, den plötzlichen Ausbruch der Krise als Ha und das rapide Ansteigen auf einen Höhepunkt hin als Kyu bezeichnet. Dann wäre die Krise entweder durch eine besänftigende Handlung (wie es Turner nennt) gelöst worden oder alles in ein langes neues Jo abgesunken. Dieses Modell ist nicht auf alle sozialen Dramen anwendbar, aber das ist auch Turners griechisch-europäisches Vier-Phasen-Modell nicht. Manche sozialen Dramen lassen sich eher aus dem Blickwinkel japanischer Ästhetik erschließen, andere wiederum öffnen sich mehr der Tradition griechisch-europäischer Betrachtungsweisen. So kann das Jo-Ha-Kyu unter bestimmten Umständen wie ein Nachtrag zu Turners Phase der besänftigenden Handlung gesehen werden.

Es gibt eine Reihe ‹grundlegender› Aufführungstheorien, deren Ursprünge in verschiedenen Kulturen liegen. Jede für sich und verschieden kombiniert sind sie wie Linsen einsetzbar, die den Fokus auf soziale und ästhetische Systeme richten können. Als wir diese Idee im Frühjahr 1986 diskutierten, erzählte mir Beverly Stoeltje von der Universität von Texas: «Ich stelle mir ein Kaleidoskop ästhetischer Systeme vor, das, auf jede kleinste Information gerichtet, verschiedene Perspektiven erzeugen kann.» Eine wahrhaft interkulturelle Perspektive bedeutet in der Tat eine Vielzahl von Perspektiven. Wie entstehen die verschiedenen Aufführungstheorien? Ist es ein Axiom, daß soziales Leben dem theatralen Leben vorausgeht? So jedenfalls die platonisch-aristotelische Idee: Kunst ahmt Leben nach. Vielleicht aber ist die Sicht des Hindu-Sanskrit, wie sie im Natyasastra formuliert wurde, den reflexiven postmodernen Zeiten angemessener. Theater und Leben sind wie ein Möbius-strip; jedes verkehrt sich in das andere.

Interaktion zwischen Publikum und Darsteller

An einem Sonntagmorgen Ende August 1982 begrüßte der Bischof der «Institutional Church of God in Christ» Carl E. Williams eine Gruppe von Anthropologen und anderen Gelehrten zu einem Gottesdienst. Dieser Besuch war Teil eines internationalen Symposiums über Ritual und Theater in New York.* Im Rahmen eines neuntägigen Programms wurde neben den üblichen Thesenpapieren und Grundlagendiskussionen zusätzlich ein recht willkürlich zusammengestelltes Aufführungsprogramm gezeigt, welches das experimentelle Squat-Theatre neben dem großen Broadway-Hit *A Chorus Line*, Zeremonien, die von koreanischen Schamanen geleitet wurden, ein Sanskrit-Theater aus Kerela (Indien), japanisches Nô-Theater und eine Tanz/Musik-Gruppe aus Nigeria (eine moderne Gruppe, die aber mit traditionellen afrikanischen Elementen arbeitet), beinhaltete. Den Teilnehmern der Tagung wurde ein kontrastreiches Programm geboten.

Bei den koreanischen Schamanen war so gut wie jeder Anwesende auch Teilnehmer. Die Leute erhoben sich von ihren Plätzen, bewegten sich frei im Raum, sangen und tanzten in den Seitenschiffen der Kirche oder mit den Schamanen in einem großen Kreis. Verblüffend war die Ähnlichkeit der koreanischen Zeremonie mit dem Gottesdienst der «Schwarzen Kirche», obwohl auch hier nicht von einer Nivellierung

---

* Das Symposium fand vom 23. bis 31. August 1982 in New York statt. Es wurde unterstützt von der Wenner-Gren-Stiftung für Anthropologische Forschung sowie von American Theatre Association, Asien Cultural Council, der Asia Society, dem International Theatre Institute, der Tisch School of the Arts, New York University. Das Symposium brachte Theaterleute aus Asien, Afrika und Euro-Amerika mit Theaterwissenschaftlern und Anthropologen zusammen. Demonstrationen von Trainings- und Aufführungstechniken waren ebenso Bestandteil des Programms wie theoretische und historische Diskussionen. Vom 2. bis 11. Januar 1983 fand in Kalkutta eine ähnliche Konferenz statt, in der die Beziehung zwischen traditionellem indischem Tanz und modernem Theater im Mittelpunkt stand. Delegierte aus Asien, Euro-Amerika, Lateinamerika und dem Mittleren Osten nahmen teil. Aufführungen und Diskussionen wurden durch zahlreiche Demonstrationen verschiedener Trainingsformen, Workshops und Probentechniken ergänzt. Eine Zusammenfassung des Treffens in Kalkutta ist veröffentlicht. – Vgl. dazu: Martin/Schechner 1983; Schechner 1978, 1982b; Shank/Shank 1978; Shank 1982, S. 179–189.

der Unterschiede oder von gegenseitiger Beeinflussung die Rede sein kann. In beiden Vorstellungen gelangten die Menschen zu Freude und sogar Ekstase durch ihr Singen und Tanzen. In beiden Ritualen stand ein charismatischer Leiter im Mittelpunkt (Mrs. Kim, die oberste Schamanin, eine starke, schlanke Frau um die fünfzig Jahre alt, und Bischof Williams, ein machtvoller Priester mit gewaltig großen Händen). Eindringliche Musik zwang zum Tanzen: die koreanischen Trommeln, bei der «Schwarzen Kirche» der Chor, die Gospelsänger, getrieben von Piano, Trommeln, Tambourin und Orgel. Mrs. Kim teilte ihr Essen mit jedem, brachte die Leute dazu, aufzustehen und im Kreis zu tanzen, und ging mit nackten Füßen über Messerklingen. Die Gemeinde der «Institutional Church» beteiligte sich durch rhythmisches Händeklatschen, Rufen und Tanzen. Während beider Feiern war das Sammeln von Geld eine Hauptangelegenheit. Der Erfolg der Feiern wurde durch die Menge des gesammelten Geldes, den Grad der Intensität des Tanzes, des Singens und des Taumels der Teilnehmer für alle deutlich. Ein Wendepunkt der Feierlichkeiten war erreicht, als nicht nur die Gemeinde, sondern auch die Anthropologen und Theaterleute sich in die Reihe stellten, um sich von Bischof Williams die Hände auflegen zu lassen. Dieser Moment entsprach einer triumphalen Aufhebung der Trennung zwischen Gemeinde und Besuchern. Die Besucherin, die am tiefsten in Trance fiel, als sie berührt wurde, war eine koreanische Schamanin, die einige Jahre in den USA gelebt hatte. Aus ihrer eigenen Erfahrung wußte sie, was von ihr in Brooklyn erwartet wurde, obwohl beide Kulturen, die koreanische und afro-amerikanische, sich vorher nicht begegnet waren.

Wir benötigen dringend mehr Informationen über die Interaktionen zwischen Zuschauer und Darsteller. Was geschieht auf Tourneen, wenn für ein Publikum gespielt wird, das den sozialen und kulturellen Hintergrund einer Aufführung nicht kennt? Sicherlich war Mrs. Kim irritiert, als sie ihren Schamanismus vor Leuten praktizierte, die weder Koreanisch sprachen noch ihres Dienstes bedurften. Andererseits fühlte ich mich in ihrer Kirche zu Hause, und die Gemeinde bat uns zurückzukehren, was ich auch tat. Christen sind Bekehrer. Aber es ist ein Unterschied, ob sie umherreisen, wenn auch nur nach Brooklyn. Zweifellos werden Aufführungen überall durch die reisenden Zuschauer verändert, aber das ist mehr als nur ein Resultat von Tourismus und hat mit der Ernsthaftigkeit der Leute zu tun, die Theater, und sei es als Beruf, besuchen. Unter das Publikum in Neu-Delhi, Nairobi oder New York mischen sich heute Menschen, denen fünfzig Jahre früher diese Orte verschlossen geblieben wären. Die Zuschauer werden zunehmend anspruchsvoller, kosmopolitisch, und eine Veränderung des Publikums bewirkt Wandlungen in den Aufführungen.

Michelle Anderson beschreibt die drei Formen des *voodoo*, die sie kürzlich in Haiti untersuchte: eine rituell-soziale Form, nur für Haitaner (obwohl sie dabei war), eine sozial-theatralische Form für Haitaner und Touristen sowie eine theatralisch-kommerzielle Form nur für Touristen (obwohl einige Haitaner, die diese verschiedenen Formen untersuchten, dort anwesend waren). Alle drei Formen zusammengenommen erst hält Anderson für wirklichen *voodoo*. «Nansoucri steht für die Art Voodoo, die den neueren nichthaitanischen Einflüssen am wenigsten ausgesetzt war. Mariani hingegen ist ein lebendiges Beispiel für die Adaption dieser Einflüsse… Voodoo in Jacmel ist die aufschlußreichste der drei Formen; es verkörpert den Prozeß der Wiederaneignung aus einem Zustand der Zersetzung, den Prozeß der Grenzüberschreitung, den das Voodoo ständig sowohl bewältigen als auch wieder preisgeben muß und der auf die eine oder andere Weise immer auch der Weg zu einer angemessenen ‹fertigen› Form ist, ohne daß diese Form jemals erreicht werden kann. Lebendiges Ritual ist wie lebendiges Theater niemals endgültig» (1982, S. 99). Die Veränderung, die das Voodoo lebendig erhält, ist das ständig wechselnde Publikum. Da es aber nicht unbegrenzt viele Wandlungsmöglichkeiten für ein Genre gibt, bis es nicht mehr es selbst ist, kann das Publikum sich auch als zerstörerischer Faktor erweisen.

Der Gesamtprozeß einer Aufführung

Professionelle Betrachter richten ihre Aufmerksamkeit normalerweise auf die Theateraufführung als solche und nicht auf den insgesamt siebenteiligen Prozeß von Training, Workshops, regulären Proben, dem warm-up, der Vorstellung, dem Ausklingen und der Nachbereitung im einzelnen. Theaterleute haben zwar Training, Proben und Vorstellung untersucht, aber die Bedeutung der Workshops, des warm-ups, des Ausklingens und der Nachbereitung weitgehend unterschätzt. Der Teil der öffentlichen Vorstellung jedoch stellt in sich ein System mit verschiedenen Phasen dar – dasselbe gilt für das allerdings viel umfassendere System der gesamten siebenteiligen Aufführungssequenz. Je nach Gattung oder Kultur wird die eine oder andere Phase dieses gesamten Systems stärker betont.

Im Nô-Theater beispielsweise beginnt das langwierige Training der Shite traditionsgemäß im Alter von fünf Jahren. Es besteht von Anfang an darin, Teile von Nô-Aufführungen zu erlernen. Einige ihrer Elemente, die Bewegung der Füße, die Position des Rückgrats, die Art des Singens, sind in jeder Rolle gleich. Mit dem Einüben des je Spezifischen einer Rolle lernt der Neuling gleichzeitig die grundlegenden Prinzipien des Nô kennen. Mit der Zeit erwirbt der Schüler genügende Fähigkeiten, um einfache Rollen aufzuführen.

In seinem Kakyo bestimmte Seami neun verschiedene Ebenen der Schauspielkunst, die in drei Gruppen unterteilt sind. Seami empfiehlt den angehenden Schauspielern, mit den drei mittleren Ebenen zu beginnen. «Das Erlernen der äußeren Form (Naturalismus, reine Imitation) ist der erste Schritt auf dem Weg zum Studium der neun Ebenen» (Seami, in: Nearman 1978, S. 314). Hat der Schauspieler die mittleren Ebenen gemeistert, versucht er sich an den drei höchsten Ebenen. Erst wenn er die beherrscht, wendet er sich den drei untersten Ebenen der primitiven und groben Rollen zu. Diese Rollen, sagt Seami, verlangen ein Können, das nur der Meister besitzt: die Fähigkeit, das Groteske des Inhaltlichen mit der Feinheit der Form in Einklang zu bringen. Erst wenn der Shite sich in der Feinheit geübt hat, welche die drei obersten Ebenen lehren, ist er in der Lage, sich mit den drei untersten Ebenen auseinanderzusetzen. Hierin zeigt sich ein weiterer Aspekt der unvollständigen Transformation: In den Rollen der untersten Ebenen ist die Maske sehr grob, während das teilweise enthüllte Gesicht darunter sehr fein agieren muß. Seami bedauert, daß «manche Sarugaku-Schauspieler von heute (im 15. Jahrhundert) die Kunst üben, indem sie mit den unteren drei Stufen beginnen. Aber dies ist nicht die richtige Reihenfolge» (Nearman 1978, S. 314, Seami 1961, S. 145–149).

Seamis Geheimnisse über die Schauspielkunst wurden von Generation zu Generation meist durch mündliche Überlieferung weitergegeben und bis zu diesem Jahrhundert von der Familie Kanze verwaltet. Der besondere Kanze-Stil wurde von diesen Überlieferungen im Kern geprägt. Der Schwerpunkt, der auf dem Erlernen einzelner Übungsteile im Nô-Theater liegt, macht die Proben und Workshops im euro-amerikanischen Sinne überflüssig. Vor einer traditionellen Nô-Aufführung – und das ist auch heute noch der Fall – ruft der Shite die Darsteller der anderen beteiligten Gruppen zusammen, die alle Teile unabhängig voneinander eingeübt haben (Trommler, Flötisten, *waki*, die zweite unmaskierte Rolle), und erklärt ihnen, was er in der Vorstellung tun wird. Er weist auf einige der *mai* (Tanzbewegungen) hin und führt sie, sofern er etwas Besonderes zu tun beabsichtigt, sogar vor. Der gesamte Ablauf wird aber nur während der Vorstellung selbst zu sehen sein. Daß radikal voneinander getrennt arbeitende Spezialisten in der Aufführung zusammenarbeiten und ein hervorragend funktionierendes Ensemble bilden können, sollte westlichen Theaterleuten ein Beispiel dafür geben, daß es viele Wege zum Ziel gibt. Manchmal sind, wie im klassischen indischen Theater, die Vorbereitungen kurz vor einer Aufführung sehr wichtig. Das gesamte fünfte Kapitel des Natyasastra ist den «Vorbereitungen zur Aufführung» gewidmet. Dabei wird zum Beispiel das Stimmen der Instrumente als eine Möglichkeit genannt, dem Publikum anzukündigen, daß die Vorstellung bald beginnen wird. Verschiedene Rituale zu Ehren der Götter, Einführungstänze und Rundgesänge um die Bühne werden vollzogen. Würde man alle diese Vorspiele aufführen, nähme das allein mehrere Stunden in Anspruch; heutzutage sieht man davon oft nur noch stark eingekürzte Versionen. Den Vorbereitungen für die Bühne gehen die im «grünen Raum» voraus. Im Kutiyattam (der ältesten überlieferten indischen Tanzform, die auf das 10. Jahrhundert zurückgeht) dauert das Anlegen der Kostüme, das Herstellen der Körper- und Gesichtsmasken mindestens zwei Stunden. Das gleiche gilt für das Kathakali. Während des Ramlila proben die jungen Hauptdarsteller täglich vor den Aufführungen zwei Stunden und benötigen dann weitere zwei Stunden für Maske und Kostüm. Nur die älteren Darsteller, die ihre Rollen seit Jahren spielen, proben fast gar nicht mehr. Im Gegensatz dazu verlangt die amerikanische Schauspielergewerkschaft, daß die Schauspieler eine halbe Stunde vor Vorstellungsbeginn im Theater erscheinen. Wenige Schauspieler kommen früher, die meisten aber nicht. Jazzmusiker stimmen ihre Instrumente auf der Bühne in Anwesenheit des Publikums. Das Squat-theatre probt nicht, trainiert nicht und braucht kein warm-up. Seine Mitglieder sprechen den genauen Verlauf der Vorstellung durch, bauen die notwendigen Gegenstände auf und warten die Vorstellung ab, um auszuprobieren, was sie geplant haben. Diese Methode, so sagen sie, macht die Vorstellung an jedem Abend zu etwas Neuem (Schechner 1978).

Das Ausklingen einer Vorstellung zu diskutieren ist schwieriger, denn die Dokumentationen darüber sind spärlich. Diese Phase müßte aus der Sicht der Performer und der Zuschauer gleichermaßen betrachtet werden, denn auch die Zuschauer sind naturgemäß auf irgendeine Art von der Vorstellung beeindruckt worden. Nach dem Ramlila in Ramnagar (Nordindien) werden die Jungen, die Rama, Sita und Ramas Bruder gespielt haben, dorthin zurückgetragen, wo sie für den

Monat der Aufführung wohnen; denn solange sie die Insignien tragen, dürfen ihre Füße außerhalb der Vorstellungen niemals den Boden berühren. Erst wenn sie ihre Kostüme abgelegt haben, nehmen sie ein besonderes Mahl zu sich, das aus Vollmilch, Joghurt, Früchten, Nüssen und Süßigkeiten besteht, und fallen bald darauf in den Schlaf. Andere, weniger geweihte Schauspieler legen ihre Kostüme ab, essen, unterhalten sich; einige beten oder gehen in den Tempel. Es gibt kein vorgeschriebenes Verhalten, dem sich alle beugen müssen. Auch die Zuschauer teilen sich in verschiedene Gruppen auf. Manche gehen auf direktem Weg nach Hause, von denen weiß ich nicht, was sie dann tun. Manche haben während des Aufführungsmonats Zimmer in Ramnagar angemietet. Diese besonders gläubigen Zuschauer lesen vielleicht den Ramchartmanas, singen hingebungsvolle Lieder oder setzen ihre Verehrung Ramas auf andere Weise fort. Eine Anzahl von Leuten versammelt sich in den Straßen hinter dem Zentrum an kleinen Schreinen, um Kirtans zu singen; deren Gesang erfüllt die ganze Nacht. Viele setzen mit Ruderbooten nach Varanasi über. Während der dreißigminütigen Fahrt singen sie Lieder von Rama, Sita und Hanuman. Jede dieser Beschäftigungen hat den einen Sinn, sich die Erfahrungen des Tages fest in Herz und Kopf zu prägen. [...]

Überall in der Welt essen, reden und feiern die Schauspieler nach den Vorstellungen. Die Anfänger wundern sich oft, wo nach einer solchen Kraftanstrengung noch die Energie herkommt für die ‹kleinen Geplänkel› danach. Tatsächlich sind diese Aktivitäten Teil der Vorstellung und sollten als solche betrachtet werden. In vielen Kulturen sind Essen, Trinken und gemeinsame Erinnerung an das, was sich ereignet hat, entweder der Schlußteil der Vorstellung selbst oder Bestandteil von eigenen Zeremonien, die sich direkt an die Vorstellung anschließen. Es scheint, als würde der Darsteller durch eine konzentrierte Vorstellung buchstäblich ‹entleert› und sei eine Möglichkeit, sich selbst dem Alltagsleben zurückzugeben (oder zurückgegeben zu werden), sich aufzufüllen mit geweihten oder profanen Speisen. Oder umgekehrt: Die Aufführung erfüllt den Darsteller so sehr mit Energie und Erregung, daß er die überschäumende Geselligkeit in der Zeit danach braucht, um sie wieder abzubauen.

Das Phänomen der Nachbereitung ist noch weniger diskutiert worden als das des Ausklingens. Nachbereitungen sind die langfristigen Konsequenzen einer Aufführung, die zum Beispiel Statusveränderungen, die initiiert werden, einschließen oder das allmähliche Verschwinden der Unterschiede zwischen Darsteller und Rolle. Dazu gehören

Berichte und Kritiken, von denen manche Darsteller nachhaltig beeinflußt werden, sowie theoretische und wissenschaftliche Untersuchungen – wie dieses Buch. Vom distanzierten Standpunkt der Zeitungsberichte, Kritiken und Theorien her entstehen Karrieren nicht durch die Kunst des Rituals oder der Aufführungen, sondern werden gemacht durch die Kommentare über Aufführungen. Natürlich beeinflussen die Nachbereitungen die Vorstellungen, und die Theorien solcher Praktiker wie die von Brecht, Stanislawski und Seami sind denn auch vorwiegend instrumentell.

Indem sie ihre Untersuchungen auf das beschränken, was während einer Aufführung selbst geschieht, folgen die Wissenschaftler einer euro-amerikanischen Konvention: Es gehört sich nicht, hinter die Bühne zu gehen, es sei denn, man gehört zur Show. Die Entstehung der westlichen Theaterhäuser ist mit der Entwicklung verknüpft, Vorgänge, die weithin öffentlich und im Freien stattfanden, in die Privatheit eines geschlossenen Raumes zu verlegen.

Wie schon gesagt, werden die sieben Phasen einer Aufführung – Training, Workshops, Proben, die Aufführung selbst, vorher warmups, die Phase des Abklingens, die Nachbereitung – nicht in allen Kulturen gleichermaßen betont. Traditionelle Veranstaltungen – die Heilige Messe, rituelle Handlungen, das Nô-Theater usw. – verlangen zwar Training, aber kaum Proben. Wenn man die immer gleichen Rollen aufführt wie im Ramlila oder ein überschaubares Repertoire verschiedener vorgegebener Rollen im Laufe eines Schauspielerlebens festgelegt ist wie im Nô, bedarf es keiner großen Überlegung, um herauszufinden, was zu tun ist, um so mehr, wenn die Regie bereits durch die Tradition festgelegt ist. Aber in Kulturen wie der euro-amerikanischen, in der ‹Originalität› einen derart hohen Stellenwert innehat (wo Aufführungen oft schon gelobt werden, bloß weil sie ‹neu› sind), sind Proben oft entscheidender als das Training. Die meisten amerikanischen Schauspielschüler sehnen sich nach der Zeit, in der sie nicht mehr trainieren müssen. Lippenbekenntnisse über lebenslanges Training werden abgelegt, aber nur sehr wenige führen es fort, wenn sie die Schule einmal verlassen haben. Tänzer müssen stets trainieren, weil sie ansonsten verloren sind. Aber für wie viele Tänzer ist Training wirklich ‹innere Notwendigkeit›? Wenn eine Tänzerin fit bleiben könnte ohne Training, würde sie es trotzdem fortsetzen? Auf der anderen Seite lieben die meisten Schauspieler ihre Proben. Dort wird kreativ gearbeitet, Charaktere werden gefunden, Choreographien entwickelt und gelernt, die vielen Elemente einer Aufführung ausprobiert und zusammengesetzt.

Wie anders im Nô! Im euro-amerikanischen Theater ist es nicht so wichtig, den Künstler einer traditionell festgelegten Erwartung entsprechend zu formen. Wichtiger ist es, daß das ‹Instrument› des Künstlers, sein Körper und seine Seele, sich flexibel dieser oder jener auf kurze Zeit zusammengekommenen Gruppe anzupassen imstande ist, um zusammen mit ihr leicht und effektiv Gefühle freizusetzen und gemeinsam mit dem Regisseur und dem Choreographen Bewegungen, Gesten, Stimmen und Gefühle zu erfinden oder abzurufen. Wenn dies gelingt, wird vielleicht das Publikum glauben, diese kurzfristig zusammengesetzte Gruppierung sei ein ‹Ensemble›.

Besonders im experimentellen Theater und im Tanz ist seit den 60er Jahren eine Situation entstanden, in der Skript und Mise en scène in einer besonderen Phase «*erforscht*» und komponiert werden, die sich zwischen Training und Probe ansiedelt und als Workshop bezeichnet wird. In der Art von Theater, die aus Workshops entsteht, gibt es oft entweder keinen oder zu viele Texte, die sich in Form von ‹Quellen› und ‹Materialien› präsentieren. Nicht das geschriebene Wort allein bestimmt mehr alles übrige, sondern der Schrift-Text wird gleichberechtigt eingefügt in viele ineinander verflochtene Textstränge, die bestehen aus: Licht-Text, Kostüm-Text, Szenographie, Ikonographie (Anordnung der Personen im Raum), Bühnenarchitektur, Musik-Text usw. Viele Workshops haben keine öffentliche Aufführung zum Ziel. Tai'chi oder Maskenbau werden dabei erlernt, oder es entsteht, wie in der praktischen Arbeit Grotowskis und anderer, ein intensives persönliches Erlebnis. Diese Arbeit grenzt an die ‹human potential›-Bewegung, die viele ihrer Techniken dem Tanz, Theater und der Musik entlehnt hat.

Wenn ich die sieben Phasen des Aufführungsvorganges betrachte, erkenne ich darin ein Muster, das dem von Initiationsriten ähnelt. Eine Aufführung beinhaltet Trennung, Überschreitung und Verkörperung (Van Gennep 1960). Jede dieser Phasen ist genau gekennzeichnet. Bei Initiationsriten werden Menschen dauerhaft verändert, bei den meisten Aufführungen sind die Veränderungen zeitlich begrenzt. Wie bei Initiationen werden in Aufführungen Menschen zu etwas anderem, als sie sonst sind. Anders als bei Initiationen wird der Darsteller bei Aufführungen hinterher wieder zu dem, was er sonst auch ist. In der Begrifflichkeit Van Genneps wären Training, Workshops, Proben und warm-ups einleitende Riten der Trennung. Die Vorstellung selbst wäre dem Grenzbereich, den Überschreitungsriten analog. Die Phase des Ausklingens und der Nachbereitungen stünden jenseits der Grenze, wären Riten der Verkörperung. Diese Begrifflichkeiten lassen sich allerdings in bezug auf Performance auch anders anwenden.

Wenn sowohl Proben als auch Workshops stattfinden, bilden sie zusammengenommen das Modell eines rituellen Prozesses. Workshops, in denen Alltagserfahrungen dekonstruiert werden, ähneln den Riten der Trennung und der Überschreitung, während Proben, in denen neue kulturelle Einheiten geschaffen werden sollen, den Riten der Überschreitung und denen der Verkörperung ähneln. Workshops und Proben gehen in einem Prozeß der Überschreitung ineinander über. Für Aufführungstheoretiker liegt einer der Vorteile von Turners «*Talmud*» gegenüber den Begriffen Van Genneps in der äußerst suggestiven Flexibilität des rituellen Prozesses, wie ihn Turner interpretiert.

Weitergabe von performativem Wissen

Was bedeutet ‹performatives Wissen›? Zumindest im Theater wurde es lange genug gleichgesetzt mit der Kenntnis dramatischer Texte von Aischylos über Shakespeare zu Ibsen, Tschechow, Pirandello, Brecht bis hin zu Beckett. Die Arbeit von Darstellern und Regisseuren wurde unabhängig und isoliert davon zur Kenntnis genommen. In den 60er Jahren überwog in Amerika die Betrachtung des Praktischen; es entstanden Konservatorien für das Theater, in denen Studenten das Bühnenhandwerk lernten, aber wenig Theorie. Performatives Wissen verlangt aber die Integration beider Teile.

In *Languages of the Stage* unterscheidet Patrice Pavis (1982, S. 160) sechs verschiedene «Aufführungstexte», die im Theater benutzt werden.

1. Dramatischer Text: der Text, der vom Autor geschrieben wurde und vom Regisseur zu inszenieren ist;

2. theatraler Text: der Text, der in einer bestimmten Weise und innerhalb eines konkreten Bereichs ausgedrückt und dem Publikum vorgetragen wird;

3. Aufführung (Performance): die Gesamtheit der benutzten Bühnenelemente einschließlich des Textes, der Vorrang vor der Produktion von Bedeutungen hat, die dfrch die Wechselwirkungen entstehen;

4. Mise en scène: die Wechselbeziehung der einzelnen Elemente der Aufführung, insbesondere... der Zusammenhang zwischen Text und Aufführung;

5. das Theaterereignis: die Gesamtheit der sich entfaltenden Pro-

duktion, der Inszenierung und ihrer Wahrnehmung durch das Publikum sowie der Austausch beider;

6. der Performancetext: die der Inszenierung zugrundeliegende Interpretation und jede mögliche Betrachtung, die vom Zuschauer darüber angestellt werden kann.

Das Aufschlüsseln in einzelne Aufführungscodes ist unabdingbar für uns, wenn wir Aufführungen interkulturell und theoretisch vergleichen wollen. Allerdings stimme ich nicht in jedem Punkt mit Pavis überein. Ich benutze den Begriff «Performancetext», um alles, was während einer Vorstellung auf und hinter der Bühne geschieht, einschließlich des Publikumsverhaltens zu beschreiben. Normalerweise kann nur die Vorstellung von dem, was auf der Bühne zu geschehen hat, vom Meister an den Schüler weitergegeben werden, und das macht den größten Teil dessen aus, was während des Trainings gelehrt wird. Ich bin aber mit Pavis einer Meinung über die unbedingte Notwendigkeit, eine detaillierte, beschreibende Terminologie zu entwickeln.

Denn es muß inzwischen für allgemeingültig gehalten werden, daß eine Aufführung etwas ganz anderes und viel mehr ist, als «einen Stücktext auf die Bühne zu stellen». Historisch wie auch im Sinne der Frage nach dem Beginn von Inszenierungsarbeit nimmt die Interpretation geschriebener Texte nur einen Bruchteil der theatralischen Aktivitäten ein. Der Überlegung folgend, was vielleicht das erste Theaterereignis der Welt gewesen sein könnte (irgendein Vorgang in den paläolithischen Grabstätten in Südwesteuropa?), schrieb ich 1973:

«Wir wissen nichts über die Skripte der paläolithischen Tempel-Theater… ich sage ‹Skript› und meine damit etwas schon vor jedem Spiel Bestehendes, Festgelegtes, das wie eine Blaupause funktioniert, die von Spiel zu Spiel gleich bleibt. Von modernen Erfahrungen ausgehend, nehme ich an, daß den Tänzen in den Höhlen eine beständige Form gegeben war, die sich von einem zum nächsten Ereignis erhalten hat, die Tänzern und Publikum bekannt war, falls es überhaupt ein Publikum gegeben hat, und die von einer Tänzergruppe an die nachfolgende weitervermittelt wurde, und zwar vermutlich eher durch Imitation als durch formalen Unterricht. Möglich wäre allerdings auch, daß die Unzugänglichkeit der Höhlen auf einen esoterischen Kult hinweist und die ‹Geheimnisse› des Kults präzise und formal überliefert wurden…

Wie dem auch sei, die Aufführung ist im Skript nur implizit bzw. als Möglichkeit enthalten; erst sehr viel später versuchte man, die Kraft ästhetischer Ereignisse schriftlich zu fixieren. Um von diesen uralten Aufführungen etwas zu verstehen – einige liegen mehr als 25 000 Jahre zurück –, ist es notwendig, sich eine vollkommen nichtliterarische Kultur vorzustellen. Unliterarisch ist vielleicht das bessere Wort. Zeichnungen und Skulpturen sind in der Denkungsart der Modernen Welt verknüpft mit ‹Zeichen› und ‹Symbolen›. So sind die ‹Skripte›, von denen ich spreche, Handlungsmuster, nicht die Modalitäten der Symbolisierung dieses Handelns. Selbst die Sprache ist noch nicht ausgestaltet in der Form des geschriebenen Wortes, sondern wird intoniert (Wort als Atem oder sinnlicher Ton). Das Drama als besondere Textform entstand schließlich erst lange nach der Erforschung der Schrift. Mögliche Ereignisse, die vordem durch ein Muster von Handlungsanweisungen kodifiziert wurden, faßte man jetzt in Form geschriebener Worte. Das Drama der Griechen blieb, wie Aristoteles aufzeigt, ein Code für die Überlieferung von Aktionen. Aber Aktion bedeutet nicht länger eine bestimmte Form von Bewegung und Gesang, sondern wurde ‹abstrakt› oder metaphorisch verstanden als Bewegung im Leben der Menschen. Historisch betrachtet trennte sich das Drama im Westen vom Handeln: Kommunikation ersetzte Manifestation» (1973 a, S. 6–7).

Dramatische Literatur entstand also an bestimmten Orten unter bestimmten historischen Bedingungen. Nichtliterarisches, nicht niedergeschriebenes Theater besteht aber fort. Für manche Formen wie für das Nô-Theater und das Kathakali gibt es umfangreiche Literatur, aber sie wird ausschließlich im Zusammenhang ihrer theatralischen Anwendung benutzt.

Performatives Wissen gehört in das Zeitalter der mündlichen Überlieferungen. Wie Traditionen innerhalb der verschiedenen Genres und Kulturen weitergegeben werden, ist von großer Wichtigkeit. Es lassen sich beispielsweise erstaunliche Parallelen finden zwischen dem Training im amerikanischen Profisport und der Art und Weise, wie Darsteller in traditionellen Theaterformen betreut und unterrichtet werden. Der Sport ist ein gutes Beispiel für nonverbalen Ausdruck – er ist dramatisch und kinästhetisch, jedoch kein ‹Tanz› oder ‹Theater› im klassischen, modernen oder postmodernen Sinn. Die Betreuer von Sportmannschaften waren meist früher selber Spieler. Sie geben ihr ‹Geheimnis› persönlich an die jüngeren Spieler weiter. Ältere Athleten werden auch dann noch wegen ihrer Rekorde geachtet, wenn sie nicht mehr selbst aktiv sind. Teilnehmer und Fans begeistern sich gleichermaßen an den Geschichten über die großen Vorbilder. Einige von ihnen werden in Ruhmeshallen verewigt, andere als Betreuer oder Aushängeschilder weiterbeschäftigt. Das unterscheidet sich nicht wesentlich von dem, was den angesehenen Darstellern des Ramlila, des Nô, des Kathakali oder des koreanischen Tanzes widerfährt. Alte Darsteller unterrichten oder werden zu ‹Nationalschätzen› erklärt, und es werden Rollen, die sie weiterhin spielen können, für sie reserviert.

An anderer Stelle habe ich das Problem der Weitergabe von per-

34

formativem Wissen am Beispiel der amerikanischen Avantgarde diskutiert (Schechner 1982b). Wenn Theaterleute mehr darüber wüßten, wie Rituale und traditionelle Vorstellungen überliefert werden, wäre das Problem nicht so hartnäckig. Einige Fortschritte sind in dieser Hinsicht zu verzeichnen. Hunderte von westlichen Theaterleuten und Tänzern haben asiatische und afrikanische Aufführungstechniken studiert. Ich weiß einiges über diejenigen, die nach Indien, Japan und Indonesien gegangen sind. Wichtig an diesen Kontakten ist nicht die direkte Übernahme asiatischer Arbeitsweisen – deren Nachahmungen können im Gegenteil sehr ärgerlich sein –, sondern die Anwendung der ihnen zugrundeliegenden Strukturen auf amerikanische Verhältnisse.

Der Grundgedanke einer Aufführung ist wichtig: das Lehrer-Schüler-Verhältnis, die direkte Manipulation des Körpers als Möglichkeit der Übermittlung von Aufführungswissen, Respekt vor dem ‹Lernen mit dem Körper› im Unterschied zum ‹Lernen mit dem Kopf›, ein Sinn für den Aufführungstext als einer Verflechtung verschiedener Aufführungs‹sprachen›, von denen keine zu irgendeiner Zeit Vorrang beanspruchen kann. (‹Sprachen› steht in Anführungszeichen, weil ich dem linguistischen Modell, wenn es auf Aufführungen bezogen wird, mißtraue.) Ich denke, Aristoteles war näher an der Wahrheit, wenn er in der ‹Handlung› (Praxis) den Kern der Aufführung sah: ein dichtes, dynamisches System von wechselnden Wertigkeiten und sich drehenden Spiralen. Wenn Aufführungstheoretiker eine Leitmetapher benötigen, dann werden wir sie eher in der Teilchenphysik oder in der Biologie finden als in der Linguistik.

Natürlich sind die Straßen ostwestlicher und nordsüdlicher Richtung beiderseits stark befahren. Hunderte von Afrikanern, Asiaten und Lateinamerikanern sind nach Europa und nach Amerika gekommen, um die Kunst der Darstellung zu studieren. Zunächst arbeiteten sie hauptsächlich in den offiziellen, den institutionalisierten Theatern und übernahmen bestimmte Formen des modernen westlichen Theaters, des Tanzes und der Musik in ihre Kulturen. Aber in jüngster Zeit haben sich viele Nicht-Westler an experimentellen Aufführungen beteiligt, was zur Entstehung von interkulturellen Truppen und einem auf höchst interessante Weise komplizierten Austausch von Techniken und Konzepten geführt hat, die nicht mehr ohne weiteres als dieser oder jener Kultur zugehörig betrachtet werden können. Dieser Dialog, in dem moderne, traditionelle und postmoderne Elemente miteinander in Beziehung gesetzt werden, findet auch innerhalb einzelner Nationen statt. Ein Symposium, das in Kalkutta 1983 abgehalten wurde, stellte die Beziehung zwischen klassischem indischem Tanz, dem klassischen Genre des Dramas und modernem Theater in den Mittelpunkt. Schauspieler, Tänzer, Musiker und Wissenschaftler aus der ganzen Welt kamen dort zusammen. Der Theaterdirektor Mohan Agashe aus Puna (Indien) betonte, daß die Beziehung zwischen den Gattungen und Kulturen Indiens selbst nicht in der Übernahme einzelner Tanzschritte, Rhythmen oder Fabeln bestehen könne. Vielmehr müsse sich eine Art ‹Stoffwechsel› etablieren, der ein tieferes Lernen ermögliche und der vielleicht eine nur entfernt an ihre Wurzeln erinnernde künstlerische Arbeit zum Ergebnis hat. Euro-amerikanisches Theater ist voller Beispiele für diesen Prozeß der Umwandlung, von dem Agashe spricht. Die Puppen von Mabou Mines *Shaggy Dog Animation* kombinieren japanischen Bunraku mit euro-amerikanischem Vaudeville-Puppenstil, wie er von Edgar Bergens *Charly McCarthy* typisiert wurde. Die Masken von Islene Pindars *Nightshadows* wurden von balinesischen Künstlern für ihre balinesisch-amerikanische Tanzgruppe hergestellt. In ihnen wird die balinesische Interpretation einer amerikanischen Choreographin reflektiert, die auf Bali studiert hat. In John Emighs *Little Red Riding Shawl* werden balinesische Topeng-Masken und Bewegungen benutzt, um eine sehr amerikanisch anmutende Geschichte zu erzählen. In Emighs Produktion von Brechts *Kaukasischem Kreidekreis* gehen die grundlegende dramaturgische Arbeit und der Gebrauch von Masken auf seine Zeit auf Bali zurück. Ron Jenkins studierte Clownerie am Barnum und Bailey-College und auf Bali, wo er mit einer balinesischen Gruppe auftrat. In seiner *One Horse Show* verwertete er seine Erfahrungen in einer Weise, die die Oberfläche seiner Show sehr amerikanisch wirken ließ; doch die erkennbaren Strukturen darunter verbinden die Erfahrungen zweier Kulturen. Die Masken, die Julie Taymor nicht nur für ihre eigenen Aufführungen, sondern auch für Liz Swados *Haggadah* hergestellt hat, zeigen gleichermaßen die Verwandlung von Erfahrungen, die Taymor in Java gemacht hat. Phillip Zarrilli lehrt die indianische Kriegskunst Kalarippayatt als Grundlage seines Schauspieltrainings (Vgl. dazu: Zarrilli, 1984, ein Buch, auf das Schechner selbst ganz sicher hier hingewiesen hätte, wenn es nicht erst später erschienen wäre. – Anm. d. Übers.). Es gibt hierfür ein gutes Vorbild: Vor vielen Jahren wurden die wesentlichen Bestandteile des Kalarippayatt in das vorgeschriebene Training des Kathakali aufgenommen. Zarilli benutzt Kalarippayatt auch in eigenen Produktionen. Als wir beide 1982 zusammen an *Richards Lear* arbeiteten, war Kalarippayatt nicht nur ein grundlegender Teil des Trainings, sondern außerdem wichtiger Bestandteil zweier Kampfszenen. Eine derartige Liste ließe sich beliebig erweitern. Manche Arbeiten basieren auf einem ganzheitlicheren Umgang mit ‹fremden› Kulturen als andere. Wichtig erscheint mir daran, daß diese neuen Aufführungen auch neue Formen des Schauspieltrainings hervorbringen und nach sich ziehen, die wiederum neue Möglichkeiten und Mittel der Überlieferung von performativem Wissen freisetzen – neu für den Westen, nicht neu für Asien oder Afrika.

Techniken der Übermittlung von performativem Wissen sind eine gute Basis für den Austausch unter Theaterleuten und Anthropologen. Theaterleute kennen das Training; es wird erwartet, daß Theaterlehrer es selbst leiten, nachdem sie als Schauspieler, Regisseure, Bühnenbildner, Kostümbildner etc. ausgebildet worden sind. Anthropologen sind ausgebildete Beobachter, und einige von ihnen – nicht genügend, aber eine steigende Anzahl – nehmen inzwischen auch teil am Leben der Kulturen, die sie beobachten. Theaterleute können den Anthropologen behilflich sein, wenn es darum geht herauszufinden, worauf es im Training oder in Aufführungssituationen ankommt, und Anthropologen können Theaterleuten dabei helfen, Aufführungen im Kontext eines bestimmten sozialen Systems zu sehen.

Wie entstehen Aufführungen und ihre Bewertungszusammenhänge?

Bewertung reicht von völlig subjektiven Äußerungen wie ‹Es hat mir gefallen› bis hin zu detaillierten semiotischen Analysen; sie reicht vom Lehrer, der selbst an einer gescheiterten Aufführung auf Brauchbares hinzuweisen vermag, bis hin zu der Begeisterung eines erfahrenen oder der verwirrten Reaktion eines ungebildeten Zuschauers. In asiatischen Aufführungen ist die Bewertung der Darstellung Teil der Aufführung selbst. Bevor die Zeitungskritik entstand, gab es Schirmherren. Eine Aufführung des Nô oder des Kathakali sollte so gut sein, wie diejenigen es verdienen, welche die Aufführung sehen. Von einer Person, die eine Nô-Aufführung fördert oder ihr beiwohnt, wird erwartet, daß sie einiges Wissen darüber mitbringt. Der Kenner weiß, was ihm geboten wird, und kann angemessen darauf reagieren. Wiederum kann der Vergleich mit dem amerikanischen Profisport Aufschluß geben. Die Zuschauer beim Sport kennen die Regeln des Spiels und die Feinheiten seiner Ausführung, kennen die Spieler und ihre Rekorde sowie die Geschichte jedes einzelnen Teams. Sie diskutieren die Entscheidungen des Managements von der Taktik auf dem Spielfeld bis hin zu Fragen der Finanzierung. Kurz, jeder Aspekt des Spiels, der Spieler und das Spiel selbst geraten in das Schußfeld der informierten Meinung. Brillanz wird gefeiert, schlechtes Spiel dagegen ausgebuht. Zuschauer beim Sport sind Kenner. Wäre das Theater imstande, ein solches Publikum zu gewinnen, würde sich manches sehr schnell zum Besseren wenden.

Wie kann eine ‹gute› Vorstellung von einer ‹schlechten› unterschieden werden? Gibt es zwei unterschiedliche Formen der Kritik, eine innerhalb der Kultur und eine außerhalb? Gibt es eventuell vier verschiedene Formen, eine innerhalb der Kultur, von Professionellen ausgeübt, die selber im Theater involviert sind, eine Form, die von ‹normalen› Zuschauern geübt wird, eine weitere von außerhalb der Kultur, wenn Professionelle sie besuchen, eine von außerhalb der Kultur sich befindlichen ‹normalen› Zuschauern? Wer hat das Recht, Bewertungen vorzunehmen – nur Menschen innerhalb der Kultur, nur Professionelle, die dieselbe Kunst auch ausüben, nur professionelle Kritiker? Gibt es einen Unterschied zwischen Kritik und Interpretation? (Hat Clifford Geertz den balinesischen Hahnenkampf studiert, interpretiert oder beschrieben?) Die meisten spotten über schlechte Kritiken, aber lieben ihr Lob. Dieselben Künstler sind für die Kritik von Kollegen, sofern sie privat geäußert wird, sehr offen. Worauf empfindlich reagiert wird, ist der Öffentlichkeitscharakter einer kritischen Meinung und die Macht, die eine solche Kritik ausüben kann in bezug darauf, ob eine Karriere vorangetrieben oder zerstört wird. An wen richtet sich die Bewertung: an den Macher, den realen oder den intendierten Zuschauer? Rezensionen sind in der Hauptsache Anleitungen für den Verbraucher. Fachzeitschriften unterscheiden sich im Niveau oft erheblich untereinander und erscheinen manchmal erst Monate nach der Aufführung. Der Mangel an kritischer, aber nicht verbraucherorientierter Diskussion fügt den darstellenden Künsten erheblichen Schaden zu.

Die einzig wahrhaftige Kritik ist die, die durch den Hintergrund eigener Praxis gestützt ist. Während jeder Aufführung eines Stücks, das ich selbst inszeniert habe, mache ich am Abend Notizen, die ich am nächsten Tag mit den Schauspielern bespreche. Aufgrund dieser Notizen und der Besprechungen werden immer wieder Proben erforderlich, woraus sich ein kontinuierlicher Prozeß ergibt. Langsam, über Monate, manchmal Jahre hinweg erreichen einige Produktionen durch diesen Prozeß des Tuns, Sehens, Auswertens, Kritisierens und erneuten Tuns ihre Feinheit und Reife.

Schlußfolgerungen

Diese sechs Berührungspunkte müssen erweitert und vertieft werden. Anthropologische und theatralische Methoden nähern sich einander an. Eine wachsende Zahl von Anhängern beider Disziplinen überschreitet die jeweiligen Grenzen. Grotowski, Brook, Barba, Turner und Turnball zum Beispiel arbeiten auf eine Weise, die interkulturell und interdisziplinär zu nennen ist.

Seit 1970 leitet Peter Brook das Internationale Zentrum für Theaterforschung in Paris. In seiner Truppe sind Darsteller aus Afrika, Asien, Europa und beiden Teilen Amerikas. Seine Forschungsreisen führten ihn und die Mitglieder seiner Truppe in diese Kontinente, um Techniken und Material auszutauschen für viele seiner Produktionen, angefangen von *The Ik* (nach Colin Turnbulls *Mountain People*), *L'OS* (nach einer afrikanischen Geschichte von Birago Biop) und *The Conference of the Birds* (nach einer Sufi-Geschichte) bis hin zu der noch nicht beendeten Version des *Mahabharata*.

Zwischen 1972 und 1973 reiste Brooks Truppe drei Monate lang durch Dörfer in Algerien, Niger, Dahomey und Mali. Was sie dort taten, war einfach: Sie kamen in ein Dorf, legten ihr «Aufführungsseil» aus, um den Raum zu markieren, in dem sie spielten, und zeigten einfache Improvisationen. Danach sprachen sie mit den Einwohnern. Die Aufführung war «in jeder Sekunde beeinflußt von der Anwesenheit der Leute, dem Ort, der Tageszeit, dem Licht – und all das war in den besten Aufführungen aufeinander bezogen» (1973, S. 41). – Peter Brook beschrieb die Arbeitsweise seiner Truppe und die Grundlagen der Reise folgendermaßen:

«Man kommt in ein Dorf, wo so etwas noch nie passiert ist. Wir treffen auf den Häuptling des Dorfes; über einen Mittelsmann, und sei es ein Kind aus dem Dorf, spreche ich mit ihm und erkläre ihm in wenigen Worten, daß eine Gruppe von Leuten aus verschiedenen Teilen der Welt ausgezogen ist, um herauszufinden, ob menschlicher Kontakt mit dieser besonderen Form, die man Theater nennt, hergestellt werden kann... es war immer ein willkommenes Ereignis und wurde unter seinen eigenen Bedingungen direkt begriffen, als das was es war» (1973, S. 43).

Aber gab es einen tatsächlichen Austausch? Oder war diese Reise mehr eine Möglichkeit für Brooks Truppe, improvisatorisches Spiel und seine Techniken zu erproben und dabei die Gastfreundschaft des jeweiligen Ortes zu genießen? «Einmal saßen wir in einer kleinen Hütte in

Agades (Niger) und sangen den ganzen Nachmittag. Wir und die afrikanische Gruppe sangen, und plötzlich merkten wir, daß wir genau die gleiche Tonsprache trafen. Wir verstanden ihre, und sie verstanden unsere, und es geschah etwas Elektrisierendes: Aus all diesen Liedern wurde plötzlich eines» (1973, S. 45).

Ein anderes Mal zeltete Brooks Truppe in einem Wald. Kinder kamen und berichteten, in einem benachbarten Dorf fände eine Feier statt. Die Schauspieler gingen dorthin. «Wir wurden herzlich aufgenommen und setzten uns bei gänzlicher Dunkelheit unter einen Baum, ohne etwas anderes zu sehen als diese tanzenden, singenden, sich bewegenden Schatten. Nach einigen Stunden sagten sie zu uns: Die Jungen erzählen, ihr tut so etwas auch. Jetzt müßt ihr für uns singen. Wir improvisierten also ein Lied für sie, und es war vielleicht eine unserer besten Arbeiten während der ganzen Reise» (1973, S. 45).

So idyllisch war es nicht immer. Brook – und anderen, die ähnlich arbeiteten – wurde vorgeworfen, sich arrogant, ja sogar imperialistisch zu verhalten. Doch trotz dieser Vorwürfe sympathisiere ich mit dem Impuls, der von Brooks (manchmal unzulänglich durchgeführten) Intentionen ausgeht, der sich mit denen von Jerzy Grotowski, Eugenio Barba und Victor und Edith Turner sowie einigen anderen Euro-Amerikanern und Nicht-Westlern trifft: «Unsere Arbeit gründet sich darauf, daß einige der tiefsten Aspekte menschlicher Erfahrung durch Töne und Bewegungen menschlicher Körper enthüllt werden können in einer Weise, die bei jedem Beobachter die gleichen Seiten anschlägt, ganz unabhängig von seiner kulturellen Prägung...» (Brook 1973, S. 50).

Wie Brook beobachtet, «wird der Körper selbst zur Quelle dieser Arbeit». Ob neurologisch oder durch allgemeingültige Gefühlsentäußerungen begründet – die affektiven Aspekte des Theaters bedürfen weniger der Übersetzung als die Literatur.

Barba, Gründer und Leiter des Odin Theaters in Dänemark, der lange Zeit mit Grotowski zusammengearbeitet hat, leitet eine Internationale Schule für Theateranthropologie (ISTA). Die ISTA vereinigt Training, Austausch von Techniken, Seminare, Filme und ein Team von wissenschaftlichen Mitarbeitern. 1981 und 1982 wurde die Schule für jeweils mehrere Monate geöffnet, um den Erfahrungsaustausch mit anderen zu ermöglichen. Abgesehen von studentischen Teilnehmern und Mitgliedern des Odin Theaters nahmen etwa je 60 Personen an diesen Treffen teil; die Lehrer kamen aus Indien, Bali, Japan, Schweden, Dänemark und China. Barba beschreibt die ISTA und ihre Ziele:

«Theateranthropologie ist das Studium des biologischen und kulturellen Verhaltens von Menschen in einer theatralen Situation, das heißt in einer Situation, in der sie ihre körperliche und geistige Präsenz nach Gesetzen erarbeiten und benutzen, die sich von denen des alltäglichen Lebens unterscheiden.

Es gibt Gesetze, die den bestimmten Gebrauch, den der Schauspieler von seinem Körper machen soll, also seine Technik, festlegen sollen. Biologische Faktoren (Gewicht, Gleichgewicht, Balance, Gewichtsverlagerung/Gleichgewichtsverlust, der Gegensatz von Schwerkraft und dem Rückgrat, welches aufrechterhält, die Art, seine Augen zu benutzen) ermöglichen es, bestimmte ‹präexpressive› organische Spannungen zu erzeugen. Diese Spannungen bewirken einen Wechsel in der Qualität unserer Energien, lassen unseren Körper lebendig werden, ziehen dadurch die Aufmerksamkeit des Zuschauers auf sich, noch bevor irgendein persönlicher Ausdruck dazwischentritt» (1981, S. 2).

«Unterschiedliche Schauspieler haben an unterschiedlichen Orten und zu unterschiedlichen Zeiten trotz der ihrer Tradition spezifischen stilistischen Formen bestimmte Prinzipien benutzt, die sie mit Schauspielern anderer Traditionen gemeinsam haben. Diese ‹sich wiederholenden Prinzipien› aufzuspüren ist die erste Aufgabe der Theateranthropologie. ‹Sich wiederholende Prinzipien› sind kein Beweis für die Existenz einer Wissenschaft des Theaters, sie sind im einzelnen gute ‹Ratschläge›, die sehr wahrscheinlich nützlich für die theatralische Praxis sind... ‹Gute Ratschläge› sind etwas Eigentümliches: Sie können befolgt oder ignoriert werden, sie sind nicht so unverletzlich, wie es Gesetze sind. Eher – und das ist vielleicht der beste Weg, sie zu benutzen – respektiert man sie so, daß man in der Lage ist, sie zu brechen und zu überwinden» (1982a, S. 5).

Barba führt auf seine eigene Weise Grotowskis Entwicklung vom Schauspieltraining in seiner Inszenierungsarbeit weiter.

Turner leistete über die Anthropologie, was Barba für das Theater bewirkte. Turners Arbeit erstreckte sich über mehrere Jahrzehnte und berührte vielfältige wissenschaftliche Gebiete. Seit den 60er Jahren interessierte er sich für das Ritual als Aufführung und in jüngster Zeit für das, was er «performative Ethnographie» nannte. In Zusammenarbeit mit seiner Frau hat Turner

«...mit der Darstellung von Ethnographie experimentiert, um bei den Studenten Verständnis dafür hervorzurufen, wie Menschen in anderen Kulturen den Reichtum ihrer sozialen Existenz erfahren, welcher Art moralischen Drucks sie ausgesetzt sind, welche Annehmlichkeiten sie als Lohn dafür erwarten, daß sie bestimmten Verhaltensmustern folgen, und wie sie Freude, Gram, Hochachtung und Mitleid in Übereinstimmung mit den kulturellen Erwartungen ausdrücken. Wir haben an der Universität von Virginia mit Anthropologiestudenten und in New York mit Dramastudenten versucht, Verhaltensweisen anderer Kulturen zu beschreiben, und die Studenten gebeten, einen Aufführungstext

41

daraus zu verfertigen. Dann haben wir Workshops – wirkliche Spiel-Workshops – angesetzt, in denen die Studenten dann versuchten, von der Seite der Bewegung her diese ‹andere› soziokulturelle Gruppe zu verstehen. Oft wählten wir soziale Dramen – aus eigenen oder anderen Zeremonien – oder rituelle Dramen (Pubertätsriten, Hochzeitszeremonien, Potlachs etc.) und baten die Studenten, sie in einen Spielzusammenhang zu bringen, um ihr Tun in Beziehung zu dem ethnographischen Wissen zu setzen, das sie zunehmend benötigten, damit die Skripte, die sie benutzten, einen ‹Sinn ergeben›. Sie werden dadurch motiviert, anthropologische Monographien zu studieren – und sich gleichermaßen die Leerstellen dieser Monographien zu verdeutlichen, insoweit diese von der Logik dramatischer Handlungen und Interaktionen ausgehen, die sie selbst zu beschreiben beanspruchten. Der ‹innere Blick› des Schauspielers, der in und durch die Aufführung entwickelt wird, gerät dabei zu einer machtvollen Kritik an der Erkenntnis, wie rituelle und zeremonielle Strukturen repräsentiert werden» (Turner und Turner 1982, S. 33–34).

In den letzten Jahren führten die Turners mit ihren Studenten eine typisch virginische Hochzeit, die Zeremonie zur Winterwende der kanadischen Mohawk, ein Pubertätsritual der Ndembu-Mädchen und den Hamatsa-Tanz aus den heiligen Winterzeremonien der Kwakiutl auf.

Aus allen diesen Erfahrungen zogen die Turners interessante Schlußfolgerungen. Sie sind dagegen, Rituale und Mythen aufzuführen, denn diese «haben ihre Wurzeln und ihre Daseinsberechtigung in dem fortwährenden Fluß des jeweiligen sozialen Lebens» und sollten nicht aus ihren Zusammenhängen gerissen werden (1982, S. 47–48).

«Unsere Empfehlung ist diese: Wenn wir versuchen, Ethnographie aufzuführen, dann sollten wir nicht mit den offensichtlich ‹exotischen› und ‹bizarren› kulturellen Phänomenen wie Ritualen und Mythen beginnen. Eine solche Betonung wird Vorurteile fördern, weil sie nur die Andersartigkeit des anderen unterstreicht. Wir sollten uns zuerst an das halten, was allen Menschen gemein ist, die Form des sozialen Dramas, aus der alle Arten kultureller Darstellung hervorgehen, die ihrerseits vorsichtig die Konturen sozialer Interaktion im täglichen Leben formen» (Turner und Turner 1982, S. 48).

Weiter führen sie aus, wie wichtig das gemeinsame Proben und der Genuß besonderer Speisen sind, die mit der beobachteten Kultur zusammenhängen. Natürlich betonen sie die Nachbereitung: «Wenigstens eine Sitzung sollte dafür anberaumt werden, alle Aspekte einer Aufführung im nachhinein zu reflektieren» (1982, S. 48). Das sei eine Möglichkeit, die «Feldarbeit» der aufgeführten Ethnographie in der kognitiven Sprache akademischer Diskurse zu notieren.

Man tut gut daran, einige Ideen Barbas mit den Thesen der Turners zu verbinden. Was passiert zum Beispiel, wenn man nicht nur den kognitiven und experimentellen Aspekt der aufgeführten Ethnographie hervorhebt, sondern auch den kinästhetischen – wie wird der Körper benutzt, gehalten, begrenzt, freigelassen? Das würde die Körper der studentischen Performer mit einer lebendigen Ahnung davon füllen, was es heißen kann, sich zu bewegen, ‹als ob› man der andere sei, und es würde die Performer nicht nur in die Proben einbeziehen, sondern auch in ein Training. Bei dem Symposium im August 1982 in New York fiel mir die Ablehnung einiger Anthropologen gegenüber den Workshops auf, die Teil des Programms dort waren. Anfang September hatte ich die Möglichkeit zur direkten Zusammenarbeit mit dem Nô-Shite Takabayashi Koji, der mit anderen Künstlern zu dem New Yorker Symposium angereist war und im Anschluß daran einen dreitägigen Workshop an der Cornell-Universität anbot. Diese Nô-Bewegungen, wenn auch nur für kurze Zeit, selbst durchzuführen lehrte mich mehr, als viele Seiten darüber in Büchern zu lesen. Gleichzeitig hatte ich, als ich wieder zum Lesen zurückkehrte, einen viel stärkeren Eindruck von dem, was Jo-Ha-Kyu sein könnte oder Ko-shi. Es ist die Ebene der körperlichen Erfahrung, auf der sich die Turners und Barba begegnen. Andere Anthropologen beschäftigen sich mit der Form des Dramas. An der Universität von Chicago erprobte McKim Mariott mit einer seiner Klassen ein «Spiel», in dem er das soziale Leben im Rahmen des indischen Kastensystems bearbeitete, wie es in einem kleinen Dorf denkbar wäre. Desgleichen führte er im Mai 1982 ein volkstümliches Hindu-Stück, *Rup Basant* (das er ins Englische übersetzte), auf. Diese Arbeit war ein Teil seiner Vorlesungen über Südasien. Die Hörer der Vorlesung spielten die Rolle der indischen Dorfbewohner. Mariott schreibt über diese Erfahrung:

«Die Schauspieler wurden dazu ermutigt, ihre Rollen neu zu schreiben und sie an den Reaktionen der Zuschauer zu überprüfen, die sich bis dahin einige Kenntnisse über Indien angeeignet hatten. Unter ihnen befand sich der kritische Leiter (Mariott), der besonders viel Wert auf eine realistische Körpersprache im Hindu-Stil legte. Allen Beteiligten hat das viel Vergnügen bereitet, jede Aufführung wurde zu einer Überraschung und bot Gelegenheit, einen guten Teil kultureller Information einzubringen» (1982, Brief an den Autor).

Collin Turnbull hat nicht nur mit Peter Brook an dessen Fassung der *Mountain People* gearbeitet, sondern weitergehend an der George Washington-Universität die Beziehung zwischen Anthropologie und Theater erforscht (Garber und Turnbull 1979). Grotowski war schon seit langer Zeit an interkulturellen Aufführungen interessiert. Sein polnisches Theaterlaboratorium hatte als eines der ersten die nicht-europäischen Einflüsse aufgenommen. Seit 1956 war Grotowski mehrere Male in Asien. Er hat mit ästhetischen und rituellen Darstellern aus Haiti, Mexiko, Indien u. a. gearbeitet. Diese und weitere Experimente, die hier keine Erwähnung finden, sind Vorläufer. Die sechs «Berührungspunkte» sind extrem verschlungene Knoten, von denen sich Anthropologen wie auch Theaterleute angezogen fühlen. Um diese Knoten herum – die Turner Grenzfelder nennen würde – formt sich in einem Zwischenbereich die Postmoderne heraus.

Aber warum richtet sich mein Interesse auf diese sechs Berührungspunkte und nicht auf sechs andere, die sich ohne weiteres finden ließen? Diese Punkte mögen das, was definiert werden könnte, nicht erschöpfend behandeln; aber sie markieren einen sehr konkreten und zusammenhängenden Bereich, der für die Aufführungstheoretiker von großem Interesse ist. Wer die Darsteller sind, wie sie ihre zeitlich begrenzte oder bleibende Transformation erreichen, welche Rolle die Zuschauer spielen – das sind die Schlüsselfragen, die sich nicht auf die dramatische Literatur, sondern auf die lebendigen Aufführungen beziehen, wenn man sie aus dem Blickfeld der an der Aufführung Beteiligten stellt. Man würde zu anderen Fragen gelangen, wenn man sich auf die Bühnenmalerei, die Nutzung des Raums, der Kostüme, der Requisiten oder anderer technischer Hilfsmittel – von Marionetten bis hin zu Holographien – konzentrierte. Aber Anthropologie beschäftigt sich, wie der Name schon sagt, mit menschlichen Handlungen. Und obwohl diese anderen Fragen wichtig sind und menschlichen Handlungen entspringen, schlage ich Berührungspunkte vor, die jetzt aufgreifbar sind und die mir zentral erscheinen. Schwieriger ist es, die noch verbleibenden drei Punkte – den Gesamtprozeß der Aufführung, die Überlieferung darstellerischen Wissens und die Frage der Bewertung – einzuordnen. In der Welt, in der ich als Theaterdirektor lebe, stehen sie für bestimmte problematische Bereiche. In gewissem Sinne suche ich nach Hilfe dabei, diese Prozesse zu verstehen – suche einen ganzheitlichen Zugriff auf den Gegenstand der Performance, die Möglichkeit, nicht-literarisches Wissen weiterzugeben und die Beziehung zwischen Künstlern und denen, die Rituale durchführen, und der Gesellschaft insgesamt, in der sie leben. Ich wende mich der Anthropologie nicht als einer Wissenschaft zu, die Probleme lösen wird, sondern weil ich ahne, daß die Paradigmen dort zusammenlaufen. So wie das Theater sich anthropologisiert, wird die Anthropologie theatralisiert. Diese Art des Aufeinanderzugehens ist die historische Möglichkeit jedweden Austausches. Die Annäherung von Anthropologie und Theater ist Teil einer größeren intellektuellen Bewegung, in der sich der Schwerpunkt verschiebt, was die Beurteilung menschlichen Verhaltens angeht. Quantifizierbare Unterschiede zwischen Ursache und Wirkung, Vergangenheit und Zukunft, Form und Inhalt etc. (sowie der gradlinigen Analyseformen, die mit dieser Weltsicht einhergehen) werden zunehmend ersetzt durch die Betonung der Dekonstruktion/Rekonstruktion von Aktualitäten: der Suche nach den verschiedenen Rahmen, des Collagierens, Zusammenschneidens und Erprobens, der Hervorbringung und Manipulation von Verhaltensweisen – dem, was ich «rekodiertes Verhalten» nenne.

Ich wende die Probleme ständig wieder um und bin weit davon entfernt, eines davon zu lösen. Tatsächlich ist mein Ziel eher das einer tiefgreifenden Meditation: einer Betrachtung der talmudischen Komplexität und Vielstimmigkeit. Wir akzeptieren unsere eigene Spezies als sapiens und als Fabrikanten: als diejenigen, die denken und handeln. Wir sind im Begriff zu lernen, daß Menschen auch ludentes sind: diejenigen, die spielen und aufführen.

Literatur

Anderson, Michelle: Authentic voodoo is synthetic, in: Drama review 26 (1982), H. 2, S. 89–110

Barba, Eugenio: Jenseits der schwimmenden Inseln. Reflexionen mit dem Odin Theater. Theorie und Praxis des Freien Theaters. Mit einem Postskript von Ferdinando Taviani. Autorisierte Übersetzung von Walter Ybema. Das Kapitel «Theateranthropologie» und das «Postskript» wurden von Christoph Falke übersetzt. Reinbek (Rowohlt) 1985. (*Anm.:* Der Band enthält mehrere der von Schechner einzeln – mit verschiedenen Veröffentlichungsdaten – zitierten Schriften: Barba 1980 = Theateranthropologie: Erste Hypothese, in: Jenseits..., S. 123–34; Barba 1982a = Theateranthropologie, in: Jenseits..., S. 147–174.)

Brecht, Bertolt: Schriften zum Theater. Über eine nicht-aristotelische Dramatik. Zusammengestellt von Siegfried Unseld. Frankfurt a. M. (Suhrkamp) 1981 (zuerst 1957). (Darin die beiden Arbeiten: Neue Technik der Schauspielkunst, S. 106–114; Verfremdungseffekte in der chinesischen Schauspielkunst, S. 74–89.)

Brook, Peter: On Africa (an Interview), in: Drama Review 17 (1973), H. 3, S. 37–51.

Brown, Trisha: Three Pieces, in: Drama Review 19 (1975), H. 1, S. 26–32.

Csikszentmihalyi, Mihaly: Das *flow*-Erlebnis. Jenseits von Angst und Langeweile: im Tun aufgehen. Stuttgart (Klett-Cotta) 1985.

Garner, Nathan C./Turnbull, Colin M: Anthropology, Drama, and the Human Experience. Washington, D. C. (George Washington University, Division of Experimental Programs) 1979.

Geertz, Clifford: Blurred Genres, in: American Scholar 49 (1980), H. 2, S. 165–182.

Gennep, Arnold Van: The Rites of Passage. (Erstveröff. 1908) Chicago (University of Chicago Press) 1960.

Grotowski, Jerzy: Für ein Armes Theater. Vorwort von Peter Brook. Zürich/ Schwäbisch Hall (Orell Füssli) 1986.

Ishii, Tatsuro: An Examination into the Mature Thought and Conceptual Framework Presented in the Later Treatises of Zeami. (Manuskript) 1982.

Lex, Barbara W.: The Neurobiology of Ritual Trance, in: Aquili, Eugene G. d'/ Laughlin Jr., Charles D./McManus, John: The Spectrum of Ritual. New York (Columbia University Press) 1979.

Marriott, McKim: Manuskript eines Briefes an Richard Schechner, 1982.

Martin, Carol/Schechner, Richard: Seminars/Workshops at the Padatik/ITI Calcutta Meetings, January 1983, in: Quarterly Journal of the National Centre for the Performing Arts. Bombay 1983.

Nearman, Mark J.: Zeami's *Kyui*, in: Monumenta Nipponica 33 (1978), H. 3, S. 299–331.

Pavis, Patrice: Languages of the Stage. New York (Performing Arts Journal Publications) 1982.

Schechner, Richard: Anthropological Analysis, in: Drama Review 22 (1978), H. 3, S. 23–32.

–: Drama, Script, Theatre, and Performance, in: Drama Review 17 (1973), H. 3, S. 5–36.

–: The End of Humanism. Writings on Performance. New York (Performing Arts Journal Publications) 1982.

–: Essays on Performance Theory. New York (Drama Book Specialists) 1977.

Seami: Die geheime Überlieferung des Nô. Aufgezeichnet von Meister Seami. Frankfurt/M. (Insel) 1961, 2. Aufl. 1986. (*Anm.:* In diesem Kapitel wird zitiert aus den folgenden Einzelschriften: Kakyō: Der Spiegel der Blüte, in: Die geheime…, S. 89–118; Kyūi-shidai: Die Folge der Neun Stufen, in: Die geheime…, S. 145–149.)

Shank, Theodore: American Alternative Theatre. New York (Grove Press) 1982.

Shank, Adele Edling/Shank, Theodore: Squat Theatre's *Andy Warhol's Last Love*, in: Drama Review 22 (1978), H. 3, S. 11–22.

Stanislawski, Konstantin Sergeevič: Die Arbeit des Schauspielers an sich selbst. Tagebuch eines Schülers. 2 Bde. Berlin (das europ. buch) 1946.

Turnbull, Colin M./Garner, Nathan C.: siehe Garner & Turnbull.

Turner, Victor/Turner, Edith: Performing Ethnography, in: Drama Review 26 (1982), H. 2, S. 33–50.

Valencia, Anselmo (1981): Aufzeichnung von Beiträgen, die im November 1981 während einer Konferenz über den Hirsch-Tanz der Yaqui und den

Pascola-Tanz in Oradcle, Arizona, abgehalten wurde. Die Konferenz wurde von der Wenner-Gren Foundation for Anthropological Research unterstützt.

Zarrilli, Phillip: The Kathakali Complex. Actor, Performance & Structure. New Delhi (Abhinav Publications) 1984.

2 Vom Ritual zum Theater und zurück: der Prozeß von Wirkung und Unterhaltung

Performative Rhythmen

Die Kaiko-Feierlichkeiten der Tsembaga im Hochland von Neuguinea dauern ein ganzes Jahr, ihren Höhepunkt bildet das *konj-kaiko* (Schweineschlachtfest).[1] *Kaiko* bedeutet Tanz, und im Mittelpunkt dieser Feierlichkeiten stehen Tänze. 1962/63 unterhielten die Tsembaga bei 15 verschiedenen Gelegenheiten, wobei das große Finale, das Konj-kaiko[2], nicht mitgezählt ist, 13 andere Gruppen aus der Umgebung. Um den Erfolg eines Kaiko zu garantieren, wurden junge Tsembaga in die Nachbarschaft geschickt, um das Spektakel anzukündigen und eventuelle Nachrichten über Verspätungen einzelner Gruppen zurückzubringen; in diesem Fall würde das Spektakel bis zur Ankunft der entsprechenden Gruppen ausgesetzt. Ein Tanztag begann damit, daß die Tänzer – nur Männer – badeten, um dann Stunden damit zu verbringen, ihre Kostüme anzulegen sowie Gesicht und Körper zu schminken. Das ‹Sich-selbst-Verzieren› war ein streng genommener, genau und feinfühlig durchgeführter Vorgang. Nach dem ‹Ankleiden› versammelten sich die Tänzer auf dem ebenen gestampften Platz, wo sie zu ihrem Vergnügen und als letzte Probe vor dem Eintreffen der Gäste tanzten. Die Gäste kündigten sich mit Gesängen an, sie waren zu hören, lange bevor man sie sah. Inzwischen hatten sich zahlreiche Zuschauer, Männer, Frauen und Kinder, aus den benachbarten Dörfern versammelt. Diese Zuschauer kamen, um zuzusehen und um Güter auszutauschen.

«Schließlich ziehen sich die ortsansässigen Tänzer auf einen günstigen Ausgangspunkt genau an den Rand der Tanzfläche zurück, von wo aus sie einen ungehinderten Blick auf die Besucher haben und ihren Gesang fortsetzen. Die Besucher nähern sich dem Eingang schweigend, geführt von Männern, die Kampfpakete[3] tragen und in eigenartigem Kampfschritt, Äxte schwingend, gebückt vor der Prozession hin und her laufen. Kurz vor dem Eingang werden sie von einem oder zwei der Einwohner des Dorfes, von dem sie eingeladen wurden, erwartet und durch das Tor geführt. Den Tänzern folgen die Frauen und Kinder, die sich den Zuschauern an den Seitenlinien zugesellen und die mit vielen Umarmungen von den Frauen des Dorfes begrüßt werden. Die tanzende Prozession übernimmt die Mitte der Tanzfläche, der langgezogene tiefe Schlachtruf wird ausgestoßen, die Füße, die vor der Ankunft magisch behandelt worden sind, um stärker tanzen zu können, beginnen zu stampfen. Nachdem sie mehrere Male über die Tanzfläche hin- und hergestürmt sind, auch das Fußstampfen an mehreren Stellen des Platzes wiederholt haben und die Menge durch Händeklatschen ihre Bewunderung über die Kunststücke, den Tanzstil und den Putz zum Ausdruck gebracht hat, beginnen sie zu singen» (Rappaport 1968, S. 187).

In der Aufführung werden Kampftechniken zur Unterhaltung dargeboten. Alle grundlegenden Bewegungen und Gesänge, auch das Erstürmen der Mitte des Platzes, sind übernommene Versatzstücke des Kampfes. Aber der Tsembaga-Tanz ist ein Tanz zur Unterhaltung, was jedem Anwesenden klar ist. Das Tanzen ist hier keine isolierte Aktion wie etwa ein gewöhnlicher Theaterbesuch in Amerika, sondern ein Verhaltenskodex, der in begleitende Handlungen eingebettet ist. Der beschriebene Auftakt fand am späten Nachmittag statt; kurz vor Einbruch der Dunkelheit hörte der Tanz auf, und das Essen, das in der Mitte des Tanzplatzes aufgetürmt war, wurde verteilt und verspeist. Man könnte behaupten, der Tanz dreht sich hauptsächlich *um* das Essen; denn um das Fest, den ganzen Kaiko-Zyklus, überhaupt abhalten zu können, muß von vornherein eine bestimmte Anzahl von Schweinen aufgebracht werden.

«Die Besucher werden gebeten, mit dem Tanz aufzuhören und sich zu versammeln, während einer der Männer, der für die Einladung verantwortlich ist, eine einführende Rede hält. Während er langsam um das in großen Portionen ausgelegte Essen geht, erzählt er von den angestammten Beziehungen beider Gruppen zueinander, von der gegenseitigen Hilfe im Kampf, ihrem Tausch von Frauen und Gütern und von der gegenseitigen Gastfreundschaft in Zeiten der Not... Wenn diese Rede vorüber ist, nehmen die Männer des Dorfes ihre Portionen und geben sie an alle, die mit ihnen tanzten, und deren Frauen weiter» (Rappaport 1968, S. 188).

Nach dem Abendessen wird der Tanz wiederaufgenommen und dauert die ganze Nacht. Wenn der Morgen graut, hat fast jeder mit jedem getanzt, und die daraus entstehende Gemeinsamkeit ist das Zeichen eines festen Bündnisses.

Gegen Morgen wird die Tanzfläche zu einem Marktplatz. Schmuck, Schweine, Felle, Äxte, Messer, Muscheln, Farben und Tabak werden getauscht oder verkauft (das Geld hat in die Ökonomie der Tsembaga Einzug gehalten).

«Der Tauschhandel auf der Tanzfläche passiert ad hoc, man gibt und nimmt gleichzeitig... In den Hütten jedoch wird eine andere Art des Tausches vollzogen. Hier geben die Leute aus den anderen Orten ihren Verwandten oder Handelspartnern Wertgegenstände, für die sie nicht unmittelbar etwas zurückerhalten» (Rappaport 1968, S. 189). Diese gegenseitige Verschuldung ist das Herz des Kaiko. Zu Beginn der Feierlichkeiten schulden die Gastgeber den Gästen Fleisch, und die Gäste schulden ihnen wiederum Tauschhandelsgüter. Im ersten Teil des Kaiko ‹zahlen› die Gastgeber ihren Gästen Fleisch, in der zweiten Hälfte die Gäste ihnen Tauschhandelsgüter. Aber keine dieser gegenseitigen Zahlungen führt zu einem Ausgleich. Wenn das Kaiko vorüber ist, schulden die Gäste den Gastgebern Fleisch und die Gäste den Gastgebern Tauschhandelsgüter. Diese Rollen immer wieder auszutauschen, die ständigen damit verbundenen Forderungen nach Fleisch bzw. Handelsgütern verlangen nach immer weiteren Kaikos, die auch so lange stattfinden, wie das sozio-ökonomische und ästhetisch-rituelle System, das diesen Kaikos zugrunde liegt und sie ermöglicht, noch intakt ist. Dem öffentlichen Handel und dem mehr privaten Austausch von Geschenken folgte ein weiterer Tanz, danach gingen alle nach Hause.

Die Kaiko-Feste sind rituelle Aufführungen. Es geht nicht nur darum, etwas zu tun, sondern man zeigt auch, daß man etwas tut. Dieses Zeigen ist faktisch (das Austauschen und Übergeben von Waren, aus denen ein neues Ungleichgewicht entsteht) wie auch symbolisch (die Bestätigung von Bindungen, die sich in der Gläubiger-Schuldner-Beziehung konkretisieren). Die jeweils wechselnde Gastgeberrolle ist eine Möglichkeit für Gläubiger und Schuldner, ihre Positionen zu tauschen, eine Gelegenheit für den Handel und zum Vergnügen. Bedingung für das Kaiko ist die Möglichkeit zur Anhäufung einer genügenden Menge von Schweinen und Handelsgütern – Voraussetzung zum Tausch – und die Lust, sich gegenseitig zu besuchen, sich mit schönen Kostümen zu schmücken und zu tanzen. Kein einzelner Teil des Kaiko ist sich selbst genug. Das Tanzen ist eine Aufführung und wird auch als solche von den Zuschauern, die scharfe Kritiker sein können, genossen; aber gleichzeitig ist es ein Anlaß, Handel zu treiben, Frauen zu finden, militärische Bündnisse zu erneuern und Stammeshierarchien zu festigen.

«Die Tsembaga sagen: ‹Diejenigen, die zu unserem kaiko erscheinen, kommen auch zu unseren Kämpfen.› Diese Einschätzung der Funktion des Kaiko wird auch von den eingeladenen Gruppen geteilt. Die Vorbereitungen, die getroffen werden, um zu einem Kaiko zu gehen, ähneln sehr denen, die einem Kampf vorausgehen. Kampfpakete werden am Kopf und am Herzen der Tänzer angebracht und gar an ihren Füßen, damit sie im Kampf stark bleiben... Tanzen ist wie Kämpfen. Die Prozession von Besuchern wird von Männern angeführt, die Kampfpakete tragen, und ihr Auftreten auf der Tanzfläche ihrer Gastgeber ist martialisch. Der Zusammenschluß beider Gruppen auf der Tanzfläche ist der symbolische Ausdruck dafür, daß sie auch zusammen kämpfen wollen» (Rappaport 1968, S. 195–196).

Das Kaiko-Tanzspiel ist eine kultivierte Form der Territorial- und Statuskämpfe der Tiere. Die Kaiko-Rituale sind auch ökologisch deutbar als ein Mittel, die Beziehungen der Tsembaga zu ihren Nachbarn, ihren Ländereien und Gütern, ihren Gärten und Jagdgebieten zu organisieren.

Das Kaiko dauert ein Jahr, sein Höhepunkt ist das *konj-kaiko*; es dauert nur wenige Tage, meistens zwei. Kaiko-Jahre sind selten. Es vergehen vielleicht 12 bis 15 Jahre zwischen den Feierlichkeiten; in den 50 bis 60 Jahren bis 1963 führten die Tsembaga vier Kaikos durch. Der Zyklus hängt von Kriegs- und Friedenszeiten ab und demnach vom Reichtum an Schweinen. Nach einem Konj-kaiko, dessen Hauptereignis ein Massenschlachten und das Verteilen von Fleisch ist, folgt einer kurzen Zeit des Friedens ein Krieg, der andauert, bis ein anderer Kaiko-Zyklus beginnt. Dieser dauert wiederum lange genug, um eine ausreichende Anzahl von Schweinen heranzuzüchten für ein Konj-kaiko. Beim Konj-kaiko am 7./8. November 1963 wurden 96 Schweine geschlachtet mit einem Lebendgewicht von insgesamt 15 000 Pfund. Die 7500 Pfund Fleisch, die daraus gewonnen wurden, teilten sich etwa 3000 Menschen.

Was als Tanz beginnt, endet in einem großen Mahl oder, um es in ästhetisch-religiösen Begriffen zu fassen, in einer Kommunion. Seit den Festen in Athen und den mittelalterlichen Prozessionen wurden im Westen Aufführungen nicht mehr in einen Zusammenhang mit Ökonomie, Geselligkeit, Politik und Religion gestellt. Erst mit der Wiederkehr des Holismus in der modernen Gesellschaft scheint zumindest eine Diskussion solcher Zusammenhänge wieder sinnvoll. Es muß klar sein, daß die Tänze des Kaiko weder als reine Ornamente noch als Zeitvertreib oder gar einfach als ‹Teil der Bedeutung› der Beziehungen der Tsembaga untereinander betrachtet werden dürfen. Die Tänze dienen sowohl symbolisch als auch existentiell dem Prozeß des Austausches.

Diese Tänze sind die Säulen eines Systems, welches destruktives Verhalten in nützliche Allianzen umwandelt. Es ist kein Zufall, daß Bewegungen, Gesänge und Kostüme dem Kampf entnommen sind und sie dadurch eine neue, zusätzliche Bedeutung bekommen. Quasi unbewußt vollzieht sich eine positive Wechselwirkung: je prächtiger der Tänzer, desto fester das Bündnis und umgekehrt. Während der Kaikos – und nur in dieser Zeit – ist der Krieg aufgeschoben, während der Kaiko-Zyklen herrscht Frieden. Die Umwandlung kämpferischen Verhaltens in eine Aufführung ist mit dem Kern des griechischen Theaters identisch und über das griechische Theater wiederum eingegangen in westliche Theatergeschichte. Insbesondere die Charakterisierung und die Präsentation realer oder möglicher Ereignisse – die Fabel, der Plot der dramatischen Handlung, ausgearbeitet von Menschen, Göttern oder Dämonen – ist eine Transformation tatsächlichen Verhaltens in symbolisches. Es scheint theatrale Transformationen nur in zwei Varianten zu geben. Die erste ist das Ersetzen antisozialen Verhaltens durch ritualisierte Gesten, die zweite ist das Erfinden von Charakteren, die fiktive oder wirkliche Ereignisse ausspielen, die durch die Aufführung fiktional werden (wie im dokumentarischen Theater oder bei den Gladiatorenkämpfen im alten Rom). Diese beiden Arten von Transformation können sich gleichzeitig ereignen, aber in den meisten Fällen dominiert eine von beiden. Das westliche Theater betont Charakterisierung und Darstellung von Fiktionen, melanesisches Theater hingegen das Ersetzen feindseligen Verhaltens. Theaterformen, die versuchen, beide Tendenzen gleich zu gewichten – Beispiele dafür gibt es in Asien, Ur-Amerika, im mittelalterlichen Europa, Afrika und einigen westlichen experimentellen Performances –, bieten meiner Ansicht nach das beste Modell für ein Theater der Zukunft.

Viele Aufführungen von Völkern, die in Stämmen leben, sind wie das Kaiko Teil des gesellschaftlichen ökologischen Gleichgewichts. Der *Engwura*-Zyklus der Arunta in Australien, der von Spencer und Gillen im ausgehenden 19. Jahrhundert[4] beschrieben wurde, ist ein exzellentes Beispiel dafür, wie eine höchst komplizierte Serie von Aufführungen Teil und Ausdruck der Ökologie eines Volkes sein kann. Die Tatsache, daß es das Engwura nicht mehr gibt, daß es auf kultureller Ebene sozusagen ausgerottet wurde, zeigt die Unvereinbarkeit von Ganzheitlichkeit – dem, was ich darunter verstehe – und der Verfassung, in der sich die westliche Kultur gegenwärtig befindet. Insoweit westliche Theatergruppen also Techniken des Kaiko oder des Engwura übernehmen, sind sie verurteilt, sich abseits der westlichen Hauptströmungen zu bewegen. Allerdings ist es eine der Hauptfunktionen von Avantgarde, Modelle zur Veränderung vorzuschlagen, ‹vorneweg› zu sein. Das Engwura war ein Initiationszyklus, der sich über mehrere Jahre erstreckte, dessen letzte Phase aus Aufführungen bestand, die in einem Zeitraum von drei bis vier Monaten sporadisch stattfanden. Jede Phase des Engwura war vom Zusammentreffen bestimmter Faktoren abhängig: Es mußten genug junge Männer eines bestimmten Alters vorhanden sein, eine genau bestimmte Anzahl älterer Männer mußten bereit sein, die Zeremonie zu leiten, ein Umstand, der besonders in oralen Kulturen von Wichtigkeit ist, und schließlich mußte genügend Essen vorhanden sein, um die Zeremonie abhalten zu können. Erst dann wurden die heiligen Gerätschaften und Bereiche gesäubert und gemäß der Tradition gewissenhaft präpariert. Es mußte natürlich Frieden herrschen unter den benachbarten Stämmen – aber manchmal genügte die Ankündigung eines Engwura, um Frieden zu stiften.

Im täglichen Rhythmus des Engwura spiegelt sich sein monatlicher Rhythmus: Der Aufführungsboden wurde gereinigt, die Gerätschaften repariert und ausgelegt, Körperbemalungen angebracht, Essen zubereitet und verspeist. An jedem Aufführungstag gab es mehrere Vorstellungen, dazwischen Ruhe- und Vorbereitungsphasen. Jede Aufführung dauerte im Durchschnitt zehn Minuten und bestand aus einem charakteristischen Tanz, der mit Trommeln und Gesängen begleitet wurde. Danach ruhten die Darsteller ungefähr zwei Stunden, bevor sie mit den Vorbereitungen für die nächste Aufführung begannen, die wieder zwei Stunden in Anspruch nahmen. Der Tag folgte einem steigenden und einem fallenden Rhythmus (Abbildung unten).[5] Der Aufführungszyklus bildet und beschreibt das Hauptereignis im Lebenszyklus der Arunta-Männer. Persönliche Ereignisse sind, auch wenn sie in einer Serie zusammengefaßt werden, in den kleinen Zyklus der Aufführungen eingebettet, und der große Zyklus, zusammengesetzt aus der Serie

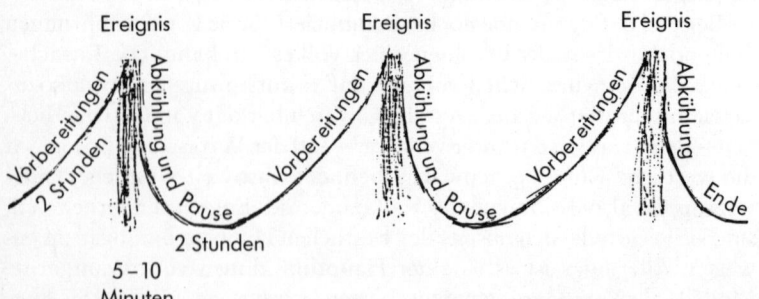

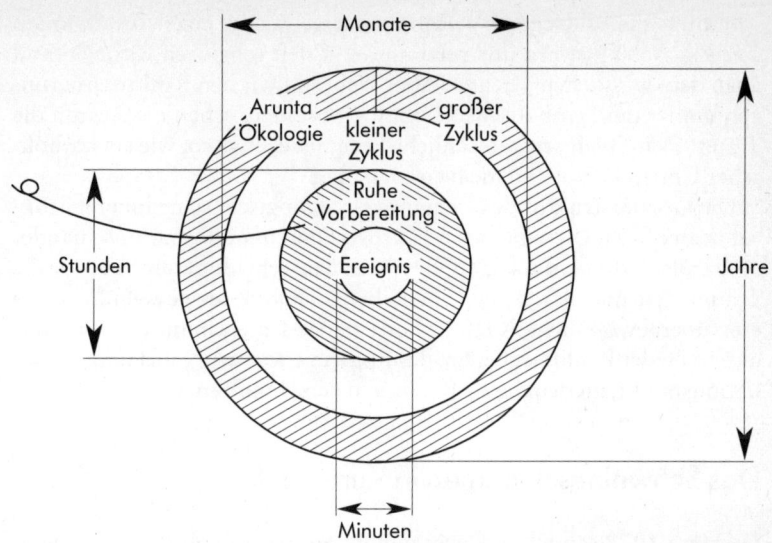

Das Engwura der Arunta

der kleinen Zyklen, paßte sich der Ökologie der Arunta – im Sinne Rappaports – an (Abbildung oben). Jeder Arunta-Mann konnte sicher sein, die Rollen im Aufführungszyklus zu spielen, die dem gesellschaftlichen Status seines Lebens entsprachen: Initiierter, Teilnehmer, Führer oder Zuschauer. An jedem Tag führten die Darsteller kondensierte und konzentrierte Versionen ihrer eigenen Lebenssituationen auf, indem sie zum Beispiel Beziehungen zu ihren Mitbewohnern spielten und ersetzten: Die Tänze, Geschichten, Lieder und Handlungen machten das Herz ihres Arunta-Daseins aus. Jede Phase des Zyklus, die persönlichen Ereignisse, die nur wenige Minuten dauerten, genauso wie der große Zyklus, der mehrere Jahre dauerte, war ein Widerhall (eine Ausdehnung, Konzentration, Wiederholung) aller jeweils anderen Phasen. Der gesamte Aufführungszyklus war ein wichtiges – vielleicht das wichtigste – Ereignis im Leben eines Arunta-Mannes.[6]

Gegenstand jedes kurzen Tanz-Dramas waren Erlebnisse der mythischen Traum-Zeit-Existenz, die die Welt der Aborigines in ihrem Anfang[7] bevölkerten. Diese Ereignisse waren den Arunta sehr wichtig, sie konstituierten daraus ihre Geschichte und ihre eigene Geographie[8], in der jedes Traum-Zeit-Ereignis mit einem bestimmten Ort und einer be-

57

stimmten realen Gegend verbunden war. Bis zu einem bestimmten Grad ist das Engwura uns vertraut, es ähnelt religiösen Ritualen und auch dem westlichen Theater. Aber während wir den Reaktualisierungen immer nur symbolischen Gehalt einräumen, sehen die Arunta die Traum-Zeit-Spiele wie tatsächliche Ereignisse, etwa so, wie ein katholischer Christ die Eucharistie begreifen mag.

Die Gesamtstruktur des Engwura ist analogisch, seine innere Struktur dramatisch. Diese beiden Strukturen sind unauflösbar miteinander verbunden; die Arunta glaubten in einem sehr direkten Sinn an die Traum-Zeit und daran, daß ihr Leben sich von der gewöhnlichen in eine übergewöhnliche Realität bewegt. Sie lebten inmitten der Interaktion beider Realitätsebenen, das Engwura war der Nabel und Kulminationspunkt, an dem beide Realitäten verschmolzen.

Das Schweineschlachten in Kurumugl

Im März 1972 sah ich in Kurumugl im Hochland von Papua-Neuguinea[9] ein ökologisches Ritual, das sehr dem *konj-kaiko* ähnelte, allerdings nicht so umfassend war wie das gesamte Kaiko. Die Aufführungen der Tsembaga sind nicht von einem besonderen Bewußtsein über das, was in und durch das Kaiko passiert, geprägt, das heißt, sie sind sich über die Funktion ihrer Rituale nicht im klaren; abgesehen von anerkennenden oder kritischen Äußerungen bezüglich der Tänze werden keine ästhetischen Kommentare abgegeben. Mit anderen Worten, es gibt keine Aufführungstheoretiker oder Kritiker im westlichen Sinne des Wortes unter den Tsembaga. In Kurumugl wissen die Menschen, was ihr Ritual bewirkt und warum es entstanden ist: Es soll den Krieg zwischen den verfeindeten Gruppen verhindern. Das Ritual in Kurumugl bewegt sich schon auf das zu, was wir heute unter Theater verstehen. Ich werde im folgenden versuchen, den Prozeß zu umreißen, in dem sich Theater aus Ritualen entwickelt und in dem aus Theaterprozessen Rituale werden. Meine Indizien rekrutieren sich nicht aus der Archäologie oder ans anthropologischen Rekonstruktionen.[10] Ich möchte diesen Prozeß, der mir am Herzen liegt, anhand zeitgenössischer oder jedenfalls annähernd zeitgenössischer Quellen dokumentieren. Wie schon gesagt, gibt es die Entwicklung in beide Richtungen, vom Ritual zum Theater wie auch vom Theater zum Ritual.

Anders als die Tanzflächen der Kaiko-Rituale liegen die Versammlungsorte Kurumugls nicht in der Nähe regulärer Dörfer. Die Kolonialregierung Australiens (Papua-Neuguinea wurde erst 1976 unabhängig) hat die Plätze bestimmt, an denen ehemalige Feinde sich zum «sing-sing» (Pidgin-Ausdruck für Tanz-Musik-Theater) versammeln konnten. Der Unterschied zwischen den Tsembaga und den Menschen aus Kurumugl ist, daß sich bei den Kaikos alte Verbündete trafen, während in Kurumugl alte Feinde zusammenkommen.

Obwohl die Aufführungen hier immer in wirklichen Kampf auszuarten drohen, sehen sie dem Konj-kaiko sehr ähnlich: Die Tanzbewegungen und Gesänge sind denen der Kämpfe entliehen, die Gastgruppe erscheint auf einer Tanzfläche, auf der frisch geschlachtetes Schweinefleisch hoch aufgetürmt wurde. Die Feiern, die ich in Kurumugl sah, dauerten zwei Tage. Die Aktivitäten des ersten Tages bestanden darin, überhaupt anzukommen, provisorische Häuser zu errichten und Kochherde zu graben. Alle circa 350 Menschen, die sich am ersten Tag versammelten, waren von ein und demselben Stamm. Sie erwarteten die Ankunft einer etwa gleich starken Gruppe von Gästen, die jüngst ihre Feinde gewesen waren. Der zweite Tag begann mit dem Schlachten von etwa 200 Schweinen, das von den Gastgebern durchgeführt wurde, indem man den Schweinen mit Keulen auf Schnauzen und Köpfe schlug. Während jeder Eigentümer sein eigenes Schwein tötete, rezitierte und sang er davon, wie mühsam es gewesen war, das Schwein großzuziehen, wem es versprochen und was für ein gutes Tier es gewesen war. Diesem *rein der Form wegen* unternommenen Räsonieren wurde unter Lachen und Gebrüll applaudiert, da es oft Witze und böse Invektiven enthielt. Diese Oratorien wurden von den Todesschreien der Schweine begleitet und übertönt. Dann wurden die Tiere ausgeweidet, in Hälften und Viertel zerlegt und in die Erdöfen gelegt, um über heißen Steinen zu garen. Die Innereien wurden in Netzen über dem Ofen geräuchert, die Blasen zu Ballons aufgepustet und an die Kinder verteilt, die überall spielend und lärmend herumliefen. Der Anblick und Geruch von soviel Fleisch regte die Leute – mich eingeschlossen – auf. Man trug keine besondere Kleidung zum Töten. Das einzige sichtbare rituelle Element, das ich entdecken konnte, waren die sorgfältig auf einer altarähnlichen Konstruktion in der Mitte des Platzes ausgelegten Kieferknochen. Von jedem der Kiefer hingen Blumen herab.

Während das Fleisch anfing zu kochen, zogen sich die Männer in ihre Hütten zurück und begannen sich zu schmücken. Von Zeit zu Zeit erschien einer von ihnen, um zu versuchen, einen hohen Schmuck aus Straußenfedern auf seinem Kopf zu plazieren. Die Frauen kochten und kümmerten sich um die Kinder. Ungefähr vier Stunden später wurde das immer noch fast rohe Fleisch aus den Öfen genommen und in langen Reihen ausgelegt. Jede Familie legte ihr eigenes Fleisch aus – wobei die Frauen den größten Teil der Arbeit verrichteten – und zeigte damit ihren Vermögensstand an. Schweinefleisch bedeutet Reichtum im Hochland. Immer mehr Männer beendeten ihre Bemalung und traten vor die Hütten, um sich gegenseitig zu bewundern, allerdings auf eine sehr mißgünstige, konkurrente Weise. Manche der Frauen schmückten sich gleichfalls nach dem Ebenbild der Männer. Es ist schwer zu sagen, ob es sich dabei um eine neuere Entwicklung handelt oder um Tradition, und ich weiß auch nicht, warum manche der Frauen es taten und andere nicht. Ein Mann lud Joan MacIntosh [11] und mich in seine Hütte ein, um ihm bei seiner Bemalung zuzuschauen. Er stellte einen Spiegel und ein Farbtöpfchen (aus einem Handelsdepot, das von Japanern geführt wurde) vor sich auf und legte Blau, Rot und Schwarz auf Oberkörper, Schultern, Arme und Gesicht. Er bemalte die eine Seite seiner Nase rot, die andere blau. Ich fragte ihn, was die Muster bedeuteten; er sagte, er habe sie gewählt, weil sie ihm gefielen. Die australischen Aborigines schmücken sich im Gegensatz dazu mit Mustern, deren jede Einzelheit mit der Geschichte ihrer Ahnen verknüpft ist, mit Traum-Zeit-Wesen, sexueller Magie oder neueren Erlebnissen. Die Bemalungen der Aborigines sind Landkarten und erzählte Geschichte.

Unser Gastgeber-Darsteller zeigte uns seinen Kopfschmuck aus vier Fuß langen Federn. Dann trat er aus der Dunkelheit der Hütte hinaus in das gleißende Sonnenlicht, um ihn auszuprobieren. Als er sich erhob, fiel die Laxheit von ihm ab, er streckte buchstäblich seine Brust nach vorn, ließ einen langen Kriegsruf hören, setzte den Kopfputz auf und stellte sich aus. Er war für eine soziale Rolle, nicht für eine dramatische kostümiert – das heißt, nicht um eine fiktive Figur darzustellen, deren Leben von dem seinen zu trennen wäre, sondern um sich selber, seine Stärke und Kraft, seinen Reichtum und seine Autorität zu demonstrieren.

Es ist nicht einfach, zwischen diesen beiden Arten von Rollen zu unterscheiden, da es sich nicht um simple Oppositionen handelt. Im Drama ist der Text von vornherein in jeder Einzelheit festgelegt, die genauen Gesten der Rollen werden für einen bestimmten Anlaß geprobt (jeder dieser ‹Anlässe› bringt verschiedene ‹Gesten› hervor), während ‹im Leben› der Text durch den fortlaufenden Prozeß ersetzt wird, der in Gang gesetzt wird durch die objektiven Erfordernisse der Rolle einerseits und die subjektiven Motivationen und Ziele der Schauspieler andererseits. [12] Das Bewußtsein darüber, daß soziale und dramatische Rollen tatsächlich in einer engen Beziehung zueinander stehen und ihre Berührungspunkte mehr in der *Inszenierung* gesucht werden müssen als im Kopf des Schreibers, ist eine der Hauptentwicklungen des zeitgenössischen Theaters. Diese Tendenz wurde von Film und Fernsehen unterstützt – vom Film, weil in ihm die dramatische Aktion ‹wie im wirklichen Leben› präsentiert werden soll, und im Fernsehen, weil es das ‹wirkliche Leben da draußen› ins eigene Wohnzimmer bringt. Fernsehnachrichten sind Inszenierungen nicht nur in dem Sinn, daß Rohmaterial auf das Fernsehformat zugeschnitten wird und als Sendezeit in vorgeschriebenen Einheiten verkauft werden muß (Einheiten entsprechend der Fähigkeit eines durchschnittlichen Zuschauers, sich zu konzentrieren), sondern auch in dem Medienereignisse und kamerawirksame Gelegenheiten eine Sorte von Begebenheiten zu sein scheinen, die für das Fernsehen erfunden worden sind. Viele Guerilla-Aktivitäten, terroristische Anschläge, Entführungen, Attentate, Demonstrationen, nicht zu zählen banale Ereignisse wie Pressekonferenzen, Widmungen öffentlicher Gebäude und Paraden, sind theatralisierte Ereignisse, ‹aufgeführt›, um eine größere Anzahl von Menschen qua Fernsehen zu erreichen. Die Mächtigen haben immer den Zutritt, wenn nicht sogar die Kontrolle über die Medien innegehabt. Das Fernsehen ist sehr viel flexibler und schneller als das geschriebene Wort und zelebriert Demokratie, indem es den Appetit auf Nachrichten weckt. Ansonsten unsichtbare Gruppen von Menschen können gesehen und gehört werden, wenn sie etwas ‹Medienwirksames› tun, und gewinnen so an Einfluß. Im Gegenzug geben die Obrigkeiten Erklärungen ab, führen Vergeltungsmaßnahmen durch und versuchen auf andere Weise, ‹die Terroristen zu terrorisieren›. Der durchschnittliche Zuschauer, meistens paralysiert durch dieses Imponiergehabe und die Zurschaustellung von Macht, ist aufgerufen, zwischen ‹richtig› und ‹falsch› zu unterscheiden. Austausch zweier Personen, Aktivist und Obrigkeit ist in Wirklichkeit ein Drei-Personen-Arrangement, wobei der unsichtbare Zuschauer meist als Adressat funktioniert. So werden wir ständig dazu erzogen, Kommunikation als etwas Schauspielerisches zu begreifen.[13]

In Kurumugl kann man eine ähnliche Auffassung vom Schauspielerischen sehen. Die Selbstpräsentation der Männer gilt zunächst ihren Freunden, die sie beeindrucken, und später am Tag ihren Feinden, denen sie imponieren wollen. Wenn diese Völker ‹technisiert› werden (sie haben schon Flugzeuge, bevor sie Autos besitzen, und Fernseher vor der Zeitung) springen sie nicht in das 20. Jahrhundert, sondern darüber

hinaus direkt vom ⌈vorindustriellen in ein postmodernes Stammeswesen. Der große Unterschied zwischen beidem ist, daß vorindustrielles
Stammeswesen die Macht unter einer großen Anzahl von örtlichen Lei-
tern aufteilt. Postmoderne Stammesherrschaft beinhaltet die sehr
einfache Möglichkeit, große Ballungsgebiete zu kontrollieren. Mit
Stammeswesen meine ich: Das Formen sozialer Rollen geschieht nicht
individuell, sondern durch ein Kollektiv; schauspielerisch-ritualisierte
Ereignisse werden durch ganz normale Vorgänge ersetzt; die Sakrali-
sierung oder zunehmende Kodifizierung aller Erfahrung und das Verschwinden von Einsamkeit, aber auch unmittelbarer Intimität von
Zweierbeziehungen, wie sie sich im Westen seit der Renaissance entwickelt haben, sind die Folge. Postmodernes Stammeswesen ist Mittelalter unter den Vorzeichen der Technologie.

Dieses Stammeswesen ist gut für das Theater, wenn man unter gut
versteht, daß die meisten sozialen Situationen von konventionellen, äußeren Gesten, die aufgeladen sind mit metaphorisch-symbolischer Bedeutung, beherrscht werden. Der Untergang des Theaters im Theater
wird wahrscheinlich weiter voranschreiten; aber das Theater ‹im Leben› wird immer weitere Bereiche durchdringen, die alltäglichen und
die besonderen. Anomie, Gesetzlosigkeit, mangelnde soziale Ordnung
und Identitätskrisen verschwinden, an ihre Stelle treten festgesetzte
Rollen und Übergangsriten, welche die Personen nicht nur von einem
Status zum nächsten, sondern auch von einer Identität zur anderen begleiten. Diese Transformationen werden mit den Mitteln der Performance erreicht.

Als der Darsteller in Kurumugl aus seiner Hütte trat, gesellte er sich
einer Gruppe neidischer Männer zu, deren Kostüme, wie sein eigenes,
eigentümliche Zusammensetzungen aus traditionellen und importierten modernen Utensilien waren: Sonnenbrillen und Knochen, die
durch die Nase gestochen wurden; Zigarettenhalter und selbstge-
machte Tabakpfeifen, Khakishorts und Grasröckchen. Aber trotz des
Zusammenbruchs traditioneller Kostümierung wurde auf der Ebene
getrennter Gegenstände ein altes rituelles Muster durchgeführt: ein
ökologisches Ritual, in dem Schweinefleisch das sogenannte *pay-back*
(«pay-back» = Pidgin für die Erfüllung einer zeremoniellen Pflicht)
den Gästen gegenüber darstellte. Wie bei den Tsembaga stand jeder
erwachsene Mann in Kurumugl in einer Schuldnerbeziehung zu den
Personen, die am Nachmittag des zweiten Tages ankamen. Wesentlich
an der Rückzahlung der Schuld ist, daß sie das Geschuldete um einiges
übertreffen muß.[14] Die Zeremonie der Rückzahlung beinhaltet eine

Umkehrung der Rollenverhältnisse, indem der Gläubiger zum Schuldner wird und umgekehrt. Nur so kann sichergestellt werden, daß weitere Zeremonien folgen, wenn der Schuldner genügend Schweine angesammelt hat. Dieser Zyklus des Ungleichgewichts mag mehrere Gruppen in einem komplizierten Netzwerk zusammenschließen; sicher ist, daß nie ein Gleichgewicht erreicht werden wird, denn das würde den Verpflichtungen ein Ende setzen und Krieg bedeuten oder einen schalen Frieden. Solange also die gegenseitigen Verpflichtungen bestehen, erzeugt das soziale Netz in Wellen ständige Rückzahlungen, welche die Intaktheit der Beziehungen, ja des ganzen Systems garantieren.

Die Besucher, die sich Kurumugl näherten, kamen nicht wie Freunde zu einem Fest, sondern als Eroberer, die einforderten, was ihnen zustand. Die Aufführung am Nachmittag war kein Fest, sondern ein ritueller Kampf, wobei die Gäste in einem abgewandelten Kriegstanz, bewaffnet mit Kampfspeeren, Kurumugl angriffen und die Bewohner ihren Boden und die riesigen aufgetürmten Fleischhaufen in der Mitte verteidigten. Statt eines geheimen Stoßtrupps kamen Tänzer, statt menschlicher Opfer und eines unsicheren Ausgangs wußte jeder, was geschehen würde. Ein ritualisiertes soziales Drama (das der Krieg im Hochland oft ist) bewegt sich auf das ästhetische Drama, auf eine Feierlichkeit zu, geführt von einem Handlungstext, der im voraus gekannt, der sorgfältig vorbereitet und strikt durchgeführt wird.

Wiederum sind die Unterschiede zwischen sozialem und ästhetischem Drama nicht leicht herauszufinden. Soziales Drama besitzt mehr Variable, der Ausgang ist zweifelhafter, es ist wie bei einem Spiel oder einem sportlichen Ereignis. Ästhetisches Drama ist fast vollständig im voraus festgelegt. Die Teilnehmer konzentrieren sich nicht auf Strategien, ihr Ziel zu erreichen – in Kurumugl dort einzudringen, wo das Fleisch ist, bzw. die Fleischhaufen zu verteidigen –, sondern darauf, sich auszuspielen. Ästhetisches Drama ist weniger instrumentell, statt dessen ornamentaler als soziales Drama; auch kann es symbolische Zeiten und Räume benutzen und so völlig fiktiv werden.

Am frühen Nachmittag des zweiten Tages hörte ich außerhalb des Camps den Chorgesang und die Rufe des Angreifers. Die dadurch aufgeregten Menschen im Camp antworteten ihnen, so daß ein antiphonischer Wechselgesang entstand. Dann eilten die Männer und etwa 20 Frauen vollbewaffnet an die Grenzen von Kurumugl, um den rituellen Kampf zu eröffnen. Beide Seiten waren mit Pfeil und Bogen, Speeren und Stöcken und mit Äxten bewehrt. Sie sangen in einem den Hochländern gebräuchlichen Rhythmus, indem ein Chorführer eine Phrase vorgab und der Rest unisono einfiel. Dieser Rundgesang bestand aus lauten nasalen Tönen, abwechselnd viertel und halbe Noten pointierend, gefolgt von *ketchakartigen*[15] grunzenden, gestöhnten Stakkatos. Von ungefähr ein Uhr bis fünf Uhr am Nachmittag waren die Gruppen in hitzigem rituellem Kampf verstrickt. Jeder Gesangs- und Tanzzyklus erreichte dann seinen Höhepunkt, wenn die Krieger der jeweiligen Parteien von beiden Seiten vorwärts drangen, die Speere zum Werfen bereit, und buchstäblich in der letzten Sekunde der Wurf ersetzt wurde durch einen schnellen Ausfallschritt aus dem Knie heraus. Die Waffen wurden dadurch zu Requisiten einer aggressiven Aufführung, die, wo sie nicht Freundschaft zu stiften imstande war, doch zumindest die tödliche Konfrontation ersetzte. Die Angriffe der Eroberer wurden Dutzende von Malen wiederholt und ein wertvolles Erdnußfeld dabei in Schlamm verwandelt – jeder Angriff traf auf erbitterte Gegenwehr. Stück für Stück allerdings drangen die Angreifer zum Kern des Camps vor, zu den Fleischhaufen und dem Altar aus Kieferknochen und Blumen. Das gesamte vorher in langen Reihen ausgelegte und zur Schau gestellte Fleisch war nun aufgeschichtet – ein gewaltiger Haufen von Beinen, Schwänzen, Rippen und Schenkeln, ein großes Durcheinander. Drei lebendige junge Ziegen wurden am Rand des Fleischhaufens angebunden. Sobald die Angreifer den Fleischhaufen erreicht hatten, vermischten sie sich mit den Gastgebern zu einer einzigen röhrenden, singenden, tanzenden Masse von Kriegern. Sie tanzten fast eine Stunde lang immer um das Fleisch herum. Ich war zwischen den bewaffneten Tänzern und dem Fleischhaufen an einen Baum gepreßt. Von dem umherhastenden Schwarm von Kriegern wurde mir schwindelig. Dann hörte das Tanzen plötzlich auf, Redner griffen in das Fleisch, zogen ein Bein, einen Schenkel oder eine Rippe heraus und deklamierten dazu Sprechgesänge wie «dieses Schwein gebe ich dir als Bezahlung für das Schwein, das du meinem Vater vor drei Jahren gegeben hast. Dein Schwein war mager, knochig und hatte kein Fett, aber mein Schwein ist riesig, hat viel Fett und Fleisch... Schau her! Es ist viel besser als das, was mein Vater erhielt. Meine ganze Familie, besonders meine Brüder werden sich erinnern, daß wir dir heute mehr geben, als du uns gabst, so daß du uns etwas schuldest und uns helfen mußt, wenn wir dich im Kampf an unserer Seite brauchen...» Manchmal wurde aus dem Sprechgesang ein Lied, manchmal wurden Beleidigungen hin- und hergeheult. Der Spaß an dem Rededuell und an den Scherzen hat einen ernsthaften Hintergrund: Die Teilnehmer vergaßen niemals, daß sie kurze Zeit vorher blutige Feinde gewesen waren. Nach mehr als einer

Stunde des Redens wurde das Fleisch verteilt. Es wurde auf Schlitten geladen, und unter Gesängen verließen ganze Familien den Platz mit ihrem Anteil. Dieses Fleisch fand im Rahmen der Netzwerkverpflichtungen seinen Weg zu Menschen, die, weit weg von Kurumugl, an diesem Nachmittag nicht anwesend sein konnten.

Transformances

Das performative Ritual in Kurumugl besteht aus dem Verteilen von Fleisch, dem rituellen Kampf, dem Verschmelzen zweier feindlicher Gruppen zu einer zusammenarbeitenden, aus dem Halten von Reden und dem Davontragen der Fleischanteile. Die Vorbereitungen zu dieser Aufführung sind beides: kurzfristig am Tag vorher im Camp und am Aufenthaltsort der Besucher und langfristig in bezug auf die Schweinemast, das Herstellen der Kostüme und des Schmucks und in bezug auf das Festsetzen eines entsprechenden Termins für die Schlachtung und Verteilung des Fleisches. Nach der Aufführung kommt das Reinemachen, die Heimreise, das Weiterverteilen des Fleisches, das Feiern und das Geschichten wieder und wieder Erzählen, die sich um das vergangene Ereignis ranken. Mit den Mitteln der Aufführung (im Sinne eines performativen Rituals) wird das grundlegende Verhältnis zwischen den Eindringlingen und den Gastgebern umgekehrt.

Zustand 1 ⟶	Transformation ⟶	Zustand 2
Gruppe A ist		Gruppe B ist
Schuldner der		Schuldner der
Gruppe B		Gruppe A

Wie in allen Riten des Übergangs ist während der Vorstellung etwas geschehen. Die Vorstellung hat den Wechsel des Status symbolisiert und aktualisiert. Das Treffen in Kurumugl, das Schweineschlachten, Tanzen, Geben und Nehmen des Fleisches, war der Prozeß, in Laufe dessen die Umkehrung der Rollen von Gast und Eindringling vollzogen wurde. Dies war der einzige Prozeß, abgesehen vom Krieg, der von allen in Kurumugl versammelten Gruppen akzeptiert wurde. Das Tanzen und auch das Geben und Nehmen des Fleisches symbolisieren nicht nur die veränderte Beziehung zwischen Gastgebern und Eindringlingen, sie *sind* der Wechsel selbst. Diese Überschneidungen von symbolischem und tatsächlichem Ereignis gibt es im ästhetischen Theater nicht. Im ästhetischen Theater und im Tanz existiert ausschließlich das Symbolische. Trotzdem gibt es auch im ästhetischen Theater einen Zugang zur Aktualität, nämlich indem der Schauspieler selbst zum ‹Autor› seiner/ihrer Aktionen gemacht wird in dem Sinn, wie Brecht einen Charakter gebildet hätte, der den Schauspieler hinter seiner Rolle sichtbar werden läßt. Das Einbeziehen psychodramatischer Techniken spiegelt die Sorge um den Verlust der Individualität, der so typisch ist für westliche Gesellschaften. Wo Distanzierungsverfahren benutzt werden, ist ein ganz bestimmtes politisches oder soziales Bewußtsein im Spiel, und Menschen werden dann nicht allein als Individuen gezeigt, sondern als Mitglieder größerer sozialer Einheiten.

In den 60er Jahren konstituierte sich eine Bewegung, die in den 70er und 80er Jahren ihrem Höhepunkt zusteuerte. Performance-Künstler erfanden ‹actuals›, hausgemachte Rituale, mit denen Transformationen wie die in Kurumugl intendierten erreicht werden sollten. Aber ein Widerspruch unterminierte diese Bemühungen. In Kurumugl war es tatsächlich möglich, entsprechend viele Menschen und Reichtümer an einem Platz zu versammeln, um das, was mit den Mitteln des performativen Rituals erreicht werden konnte, einen definitiven Einfluß auf die ökonomische, politische und soziale Macht ausüben zu lassen. In zeitgenössischen westlichen Gesellschaften hingegen zeigen die Theatervorstellungen entweder nur die Scharaden der Macht, oder es ist so, daß die tatsächlichen Veränderungen, die während einer Vorstellung von den Performance-Künstlern durchgespielt werden, nur ganz wenige Menschen überhaupt tangieren. Wenn die Künstler oder das Publikum erkennen, daß die ausgeführten ‹Rituale› nur symbolische Aktivitäten sind, maskiert wie tatsächliche Aktionen, überkommt sie oft ein Gefühl großer Hilflosigkeit. Sogenannte ‹wirkliche› Begebenheiten werden zu Metaphern. Regierungen können großangelegten Pomp entfalten, zum Beispiel militärische Paraden; aber weit davon entfernt, Veränderungen herbeizuführen, sind diese Rituale im Gegenteil dazu gemacht, um ihnen vorzubeugen.

In Kurumugl ist die Verwandlung eines Schuldners in einen Gläubiger nicht einfach eine Gelegenheit zu einer Aufführung (wie eine Geburtstagsparty, die den Alterswechsel nicht berücksichtigt). Die Aufführung in Kurumugl läßt gleichzeitig passieren, was sie flieht. Sie bietet hinreichend Zeit am richtigen Ort, um den Austausch, der stattfinden soll, zu ermöglichen: Sie ist die Eintrittsschwelle, ein fließender Mittelpunkt zwischen zwei festgelegten Strukturen. Dieser Mittelpunkt entsteht in der kurzen Zeit, in der die beiden Gruppen in dem Tanzzirkel verschmelzen. In dieser Grenz-Zeit ist *communitas* möglich, die Einebnung aller Unterschiede in die Ekstase, die so viele dieser Aufführungen charakterisiert (Victor Turner 1969, 1974, 1982 und 1985). Dann und nur dann kann Austausch stattfinden.

Kriegsparteien	transformiert in	tanzende Gruppen
menschliche Opfer		Schweinefleisch
Kampfkleidung		Kostüme
Kampf		Tanz

Gläubiger		Schuldner
Schuldner		Gläubiger
zwei Gruppen		eine Gruppe

Diese Transformationen oberhalb der Linie verwandeln gefährliche Begegnungen in der Wirklichkeit in weniger gefährliche Zustände ästhetischer und sozialer Wirklichkeit; die Transformationen unterhalb der Linie betreffen den Wechsel von einer Aktualität zur anderen. Nur weil die Transformationen oberhalb der Linie stattfinden, vollziehen sich die unterhalb der Linie in Frieden. Alle Transformationen – ästhetische und soziale genauso wie die aktuellen – sind zeitlich begrenzt. Das Fleisch wird gegessen sein, die Kostüme abgelegt, der Tanz beendet. Die verschmolzene Gruppe wird sich entsprechend der ihnen vertrauten Trennungen wieder teilen; die Schuldner von heute sind die Gläubiger des kommenden Jahres etc. Mit dem Tanzen und Schweineschlachten in Kurumugl wird ein schwieriger und möglicherweise gefährlicher Tausch von Status und Waren mit einem Minimum an Gefahr bewerkstelligt und mit dem größtmöglichen Vergnügen daran. Ein performativer Ritus war das Mittel, tatsächliche Ergebnisse zu erzielen – das Bezahlen von Schulden und das Inkraftsetzen neuer Verpflichtungen. Der Tanz ist nicht dazu da, die Veränderungen zu kennzeichnen oder zu symbolisieren, er geht nicht den Veränderungen voran oder hinterher, sondern ist selbst das Medium der Transformation unterhalb der Linie, ist Teil der Veränderung, jedenfalls ist er mehr als einfach der Handel mit Fleisch. Die Aufführung von Kurumugl war wirksam.

Die Aufführungen der Tsembaga, der Arunta und die in Kurumugl sind ökologische Rituale. Mit welchem Vergnügen auch immer und wie sorgfältig vorbereitet die Tänzer selbst sind, die Tänze finden statt, weil etwas bestimmtes anderes in ihnen stattfinden und erreicht werden soll. Wenn das mißlingt, wenn die zwei Gruppen nicht zu einer miteinander verschmelzen, sondern ein Kampf ausbricht, findet der Tausch des Fleisches nicht statt; die Transformation der Schuldner in Gläubiger und vice versa wird nicht vollzogen. In religiösen Ritualen sollen Dinge erreicht werden, indem an einen transzendenten Anderen appelliert wird (der entweder in der Gestalt einer Person oder in einem Surrogat seiner selbst in Erscheinung tritt). In ökologischen Ritualen ist entweder die andere Gruppe, der zu erreichende Status oder irgendein anderes menschliches Arrangement Objekt der Aufführung. Ein ökologisches Ritual, welches unter dem Strich kein Ergebnis vorweisen kann, wird irgendwann nicht mehr durchgeführt werden. In Kurumugl wird oberhalb der Linie aggressives Verhalten in harmlos vergnügliches Verhalten transformiert. Die Analogien zu bestimmten biologischen Adaptionen unter den Tieren sind dabei für mich verblüffend.[16]

Die Verflechtung von Unterhaltung und Wirksamkeit

Im Hochland von Papua-Neuguinea wurden zunächst unter dem Druck der Kolonialpolizei, später aus eigenem Antrieb der Eingeborenen die kriegerischen Handlungen der Stämme in Tänze transformiert. In dem Maße, wie die Wichtigkeit der Tätigkeiten oberhalb der Linie zunimmt, wird auch die Unterhaltung als Grund für Aufführungen im Verhältnis zur Wirksamkeit mehr in den Vordergrund geschoben. Vielleicht tanzten die Menschen in Kurumugl zuerst, um dabei die Schweine und die sozialen Verpflichtungen auszutauschen. Später aber diente der Tausch von Schweinen als Vorwand für den Tanz. Nicht allein müssen Schuldner bzw. Gläubiger die Rollen wechseln; genauso wichtig ist es für die Menschen, sich zu zeigen, zu tanzen, eine schöne Zeit zu verbringen. Nicht nur der Ergebnisse wegen werden die Tänze aufgeführt, die Leute mögen das *sing-sing* um seiner selbst willen. Wirksamkeit und Unterhaltung sind nicht grundsätzlich Gegensätze, sondern bilden tatsächlich an ihren äußersten Polen einen unlösbaren Zusammenhang im Leben der Menschen.

Die Basispolarität besteht also zwischen Wirksamkeit und Unterhaltung, nicht zwischen Ritual und Theater. Ob man eine bestimmte Aufführung als ‹Ritual› oder als ‹Theater› bezeichnet, hängt hauptsächlich von Kontext und Funktion ab. Ob eine Aufführung Ritual oder Theater genannt wird, hängt davon ab, wer sie durchführt, wo das getan

Wirksamkeit ⟵⟶	Unterhaltung
(Ritual)	(Theater)
Ergebnisse	Vergnügen
Verbindung zu einem nicht anwesenden Anderen	nur für die, die da sind
Abschaffung von Zeit, symbolische Zeit	betont das ‹Jetzt›
bringt das Andere hierher	versetzt die Zuschauer in das Andere
Darsteller besessen, in Trance	Darsteller weiß, was er tut
Zuschauer nehmen teil	Zuschauer sehen zu
Zuschauer glauben	Zuschauer vergnügen sich
Kritik ist verboten	Kritik wird gefordert
kollektive Kreativität	individuelle Kreativität

wird und unter welchen Umständen. Wenn der Zweck der Aufführung darin besteht, Transformationen zu bewirken – wirksam zu sein –, werden alle anderen Merkmale, die zu dem Stichwort der Wirksamkeit gehören, vermutlich auch zu finden sein, und die Aufführung ist ein Ritual. Dasselbe gilt umgekehrt für die Merkmale unter dem Stichwort der Unterhaltung. Kaum eine Aufführung ist allerdings reines Ritual oder ausschließlich Unterhaltung. Kompliziert ist es, weil man eine Aufführung unter sehr verschiedenen Gesichtspunkten betrachten kann; jeder Wechsel der Perspektive verändert die Zuordnung. Beispielsweise ist ein Broadway-Musical Unterhaltung, wenn man sich auf das konzentriert, was auf der Bühne und im Zuschauerraum stattfindet. Aber wenn man den Blick öffnet auf die Proben und auf das, was hinter der Bühne vor, während und nach der Vorstellung passiert, auf die Bedeutung der Rollen für das Leben jedes einzelnen Schauspielers, wenn man das von den Sponsoren investierte Geld berücksichtigt und den Grund der Besucher, sich diese Vorstellung anzuschauen (um einem Geschäftsfreund etwas zu bieten, um die Karriere voranzutreiben, aus Spaß oder Gutmütigkeit), wie sie ihre Eintrittskarten bezahlen (individuell oder per Überweisung als Abonnent), dann wird sogar ein Broadway-Musical zu mehr als nur zu einer Sache der Zerstreuung und zeigt ritualhafte Züge; das gleiche gilt für die Einblicke in die Ökonomie und die Mikrostrukturen sozialer Organisationen.

In den 60er und 70er Jahren sah man dann Künstler, die den Probenprozeß und das Ausstellen der Requisiten in den Vordergrund stellten. Das begann mit dem Vorzeigen der Beleuchtungseinrichtungen, dem Benutzen des halben Vorhangs nach Brechtscher Manier oder gar dem

Weglassen des Vorhangs überhaupt (Brecht verdankte seine Idee dem asiatischen Theater, in dem der halbe Vorhang eine wichtige Rolle spielt). Seit ungefähr 1965 wurde dem Zuschauer der komplette Prozeß von der Entwicklung einer Performance bis hin zur Aufführung gezeigt, als da sind: der Workshop, der zur Aufführung hinführen wird, verschiedene Techniken theatraler Produktion, Möglichkeiten, das Publikum in den Raum zu geleiten und wieder hinaus, zusammen mit vielen anderen vormals unberücksichtigten oder versteckten Prozeduren. All das wurde allerdings schnell problematisch, weil sich die Subjekte der theatralischen Erkundungen manipulierbar zeigten.

Derartige Prozeduren haben zu tun mit dem Theater als solchem und sind, was das Theater angeht, wirksam, das heißt, sie machen das Theater zum Theater, unabhängig von Themen, Handlungen oder den normalen ‹Elementen des Dramas›. Regisseure und Choreographen entdeckten die Reflexivität, auch wenn sie dabei die narrativen Elemente zeitweilig verwarfen. Die Geschichte der Entstehung einer Performance ersetzte dabei die Art der Geschichte, die auf dem Theater normalerweise erzählt wurde. Die selbstreferentielle, reflexive Art des Aufführens ist ein Beispiel für das, was Gregory Bateson «Metakommunikation» genannt hat – «Signale, deren Subjekt das Verhältnis der Sprecher untereinander ist» (Bateson 1972, S. 178). Als solches signalisiert diese reflexive Phase des Theaters deutlich, daß der Zuschauer von nun an als ‹Sprecher› in den theatralen Vorgang einzubeziehen sei. So scheint es nur natürlich, daß Reflexivität im Theater mit dem Phänomen der Publikumseinbeziehung Hand in Hand ging. Weiterhin war meines Erachtens die Aufmerksamkeit, die dem Prozeß der Produktion zuteil wurde, dem Versuch geschuldet, das Theater zu ritualisieren, ihm Wirksamkeit abzuringen. ‹Das ist es, was wir wirklich sind und was wir wirklich tun› und ‹wir können es mit euch zusammen tun› waren die Hauptbotschaften. In einer Zeit, in der ‹Authentizität› als Begriff sehr schwer zu definieren war und ist, in der das öffentliche Leben zunehmend zum Theater wird, schien es dem Performer geboten, seine traditionellen Masken abzunehmen – nicht mehr jemand zu sein, der ‹spielt›, den Narren macht oder lügt (Formen öffentlicher Maskeraden), sondern jemand zu sein, der ‹die Wahrheit› sagt in einem absolut verstandenen Sinn, oder zumindest, wenn der Anspruch nicht eingelöst wurde, zu sagen, wie die Masken aufgesetzt worden sind und abgenommen werden können, um das Publikum in der theatralischen Täuschung der alltäglichen Praxis zu erziehen, die politische Führer und Medienbosse ausüben. Statt zum Spiegel der Zeit zu werden, in welcher der Schauspieler lebt, erwartet man von ihm eine heilende Wirkung auf diese Zeit. Berufe, die dem Theater als Modell dienen, schließen die Medizin und die kirchlichen Berufe ein. So ist es kein Wunder, daß sich der Schamanismus unter Theaterleuten solch großer Popularität erfreut: der Schamanismus ist der religiöse Zweig der Heilkunst, er ist voller Tricks, und das scheint theatralisch.[17]

In den 60er und 70er Jahren begann die Wirksamkeit immer mehr die Unterhaltung im Theater zu dominieren. Auch wenn die 80er Jahre offensichtlich zur Unterhaltung zurückzukehren scheinen, wird man bei nur kurzem Nachdenken sehen, daß dem nicht so ist. Erstens haben sich bestimmte, in den 60er Jahren entwickelte Techniken inzwischen zu Allgemeinplätzen etabliert: Performative Ereignisse in ‹Nicht›-Theatern aufzuführen ist normal geworden; die Vorbereitungen und der Entstehungsprozeß einer Aufführung werden ausgestellt, sehr persönliche Dinge werden in die Arbeit integriert oder neben dem ‹öffentlichen› fiktiven Material gezeigt. Zweitens beziehen viele Praktiker des sogenannten Dritten oder Alternativen Theaters ihre Erfahrungen direkt aus Techniken des Schamanismus und integrieren sie in ihre kreativen eigenen oder öffentlichen Feiern, desgleichen in jede Art von ‹nützlichen› rituellen Ereignissen.[18] Paratheatralische Ereignisse lösen die Opposition Zuschauer–Performer auf[19], während ein wichtiger Zweig der darstellenden Kunst damit beschäftigt ist, die Unterscheidung zwischen Kunst und Leben überhaupt aufzuheben.[20] Desgleichen ist ein Wechsel in der Wahrnehmung dessen zu verzeichnen, was man für theatralisch hält – so daß politische Aktionen, konfliktuöses oder unharmonisches Verhalten auf der persönlichen und der Ebene des sozialen Dramas, Rollenverhalten im alltäglichen Leben, emotionales Training, das Übungen für Berufszwecke enthält, um mit Krisensituationen fertig zu werden – all diese mehr oder weniger komplizierten Interaktionen zunehmend eingegliedert erscheinen in den Bereich von Theater und Ritual.

In dem Diagramm sieht man den Versuch, der Theatergeschichte eine allumfassende Gestalt in Form einer Darstellung der verflochtenen Struktur von Wirksamkeit (Ritual) in Relation zur Unterhaltung (Theater) zu geben. In jeder Periode und in jeder Kultur dominiert der eine oder der andere Berich; der eine breitet sich aus, während der andere an Bedeutung verliert. Natürlich sind diese Veränderungen Teil der Wandlungen in der gesamten sozialen Struktur der Kultur. Aber Performances stellen keinen passiven Spiegel dieser sozialen Veränderungen dar, sondern sind selbst innerhalb eines komplizierten Rück-

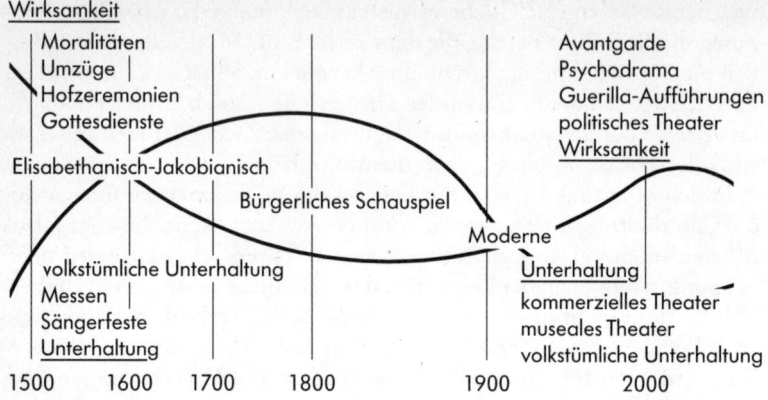

Wirksamkeit

Moralitäten				Avantgarde
Umzüge				Psychodrama
Hofzeremonien				Guerilla-Aufführungen
Gottesdienste				politisches Theater

Elisabethanisch-Jakobianisch · Wirksamkeit

Bürgerliches Schauspiel

Moderne

volkstümliche Unterhaltung · Unterhaltung

Messen · kommerzielles Theater
Sängerfeste · museales Theater
Unterhaltung · volkstümliche Unterhaltung

1500   1600   1700   1800   1900   2000

Das Geflecht von Wirksamkeit und Unterhaltung: 15. bis 21. Jahrhundert im englischen und amerikanischen Theater

koppelungsystems Ausdruck dieser Veränderungen. Auch existiert nicht so etwas wie ein ‹evolutionärer› Prozeß, der das Theater von heute besser macht als das, was es früher gegeben hat, oder das kommende Theater interessanter als unser heutiges. Kategorien wie ‹besser› oder ‹schlechter› sind zu konventionelle Begriffe, um diesem Phänomen der Veränderung auf die Spur zu kommen. Das obige Modell der Verflechtung zwischen Ritual und Theater ist gemeint als ein dynamisches System, das Veränderungen anzeigen soll, ohne damit überhaupt Verschlechterung oder Verbesserung zu meinen. Zu allen Zeiten existiert eine dialektische Spannung zwischen den Tendenzen der Wirksamkeit und denen der Unterhaltung. Für westliches Theater zumindest kann meiner Ansicht nach eine enge Verflechtung beider Tendenzen nachgewiesen werden, indem festzustellen ist, daß, wenn diesen Tendenzen im Theater gleichermaßen Rechnung getragen wird, das Theater blüht. Während einer relativ kurzen historischen Periode konnte das Theater den Bedürfnissen nach Ritualen genauso entsprechen wie denen nach Unterhaltung. Das Theater des 5. Jahrhunderts v. Chr., Athenisches Theater genauso wie Elisabethanisches und vielleicht die Theaterformen des späten 19. Jahrhunderts bis hinein in unsere Zeit zeigen diese Tendenz des Aufeinanderzustrebens, von der ich hier spreche.

Wenn die Tendenz zur Wirksamkeit dominiert, sind die Aufführungen universalistisch, allegorisierend und einer starren gesellschaftlichen Ordnung zugeeignet; diese Art von Theater kann sich meist lange halten. Wenn hingegen der Unterhaltungseffekt vorherrscht, ist das Theater klassenorientiert, individualisiert und ständig bemüht, einem dauernd wechselnden Publikumsgeschmack Rechnung zu tragen. Die beiden letzten großen Strömungen des westlichen Theaters, das Aufstreben der Unterhaltung im Elisabethanischen Theater und das Aufstreben des Wirksamkeitsaspekts in der Moderne, sind notwendigerweise strukturell gegensätzlich, auch wenn das Theater dieser beiden Perioden auf den ersten Blick erstaunlich ähnlich wirkt, was die Aspekte des Spannungsgleichgewichts zwischen Wirksamkeit und Unterhaltung angeht.

Das Schema zuvor stellt natürlich eine Vereinfachung des historischen Prozesses westlichen Theaters dar, ich benutze es aber als Hilfe zur Strukturierung dieses Prozesses selbst. Das späte Mittelalter war beherrscht von wirksamen Aufführungen: Gottesdiensten, höfischen Zeremonien, Morality-plays, dem Karneval, historischen Aufzügen und anderen Festspielen. Als die Renaissance sich in England ausbreitete, drängte sich die immer schon latent vorhandene populäre Unterhaltung in den Vordergrund und nahm die Form des öffentlichen Elisabethanischen Theaters an, wobei der Aspekt der Wirksamkeit zerfiel. Das private und auch das höfische Theater existierten aber neben dem öffentlichen weiter. Obwohl einige berufsmäßig in beiden, im öffentlichen wie im privaten Theater arbeiteten und es auch Zuschauer gab, die beide besuchten, waren das zwei völlig verschiedene Arten der Unterhaltung. Der Konflikt zwischen öffentlichem und privatem Theater hat sich niemals gelöst, denn 1642 wurden sie alle von den Puritanern geschlossen. Als die Theater nach der Restauration von 1660 wieder öffneten, war das Elisabethanische Theater verschwunden. Jedes von ihnen ähnelte jetzt den privaten Theatern mit seinen Maskenspielen, dem Eigentum der oberen Klassen. Das Restaurationstheater kombinierte seine Stücke mit dem Spiel von Wüstlingen, Libertins und Prostituierten. Während des 18. und 19. Jahrhunderts entwickelte sich aus dem aristokratischen das bürgerliche Theater, was sich bis heute erhalten hat.

Ähnliche Entwicklungen fanden auf dem Kontinent und in Amerika statt. Die vorherrschende Wirksamkeitskunst des Mittelalters mußte untertauchen und kehrte im letzten Drittel des 19. Jahrhunderts in der Gestalt des sozialen und politischen Dramas an die Oberfläche zurück.[21] Das neue naturalistische Theater formulierte den Widerspruch zum Kommerzialismus und zum pompösen Boulevard, verband sich statt dessen einer Art wissenschaftlichem Positivismus. Der wiederauflebende Geist der Wirksamkeit erfaßte auch eine Avantgarde, deren Ziel es war, theatralische Stile und Techniken zu rekonstruieren, um die Konventionen der Bourgeoisie zu sezieren. Mitglieder dieser Avantgarde waren ‹Bohemiens› (Ausgestoßene und Feinde der Mittelklasse), die, verliebt in ihre Wissenschaft, sich selbst mit dieser neuen Quelle der Macht, dem Rivalen und potentiellen Ersetzer der Kirche, identifizierten. Die Künstler der Avantgarde gingen sehr freizügig mit Begriffen wie ‹Experiment› oder ‹Forschung› um, um ihre Arbeit zu bezeichnen, die in ‹Laboratorien› stattfand. Wirksamkeit ist das ideologische Herz dieser Theater – aber welche Wirksamkeit bezieht den Wechsel der Zeiten mit ein? Vom späten 19. Jahrhundert bis zur Mitte des zwanziger Jahre dieses Jahrhunderts war Wirksamkeit positivistisch und auch wissenschaftlich, danach wurde sie zunehmend religiös.

Im Amerika des 20. Jahrhunderts zerfiel das Unterhaltungstheater, vom Aussterben bedroht, in zwei Teile: einen zunehmend unmodernen, das kommerzielle Theater des Broadway, und einen musealen, den des subventionierten Theaters der Gemeinden. Der erste amerikanische Theaterkongreß 1974 (gleichzeitig auch der letzte) war ein Versuch der New Yorker Produzenten des kommerziellen Theaters, sich mit den regionalen Theatern zusammenzuschließen.[22] Auch wenn diese Allianz unausweichlich scheint – viele Broadway-Stücke kommen heutzutage aus den regionalen Theatern –, ist es sehr wahrscheinlich nicht zu vermeiden, daß die regionalen Theater den Broadway aufsaugen werden. Ob das tatsächlich geschehen wird oder nicht, das Unterhaltungstheater steht weiterhin in einem fundamentalen Gegensatz zur Avantgarde, die sich im letzten Drittel des 20. Jahrhunderts ausgebreitet hat und nun Bereiche wie die direkte politische Aktion genauso umfaßt wie das Rollenverhalten im täglichen Leben (niederreißend die Dichotomie Kunst versus Leben), die Psychotherapie und viele andere, sehr wirksame Formen der Darstellung. Meiner Ansicht nach sind die ‹wirksamen› Theaterformen also im Aufschwung begriffen. In den frühen 70er Jahren habe ich angenommen, ungefähr 1990 sei die Vorherrschaft dieser Theater erreicht; soweit wird es vielleicht nicht kommen, aber ganz sicher haben Kunstformen, die den Widerspruch zum Leben aufheben wollen, sowie persönliche Zeugnisse und rituelle Aufführungen an Bedeutung gewonnen und breiten sich weiter aus.

Theater für Touristen

Bislang habe ich folgendes gesagt: 1. In einigen sozialen Gebilden sind rituelle Aufführungen Teil eines Wirtschaftssystems und vermitteln politische Beziehungen, Gruppenhierarchien und Ökonomie. 2. In anderen Gebilden beginnen rituelle Aufführungen, Züge des Showbusiness anzunehmen. 3. Es gibt einen dialektischen Zusammenhang zwischen Wirksamkeit und Unterhaltung; beides ist in allen Aufführungen gegenwärtig, aber in jeder herrscht auch eines von beiden vor. 4. In verschiedenen Kulturen, zu verschiedenen Zeiten dominiert entweder Wirksamkeit oder Unterhaltung, wobei beide Phänomene sich in einer eng verflochtenen Beziehung zueinander befinden.

O. B. Hardison zitiert die Ansicht von Honorius von Autun über die heilige Messe des 12. Jahrhunderts zum Beweis dafür, daß Menschen in dieser Zeit diese Zeremonie als Drama ansahen:

«Es ist bekannt, daß diejenigen, die in den Theatern Tragödien rezitieren, den Menschen durch Gesten die Handlungen ihrer Gegner präsentieren. In der gleichen Weise präsentiert unser tragischer Autor (i. e. der zelebrierende Priester) durch seine Gesten in dem Theater der Kirche vor der christlichen Gemeinde den Kampf Jesu und lehrt sie den Sieg der Erlösung.» (Danach vergleicht Honorius jede Bewegung der Messe mit einer äquivalenten Bewegung des tragischen Dramas). «Wenn das Opfer vollzogen ist, wird den Menschen vom Zeremonienmeister Frieden und Kommunion gespendet... dann werden sie geheißen, mit dem *ITE MISSA EST* fröhlich den Heimweg anzutreten. Sie rufen *DEO GRATIAS* und gehen erfüllt nach Hause» (Hardison 1965, S. 39–40).

Das Außergewöhnliche an der Beschreibung des Honorius ist, daß es sich um eine mittelalterliche Betrachtung handelt und nicht um einen Rückblick aus der Moderne. Die Messe des Honorius wird denjenigen, die Avantgarde-Aufführungen besucht haben, vertrauter erscheinen als denjenigen, deren Erfahrungen sich auf orthodoxes Theater beschränken. Die mittelalterliche Messe wendet viele Techniken heutiger Avantgarde an. Sie gab sich allegorisch, ermutigte – nicht erzwang – Zuschauerbeteiligung, behandelte die Zeit zielgerichtet, integrierte Tanz, Musik und Drama und erweiterte den Raum der Aufführung von der Kirche auf den Nachhauseweg. Trotz alledem würde ich die Messe eher als Ritual bezeichnen denn als Theater. Warum? Weil es wirksam war. Wie Hardison sagt: «Der Gottesdienst... hat eine sehr wichtige ästhetische Dimension, ist aber im wesentlichen nicht eine Sache der genauen Wahrnehmung, sondern die leidenschaftlicher Bestätigung»

(Hardison 1965, S. 77). Die Messe war ein in sich geschlossener Zirkel, der nur die Gemeinde und die Amtsträger einschloß. Es gab buchstäblich und im übertragenen Sinn keinen Raum für Beobachter. Die Messe war eine obligatorische Handlung, zu der man entweder freudig oder verdrossen erschien und mit der sich die Gemeindeglieder gegenseitig und im Rahmen einer Hierarchie der kontinuierlichen Teilnahme an den Bräuchen der Heiligen Römischen Kirche vergewisserten. Was ich für die mittelalterliche Messe behaupte, sagt Rappaport, sich auf Durckheim berufend, über die Tsembaga:

«Während das Ziel der sozialen Gemeinschaft häufig nicht explizit gemacht wird, scheint es doch in manchen Studien Durckheims das zu sein, was er ‹Kirche› nannte, ‹eine Gesellschaft, deren Mitglieder durch die Tatsache miteinander verbunden sind, daß sie über die heilige Welt auf die gleiche Weise denken und dadurch, daß sie diese gemeinsamen Ideen in eine gemeinsame Praxis umsetzen…› Solche Einheiten, die sich aus Ansammlungen von Individuen zusammensetzen, deren Wohlbefinden von dem gemeinsamen Körper einer rituellen Aufführung abhängt, könnte man ‹Gemeinden› nennen» (Rappaport 1968, S. 1.

Wegen ihres alles einschließenden Festhaltens daran und ihrer garantierten Wirksamkeit war diese Messe kein Theater im klassischen oder modernen Sinne des Wortes. Sie bediente sich theatralischer Mittel, wurde aber dadurch nicht zum Theater. Ein Vorgang wird zu Theater, wenn eine Trennung zwischen Darsteller und Publikum stattfindet. Die paradigmatisch theatralische Situation entsteht, wenn eine Gruppe von Performern ein Publikum anspricht und jenes antwortet oder nicht, durch seinen Besuch oder sein Fernbleiben. Dem Publikum steht es frei, zu erscheinen oder nicht, unter seinem Fernbleiben wird in jedem Fall das Theater leiden, nicht der potentielle Zuschauer. In bezug auf das Ritual bedeutet ein Fernbleiben das Ablehnen der Gemeinde oder von ihr abgelehnt zu werden, wie im Falle von Exkommunikation oder dem Exil. Wenn nur wenige fernbleiben, sind es die, die leiden, wenn viele sich entfernen, besteht die Gefahr des Schismas oder der Auflösung. Anders gesagt, das Ritual ist ein Ereignis, von dem seine Teilnehmer abhängig sind, Theater ist ein Ereignis, das von seinen Besuchern abhängt. Das ist ein klar abgezirkelter Prozeß. Das Augenscheinliche der Transformationen, die Schritt für Schritt passieren und die aus einem Ritual Theater entstehen lassen – ein wirksames Ereignis, von dem die Teilnehmer abhängen, zur Unterhaltung, die von Publikum lebt –, steht nicht in antiken oder mittelalterlichen Dokumenten geschrieben. Die Transformation vom Ritual zum Theater und auch der umgekehrte Weg vollziehen sich heute.

Makehuku ist ein Dorf, ungefähr 70 Meilen östlich von Kurumugl im Flußtal von Papua-Neuguinea. Dreimal in der Woche wird dort der berühmte Tanz der Schlammänner zur Unterhaltung von Touristen aufgeführt. Das war nicht immer so. Ursprünglich führten die Dorfbewohner diesen Tanz nur dann auf, wenn sie sich von einem Angreifer bedroht fühlten. Vor Sonnenaufgang gingen die Männer des Ortes zu einem Bach, rieben ihre Körper mit weißem Schlamm ein (der Farbe des Todes) und bauten groteske Masken aus hölzernen Rahmen, die mit Schlamm und Gewächsen überdeckt wurden. Wenn sie bei Sonnenaufgang vom Bach zurückkamen, von den Geistern der Toten besessen, bewegten sich die Tänzer unheimlich, langsam und gebückten Schrittes. Manchmal gingen sie zu dem Dorf ihrer Feinde, um diese zu erschrecken und so von einem Angriff abzuhalten. Manchmal tanzten sie in ihrem eigenen Dorf. Die Tänze dauerten weniger als zehn Minuten, die Vorbereitungen dazu den größten Teil der jeweils vorangegangenen Nacht. (Dieses Verhältnis von Vorbereitung und Aufführung ist nicht ungewöhnlich, man findet es selbst in westlichen Theatern wieder.) Der Tanz der Schlammänner wird nur gelegentlich, je nach Bedarf aufgeführt.[23] Nach der Befriedung durch die australische Obrigkeit gab es weniger Grund für die Schlammänner zu tanzen. Mitte der 60er Jahre jedoch bezahlte ein Fotograf von *National Geographic* die Dorfbewohner dafür, den Tanz für ihn aufzuführen. Diese Fotos wurden weltberühmt, und es dauerte nicht lange, bis Touristen kamen, um den Tanz zu sehen. (Selbst der Name ‹Schlammänner› wurde für die Touristen erfunden, den ursprünglichen Namen der Zeremonie kenne ich nicht.) Da Makehuku in der Nähe der Mount Hagen-Goroka-Straße, des größten Highways des Hochlandes, liegt, war es einfach, Minibusse zu beschaffen und die Zuschauer dorthin zu bringen. Die Touristen zahlen bis zu 20 Dollar, um die kurzen Tänze zu sehen. Von dieser Summe erhalten die Makehuka-Einwohner zehn Prozent. Da der Zehn-Minuten-Tanz für westliche Standards nicht lang genug ist, wurde er erweitert um Pfeil-und-Bogen-Schießkünste, einen Fototermin und einen ‹Markt›. Aber Makehuku ist (noch) kein Handwerkerdorf, und die paar Halsbänder und Taschen, die ich zum Verkauf angeboten fand, waren miserabel; an dem Tag, als ich dort war, kaufte niemand etwas.
Heutzutage wissen die Menschen in Makehuku nicht mehr, was ihr

77

Die Schlammänner von Asaro tanzen für Touristen, 1972
(Foto Joan MacIntosh)

Die maskierten Tänzer von Kenetasarobe, 1972
(Foto Joan MacIntosh)

Tanz eigentlich ist. Feinde erschrickt er nicht und sonst auch keinen Menschen. Im Gegenteil, er zieht Touristen an, die dort hinkommen, um sich zu amüsieren. Der Tanz hat keine Beziehung mehr zu den Geistern der Toten, die nur vor Sonnenaufgang erscheinen, und die Schlammänner müssen kurz nach Mittag tanzen, weil dann die Touristen kommen. Das sozial-rituelle Gefüge von Makehuku ist zerbrochen, und die Veränderungen des Schlammänner-Tanzes sind nur ein kleiner Teil der grundsätzlichen und tiefen Brüche im Leben der Hochländer. Wegen dieser Brüche und trotz der Ausbeutung dieses Dorfes durch Tourismusagenturen, die 90 Prozent des eingenommenen Geldes einstreichen, wird die magere Summe, die den Dorfbewohnern ausgezahlt wird, von ihnen bitterlich benötigt in einer Zeit, in der die gesamte Tauschökonomie auseinanderbricht und Jobs, in denen Geld verdient werden kann, nicht zur Verfügung stehen. Ich vermute, daß zukünftige Veränderungen diesen Tanz länger und visuell komplizierter machen, und möglicherweise wird eine musikalische Begleitung hinzugefügt. Entweder steigert sich das handwerkliche Geschick der Dorfbewohner, oder man wird dazu übergehen, mögliche Verkaufsgegenstände zu importieren. Ihr Anteil am Geschäft wird sich erhöhen. Kurz, der Tanz wird sich denjenigen Standards annähern, die durch den Geschmack der Zuschauer repräsentiert werden. Der geldliche Nutzen wird entsprechend anwachsen. Gegenwärtig führen die Einwohner Makehukus ein traditionelles Ritual durch, das seiner Wirksamkeit beraubt ist, aber von ihnen noch nicht wie eine Theaterunterhaltung genutzt wird.

Im März 1972 kamen Joan MacIntosh und ich vor den Touristen in Makehuka an und blieben, nachdem sie gegangen waren. Die Dorfbewohner betrachteten uns mit Neugier. Wir fotografierten die Touristen genauso wie die Tänzer. Nachdem die Touristen gegangen waren, kam ein Mann zu uns und bat uns in bestem Pidgin-Englisch, mit ihm zu kommen. Wir gingen vier Meilen an einem Abhang entlang, bis wir in Kenetisarobe anlangten. Dort erwartete uns Asuwe Yamuruhu, der Häuptling. Er bat uns, nach Goroka zu gehen und den Touristen von seinen Tänzern zu erzählen. Er wollte, daß Touristen in sein Dorf kommen, und versicherte, seine Aufführung sei sehr viel besser als die der Schlammänner. Es regnet stark, und einige Dorfbewohner schauten zu, wie wir im Eingang einer runden Hütte Schutz suchten. Wir vereinbarten einen Preis von vier Dollar pro Person für eine Aufführung am nächsten Nachmittag. Wir sollten nicht nur die Tänze sehen, sondern auch die dazugehörigen Gesänge auf Band aufnehmen dürfen.

Am nächsten Nachmittag trafen wir mit zwei Freunden ein, zahlten unsere 16 Dollar und sahen einen Tanz, der aus sehr langsamen Schritten bestand, so als ob die Tänzer durch tiefen Schlamm wateten. Ihre Finger waren gespreizt und ihre Gesichter grotesk maskiert oder verbunden. Peter Thoady, der Direktor des Colleges von Goroka, erzählte uns, daß die deformierten Gesichter wohl die Imitation einer entstellenden Krankheit seien, die man in der Gegend kenne. Die Tänzer bewegten sich in einem Halbkreis und stießen gelegentlich Worte und Sätze aus. Die Grasmänner von Kenetisarobe waren den Schlammännern von Makehuku sehr ähnlich. Nach dem Tanz nahmen wir fast eine Stunde lang Gesänge auf, redeten und rauchten.

Der Tanz in Kenetisarobe ging auf zeremonielle Farcen der Region zurück. Asuwe Yamaruhu führte sie für uns auf. Er wußte, daß Makehuku mit seinen Tänzen Geld machte, und seine Aufführung war nach dem gleichen Muster gestrickt: langsamer Tanz, groteske Masken (für westliche Augen), reichlich Gelegenheit zum Fotografieren und ein Nachspiel zu dem Tanz. Was die Menschen von Makehuku mit einem Mindestmaß an Bewußtsein darüber einfach taten, regelte Asuwe Yamaruhu mit einem klaren Sinn für das Geschäft des Theaters.

Beispiele dieser Art gibt es viele. Auf Bali findet man überall Touristenversionen des *Barong* oder des *Ketchak*. Entlang der Route von Denpasar nach Ubud hängen ständig Werbeschilder wie über amerikanischen Kinos. Die Plakate sind oft in englischer Sprache verfaßt, zum Beispiel «Traditional Ketchak – Holy Monkey Dance Theatre – Tonight at 8» oder «Barong – Each Wednesday at 8 on the Temple Steps». Die Balinesen trennen mit unglaublicher Gemütsruhe die Touristenaufführungen von den Aufführungen ‹nur für Balinesen›, die, meist geheimgehalten, an Orten weitab der großen Straßen stattfinden. Touristen möchten mit dem Auto zu ihren Vergnügungen reisen können, sie wollen einen verläßlichen Zeitplan und die Möglichkeit, früher abzureisen, wenn ihnen die Vorstellung nicht gefällt. Die meisten ‹authentischen› Aufführungen von Ketchak oder die ‹nur für Balinesen› sind nur zu Fuß durch einen unentwirrbaren Dschungel zu erreichen. Oft können Fremde nur mit der Erlaubnis des ganzen Dorfes an solchen geschlossenen Vorstellungen teilnehmen.

«Während der beiden Wochen, die ich auf Bali war, sah ich zwei solcher Aufführungen. Joan MacIntosh und ich stolperten über ein Ketchak, als wir durch den Affenwald bei Ubud gingen – wir folgten ein paar Frauen, die Lebensmittel dorthin trugen. Als wir einmal nach Tigal kamen, mußten wir zehn Stunden warten, bis nach neun Uhr abends, bis der Ketchak begann. Einige Jahre später, erst 1980, entdeckte ich, daß der Ketchak, den ich für eine uralte, traditionelle balinesische Zeremonie hielt, in Wirklichkeit ein relativ neuer Zusatz zum Repertoire der Insel ist. Nach Bandem und Boer (1981, S. 146) wurde «diese Art von Aufführung zuerst von Tänzern des Bedulu-Dorfes der Gianyar-Provinz entwickelt, die wiederum beauftragt waren von Walter Spiess (in den 20er und 30er Jahren?). Die Gruppe sollte eine neue Art der Ramayana-Aufführungen erfinden, nur begleitet vom Cak-Chor, den man aus Sang Hyang Dedari kennt. Heute führen 14 professionelle Gruppen den Ketchak regelmäßig auf.» Es wird sich herausstellen müssen, daß oder ob eine Tanzart, auch wenn sie erfunden ist, sich organisch der übrigen Tradition einfügen läßt. Waren meine Beobachtungen falsch, oder hatten die Balinesen bereits 1972 zwei Arten von Ketchak, eine für die Touristen und eine für sich selbst?

In Tenganan, einem ‹Baliaga›-Dorf, dem Platz, wo die Vorfahren der Ureinwohner der Insel lebten, sahen wir und partizipierten bis zu einem gewissen Grad an einem mit Sicherheit alten rituellen Tanz, dem jährlichen *abuang Kalah*. Ein Teil der Zeremonie war öffentlich, und etwa 50 Touristen vergnügten sich zusammen mit den Dorfbewohnern an dem nachmittäglichen Tanz. Um fünf Uhr nachmittags bat man die Touristen zu gehen, wir wurden leise aufgefordert zu bleiben. Nach Einbruch der Dunkelheit führte man uns in einen anderen Teil des Dorfes, wo weitere Aspekte der Performance sichtbar wurden. Wir durften uns auch besondere ‹Gamelan-Musik› anhören, die gespielt wurde, bevor es dunkel wurde. Es war uns nicht gestattet zu fotografieren, und wir konnten nur begrenzt Tonbandaufnahmen machen. Die Tänze am Tage trugen deutliche Züge von Unterhaltung, Fremde kamen, die Geschäfte hatten geöffnet und machten guten Umsatz. Die Tänze zur ‹Gamelan-Musik› waren sorgfältig choreographiert. Die Ereignisse der Nacht aber waren anders. Jeder Teil der Zeremonie war privater und nicht im Hinblick auf seine Schönheit, sondern auf die Richtigkeit der Aufführung hin entwickelt. Die Zeitspannen zwischen den einzelnen Elementen waren länger und unregelmäßiger. In deren Zentrum standen lange Diskussionen darüber, wie bestimmte Dinge durchgeführt werden sollten; diese Diskussionen verzögerten den Ablauf der Zeremonie erheblich. Der Hauptinhalt des ‹abuang›, wenn man hier überhaupt von Inhalt sprechen darf, ist die Präsentation aller unverheirateten Frauen für alle unverheirateten Männer. In den Tänzen am Tage präsentierte sich jeder von der besten Seite, und die Zeremonien der Nacht zeitigten tatsächlich Verlobungen.

Sicherlich hat das Touristengeschäft die sogenannten authentischen Aufführungen auf Bali und anderswo beeinflußt. Ich kann diesen Veränderungen jedoch keine Verachtung entgegenbringen. Veränderungen der Konventionen, Themen, Methoden und Stile vollziehen sich durch Opportunismus, Druck des Publikums, Professionalisierung (selbst oft ein neues Konzept), neue Technologien und andere Abfallprodukte kulturellen Kontakts. Tourismus ist erst durch die Möglichkeit weltumspannender Billigflüge wirklich wichtig geworden. In den Jahrhunderten vorher waren Massenwanderungen nur aufgrund ökonomischer, Kriegs- oder Kolonialursachen denkbar. Vom Beginn der Menschheitsgeschichte an waren Menschen unterwegs. Massentourismus aber ist deshalb eine einzigartige Erscheinung, weil die umherwandernden Massen von Menschen sich auf der Suche nach Vergnügungen befinden; sie wollen unterhalten werden, und ihre Exkursionen sind zeitlich begrenzt. Das bedeutet, daß die Unterhaltungen, die für Touristen erfunden werden, die Qualitäten dessen, was man von zu Hause kennt, mit dem vermischen, was fremd ist. Der Job eines Reiseleiters ist es, das Fremde vertraut zu machen, eine Art umgekehrter ‹Verfremdungseffekt›.

Theatergeschichtsschreiber werden einmal dem Tourismus für das Theater des 20. Jahrhunderts die gleiche Bedeutung beimessen wie dem Austausch zwischen England und dem Kontinent im 16. und 17. Jahrhundert. Theaterleute initiieren die populären Importe, und Einheimische begegnen den Forderungen reicher Besucher – oder die einheimischen Zuschauer verlangen Veränderungen, weil sie den Geschmack der fremden Kultur übernommen haben. Aus einer bestimmten Sicht sind diese Veränderungen Korruption. Mit viel Geklingel werden kulturelle Zoos errichtet, in denen die ‹Original›-Versionen ‹uralter› Rituale eingefroren werden. Aber selbst traditionelle Aufführungen variieren sehr stark von einer Generation zur nächsten. Eine mündliche Überlieferung ist in sich flexibel und in der Lage, viele persönliche Veränderungen innerhalb eines gesetzten Parameters aufzunehmen. Und eine Herangehensweise, die auf kulturelle Zoos setzt, ist eine sich selbst entlarvende Variante ästhetischen Kolonialismus. Ich hasse den Völkermord, durch den Kulturen wie die der Tasmanen ausradiert wurden, kann aber nichts Falsches an dem erkennen, was auf Bali oder in Neuguinea geschieht, wo zwei Theatersysteme nebeneinander existieren. Die Beziehung zwischen beiden ist nicht einfach qualifizierbar durch die Vokabeln touristisch und authentisch. Es bedarf weiterer Studien über den Austausch zwischen dem, was von den traditionellen

Aufführungen übriggeblieben ist, und den neu entstehenden Touristenaufführungen. Wann und wodurch wird aus Touristenaufführungen authentische theatralische Kunst?

Tourismus ist eine Straße, die in zwei Richtungen verläuft. Reisende bringen Erfahrungen und Erwartungen und, wenn sie selber Praktiker sind, Techniken, Szenen und ganze Formen mit zurück. Das Geburtsritual in *Dionysus 69* entstand aufgrund von Fotos, die ich gesehen habe von dem Asmat im Westen des Iran. Mehrere Sequenzen aus den *Mysteries and smaller pieces* und aus *Paradise Now* vom Living Theatre waren inspiriert vom Yoga und vom indischen Theater. Die Mabou Mines benutzten Bunraku in ihrem Stück *Shaggy Dog Animation*. Philipp Glass' Musik hat seine Wurzeln in der indischen *Raga* und im Gamelan. Imamu Barakas Schreiben ist sehr beeinflußt von der afrikanischen Geschichtenerzählertradition und seinem Drama. Eine starke Bewegung des amerikanischen Theaters und des Tanzes bezieht sich auf die asiatischen Formen; sie nennt sich «fusion». Diese Liste der Referenzen durch die verschiedenen Kulturen hindurch kann unendlich erweitert werden. Viele Erneuerer seit dem Zweiten Weltkrieg wurden entschieden von den Arbeiten anderer Kulturen als ihrer eigenen beeinflußt. Für Künstler aus dem Westen sind das Asien, Afrika und Ozeanien. Der Einfluß kollektiver Formen auf das westliche Theater ist wie der Einfluß der klassischen Formen auf die Renaissance. Der Unterschied jedoch ist wichtig. Alles, was der Renaissance von der klassischen Kultur blieb, waren Bauruinen, alte Texte und Zeugnisse der Bildhauerei. Das Material war häufig bruchstückhaft und verdorben. Auch betrachteten die Gelehrten der Renaissance das, was von dem alten Rom oder dem antiken Griechenland überliefert war, mit Respekt, sogar mit Furcht. Die heutige Suche nach interkulturellen Aspekten findet hauptsächlich rund um das Theater statt. Die importierten Aufführungen sind mehr oder weniger unverändert zu sehen, ihre Erfinder sind oft frühere Kolonialisten oder Menschen, die man vom Standpunkt eines Nordamerikaners für minderwertig hält. Mit anderen Worten, es scheint logisch, daß heute interkultureller Einfluß zuerst in der Avantgarde spürbar wird. Weiterhin besteht ein reger Verkehr in die Dritte Welt. Die darstellenden Künste des Westens werden überall praktiziert, und oft genug werden Menschen, die alte Traditionen retten und bewahren wollen, im Westen ausgebildet.

Ein klar nachweisbarer asiatischer Einfluß findet sich in der Arbeit Grotowskis. 1956, drei Jahre vor der Gründung seines Theaterlaboratoriums, unternahm er eine zweimonatige Reise nach Zentralasien und

China. Jennifer Kumiega zufolge (1985, S. 6) «organisierte und leitete Grotowski in der Zeit von Dezember 1957 bis Juni 1958 wöchentlich stattfindende Gespräche über orientalische Philosophie im Studentenhaus in Krakau. Thema der Gespräche waren Buddhismus, Yoga, Upanishads, Confuzius, der Taoismus und Zen-Buddhismus». Kurze Zeit später, während der Phase des «Armen Theaters» (1959–1968), begann Grotowski mit seinem Laboratorium so bedeutsame Produktionen wie *Dr. Faustus*, *Kordian*, *Akropolis*, *Der standhafte Prinz* und verschiedene Fassungen von *Apocalypsis cum Figuris* zu erarbeiten. Diese Arbeit basierte auf den psychologischen Übungen, die Grotowski zusammen mit seinem Schauspieler Ryszard Cieslak in vielen Workshops lehrte, unter anderem 1967 an der New Yorker Universität in einem Workshop, an dem ich selbst teilnahm. Diese Übungen waren nicht nur vom Yoga beeinflußt, sondern auch vom *Kathakali*, einer südindischen Theaterform. Als ich 1972 den Kathakali Kalamandalam in Kerela besuchte, erkundigte ich mich, ob Grotowski diese Schule besucht habe; niemand konnte sich an ihn erinnern. Aber man erinnerte sich an Eugenio Barba, und im Gästebuch der Schule fand ich folgende Eintragung:

Das Sekretariat
Kalamandalam
Cheruthuruthy   29. September 1963
Verehrter Herr,
während der Aufführung in der vergangenen Nacht fand ich nicht die Gelegenheit, Ihnen für all die Hilfe zu danken, die Sie mir während meines Aufenthalts hier zuteil werden ließen. Ihnen, dem Leiter, und all denen, die so hilfsbereit waren, möchte ich meine Hochachtung und meinen tiefsten Dank aussprechen. Mein Besuch in Kalamandalam hat mir bei meinen Studien und bei meiner Forschung sehr geholfen. Das Material, das ich gesammelt habe, wird für die Leute im Theaterlaboratorium in Polen sicher eine große Hilfe sein.
Nochmals vielen Dank,
Ihr Eugenio Barba

Barba brachte die Übungen des *Kathakali* nach Polen, wo sie das Herz der ‹plastischen› psychophysischen Übungen bildeten. Als Barba 1965 das Odin Theater gründete, benutzte er dieselben Übungen, die im polnischen Theaterlaboratorium modifiziert worden waren, als Grundlage für seine eigene Arbeit. Barbas enormes Forschungsprojekt, die ISTA (International School of Theatre Anthropology) der 80er Jahre, spezialisierte sich auf Techniken asiatischer Performancekunst (siehe Barba 1981).

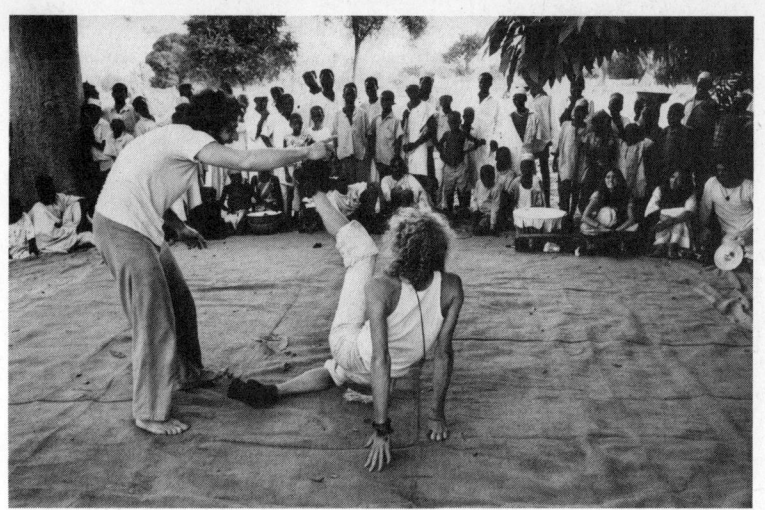

Peter Brooks Gruppe zeigt in einem afrikanischen Dorf eine Improvisation.
(Foto Ellen Mark)

Westliche Regisseure wandten sich nicht nur nach Asien, sondern
auch nach Afrika, der Karibik und Südamerika. Peter Brook führte eine
Gruppe von etwa dreißig Theaterkünstlern auf eine drei Monate lange
Reise durch Algerien, Mali, Niger, Dahomey und Nigeria. Seine Erfahrungen sind dem, was Barba «barter» (Tauschhandel) nennt, sehr ähnlich, zum Beispiel in der Art des kulturellen Austausches von Techniken, Liedern, Geschichten und anderem. In Brooks eigenen Worten:

«Einmal saßen wir in Agades in einer kleinen Hütte, um zu singen. Wir sangen
wie die afrikanische Gruppe auch, und plötzlich merkten wir, daß beide Gruppen die gleiche musikalische Sprache fanden. Sie verstanden unsere und wir die
ihre, und etwas Elektrisierendes entstand aus diesen ganz verschiedenen Tönen,
die zu einem Gemeinsamen verschmolzen. Eine andere Erfahrung der gleichen
Art ereignete sich eines Nachts, während wir in einem Wald campierten. Wir
wähnten uns allein auf weiter Flur, aber wie so oft tauchten plötzlich aus dem
Nichts Kinder auf und winkten uns zu. Wir hatten herumgesessen und ein paar
Lieder improvisiert, als die Kinder uns baten, ihnen in ihr Dorf zu folgen, das
nur einige Meilen entfernt läge. Es fände ein Fest statt, und jedermann würde
sich freuen, uns dort zu sehen. Wir sagten zu und liefen durch den Wald in dieses
Dorf, wo tatsächlich ein Fest stattfand. Jemand war gerade gestorben, es handelte sich um eine Beerdigungszeremonie. Man hieß uns herzlich willkommen,

und wir ließen uns in der Finsternis nieder, nichts anderes von unserer Umgebung wahrnehmend als die sich bewegenden, singenden und tanzenden Schatten. Nach einigen Stunden, die auf diese Weise vergingen, stellten sie plötzlich fest, das sei doch, was auch wir tun würden, und baten uns, für sie zu singen.

Wir improvisierten also ein Lied für sie, und das war vielleicht eine der besten Arbeiten auf der gesamten Reise, weil das Lied – zu einer bestimmten Gelegenheit produziert und außergewöhnlich bewegend, richtig und befriedigend – geboren war aus einem wirklichen Zusammenspiel zwischen ihnen und uns. Aus was es entstanden war, kann man unmöglich sagen – ein Konglomerat der aktuellen Zusammenarbeit und allem, was die Gruppe je gelernt hatte, sowie der speziellen Situation dieser Nacht: dem Ort, der Tageszeit, dem Gefühl für die anderen Menschen. Auf diese Weise kam ein wirklicher Austausch zustande; sie haben uns etwas angeboten, und wir haben etwas zurückgegeben» (Brook 1973, S. 45 f).[24]

In ganz Asien fand ich diese ‹Politik des Austausches› wieder. Joan MacIntosh und ich wurden nach Tenganan auf Bali eingeladen, weil die Theaterleute dort wußten, daß auch wir Theaterleute sind. Auf der Hauptveranstaltung dort insistierte der Häuptling darauf, daß ich tanzte (!).[25] In Karamui in Papua/Neuguinea, weit entfernt von jeder Straße (wir flogen dorthin), zeigte man uns Beerdigungszeremonien. Ein Städter spielte unter großem Gelächter den Leichnam. Man akzeptierte, daß wir als Gegenleistung Lieder sangen. In dem Flußdorf Kamanabit bestand der Anführer darauf, Joan MacIntosh aufzuwecken und in sein Haus bringen zu lassen, um ihm vorzusingen, obwohl sie von der Fahrt, die den ganzen Tag gedauert hatte, sehr erschöpft war. Ihr Konzert war die Gegengabe zu den Gesängen der Frauen des Dorfes, die ich gehört und aufgenommen hatte. Aber die Dinge erscheinen nicht immer in einem derartig freundlichen Licht, besonders dann nicht, wenn die ‹anderen› die Geschichte erzählen. Brook kam samt den Mitgliedern seiner Truppe 1983 in Indien an, um Nachforschungen für sein neues Stück *Mahabharata* anzustellen. Probir Guha, der Direktor des «Living Theatre» in Westbugal, sagt folgendes über den Besuch Peter Brooks:

«Er hat die ganzen Chhau-Performances (maskiertes Tanztheater), die ich arrangiert hatte, angeschaut, sich viele Notizen gemacht, versucht, Fragen über die Performance zu stellen, und wir haben ihm geantwortet. Später kam er noch mal mit drei oder vier seiner Schauspieler, um den Chhau zu sehen. Wir koordinierten einen drei Tage langen Workshop für seine Leute und die Chhau-Performer. In der ersten Nacht organisierte ich für ihn eine Show von Chhau-Tänzen, die im Mahabharata vorkamen. *Er wollte, daß seine Schauspieler ein paar von den Schritten lernten... dann sagte er mir, ‹ich würde gern einen der*

Purulia Chhau-Tänzer von hier mitnehmen für mein Mahabharata... Er wird für die nächsten zwei Jahre bei mir sein... wird Geld verdienen, und ich werde mich um ihn kümmern›. Dann ging er zurück nach Paris. Kurze Zeit später kamen einige von Brooks Schauspielern, arbeiteten bei mir und flogen wieder fort. Für eine lange Zeit hatte ich daraufhin keinen Kontakt mehr zu ihnen. Ich war immer noch darauf eingestellt, nach Paris zu gehen, und erzählte jedem, daß ich Brook bei seinem *Mahabharata* assistieren würde. Der junge Chhau-Tänzer Dohouda hielt sich ebenfalls bereit, dorthin zu gehen. Dann plötzlich schrieb mir Brook, ich solle nach Paris kommen. Ich wußte nicht, was ich mit dem Jungen machen sollte, über ihn wurde in dem Brief kein Wort verloren... Als die Zeit der Reise näher rückte, fragte ich mich, was zu machen sei. Ich schrieb Peter Brook darüber einen persönlichen Brief und bat ihn, mich doch zu informieren, was zu geschehen habe. Er schrieb zurück und teilte mir mit, die Situation habe sich grundlegend geändert, vorher habe er gedacht, die Produktion würde viel mit körperlichem Ausdruck zu tun haben... aber daraus wäre jetzt ein sehr schwer zu sprechender französischer Text geworden, und deswegen würde er uns beide nicht mehr benötigen» (Zarrilli 1986, S. 93–95).

Ohne es zu wollen, schaffte Peter Brook Probleme für Guha und Dohouda. Unter den Dorfbewohnern ihres Ortes schlug die große Aufregung in Verärgerung um. Die Bengalen konnten nicht verstehen, daß sich einfach die Produktionspläne geändert hatten – und daß solche Veränderungen für das experimentelle westliche Theater grundlegend sind. Guha sagte: «Es ist nichts zwischen Peter Brook und mir persönlich, und ich nehme es auch nicht persönlich. Aber die Leute sollen sich überlegen, inwieweit sich die Kulturen überhaupt akzeptieren, in die sie da geraten» (Zarilli 1986, S. 95). Guhas Bitterkeit ist leicht nachvollziehbar: «Wenn Brook sein *Mahabharata* nach Indien bringt, in das Dorf, in dem er gearbeitet hat, um es den Leuten zu zeigen, was er aus ihrem Material gemacht hat, handelt er ehrenvoll. Wenn er nicht kommt, nennen wir das Piraterie. Wir wollen nicht kulturell ausgebeutet werden, wir sind keine Versuchskaninchen für eure Experimente» (Zarilli 1986, S. 98). Barba absolvierte seine Lehrzeit bei Grotowski; 1964 ging er weg, um das zu gründen, was heute zum Odin Theater/-laboratorium geworden ist. Zu den vielfältigen Leistungen, die Barbas Laboratorium hervorgebracht hat, zählen die Reisen der Mitglieder des Odin in Europa, Afrika und Lateinamerika, die er «Tauschhandel» (barter) nennt. Barba selbst definiert diesen Tauschhandel so:

«Man stelle sich zwei verschiedene Stämme vor, jeden auf der eigenen Seite des Flusses. Jeder dieser Stämme ist in der Lage, für sich selber zu leben, über die anderen zu sprechen, sie zu verfluchen oder zu loben. Aber immer, wenn einer von beiden den Fluß überquert, tut er das, um irgend etwas auszutauschen.

Man setzt nicht über, um zu lehren oder aufzuklären, sondern um zu geben oder zu nehmen: eine Handvoll Salz oder ein Stück Tuch oder eine Faust voller Perlen. Die Güter, die wir tauschen, sind kultureller Art... Im Mai 1976 akzeptierte das Odin Theater einen Vorschlag der Kurare-Film-Kooperative Caracas: einen Tauschhandel mit den Yanomani, ein Treffen zwischen Eingeborenen (Ritual und Tanz) und historischer Entwicklung (Theater). In der Mitte des *Shabono*, des großes Hauses, wechselten die Tänze der Yanomani und die Geschichten ihrer Schamanen ab mit solchen Vorstellungen des Odin Theaters wie *Book of Dances* und *Come!* und *The day will be ours*, die darüber erzählen, wie der weiße Mann den Schamanismus zerstört hat. Dieser Tauschhandel fand in Kahori statt, wo der Anthropologe Jaques Lizot sechs Jahre lang gelebt hat. Das Odin Theater stellte sich den Yanomani vor als ein weiteres Gesicht des ‹nape›, des weißen Fremden» (Barba 1986, S. 161–166).

Barbas Methode des Tauschhandels systematisiert, was Brook in Afrika versucht hat. Unklug erscheint mir an diesem Tauschhandel, daß bis heute zumindest der Verkehr nur einseitig funktioniert. Bewohner der ‹Ersten› Welt fahren zum Zwecke des ‹Tauschhandels› in die ‹Dritte› Welt. Doch man fragt sich, wie gut in New York, Paris oder sogar in Holstebro ein Yanomama-Schamane aufgenommen würde, der sich im Rahmen dieses ‹Tauschhandels› auf die Suche begeben würde nach dem Stil des Odin – wenn er die Regeln und die Tauschmittel auf seine Art festlegen würde. Das ganze System interkulturellen Austauschs kann der Geschichte nicht entkommen: Es befindet sich in der Nachfolge des Kolonialismus. Die Analyse dieser Nachgeburt ist Thema eines anderen Essays. In diesem Zusammenhang ist mir nur wichtig festzustellen, daß sich die Art der Beeinflussung durch Beobachtung und Tausch, die in Barbas Brief und seinen späteren Experimenten mit dem ‹Tauschhandel› reflektiert sind, Brooks Reisen und meinen Erfahrungen wesentlich unterscheidet etwa von den Reaktionen Artauds auf das balinesische Theater, das er 1930 gesehen hat. Artaud war beeindruckt, den Balinesen jedoch blieb das gleichgültig; es fand kein Austausch statt. In neueren Beispielen theatraler Arbeit ist mit dieser Art Tausch bewußter umgegangen worden in einer professionelleren Form der Suche nach einer Erweiterung des eigenen Horizonts. Was auch immer die Funktion des Kathakali im ursprünglichen Zusammenhang des jeweiligen Dorfes gewesen sein mag, das Training, das Barba in Kalamandalam sah, war auf bestimmte Weise professionell im westlichen Sinne des Wortes (siehe Schechner 1985, S. 213–260, und Zarrilli 1984).

Die Truppe aus Kalamandalam tritt gegen Geld in Indien und auch in Europa auf. Freunde kommen, um in der Schule in Kalamandalam zu lernen – es gibt dort sogar einen Lehrer, der darauf spezialisiert ist, solche Besucher zu unterrichten. Als ich 1976 dort war, sah ich fünf Westler in der Schule. Dieses Training hat nicht dazu geführt, daß sich Kathakali-Gruppen außerhalb Indiens etabliert haben (vielleicht geschieht das noch), sondern eher dazu, daß Kathakali in die jeweils eigenen Stile integriert wurde. Es bleibt abzuwarten, wie sich die Anwesenheit der Fremden und die ständigen Tourneen auf die Arbeit in Kalamandalam/Kerela auswirken werden. Die Situation für Brook in Afrika war anders. Die Dorfbewohner befanden sich zwar inmitten eines religiösen Rituals, einer Beerdigungszeremonie; aber sie waren offenbar gleichzeitig gern bereit, sich auf eine gemeinsame Unterhaltung und den Austausch von Liedern einzulassen. Daß dieser Austausch wechselseitige Folgen zeitigt, ist keine Überraschung; Ritual und Unterhaltung können ohne Probleme nebeneinander bestehen. Barbas Arbeit zeigt, wie bereit die Menschen zum Austausch sind. Brooks Expeditionen nach Indien zur Vorbereitung seines *Mahabharata* hingegen hinterließen einen eher zweischneidigen Eindruck. Daß rituelle Aufführungen um die Welt reisen und sich dabei in Unterhaltung verwandeln, ist nichts Neues. Die Römer waren stolz auf ihre importierten Exoten, die Chroniken vieler Höfe, westlicher und nichtwestlicher, weisen die gleiche imperialistische Attitüde nach. Alle Eroberer und jede Kolonialmacht haben dasselbe getan. Moderne Zeiten – gerechnet vom Beginn internationaler Ausstellungen und Darbietungen bis heute – verwandelten dieses aristokratische Privileg in ein kommerzielles Risiko. Diese Unternehmen tarnen sich oft nur durch respektvolles Reden von der anderen Kultur. 1972 fand in der Academy of Music in Brooklyn folgende Veranstaltung statt (ich zitiere aus dem Programmheft):

The Booklyn Academy of Music in Zusammenarbeit mit den
Mel Howard Productions, Inc. und Ninon Tallon-Karlweiß
gemeinsam mit dem
Türkischen Ministerium für Tourismus und Information präsentiert:

Die wirbelnden Derwische aus der Türkei

(Das Programm ist eine religiöse Zeremonie. Es wird darum gebeten, nicht zu applaudieren.)

Es war also notwendig, das Publikum darauf hinzuweisen, daß das, wofür sie ihr Eintrittsgeld bezahlt hatten, noch so viele Relikte eines Rituals besaß, daß eine Veränderung des üblichen Theaterverhaltens erforderlich war. Oder sollte die Ankündigung der Brooklyn Academy of Music schlicht pathetisch gewesen sein? Dem Publikum mitzuteilen, daß jede Art von Applaus unangemessen sei, heißt, die Wichtigkeit und Seltenheit dessen zu betonen, was das Publikum sehen wird. Daß sich die «Einsiedler» ihrem Namen zum Trotz eines steigenden Bekanntheitsgrades erfreuen, ist sicher Teil der Antwort. Die Aufführung war schlicht und bewegend und sicherlich eine wirklich authentische des Sufi Mevlevi Derwisch-Rituals. Mir ist bekannt, daß sich verschiedene Theatergruppen in New York davon haben inspirieren lassen. Als Robert Wilson in der Byrd Hoffman Foundation gearbeitet hat, experimentierte er mit dem ‹Wirbeln›, desgleichen entwickelte Laura Dean viele ihrer Tänze auf der Basis dieser Idee, und ich selber habe als Leiter der Performance Group auch daran gearbeitet.

Im Oktober 1973 kamen buddhistische Shingon-Mönche mit «Zeremonien, Musik und Geschichten aus dem alten Japan» in die Brooklyn Academy of Music. Die Derwische wirbelten auf der Bühne des 2000 Sitze fassenden Opernhauses. Die Mönche gastierten im Leperq-Haus, einem offenen Raum, ungefähr 75 mal 40 Fuß und 30 Fuß hoch. An dem Abend, den ich erlebte, waren ganze 200 Menschen anwesend, die auf Kissen am Boden hockten. Wie in Makehuku und auch in Kenetisarobe schon waren die buddhistischen Rituale nicht lang genug, um nach westlichen Maßstäben einen Unterhaltungsabend bestreiten zu können. So mußte das Programm gestreckt werden mit zeitgenössischer japanischer Musik und Rezitationen japanischer Kriegserzählungen des 11. und 12. Jahrhunderts. Erst nach der Pause begannen die Mönche ihr Ritual eines Tempeldienstes. Der Programmzettel enthielt präzise Beschreibungen und detaillierte Erläuterungen dessen, was die Mönche zeigten und wozu es ursprünglich in Japan gedient hatte. Das Publikum wurde behandelt, als ob eine große Oper auf dem Programm stünde, deren Libretto inhaltlich zusammengefaßt werden müßte, um das Verstehen zu erleichtern, oder als ob ein neuer Sport eingeführt werden sollte, dessen Regeln, Ausstattung und Struktur erläuterungsbedürftig sei. Ich hatte den Eindruck, daß die Mönche genau wie die Derwische von ihrem Tun sehr gefangengenommen waren. Sie befanden sich ‹in ihrer Rolle›; was sie taten, entsprach dem, was Stanislawski von seinen Schauspielern verlangte. Ich war überzeugt: Diese Derwische waren Derwische, und diese Mönche waren Mönche. Ein präzise beschreibbarer Spannungsunterschied zwischen Zuschauer und Darsteller wurde hier sichtbar: Auf der einen Seite waren Authentizität und Wirksamkeit und die Kraft des Rituals, auf der anderen Seite fand man den Gestus der Unterhaltung und des Theaters.

Ohne Zweifel kann jedes Ritual aus seinem ursprünglichen Zusammenhang gelöst und als Theater aufgeführt werden, genauso wie jedes noch so alltägliche Erlebnis auch.[26] Dies ist möglich, weil der Zusammenhang und die Funktion, nicht jedoch die zugrundeliegende Struktur ein Ritual von Unterhaltung und dem normalen Leben scheiden. Der Unterschied entsteht durch das (bewußte oder unausgesprochene) Einverständnis zwischen Darstellern und Zuschauern. Die Entstehung von Theater und/oder Unterhaltung aus dem Ritual vollzieht sich innerhalb eines Zusammenhangs, in dem Zuschauer und Darsteller auseinanderdividiert werden, sich der Beruf des Schauspielers herausbildet und gleichzeitig ökonomische Zwänge eine Situation entstehen lassen, in der eine Aufführung zustande kommt, nur mehr um dem Publikum zu gefallen und nicht mehr um eines festen Kodes oder Dogmas willen, an das man glaubt, weil man es für natürlich hält. Es ist ebenso möglich, daß aus einem theatralen Vorgang ein Ritual entsteht, wenn sich der Prozeß, den ich gerade beschrieben habe, umkehrt. Diese Bewegung vom Theater zum Ritual markiert den Weg Grotowskis und den des «Living theatre». Doch die Rituale, die in dieser Arbeit geschaffen worden sind, erwiesen sich als unbeständig, da sie nicht integriert oder an soziale Strukturen angebunden waren, die außerhalb des Theaters fortbestanden. Genauso hängt der Unterschied zwischen Ritual, Theater und alltäglichem Leben von dem Grad ab, in dem Zuschauer und Performer zu Wirksamkeit, Vergnügen oder Routine tendieren, und davon, wie symbolisch oder buchstäblich so etwas wie Bedeutung und Auswirkung in die dargestellten Ereignisse eingefügt wird. Von aller Unterhaltung geht ein wenig Wirkung aus, und in jedem Ritual steckt zumindest ein weniges von Theater.[27]

Vom Theater zum Ritual

Als die Performance Group 1973 an Brechts *Mutter Courage* arbeitete, waren die meisten Proben offen für Zuschauer. Wenn es das Wetter erlaubte, zogen wir die große Vordertür der Performing-Garage hoch, um den Leuten von der Straße, Studenten und Freunden das Hereinkommen zu erleichtern. Bei jeder Probe waren zwischen fünf und vierzig Zuschauer dabei. Die Proben vermittelten ein Gefühl von ‹stop and go›, bei dem aber nichts darauf hinauslief, sich dem Publikum in irgendeiner Weise anzupassen. Trotzdem war ein Unterschied spürbar: Das Spiel erhielt einen öffentlich sozialen Kern und die Arbeit den Charakter einer Demonstration, auf eine bestimmte Art zu arbeiten. Dieses Thema wurde nach der Premiere der *Courage* von neuem in die Aufführungen integriert. Der Bühnenraum, den Jerry Rojo und Jim Clayburgh zusammen mit den anderen Mitgliedern der Gruppe entworfen hatten, war Ausdruck des Zusammenspiels von Brechts Drama mit der größeren Veranstaltung, die man Leben nennt und innerhalb deren es stattfand. Ein Teil des Theaters wurde in einen Aufenthaltsraum verwandelt, der dem Publikum vollständig einsehbar war. Ein Schauspieler, der nicht in der Szene auftrat, ging in den Aufenthaltsraum, um Kaffee zu trinken, zu lesen oder sich einfach auszuruhen. Ein bißchen weiter weg, aber noch sichtbar war der Platz, an dem die Kostüme gewechselt und das Make-up aufgelegt wurden. (Die meisten Performer spielten zwei oder mehrere Rollen.) Das Theater war unterteilt in drei Hauptregionen: In der Mitte stand ein großer Würfel 30 mal 20 Fuß (darin eingeschlossen eine offene Höhle 20 mal 8 mal 7 Fuß), darum ein Rahmen, ausgefüllt mit unregelmäßigen Gerüsten, Plattformen und Seilen, die den zentralen Würfel umgaben. Dieser Rahmen war an einem Ende befestigt durch eine Struktur aus Aluminiumgerüsten, die als Ausgangsstation für die Courage dienten – näher an den ‹Wagen› konnten wir nicht gehen; herum Galerien und Laufgänge. Eine 14 Fuß lange Brücke, ungefähr neun Fuß über dem Boden, ragte in den leeren Würfel in der Mitte. Ich wollte, daß die Zuschauer sich frei durch den gesamten Raum bewegen konnten, um ständig die wechselnden Perspektiven und Stimmungen zu erleben. Es war möglich, von einem einzigen Punkt aus das Ganze zu überblicken, aber nur, indem man jeweils durch bestimmte andere Strukturen hindurchschaute. Doch im Unterschied zu den zehn oder zwanzig Leuten, die die Proben anschauten, suchten sich die 150 oder 200 zahlenden Zuschauer später durchweg feste Positionen, die sie während der ganzen Vorstellung beibehielten. Es gab einige Szenen in dem Stück, wo die Zuschauer ihre Positionen wechseln mußten, das waren die Szenen 9 und 10, in denen die Courage, Kattrin und der Koch für ihr Essen betteln und für die Mahlzeit singen; diese beiden Szenen wurden im Freien vor der Garage in der Wooster Street gespielt. Das Garagentor öffnete sich dafür und bildete einen schmalen Proszeniumsgang, durch den die Leute in der Garage dem Geschehen folgen konnten. Um überhaupt etwas zu sehen, mußten die meisten Leute von den Galerien heruntersteigen und auf dem Boden der Garage sitzen oder in den Ecken stehen. Das Tor blieb für den Rest der Vorstellung offen. Im Winter, wenn die Temperaturen sanken, hüllten sich die Zuschauer in ihre Mäntel. Nach der 10. Szene gingen die Zuschauer meistens nicht zu ihren Plätzen zurück, sondern sahen sich die letzte halbe Stunde von dem Platz an, an dem sie sich gerade befanden. Einige Aspekte der grausamen Erfahrungen der Courage und ihrer Familie wurden so dem frierenden Publikum mit Sicherheit nahegebracht.

Diese TPG-Produktion hatte eine Pause nach der dritten Szene. Während dieser Szene bereiteten die Courage, Kattrin und der Feldprediger ein Essen zu, um es an die Soldaten zu verkaufen. Die Szene endete damit, daß Mutter Courage vorgab, das Corps ihres Sohnes Schweizer Kas nicht wiederzuerkennen. Sofort im Anschluß daran wurde den Zuschauern eine Mahlzeit zum Verkauf angeboten. Das Drama wurde immer wieder vermischt mit dem tatsächlichen Leben, das sich im Theater abspielt. Zuschauer aßen und unterhielten sich miteinander und mit den Performern, von denen manche das Essen servierten und manche sich einfach unter das Publikum mischten. Gegen Ende der Mahlzeit wurde das «Lied von der Großen Kapitulation» im Kabarett-Stil von der Courage gesungen. Das ist alles, was von der 4. Szene in dieser Inszenierung übrigblieb, und man bestand dabei nicht darauf, daß jeder im Theater diesem Gesang die volle Aufmerksamkeit zuteil werden ließ. Wenn danach das Drama mit der 5. Szene wiederaufgenommen wurde, war es für Performer und Zuschauer eine andere Erfahrung als vorher, allein durch diese Stunde des Redens, des Essens und Trinkens und des Zusammenseins überhaupt.[28]

Durch die offenen Proben, die offene Garagentür, das Servieren eines Abendessens als Teil der Vorstellung wurde *Mutter Courage* behandelt als ein Drama, das eingebettet ist in einen größeren Aufführungszusammenhang. Solche Ideen wie die, die hinter dieser TPG-Produktion aufscheinen, sind üblich in rituellen Aufführungen: die ganze Welt der Aufführung zu kontrollieren, arrangieren oder zu manipulieren und nicht einfach das jeweilige Drama selbst ins Zentrum zu rücken. Auf diese Weise gab ein theatrales Ereignis in Soho/New York City einen kleinen Anstoß dazu, sich von der Unterhaltung fort in Richtung auf ein Theater der Wirksamkeit zu bewegen. Ohne den theatralen Vorgang verkleinern zu wollen, arbeitete die Performance daran, dem rituellen Aspekt der Courage mehr Geltung zu verschaffen. Orthodoxe Theorien besagen, daß das Ritual dem Theater vorausgehe, so wie Wirksamkeit und Monismus (‹primitives Einssein›) der Unterhaltung vorausgehen. Einem interpretatorischen Klischee zufolge sei die paleolithische Höhlenkunst aus einem ‹Ritual› entstanden – und mit Ritual ist in diesem Fall eine ernsthafte, wirksame und ergebnisorientierte Performance gemeint, ob sie nun dazu diente, sich der Fruchtbarkeit zu vergewissern, die Mächte der Jagd anzurufen, die Ausgewogenheit zwischen Mann und Frau aufrechtzuerhalten oder einer Initiation oder irgendeiner anderen Sache. Solche Interpretationen, zumindest jedoch Teile davon mögen richtig sein, sind aber niemals die volle Wahrheit. Unterhaltung, das heißt, seine Zeit mit Spiel und Spaß zu verbringen (nicht das passive losgelöste Gefühl der Kunst um der Kunst willen ist gemeint, sondern ein aktives Beteiligtsein am Prozeß der Kunstproduktion), ist untrennbar verwoben mit den wirksamen Aspekten noch der frühesten Kunstformen. Der Gedanke primitiven Einsseins verbindet Phantasien paradiesischer Zustände mit einer protestantischen Arbeitsmoral. Dieser Zusammenhang wurde durch die Projektionen der frühen Etnographen, von denen zu viele gleichzeitig Missionare waren, sehr in den Vordergrund gestellt. Immer mehr Anzeichen sprechen dafür, daß bei den Völkern, die in Gemeinschaften leben, den Paläolithikern, frühgeschichtlichen, klassischen, asiatischen, afrikanischen und zeitgenössischen, ein entfaltetes soziales Leben und eine reiche symbolische Kunst zusammenhingen mit den menschlichen Lebensumständen, die sich sozusagen gegenseitig bedingten. Der ‹schlichte Primitive› existiert ebensowenig wie der ‹edle Wilde› — Schamanen sind Künstler und Performer und Ärzte und von der Trance besessene Ekstatiker und Priester und Unterhalter. Das Argument, die Kunst dieser Völker sei ‹schlicht›, etwa weil mehrere Rollen von einer Person gleichzeitig gespielt werden oder weil von einer einzigen Aufführung viele einander widersprechende Impulse ausgehen, stellt die Dinge schlicht auf den Kopf. Industrielle Gesellschaften trennen und standardisieren Funktionen und ihre Ausdrucksformen, wohingegen auf Gemeinsamkeit beruhende Gesellschaften viele Funktionen und deren Ausdrucksformen, oft in einem ausgedehnten, komplizierten Ereignis, zu verbinden suchen. Industrialisierte Kulturen stellen Reihen von ‹einstimmigen› Aktionen/Ereignissen bereit, während gemeinschaftsbezogenere Kulturen vielschichtigere Ereignisse anbieten und als integrative Kraft bereitstellen. Die Industrialisierung selbst ist ein überzeugendes Beispiel für einzelne Funktionssequenzen, die in einem Endprodukt ineinandergreifen, das dann sehr kompliziert sein kann. Ein so ausgedehntes Ritual wie der Engwura-Zyklus ist ein Beispiel für ein multifunktionales Ereignis. Städtisches Leben ähnelt dagegen mehr einer Produktionskette als dem Engwura-Zyklus. Die Menschen in den Städten bewegen sich von einem mehr oder weniger losgelösten Ereignis zum nächsten: sie essen an einem Ort, arbeiten an einem anderen und kommen nach Hause zu ihren Familien, die sich wiederum woanders befinden. Nur über einen langen Zeitraum und durch eine Synthese, die jeder für sich selber finden muß, kann ein Sinn für Ganzheit und Unversehrtheit entwickelt werden. Ich persönlich mag die Vielfalt der Stadt mit ihren unzähligen Wahlmöglichkeiten, aber so etwas kann auch zu weit führen, dazu nämlich, daß extreme Fragmentarisierung die Menschen voneinander und von sich selbst abschneidet. Gemeindeleben auf der anderen Seite schließt in jedem Ereignis, auch in einer 10-minütigen Arunta-Tanzzeremonie, eine große Menge von Bedeutungen mit ein. Diese sind so offenbar, daß jeder an der Initiation Beteiligte um die damit verbundenen Verflechtungen weiß. Der Führer des Tanzes ist gleichzeitig der Führer seines Stammes, ein ausgebildeter Lehrer und verbunden mit den initiierten jungen Männern etc. Außerdem ist dieser Tanz, wie ich bereits gezeigt habe, in einen Komplex von Zeremonien eingebettet, deren jedes Einzelteil das Ganze sozusagen in nuce repräsentiert.

Seit dem Zweiten Weltkrieg ist ein großer Teil der Avantgarde mit dem Versuch beschäftigt, diese Fragmentarisierung zum Beispiel dadurch zu überwinden, daß man Aufführungen eher als Teil einer Gemeinschaft denn in ihrem Abseits definiert. Manchmal wird diese Gemeinschaft einfach zu der der Künstler, die eine ähnliche Arbeit tun. Das zumindest ist das Muster, nach dem in New York, London, Paris, Tokio und sicher auch in anderen Städten, in denen Künstler eigenständige Gruppen bilden, diese Art von Arbeit funktioniert. Manchmal, wie in der Aufbruchszeit von 1968, verbindet sich die Kunst mit größeren politischen Bewegungen; oder, wie in der Bewegung der Schwarzen, der Chicanos und Frauen oder der Schwulen, es identifizieren sich die Künstler mit ethnischen, rassischen, politischen oder sexuellen Minderheiten und helfen, deren Identität mit ihrem Theater zu formen. Die gemeinschaftsorientierte Avantgarde ist nicht allein ein Phänomen des industrialisierten Westens oder Japans, es taucht auch in Ländern auf, in denen sich durch Modernisierung bedingte große Veränderungen ankündigen. In Osteuropa, Lateinamerika, Asien und Afrika sind solche Arbeitsformen der dortigen Avantgarde genauso auszumachen wie in der sogenannten Ersten Welt. Mit einer sich ständig erweiternden Liste dieser Arbeiten sind Namen und Gruppen verbunden wie die Gardzienice-Theater-Assoziation, Augusto Boals Theater der Unterdrückten, das indonesische Rendra, Badal Sircar und Habib Tanvir in Indien und Whole Soyinka in Nigeria. Solche Arbeit ist weder atavistisch zu nennen noch ein Versuch, die zunehmende Industrialisierung zu kaschieren oder sich ihr entgegenzustellen. Es ist ein aktiver Prozeß der Suche nach Orten innerhalb der industrialisierten Gesellschaften selbst, in denen sich kleine Gemeinschaften etablieren können und innerhalb deren die Forderung nach Wiederherstellung solcher sozialen Ordnungen, in denen den Bedürfnissen nach personellen Interaktionen oder «meetings», wie Grotowski sagen würde, Rechnung getragen werden kann. Entfremdung, Vergegenständlichung und Anomie sind nicht Probleme des Kapitalismus allein. Die theatralen Experimente, von denen ich spreche, finden sich auch in sozialistischen Staaten, sind aber immer noch relativ selten, obwohl es Zeichen dafür gibt, daß sie auch dort Wurzeln schlagen, zerstreut und unterdrückt von den ihnen feindlichen Regierungen. Sie wenden sich an das Publikum nicht wie an unbekannte, zahlende Einzelpersonen oder wie an gezwungenermaßen an einer Solidaritätsveranstaltung Teilnehmende (in Form von Massenveranstaltungen, Paraden oder verordnetem Kirchenbesuch), sondern wie an eine Gemeinschaft oder sogar eine Gemeindeversammlung. Das Ziel solcher Performances ist es, zu unterhalten, das zu kreieren, was Victor Turner eine «spontane Gemeinschaftsbildung» nennt, und die Grenzen zu erschüttern, die die Menschen voneinander fernhält. Was daraus erwächst, ist die Erfahrung kollektiven Feierns. Diese zeitgenössische Tendenz entspringt dem experimentellen Theater und bewegt sich fort in Richtung auf das Ritual.

Performance entsteht nicht weniger aus dem Ritual als aus der Unterhaltung. Es definiert sich aus dem binären System Unterhaltung – Wirksamkeit, welches die Kategorie des rituellen Theaters einschließt. Von Anfang an wurden systematisch wie auch historisch beide Begriffe der Binarität verwendet. In jedem historischen Augenblick kann eine Bewegung von einem der beiden Pole zum anderen registriert werden, abhängig davon, welches Element in der Verflechtung von Wirksamkeit und Nützlichkeit als dominierend erscheint. Diese Oszillation ist dauerhaft, denn Performance ist eine immer aktive Kunst.

Die Gesamtheit dieses binären Kontinuums von Wirksamkeit/Ritual – Unterhaltung/Theater nenne ich Performance. Das Phänomen Performance entsteht aus dem Willen, gleichzeitig etwas geschehen zu lassen *und* zu unterhalten; Ergebnisse zu erzielen *und* herumzualbern; Meinungen zu sammeln *und* die Zeit zu vertun; verwandelt zu werden in jemand anderen *und* das eigene Ego zu zelebrieren; zu verschwinden *und* sich zu präsentieren in eins, der Sehnsucht, an einem besonderen Ort ein transzendentes Anderes zu besitzen, das hier und jetzt *und* später und jetzt existiert, in Trance zu sein *und* im Zustand größter Bewußtheit; einer ausgewählten kleinen Gruppe anzugehören, die eine geheime Sprache, spricht, und gleichzeitig die größtmögliche Anzahl einander völlig fremder Menschen zu erreichen; zu spielen, um einer Besessenheit zu folgen *und* einfach gegen Geld. All diese Oppositionen und noch eine Menge anderer, die aus diesen erwachsen, ergeben eine Performance: Sie ist eine aktive Situation, ein beständig turbulenter Prozeß von Transformationen. Die Bewegung vom Ritual zum Theater entsteht dort, wo die Entität des teilnehmenden Publikums auseinanderbricht in eine Menge von einzelnen Menschen, die sich etwas ansieht, weil es gut angekündigt wurde, die Eintritt zahlt und urteilt, noch bevor etwas geschehen ist, währenddessen und hinterher.

Die Gegenbewegung vom Theater zum Ritual ereignet sich dort, wo ein Publikum sich aus einzelnen Individuen in eine Art Gemeinde von Teilnehmenden verwandelt. Diese beiden gegenläufigen Tendenzen lassen sich in jeder Performance aufzeigen. Brecht und vor ihm Meyerhold arbeitete daran, diese Spannungen zwischen Extremen sichtbar werden zu lassen. Beide verlangten von ihrem Publikum in jedem Moment die Bereitschaft zur Bewegung. Der Brechtsche *Verfremdungseffekt* funktioniert über unerwartete Form- und Stilwechsel, Änderungen von Rhythmus und Perspektive, so daß im Augenblick des Wechsels, wenn zum Beispiel eine emotionale Szene plötzlich angehalten wird, um zu erkalten, oder eine kalt gespielte Szene durch eine kleine Änderung das Publikum zu rühren beginnt, der Dramaturg, Regisseur oder Performer (wer immer gerade die Szene verantwortet) sein eigenes ‹Statement› dazu einbringen kann, etwa in Form eines ironischen oder erzählerischen Kommentars, der das Publikum dazu ermutigen soll, über das nachzudenken, was es sieht und/oder fühlt. Die Struktur der Performance wird durch ihr Gegenteil aufgebrochen, und in dem Grenzbereich, der dadurch entsteht, werden Autor und Publikum durch die Möglichkeit zu einem tiefen und direkten Kontakt miteinander verbunden. Von all den Experimenten, die mit theatralen Strukturen während des letzten Jahrhunderts unternommen worden sind, wird dieses am ehesten seine Gültigkeit bewahren. Es sind Widerklänge mittelalterlichen Theaters genauso in ihm zu finden wie folkloristische Strukturen heutiger Zeit.

Schlußfolgerungen

Am besten fasse ich das Gesagte zusammen, indem ich vier einfache Modelle aufzeichne, die ich nacheinander erläutern werde.

Ein Treffen findet statt auf einem Marktplatz oder einem Schlachtfeld. Güter werden ausgetauscht, Geld verdient, Länder erobert, ein Feind gesichtet. Die Begegnung soll ganz und gar wirksam sein, auch wenn zuzeiten keine Güter ausgetauscht werden oder die Schlacht unentschieden ausgeht. Rituale von diesem Aktivitätsgrad sind ethnologischer und/oder soziologischer Natur; sie basieren auf festgelegten Aktionsmustern und sind dazu da, die Beziehungen der Menschen untereinander in der Weise zu regulieren, daß die Sache, wegen der man zusammengekommen ist, auch wirklich geschieht. Die theatralen bzw. unterhaltenden Elemente bei derartigen Zusammenkünften sind, obschon vorhanden, auf ein Minimum reduziert. Im Kern gilt es, die Begegnung/den Austausch so effektiv wie möglich hinter sich zu bringen und bei *Aktualität 2* anzukommen. Aber selbst dieses Modell berücksichtigt nicht alles, was dann tatsächlich passiert. Märkte sind Orte der Zurschaustellung, des Herumalberns, des Klatsches und des Singens, oft auch in Form theatraler Darbietungen. Auf den Märkten tummelt sich jede erdenkliche Art populärer Straßenunterhalter. Auch Schlachtfelder sind Arenen der Zurschaustellung von Paraden, Farben, Stärke und Kraft. Zumindest in vormodernen Zeiten war es üblich, den Mut der eigenen Truppe zu stärken, indem man die Gegner zu Tode erschreckte. Die großen Schlachten, der Krieg auf Distanz (in der Luft oder mit Raketen) und die Guerilla-Aktionen hatten mit Theater nichts zu tun, während man in den sogenannten «Übungsphasen», den Kriegsspielen und simulierten Aktionen, auf den Aspekt des Theatralen sehr viel Wert legte.

Selbst auf der Ebene der Marktplätze und der Schlachtfelder sind ethnische und soziale Rituale vermischt mit Unterhaltung. Dies deutet auf eine Tendenz in Richtung:

Aktualität 1 ⟨ mit den Mitteln der Performance ⟩ *Aktualität 2*

So steht es um die ethnologischen Rituale der Arunta und der Tsembaga. Ihre performative Wirkung beinhaltet den Wechsel sowohl des Status (Initiation, Hochzeit, andere Übergangsriten) als auch den der jeweiligen ökonomischen Verhältnisse (Schweine, Sago, Tauschhandelsgüter). Tatsächlich kann die Qualität einer Aufführung erhebliche Auswirkungen auf den Wechsel des sozialen Status haben. Die Griechen boten ihren Tragöden Preise an, in unserer Gesellschaft locken Geld und Ruhm. Unter den Aborigines und den Völkern Neuguineas werden wirkungsvolle Performer mit Respekt, ja sogar mit Furcht behandelt. Ein Schamane wird unter eingeborenen Amerikanern, Sibiriern oder Koreanern für seine oder ihre Tricks, Zauberkünste oder Fähigkeiten zu heilen geehrt. Allerdings ist diese Verehrung eine zweischneidige Geschichte, denn der gesellschaftliche Status der Schamanen ist oft sehr gering.

Aber dieser Prozeß bedeutet nicht automatisch eine Transformation, sondern kann sehr offen sein:

Ritual ⤶ mit den Mitteln des Theaters ⤷ Unterhaltung

Derlei ereignet sich, wenn die Mevlevi-Sufis wirbeln oder die Shingon-Mönche in der Brooklyner Akademie singen. Rituale, die in einem bestimmten Kontext wirksam sind, werden in einem anderen Zusammenhang zu Unterhaltung. In der vom Public Theatre in New York 1975 präsentierten Aufführung *The Yoshi Show* arbeiteten ein buddhistischer Mönch, ein Shinto-Priester, ein Experte für Kampfsportarten und ein tibetanischer Mönch zusammen mit dem japanischen Schauspieler Yoshi Oida, der zudem Mitglied in Peter Brooks Truppe ist. Die Show verband Elemente verschiedener religiöser Zeremonien und Kampfsportarten mit theatraler Performancekunst. Yoshi hatte alle diese Elemente in seinem Training benutzt. Sie sind in seinem Spiel deutlich sichtbar. *The Yoshi Show* war wunderbar verwirrend, denn sie war zwischen Theater und Ritual angesiedelt und ergab weder das eine noch das andere. Diese Zweideutigkeit verlieh dem Ganzen eine besondere, fast sakrale Kraft. Die verschiedenen rituellen Formen kollidierten oder harmonierten miteinander und mit den Kampfsportarten sowie mit Yoshis eigenen Fähigkeiten. Performances wie *The Yoshi Show* machen Transformationsunterscheidungen wie die Victor Turners von der Bewegung des «An-grenzenden» (liminal) zum «Ein-grenzenden» (liminoid) evident:

«In Stammesgesellschaften werden solche Schwellenüberschreitungen oft eingesetzt im Sinne einer besonderen *Verpflichtung* zur Performance, die im Zuge gesellschaftlicher Aktivitäten quasi vorgeschrieben sind und die Funktion haben, die ‹normalen› Ungerechtigkeiten, Härten und Entfremdungen des Lebens auszugleichen. In Industriegesellschaften dagegen hat die Form der *Übergangsriten*, eingebaut in das Kalenderjahr und zu organischen Prozessen umgemodelt, ihre Kraft verloren. Müßiggang und freie Zeit schaffen Gelegenheit zu einer Vielzahl von potentiellen grenzüberschreitenden Genres wie der Literatur, dem Drama, Sport, … die gesehen werden müssen, wie Sutton-Smith sagt, als ‹Spiel›, als ‹Experimente mit variablem Repertoire›, möglich geworden durch eine entwickelte Technologie und einen hohen Grad der Arbeitsteilung... in der sogenannten hochentwickelten Kultur komplexer Gesellschaften ist das Phänomen der Grenzüberschreitung nicht nur von den *Übergangsriten* losgekoppelt, sondern gleichzeitig ‹individualisiert›. Der vereinzelte Künstler kann ausschließlich an-grenzende Symbole gebären, einzig die *kollektive* Erfahrung ist imstande, ein-grenzende Symbole zu produzieren» (Victor Turner 1982, S. 52).

Für Shows wie Yoshis gibt man Geld aus, um einen winzigen Einblick in Formen theatralisierter esoterischer Zeremonien zu erhalten. Desgleichen werden «neue Rituale» hergestellt zu Zwecken der Unterhaltung und als Kunst. Der gleiche Prozeß kann auch umgekehrt betrachtet werden:

Unterhaltung ‹ mit den Mitteln des Theaters › Ritual

Diesen Weg hat Grotowski während seiner paratheatralen Phase zu beschreiten versucht.[29] Die Tendenz, Unterhaltung mit den Mitteln des Theaters in Rituale zu verwandeln, kann man in Grotowskis Arbeit fast von Anfang an erkennen. Seine Arbeit war in Kirchen zu sehen, die Themen waren religiös, in den Details seiner Performances steckte jede Menge polnischer Katholizismus; sie trugen die Spuren Hassidischer Übungen wie auch asiatischer Rituale. Spontaner betrachtet ist es natürlich so, daß Grotowski sein Publikum durch die Begrenzung der Besucherzahl, einen relativ hohen Eintrittspreis und die eher exotischen, weit von jeder Urbanität entfernten Spielorte von vornherein selektierte. Die meisten seiner paratheatralischen Arbeiten waren ausschließlich für eingeladene Teilnehmer gedacht, was in einer intensiven Arbeit ein Klima der Intimität und fast religiöser Solidarität begünstigte – ‹spontane Gemeinschaft› – durch gemeinsame Übungen, gruppendynamische Techniken und die totale Unterordnung unter einen starken Führer. Grotowskis paratheatralische Arbeit weist Analogien auf zu amerikanischen Selbsterfahrungstherapien, Selbsthilfegruppen und traditionellen Initiationsriten, bei denen Neugeborene von ihren familiären Umgebungen getrennt und in einen an- oder ein-grenzenden Raum/Ort versetzt werden, um dort durch eine schwere Prüfung ‹gebrochen› zu werden. Was diesen paratheatralischen Experimenten meiner Ansicht nach fehlt, ist eine abschließende Phase der Reintegration. Zu oft werden die gerade initiierten Personen völlig desorientiert zwischen Himmel und Hölle alleingelassen, und nur ein sehr starker Mensch kann eine erfolgreiche Reintegration ganz allein bewerkstelligen.

Die Performances des polnischen Laboratoriums von 1973 in Philadelphia mit dem Werk *Apocalypsis cum Figuris* waren nur ein erster Schritt auf dem Weg zu einer viel elaborierteren Art der Zeremonie. Während jeder Vorstellung griff sich Grotowski buchstäblich fünf bis zehn Leute und bat sie, nach der Performance noch zu bleiben. Diese Auserwählten wurden eingeladen, nachdem das Stück abgespielt war, sich mit Grotowski und seiner Truppe in die Berge bei Philadelphia zurückzuziehen, um dort mit den Performern auf einer gleichberechtigten Ebene den Austausch zu suchen. Ganz sicher hat die Arbeit an dem Stück *Apocaplypsis cum Figuris* den Eintritt in eine andere Art der Erfahrung bedeutet, die nicht mehr mit dem Wort Theater im herkömmlichen Sinn bezeichnet werden kann.

Mit *Paradise Now* hat das Living Theater eine ähnliche Transformation von Unterhaltung in ein Ritual versucht – im Fall des Living Theaters allerdings eher in ein politisches denn in ein religiöses Ritual. Mit der direkten Herausforderung und Einladung des Publikums, auf die Bühne zu kommen, mit der Weigerung, ein Drama oder auch nur eine Folge von Handlungen, statt dessen einen Plan für eine Serie von Provokationen zu präsentieren, die den Zuschauer verprellen und in ein ungeliebtes Rampenlicht stellen sollten, unterlief das Living Theater jede Form konventionellen Theaters, ja sogar alle Avantgarde. Nachdem die meisten Zuschauer gegangen waren, ergab sich eine andere Art von Schwingung, ähnlich der, die Grotowski mit seinen Schauspielern herstellen wollte und die den übrigbleibenden Zuschauern größere Freiheit gab, die eigenen Anteile zu wählen. Die restlichen Zuschauer wurden von den Performern auf die Straße geführt, und dort ereignete sich ein spontaner politischer Akt, entwickelt aus Unterhaltung mit den Mitteln einer theatralen Konfrontation. In den Straßen dann kam es für die Performer und die zu Performern gewordenen Zuschauer bisweilen zu Zusammenstößen mit der Polizei. Manche Performer blieben für ein paar Stunden, Tage oder auch für eine längere Zeit beim Living. Die Gruppenstärke des Living Theater änderte sich im Laufe der Monate erheblich. Während Grotowskis Arbeit sich in Form von religiösen ‹Treffen› ereignete, war die Arbeit des Living Theater mehr auf Akte öffentlicher Darstellung ausgerichtet, auf das Reisen und auf Theater als Form familiären Ersatzes.

Die Ursprünge des Theaters, von denen seit Aristoteles angenommen wird, daß sie im Ritual liegen, verändern sich, wenn man sie unter dem Blickwinkel populärer Unterhaltung betrachtet. E. T. Kirby (1975) sieht den Anfang des Theaters im Schamanismus, in einem meditativen System spirituellen Reisens, symbolischer Kämpfe und Heilkunst, be-

101

gründet. Denn der Schamanismus, so Kirby, sei eng verbunden mit den Zauberkünsten, der Akrobatik und der Bauchrednerkunst, dem Marionettentheater und anderen Arten populärer Unterhaltung. La Barre zeigt auf, daß der asiatisch-amerikanische Gaukler, eine Figur, dessen Existenz bis in die paläolithische Zeit hinein zurückverfolgt werden kann, eine Mischung aus Clown, kultureller Ausnahmeerscheinung und Halbgott sei, und erinnert uns an den Zusammenhang zwischen dem Gaukler und dem griechischen Theater:

«Die lange Tradition des Gauklers kann vor allem festgemacht werden an der Ähnlichkeit der Figur in paleosibirischen und amerikanischen jagenden Stämmen und an der Tatsache, daß, je mehr Ackerbau ein amerikanischer Stamm betrieb, desto weniger Einfluß dieser Stamm in der gesamten Stammesmythologie innehatte, verglichen mit der Vorrangstellung unter sibirischen und amerikanischen Jägern... Wir dürfen das Element der *Unterhaltung* im Schamanismus der Alten Welt nicht vergessen: Wurden nicht die Sagen erotischer Eskapaden des Adlers Zeus mit dem gleichen Tonfall erzählt wie die über Sibero-amerikanische Plünderungen? Und entwickelten sich nicht aus den schamanischen Rivalitäten dionysische Dichterwerkstätten im griechischen Drama in der Alten Welt genauso wie *midewewinische* Medizinausstellungen in der Neuen Welt? Und dann, haben moderne ‹Medizinmänner› die Gabe alter schamanischer Selbstdramatisierung so gänzlich verloren?» (La Barre 1972, S. 195–196).

Wo wir uns also umsehen und wie weit wir auch zurückblicken, immer stellt sich Theater als eine Verflechtung von Ritual und Unterhaltung dar. In einem Moment scheint der Ursprung das Ritual zu sein, im nächsten Augenblick ist es die Unterhaltung – akrobatische Zwillinge, übereinanderpurzelnd, einer nie länger auf der Oberhand als der andere.

Selbst in dieser eher ruhigen Zeit ist offenbar, daß die orthodoxen Dramaturgen, die Theater der Prosceniumsbühnen mit den festen Räumen für ein seßhaftes, moderates Publikum, das sich auf Geschichten bezieht, als ob sie anderen Menschen tatsächlich passiert seien – daß dieses Theater ein für allemal erledigt ist. Zumindest erfüllt es elementare Bedürfnisse nicht mehr, die so alt sind wie das Theater selbst, nämlich die Verbindung von Ritual und Unterhaltung. Diese Bedürfnisse schließen Gruppenaktionen ein, die den davoneilenden technischen Entwicklungen ein weniges zumindest entgegenzusetzen vermögen. Ich bin nicht gegen technischen Fortschritt – habe meine Wohnung in Manhattan bis jetzt nicht gegen ein Wochenendhaus in Vermont eingetauscht. Aber ich weiß, daß es dieses Bedürfnis nach Begegnungen gibt, die nicht formell sind wie die vorprogrammierten Abläufe täglicher

Arbeitsroutine, das Kino und die Fernsehshow am Abend oder auf die Art informell und gleichzeitig nichtssagend wie Parties in gesellschaftlichem Rahmen.

Theater ist eine eigene Welt, in der Menschen wirklich miteinander umgehen, nicht nur durch tatsächliches ‹Mitmachen› der Zuschauer motiviert, sondern durch deren subtilere Einbeziehung und eine Bühnensituation, die nicht starr ist, sondern orientiert an den Gegebenheiten ihrer Umwelt. Theater verbindet künstlich komponiertes Verhalten (was ich «rekodiertes» Verhalten nenne; Schechner 1985) mit alltäglich spontanem Verhalten. Das Theater hat sich heute Gebiete erobert, die früher den Ausübern religiöser Praktiken oder den Politikern vorbehalten waren. Priester und Politiker werden indessen nie aufhören, die Techniken des Theaters zu nutzen. Allerdings muß fragwürdig bleiben, ob es ihnen auf die Dauer gelingen wird, damit das Vertrauen der Menschen in ihren Beruf aufrechtzuerhalten. Wenn nicht, wird das westliche Theater sich wieder in einen breiten Weg zurückverwandeln und nicht die kleine Seitenstraße bleiben, als die es sein Schicksal in den letzten dreihundert Jahren gefristet hat?

Anmerkungen

1 Ob man zur Beschreibung des Kaiko der Tsembaga das Präsens oder die Vergangenheitsform wählt, ist ein Problem. Die Beschreibungen sind im Zeitraum zwischen 1962 und 1963 entstanden. Seitdem haben sich in Papua-Neuguinea unwiderrufliche Veränderungen ereignet, die Unabhängigkeit des Landes gehört genauso dazu wie die Befriedung kriegerischer Stämme und viele andere ‹Modernisierungen›. Ich weiß nicht, ob das Kaiko noch in der Art fortbesteht, wie ich es erlebt habe, ob es große Verwandlungen erfahren hat oder ausgerottet ist. Ich benutze die Vergangenheitsform, wenn ich über die erlebten Kaikos von 1962 und 1963 spreche, und das Präsens, wenn ich über das Phänomen des Kaiko theoretisiere. Trotzdem bleiben Unsicherheiten, und diese reflektieren auf Unsicherheiten betreffend den Status ritueller Unterhaltungen in Papua-Neuguinea und anderswo.

2 In der Beschreibung des Kaiko folge ich dem Bericht von Rappaport (1968), dessen Studien für mich ein gelungenes Paradigma für eine Art der Betrachtung ritueller Performances in einem ethnologischen Kontext darstellen.

3 Ein ‹Kampfpaket› ist ein kleines Bündel, das die dornigen Blätter eines seltenen, unbekannten Baums enthält, der in Kamnunga wächst und ‹Kampfbaum› genannt wird, sowie persönliche Dinge, die dem Feind gehören wie Haare, Teile von Blättern, die unter dem Gesäß getragen werden, und Dreck, der ihm von der Haut gekratzt worden ist (Rappaport 1968, S. 120).

Es wird gesagt, daß dieses ‹Kampfpaket›, fest auf Kopf und Herz gepreßt, einem Mann Mut und die Chance bescheren, seinen Feind tatsächlich zu töten. Das Material, das in den Kampfpaketen getragen wird, muß von ‹neutralen› Personen gesammelt werden, die womöglich Verwandte unter den Feinden haben. Kampfpakete sind Tauschgüter. In friedlichen Tanzshows stellt ihre Benutzung die Verbindung zwischen Tanz und Kampf dar. In vielen Teilen Asiens sind performative Formen aus den kriegerischen Künsten hervorgegangen; diese Kriegskünste sind weiterhin Bestandteil des Trainings und werden als Möglichkeiten der Zurschaustellung in das Repertoire aufgenommen. Die Umkehrung trifft auf manche Bereiche ebenso zu: Rhythmen und Grundgefühl kriegerischer Künste entwickelten sich aus oder hängen zumindest mit Tanz eng zusammen.

4 Spencer und Gillens Buch «The Native Tribes of Central Australia» hat den Vorteil vor späteren Arbeiten, daß die beschriebenen Stämme als relativ intakt gezeigt werden in dem Moment, als der Kontakt zu den Europäern gerade erst begonnen hatte. In Australien noch mehr als in Nordamerika hieß Kontakt Ausrottung, zumindest nahezu, auf kultureller und topographischer Ebene. In den letzten Jahren hat sich eine Forschungsrichtung entwickelt, die den Einfluß und die historische Entwicklung der Eingeborenen stärker berücksichtigt. Den Anfang dieser Forschung hat das «Australian Institute of Aboriginal Studies» gesetzt.

5 Dieser Rhythmus von langer Vorbereitungszeit und kurzer Aufführungsdauer in einer Serie von mehreren Aufführungen, die an einem Tag stattfinden, ist in Australien nicht ungewöhnlich (vgl. Elkin/Berndt 1950 sowie Elkin/Berndt 1964). Zwar gibt es diesen Rhythmus im westlichen Tanz und der westlichen Musik, dem Theater aber mit seiner aristotelischen Verordnung eines klar abgrenzbaren Anfangs, Mittelteils und Endes ist er fremd. Mit dem Aufkommen von Performance-Kunst in den 70er und 80er Jahren wurden die aristotelischen Regeln wenn nicht vollständig abgeschafft, so doch erfolgreich ergänzt.

6 In Ozeanien ist – oder war es bis zum Zeitpunkt der Ausrottung traditioneller Formen – nicht ungewöhnlich, daß eine rituelle Performance das wichtigste Ereignis im Leben eines Menschen darstellte. Van Genneps (1908, wiederaufgelegt 1960) klassisch gewordene Analyse von Ritualen als Krisenbewältigungsstrategien, die eingebettet sind in relativ lange Perioden, die ruhig verlaufen, bezieht sich auf die Situation in Papua-Neuguinea und dem Australien der Ureinwohner, für die Performances Höhepunkte ihrer Erfahrung darstellen, die sie monate- und jahrelang vorbereiten; ihr tägliches Leben wurde von diesen Vorbereitungen vollständig beherrscht (vgl. Victor Turner 1969, 1974, 1982 und 1985).

7 Vgl. Eliade 1965, die Diskussion über «Reaktualisierung» und ihren Zusammenhang mit Traumzeiten.

8 Einen ausgezeichneten Bericht über den engen Zusammenhang von Ereignissen, Landschaftsarten und Körperbemalungen hat Gould (1969, S. 120–128) erstellt. Vgl. auch Roheim 1969. Aborigines sind ihrem Land

weiterhin sehr verbunden, wie überhaupt viele der Eingeborenen. Der Konflikt der Uluru, Ayers Rock, mit europäischen Australiern ist paradigmatisch für das hier Gezeigte. Die Geschichte der Uluru und wie sie letztendlich im November 1983 gelöst wurde, indem die Euro-Australier sie als Aborigines anerkannt haben, wird von Layton (1986) erzählt.

9 Das östliche Hochland besteht aus einem zentralen und vielen kleinen zerstreuten Tälern, die umgeben sind von bis zu 15 000 Fuß hohen Bergen. Das gesamte Gebiet ist ungefähr 300 Meilen lang und 150 Meilen breit. Um 1970 wurde das Hochland von weniger als drei Millionen Menschen besiedelt; in jedem Dorf lebten ungefähr 400 Leute. Wegen der Großflächigkeit des Gebiets haben die lokalen Gruppen wenig Kontakt untereinander – es kommt oft zu Fehden und kriegerischen Handlungen. Es werden über 500 verschiedene Sprachen gesprochen, die meisten davon für einen Europäer unerlernbar; die am weitesten verbreitete der Sprachen wird von 130 000 Leuten verstanden. Englisch und Pidgin sind die wesentlichen *lingua franca*. Für detailliertere Informationen siehe Ward und Lea 1970.

10 Zu einer Kritik der bekanntesten dieser archäologisch-anthropologischen Rekonstruktionen und den Theorien der «Cambridge Anthropologists» siehe Schechner 1985, Kap. 1. Zu einer anderen Darstellung des griechischen Theaters vgl. Dodds 1951.

11 Joan MacIntosh ist ein Mitglied der «Performance Group» und begleitete mich auf meiner Asienreise, die von 1971 bis 1972 dauerte und die die experimentelle Grundlage für diesen Essay bildet. Wir besuchten auf dieser Reise außer Papua-Neuguinea auch Indien, Sri Lanka, Thailand, Malaysia, Indonesien, die Philippinen, Hongkong und Japan.

12 Burns 1972, S. 132. Diese Art und Weise, alltägliche Erfahrungen als Theater zu betrachten, hat seine Wurzeln natürlich in alten Traditionen des *teatrum mundi*. Aber die systematische Erforschung dessen, was das tatsächlich bedeutet, hat erst begonnen. Wichtige Beobachtungen diesbezüglich wurden gemacht von Goffman 1959, 1971 und 1974, von Geertz 1973, 1980a und 1980b, von Victor Turner 1974, 1982 und 1987 und von Schechner 1982 und 1985.

13 Brustein (1974) zufolge ist «jedes schauspielerische Tun, das aus einer Zusammenarbeit zwischen kreativen Personen, einer unerschöpflichen Öffentlichkeit und einem visuellen oder gedruckten Medium (Fernsehen, Film, Bücher, Verlagswesen, Zeitschriften und Zeitungen) entsteht, Nachrichtentheater. Nachrichtentheater ist mit anderen Worten jedes Ereignis, das Nachrichten mit Theater vermischt und Theater mit Nachrichten» (S. 7). Ich denke, Brusteins Beschreibung ist an sich richtig; aber er macht einen Fehler, wenn er «Nachrichten» und «Theater» trotzdem voneinander getrennt wissen will. Wie können sie getrennt sein, wenn sie von vornherein voneinander abhängig sind? Beide sind öffentlich, aktionsorientiert und suchen nach Krisen. Weiterhin schließt die Nachrichtenübermittlung das gedruckte Medium aus und gibt ihm seinen Ort in den visuellen Medien wieder, welche sich dem Theater auf der technischen Ebene annähern. Die

aufgeworfenen Probleme löst man nicht durch das Beklagen des Unabwendbaren. Nur indem man Wege findet, erst zu verstehen und dann zu kontrollieren, was passiert ist, wird ein zufriedenstellendes Ergebnis zu erzielen sein. Nehmen wir ein begrenztes, aber entscheidendes Gebiet heraus, die Ethik der Nachrichtenübermittlung. Ich meine die Art und Weise, in der die Meinung der Leute durch den Modus der Berichterstattung manipuliert wird. Wir alle wissen, daß die sogenannte ‹objektive› Berichterstattung alles andere als objektiv ist, daß der Zusammenhang und nicht zuletzt auch das Verlegen selbst das Gewand der Nachrichten bestimmen. Aber ist die Nachrichtenübermittlung nur durch einige bösartige neue Manager in Verruf geraten, oder ist eine tiefere Struktur am Werk, die jeden Versuch, objektiv zu sein, verhindert? Das Drama hat lange Zeit einen ethischen Sinn gehabt, der nicht nur an der Oberfläche, sondern auch in seiner Tiefenstruktur auszumachen war. Nachrichtensendungen benutzen die gleiche Struktur, allerdings ohne bewußt deren ethischen Zweck nachzuvollziehen. Oder vielleicht sollte ich sagen, sie benutzen die rhetorische Struktur, und ihre Intentionen sind zu überreden. Eine Ethik, die nicht ins Bewußtsein vorstößt, sondern unhinterfragt bleibt, wird automatisch den Status quo befestigen. Oder, wie Brecht sagt, wer schweigt, befindet sich auf der Seite der Herrschenden. Man muß die theatralen Strukturen der Nachrichtenübermittlung immer mehr sichtbar machen. Man muß Reporter und Verleger gleichermaßen zwingen, die Wertsysteme ihrer eigenen Arbeit als solche zu erkennen und offenzulegen. Zweifelhaft wird bleiben, ob die Konsequenz aus einer solchen Bewußtheit dazu führen wird, den Menschen mehr und mehr Ursachen und Gründe offenzulegen, oder ob weitere Unterdrückung die Folge sein wird (vgl. auch meinen Aufsatz «Nachrichten, Sexualität und Performance Theorie»; Schechner 1965).

14 Dies stimmt ebenso für Situationen, in denen Krieg herrscht und in denen ein ständiges Ungleichgewicht von Unglücksfällen aufrechterhalten wird. Im Austausch geschlachteter Schweine genauso wie in der Schlacht ist das exzessive Bestehen auf Rückvergeltung, das emphatische Verlangen, daß die Vergeltung die Schuld übersteigen muß, oft rhetorisch. Die Zulässigkeit solcher Rhetorik stellt sicher, daß die Vergeltungen nicht ins Unermeßliche anwachsen; aber jedermann merkt, daß es ein Ungleichgewicht gibt, das aufgelöst werden muß. Würden sich doch die Verteidigungsministerien verschiedener ‹Großmächte› daran ein Beispiel nehmen.

15 Ketchak ist ein ‹Affentanzlied›, das auf Bali populär ist. Es verbindet traditionelle balinesische Elemente mit modernem Design, das für Touristen entworfen wurde. Während ich den Hochländern zuhörte, fragte ich mich nach der melanesischen Schicht balinesischer Kultur.

16 Konrad Lorenz (1967) hat sich intensiv mit den Zeremonien der Annäherung bei Tieren befaßt. Technischer als Lorenz versucht Eibl-Eibesfeld (1970) Beschreibungen dieser Art. Lorenz untersucht eine bestimmte Art der Annäherung, die für mich Analogien sind zu dem, was ich in Papua-Neuguinea sah.

«Von allen verschiedenen Annäherungszeremonien mit ihren vielen unterschiedlichen Ursprüngen sind die Begrüßungsrituale diejenigen, die sich aus umgeleiteten aggressiven Bewegungen herleiten. Sie unterscheiden sich von den schon beschriebenen Annäherungszeremonien dadurch, daß sie sich nicht die Aggression verbieten, sondern sie von bestimmten Mitgliedern der Gattung ablenken und sie in Richtung auf andere kanalisieren. Diese Neuorientierung von aggressivem Verhalten ist eine der genialsten Erfindungen der Evolution und sogar mehr als das: Wo immer umgeleitete Rituale der Annäherung beobachtet werden, hängt die Zeremonie ab von der Individualität der teilnehmenden Partner. Die Aggression eines bestimmten Individuums ist abgelenkt von einem zweiten, genauso bestimmten Individuum, während es nicht verboten ist, die Aggression auf alle anderen Mitglieder der gleichen Spezies frei strömen zu lassen. Diese Unterscheidungen zwischen Freund und Feind entstanden, und das erste Mal überhaupt in der Welt ergaben sich dadurch persönliche Bindungen zwischen Individuen» (Konrad Lorenz 1967, S. 131–132). – Wie die Tsembaga sagen: «Wer zu unserem Kaiko kommt, wird auch an unseren Kämpfen teilnehmen.» Es ist wichtig festzuhalten, daß die Zeremonien, auf die sich Lorenz spezialisiert hat, Begrüßungsrituale sind. Die Tänze der Hochländer könnten korrekter auch ‹Begrüßungstänze› genannt werden.

17 Vgl. E. T. Kirby 1975. Kirby bezeichnet den Schamanismus als «großes vereinigendes Kunstwerk, das in viele kleine Performance-Künste zersplittert ist» (S. 6). Vgl. auch das Kapitel «Schamane» in meinem Buch «Environmental Theater» (Schechner 1973).

18 Performance-Aktivitäten, die weit über das hinausgehen, was normalerweise unter Stadttheater verstanden wird, gibt es in Europa und in Amerika. Die weitreichenden Arbeiten von Anne Halprin, Eugenio Barba und Augusto Boal sind dafür nur drei Beispiele. Vgl. Lawrence Halprin (1969), Halprin und Burns (1974), Barba (1979 und 1986) und Boal (1979). Vgl. «The Drama Review 27» (1983), eine Ausgabe, die dem Thema «grass roots theater» gewidmet ist. Was allerdings in Amerika und Europa eine ‹Bewegung› ist, macht die am weitesten verbreitete Art des Theaters und des Tanzes in vielen Teilen Afrikas und Asiens aus.

19 Jerzy Grotowski war zwar der führende Pionier, aber nicht der einzige Praktiker des sogenannten Paratheaters. Vgl. Kolankiewicz (1978); Burzynski und Osinsky (1979); Kumiega (1985) und Osinsky (1986).

20 Vgl. Kaprow (1966b und 1983) und Montano (1981). Wie Kaprow (1983) sagt: «Der angenommene Konflikt zwischen Kunst und Leben ist ein Thema in westlicher Kunst mindestens seit den Tagen des alten Rom… vereinfacht ausgedrückt ist es die Verkunstung der Kunst, welche die Kunst vom Leben trennt und allem sonst auch, während lebendige Kunst die Verbindung zum Leben und allem anderen aufrechterhält… die Grundaussage aller verkunsteter Kunst ist eine von Abgetrenntheit und Besonderheit; und die korrespondierende Grundaussage lebendiger Kunst ist eine von Verbundenheit und großer Wachheit» (Kaprow 1983, S. 36, 38).

Kaprow fährt fort, acht Punkte aufzustellen, die «charakterisieren, wie lebendige Kunst hervorgebracht werden kann». Einer der Hauptpunkte dabei ist es, Orte zu finden, in denen Kunst stattfinden kann – weg von den Museen, den Theatern, Konzerthallen, hin «zu irgendeinem Ort in der realen Welt»; die Intention, «mögliche Grenzen zwischen lebendiger Kunst und dem Rest des Lebens» verschwinden zu lassen, und der «therapeutische Zweck» der lebendigen Kunst finden hierin ihren Ausdruck: «stückweise die Realität wiedereinzuführen, die für uns normal geworden ist, und das nicht nur auf der intellektuellen Basis, sondern tatsächlich, als Erfahrung – in diesem Moment zu Hause beim Abwaschen» (Kaprow 1983, S. 39).

21 Unter den vielen verfügbaren Dokumenten vgl. besonders Emile Zola über Naturalismus auf dem Theater (1880) und August Strindberg über Naturalismus auf dem Theater (1888), beides wiederaufgelegt bei Becker (1963).

22 FACT traf zusammen in Princeton vom 2. bis 6. Juni 1974. Mehr als 200 amerikanische Theatermacher waren dort anwesend, allerdings lag das entscheidende Gewicht auf der Seite der Produzenten, Theatermanager von Stadttheatern und professionellen Verwaltern. Nur vergleichsweise wenige Schauspieler, Regisseure und Bühnenbildner fanden sich ein. Auch hatte diese Konferenz ihren Schwerpunkt in New York, war organisiert von Alexander H. Cohen, dem New Yorker Produzenten. In elf verschiedenen Ausschüssen wurden alle möglichen Probleme des Theaters diskutiert; aber das eigentliche Geschehen fand auf den Nebenschauplätzen statt – hinter der Bühne, wo Einzelpersonen und Interessengemeinschaften Ideen und Meinungen austauschten oder eben auch nicht. Die Theaterkommunikationsgruppe (TCG) führt das weiter, was von FACT übriggeblieben ist; sie organisiert ungefähr alle zwei Jahre ein Treffen für leitende Theaterangestellte. Das Problem dieser Veranstaltungen ist ihr Selbstzweck. Die Menschen, die von den neuesten Entwicklungen am wenigsten wissen, sind immer die, die in ‹Stadttheatern› arbeiten. Um die Langeweile zu vertreiben, werden ein paar politisch radikale Experimentalisten eingeladen, die auch jedesmal erscheinen; die Majorität aber stellen regionale Theaterleute. Das Grundlegende dieser FACT- und TCG-Veranstaltungen ist das wachsende Bewußtsein einer widersprüchlichen Realität: ökonomisch gesehen ist das Theater ein marginaler Faktor, doch seine Wurzeln sind die Wurzeln der Gesellschaft. Mittel sind daher notwendig, um die disparaten Flügel über dem prinzipiellen Nachdenken darüber zusammenzubringen, wie die finanzielle Basis der Theater gerettet werden kann, und andererseits darüber, wie das institutionelle Überleben der Theater gesichert werden kann. Ob die Politik aus solchen Veranstaltungen herausgehalten werden kann oder soll, ist eine andere Frage... ob die Ästhetik... forget it.

23 Die Dinge sind nicht, wie mir später klar wurde, und können nie so simpel sein. Der Anthropologe Edmund Carpenter berichtete mir in einem Brief, daß die Performance der Schlammänner nicht im entferntesten der Praxis der Makehuku entstamme. «Diese Schlammänner sind von einer austra-

lischen Reiseagentur (TAA) erfunden worden. Sie haben keine Tradition, keine Grundlage in der Ästhetik Neuguineas und keine Parallelen sonstwo.» Um dieser Angelegenheit nachzugehen, schrieb ich der National Library in Boroko, Papua-Neuguinea. Die Antwort half nicht weiter. Der Referent der Bibliothek dort kontaktierte die örtlichen Anthropologen und dortige Theaterleute. Es konnte keine erschöpfende Auskunft über das Aufkommen zweier ‹ursprünglicher› Schlammänner-Geschichten eingeholt werden. Letzten Endes verwies man mich in Neuguinea an das Museum für «Natural History» in New York, das unter der Leitung von Magaret Mead steht. Von ihr hörte ich die Hypothese der «Bedrohung durch einen bösen Geist» zum erstenmal (Mead 1970).

24 Brooks Anekdote ist ein gutes Beispiel für das, was ich meine, wenn ich von Vorbereitungen statt Proben spreche. Proben sind für mich Wege, eine exakte Sequenz von Ereignissen herzustellen. Vorbereitungen sind eine Art ständiges Training dafür, daß, wenn die entsprechende Situation dann eintritt, man angemessen auf sie reagieren kann. Vorbereitungen braucht zum Beispiel ein gutes Athletik-Team. Zu oft entsteht der Irrtum, daß Improvisationen voraussetzungslos und spontan entstehen können. Nichts ist weiter von der Wahrheit entfernt. Was spontan entsteht, ist der Moment selbst. Die Reaktion auf diesen Moment funktioniert nur innerhalb eines im voraus gelernten Repertoires, umarrangiert und modifiziert vielleicht für diesen speziellen Augenblick. Wenn das ohne Angst geschieht, wird die Reaktion mit dem Moment verschmelzen und spontan wirken. Viele Rituale sind nicht geprobt, sondern vorbereitet.

25 Die Einladung des Häuptlings verdankte ich meinem Ruf auf der Insel als Clown. Obwohl ich nur zwei Wochen auf Bali zubrachte, pflegte ich mit den Kindern zu spielen, indem ich zum Beispiel Tiere nachahmte. Eine Sache faszinierte die Kinder besonders: wenn ich meine Hände zu Hörnern formte und sie benutzte, als wäre ich ein rasender Bulle. Ein paarmal während längerer Busfahrten sahen mich Kinder, wenn wir durch ein Dorf fuhren, formten die Hände zu Hörnern und lachten. Wahrscheinlich sahen sie in mir einen verrückten Ausländer. Der Tanz, den ich in Tenganan öffentlich darbot, war eine Variante dieses Tierspiels. Der professionell anmutende Gesang Joan MacIntoshs traf überall auf Zustimmung. Die Leute wurden richtiggehend wütend, wenn sie sich weigerte zu singen. Besonders in Neuguinea wird alles, was es gibt, ein Objekt, eine Beziehung, Performances oder ein Ereignis zum Gegenstand des Tausches; es existieren weder wertlose Dinge noch neutrale Geschehnisse.

26 In den 60er und frühen 70er Jahren konnte man eine Reihe von Performances sehen, die sich auf diese Prämisse stützten. Eine Familie in Greenwich Village nahm Eintritt dafür, daß Zuschauer kommen und sie in ihrem täglichen Leben beobachten konnten. Sicherlich nahm so der Stil des dokumentarischen Dramas wie in der Fernsehserie um die Familie Loud ihre logische Weiterentwicklung und wurde auf diese Weise gleichzeitig ad absurdum geführt: Das Echo auf die wöchentliche Fernsehserie änderte das

Leben vieler Familien, und so beobachteten wir die Veränderungen im Leben einer Familie, die beobachtet wird. In den 80er Jahren brechen Performer wie Linda Montano und Allen Kaprow die ‹Kunst/Leben›-Barriere weiter auf; vielleicht läßt sich besser sagen, daß sie diese beiden Arten von Erfahrungen verbinden. (Vgl. Montano 1981; Kaprow 1983.)

27 Diese Art sich überlagernder Nicht-Ausschließlichkeit ist mehr und mehr Methode wissenschaftlicher Forschung geworden. «Klassifikationen brauchen keine Hierarchien, und die Gruppen können sich überschneiden. Die gesamte Idee hierarchischer, sich nicht überschneidender Klassifikationen, die dem menschlichen Gehirn so attraktiv erscheint, wird im Augenblick aufs neue einer Revision unterzogen. Studien in einer Reihe von Forschungsgebieten präsentieren taxinomische Strukturen als überlappende Gruppen» (Sokal 1974, S. 1121). Man ‹ortet› eine Performance, indem man die Koordinaten der Wirksamkeit und der Unterhaltung eingibt.

28 Während einer Vorstellung der TPG-Produktion «Tage der Commune» ergab sich eine Unterbrechung von mehr als drei Stunden. Während dieser Zeit lernten sich Zuschauer und Performer auf eine viel direktere Art kennen, als es sonst üblich zu sein pflegt auf dem Theater. Als das Stück weiterging, war ein Gefühl dabei, was dem Stück Kraft hinzufügte – ein rituelles Gefühl, etwas ausgestanden zu haben, was sich nun als für die Performance nützlich erwies. Das Mahl in «Mutter Courage» war ein weiterer der nur gelegentlich unternommenen Versuche in Richtung einer direkteren Kommunikation zwischen Zuschauer und Performer, der allerdings nicht ohne Probleme war (vgl. Schechner 1973, S. 49–56).

29 Grotowskis paratheatralische Arbeit wurde ausführlich von Burzynski und Osinski (1979), Kumiega (1985) und Osinksi (1986) beschrieben. Paratheater bezog nicht nur Grotowski, sondern auch eigene Arbeiten mancher seiner Gruppenmitglieder mit ein. So zum Beispiel Projekte wie «Acting Therapy», «Vigil», «Meditations Aloud» und «Soundings». Diese Ereignisse waren von unterschiedlicher Dauer, konnten ein paar Stunden oder Wochen lang sein und fanden in unterschiedlichsten Räumen statt, auf ganz durchschnittlichen Workshopflächen oder in Einsiedeleien auf dem Land.

Literatur

Die in Klammern *kursiv* angeführten *Jahresangaben* beziehen sich auf die von R. Schechner zitierten (Original-)Ausgaben.

Bandem, I. M./de Boer, Frederick: Kaja and Kelod: Balinese Dance in Transition, Oxford (Oxford University Press) 1981.

Barba, Eugenio: Jenseits der schwimmenden Inseln. Reflexionen mit dem Odin-Theater. Theorie und Praxis des Freien Theaters. Reinbek (Rowohlt) 1985 (*1979*).

–: Beyond the Floating Islands. New York (PAJ Publications) 1986.

Bateson, Gregory: Ökologie des Geistes. Anthropologische, psychologische, biologische und epistemologische Perspektiven. Frankfurt/M. (Suhrkamp) 1981 (*1972*).

Boal, Augusto: Theater der Unterdrückten. Frankfurt/M. (Suhrkamp) 1983 (*1979*)

–: Grass Roots Theatre, Tulane Drama Review 27 (1983), H. 2.

Brook, Peter: On Africa (an Interview), in: Drama Review 17 (1973), H. 3, S. 37–51.

Burzynski, Tadeusz/Osinski, Zbigniew: Das Theater Laboratorium Grotowskis. Warszawa (Verlag Interpress) 1979.

Dodds, Eric Robertson: Die Griechen und das Irrationale. Darmstadt (Wissenschaftliche Buchgesellschaft) 1970 (*1951*).

Eibl-Eibesfeldt, Irenäus: Biologie des menschlichen Verhaltens, 1984.

Elkin, Adolphus Peter/Berndt, Catharine Helen und Ronald Murray: Art in Arnhem Land. Melbourne u. a. (Cheshire) 1950.

Geertz, Clifford: The Interpretation of Cultures. New York (Basic Books) 1973.

–: Blurred Genres, in: American Scholar 49 (1980), H. 2, S. 165–182 (*1980a*).

–: Theatre-State in 19th Century Bali. Princeton (Princeton University Press) 1980 (*1980b*).

Gennep, Arnold Van: The Rites of Passage (orign. published in 1908). Chicago (University of Chicago Press) 1960.

Goffman, Erving: Wir alle spielen Theater. Die Selbstdarstellung im Alltag. München (Piper) 1986. (*1959*).

–: Rahmen-Analyse. Ein Versuch über die Organisation von Alltagserfahrungen. Frankfurt/M. (Suhrkamp) 1980 (*1974*).

Gould, Richard Allen: Yuvara: Foragers of the Australian Desert. New York (Scribner) 1969.

Halprin, Lawrence: – (1969:) The RSVP Cycles. Creative Processes in the Human Environment. New York (Brasiller) 1969.

–: Cities. Cambridge. Massachusetts (MIT Press) 1972 (rev. ed.).

Kaprow, Allan: Assemblage, Environments and Happenings. New York (Abrams) 1966.

Kirby, Ernest Theodore: The Shamanistic Origins of Popular Entertainments, in: Drama Review 18 (1974), H. 1, S. 5–15.

Kolankiewicz, Leszek (Hg.): On the Road to Aktive Culture. The Activities of Grotowski's Theatre Laboratory Institute in the Years 1970–1977. Wrocaw (Theatre Laboratory) 1979.

Kumiega, Jennifer: The Theatre of Grotowski. London (Mathuen) 1985.

Layton, Robert: The Anthropology of Art. London (Granada Publ.) 1981 (*1986*).

Lyotard, Jean: Das Postmoderne Wissen. Graz/Wien (Böhlau) 1986.

Montano, Linda: Art in Everyday Life. (Astro Arts) 1981.

Osinski, Zbigniew: Grotowski and His Laboratory. New York (PAJ Publications) 1986.

111

Rappaport, Roy A.: Pigs for the Ancertors: Ritual in the Ecology of the New Guinea People. New Haven (Yale University Press) 1968 (bzw. 1984).

Schechner, Richard: Environmental Theatre. New York (Hawthorn) 1973.

–: Ramlila of Ramnagor: An Introduction, in Quarterly. Journal of the National Centre for the Performing Arts (Bombay) 11 (1982) H. 3 und 4, S. 66–98 (*1982a*).

–: Ramlila of Ramnagar and America's Oberammergau: Two Celebratory Ritual Dramas in: Turner, Victor Witter (Hg.): Celebration. Washington D. C. (Smithsonian Institution Press) 1982 (*1982b*).

–: The End of Humanism. Writings on Performance. New York (Performing Arts Journal Publications) 1982.

–: Between Theatre und Anthropology. Philadelphia (University of Pennsylvania Press) 1985.

Spencer, Sir Baldwin/Gillen, F. J.: The Arunta, a Study of a Stone Age People. London (Macmillan) 1968.

Turner, Victor Witter: The Ritual Process. Structure and anti-Structure. Chicago (Aldine) 1969.

–: Dramas, Fields and Metaphors. Ithaca/New York (Cornell University Press) 1974.

–: From Ritual to Theatre: The Human Seriousness of Play. New York (Performing Arts Journal Press) 1982 (*1982a*).

–: Are There Universals of Performance? Paper Prepared for Wenner-Gren Foundation for Anthropological Research, Symposium no. 89: «Theatre and Ritual», 23. 8.–1. 9.1932 (*1982b*).

–: On the Edge of the Bush. Anthropology as Experience. Tucson/Arizona (University of Arizona Press) 1985.

Zarrilli, Phillip: The Kathakali Complex. Actor, Performance and Structure. New Delhi (Abhinav Publications) 1984.

3 Für eine Poetik der Aufführungen

Jagdzüge, zeremonielle Zentren und Theater

Die frühesten menschlichen Gemeinschaften waren jagende und sammelnde Horden. Für die Annahme, daß diese Horden weder primitiv waren noch arm, sprechen Anzeichen wie Nahrungsüberfluß, kleine Familien, praktizierte Geburtenkontrolle und eine geregelte Lebensführung. Diese Menschen lebten weder immer am gleichen Ort, noch wanderten sie ziellos umher. Jede Horde hatte eigene mehr oder weniger festgelegte Routen durch ‹Zeit und Raum›. Ich sage ‹Zeit und Raum›, weil ihr Jagdplan nicht dem Zufall überlassen blieb, sondern unter Berücksichtigung ihrer eigenen Nahrungs-, Paarungs- und Fortpflanzungszeiten an den Jahreszyklus der Wildwanderungen angelehnt war. Das kulturelle Niveau, zumindest was die Malerei und Bildhauerei anging, war sehr hoch: Die Meisterwerke der Höhlen in Südwesteuropa und die eurasische Kunst zeugen davon. Höhlenmalereien aus alter Zeit gibt es in vielen Teilen der Welt, wenn auch die Malereien von Lascaux und Altamira vergleichbar herausragen. Kurz gesagt, hier besetzen Menschen eine ökologische Nische, die ihren Ausdruck in regelmäßig sich wiederholenden Verhaltensmustern findet. In ihrem Umkreis entstanden Kunst und Rituale in Anpassung an den Wildwechsel und die wechselnden Jahreszeiten.

Wiederholung jenseits moderner Nützlichkeitsvorstellung: Es ist anzunehmen, daß einige der bemalten Höhlen länger als 10 000 Jahre lang regelmäßig benutzt worden sind. In welcher Form die Höhlen benutzt wurden, wird im weiteren deutlich. Die menschlichen Horden bestanden in der Regel aus nicht mehr als 40 bis maximal 70 Individuen, und mehrere von ihnen lebten in einander überschneidenden Gebieten. Die längste Zeit im Jahr trafen sie wahrscheinlich nur gelegentlich, per Zufall oder vielleicht um Informationen auszutauschen, aufeinander. Vielleicht waren die Beziehungen mancher Horden untereinander sogar feindlich. Doch es gibt Indizien dafür, daß zu bestimmten Zeiten des Jahres, wenn die Früchte reiften oder das Wild sich in einer bestimmten Gegend aufhielt und die Nüsse erntereif waren, sich die Horden an ausgewählten Stellen konzentrierten. Bei einigen jagdtreibenden und sammelnden Stämmen ist das heute noch so üblich. Die Kung in den Kalahari, die Aborigines in den australischen Goroberes, die jagenden und Ackerbau treibenden Stämme im Hochland von Neuguinea führen noch regelmäßig *pay-back* (Pidgin für die Erfüllung einer zeremoniellen Pflicht) und Tauschzeremonien durch. Wallfahrten, Familientreffen mit großem Festessen und dem Austausch von Geschenken, das Phänomen des *Potlach*, der Theaterbesuch sind alles gleichwertige Aktionen des Austausches, des ‹Sichverschwendens› oder der eigenen Zurschaustellung.

Die Verhaltensforscher V. und F. Reynolds berichten über ein ähnliches Phänomen, das sie bei den Schimpansen des Budango-Dschungels in Uganda beobachtet haben. Nach Kenntnisnahme dieser Schilderungen möchte ich nunmehr Vorgänge wie Theaterbesuche oder zeremonielle Zusammenkünfte als Verhaltensweisen betrachten, die Menschen mit gewissen anderen Arten gemeinsam haben.

«Garner schrieb (1905, S. 62–63), daß, Gerüchten der Eingeborenen zufolge, der *Kanjo*, wie die Eingeborenen ihn nannten, eine der bemerkenswertesten Angewohnheiten der Schimpansen sei. Das Wort Kanjo impliziert in seiner Bedeutung etwas von der Idee des Karnevals. Es wird angenommen, daß mehr als eine Familie an derartigen Festivitäten beteiligt ist. Weiter beschreibt er, wie die Schimpansen aus feuchtem Lehm eine Trommel anfertigen und darauf warten, daß sie trocken wird. Darauf versammeln sich in der Nacht Schimpansen in großer Zahl, und der Karneval beginnt. Einer oder zwei von ihnen schlagen mit Gewalt auf den trockenen Lehm ein, während andere in wilder und grotesker Manier auf- und niederspringen. Einige Schimpansen stoßen lange röhrende Laute aus, als ob sie versuchten zu singen... und so geht das Fest über Stunden weiter. Abgesehen von der Trommel gibt dieser Bericht eine präzise Beschreibung dessen, was wir sechsmal wahrnahmen, als wir uns im Dschungel von Budango in der Nähe der Schimpansen aufhielten. Zweimal allerdings nur spielte sich das alles in der Nacht ab, vier andere Male fand es tagsüber statt. Die ‹Karnevals› bestanden aus anhaltendem Lärm, der sich über Stunden hinzog, wohingegen die ‹normalen› Ausbrüche des Rufens und Trommelns nur wenige Minuten dauerten. Zwar konnte man keinen definitiven Grund für dieses ungewöhnliche Verhalten angeben, zweimal schien es jedoch mit dem Aufeinandertreffen zweier sich aller Wahrscheinlichkeit nach fremder Horden in Verbindung zu stehen» (Davore 1965, S. 408–409).

Die Reynolds konnten nicht mit Sicherheit sagen, welchem Zweck der Karneval diente. Ihre Vermutung ist aber, daß er die Wanderung von einer Futterquelle zur anderen signalisiert und sich also dann ereignet, wenn bestimmte genießbare Früchte reifen. Garniers Bericht aus dem 19. Jahrhundert hebt den Unterhaltungscharakter der Schimpansenversammlung hervor (Singen, Tanzen, Trommeln); dieses Ereignis wird ganz offenkundig romantisiert und anthropomorphisiert. Doch die Reynolds bestätigen Garniers Bericht, der von einer erregten Stimmung, sich wohl fühlenden und einander freundschaftlich zugeneigten Tieren spricht.

«Aus allen Richtungen gleichzeitig erschollen Rufe, und alle Gruppen bewegten sich hastig hin und her. Kaum hatten wir die Quelle des einen Schreies geortet, lenkte uns ein anderer, aus der entgegengesetzten Richtung, davon ab. Wir hörten trippelnde und stampfende Schritte, mal von vorn, mal hinter uns, dann heulende Schreie und anhaltendes Trommelgrollen (bis zu 13 schnell aufeinanderfolgende Schläge, die den Boden erschütterten), das uns alle paar Meter überraschte» (Davore 1965, S. 409).

13
Trommel-
schläge

Da solche ‹Karnevals› nun einmal die Prototypen theatralischer Ereignisse darstellen, erscheint es lohnenswert, ihre besonderen Qualitäten zu betrachten: 1. Horden, nicht Individuen versammeln sich. Sie leben zwar nicht miteinander, sind sich aber auch nicht völlig fremd. 2. Sie teilen Nahrung, zumindest Nahrungsquellen miteinander. 3. Gesang, Tanz (rhythmische Bewegung), Getrommel: Unterhaltung. 4. Der Versammlungsort ist für keine der beteiligten Gruppen ihr Zuhause. (Es sei in diesem Zusammenhang die Bemerkung gestattet, daß auch in unserer Kultur Hausparties sich auf eigens zu diesem Zweck dekorierte Räume konzentrieren, während die anderen Räume so gut wie nicht betreten werden.)

Der Unterhaltungsaspekt dieser Versammlungen ist von hervorstechender Wichtigkeit. Westliche Denker haben zu oft das Ritual von seinem Unterhaltungswert abgelöst und es gleichzeitig als solches qualitativ höher bewertet als die Unterhaltung. Es ist ein weitverbreiteter Trugschluß, daß Rituale auch historisch und konzeptuell an erster Stelle stehen, Unterhaltung hingegen eine davon abgeleitete Größe oder sogar eine Entartung sei. Das Ritual ist ‹seriös›, Unterhaltung hingegen ‹frivol›. Es handelt sich bei diesen Schlußfolgerungen um kulturell geprägte Vorurteile. Wie ich an anderer Stelle gezeigt habe, sind Ritual und Unterhaltung derart eng verflochten, daß keines vor dem anderen ‹Originalität› für sich beanspruchen kann. Bei festlichen Zusammenkünften ist es den Menschen freigestellt, sich auf eine Weise zu verhalten, die zu jeder anderen Zeit verboten wäre. Mehr noch, besonderes, nicht alltägliches, ansonsten sanktioniertes z. B. promiskuitives Verhalten, ist nicht nur erlaubt, sondern es wird buchstäblich dazu er-

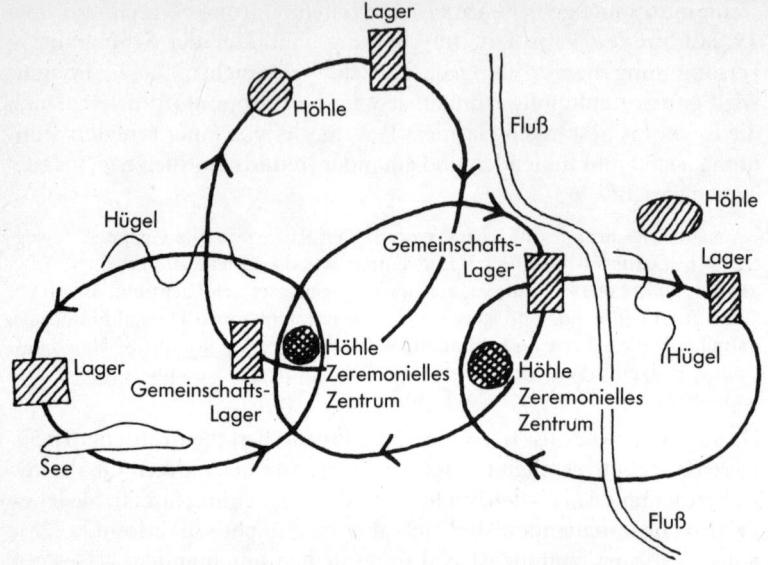

Orte, an denen sich die Jagdzüge im Rhythmus der Jahreszeiten überschneiden und an denen landschaftliche Merkmale vorhanden sind, werden zu zeremoniellen Zentren.

mutigt. Man bereitet sich darauf vor, es wird geprobt. Verhaltensweisen während des Karnevals kombinieren die beschriebene Spontaneität mit großangelegten öffentlichen Aufführungen bzw. ersetzen sie.

Wo sich zwei oder mehrere Gruppen zu festgelegten Jahreszeiten trafen, wo Nahrung vorhanden war oder gehortet wurde und wo zudem noch ein geographisch markanter Punkt gegeben war, eine Höhle, ein Hügel, ein Wasserloch o. ä., da existierte mit großer Wahrscheinlichkeit ein zeremonielles Zentrum (siehe Abbildung). Von den vielen Unterschieden zwischen den menschlichen Zeremonien und denen der Affen ist keiner entscheidender als die Tatsache, daß Menschen in der Lage sind, Orte bleibend zu verändern, indem sie etwas ‹hineinschreiben› oder ihnen eine Geschichte zuweisen. Die Kunst in den Höhlen Südwesteuropas und die Geschichten der Aborigines über die Landschaften ihrer Gebiete (den australischen Goroberes, Anm. d. Übers.) sind Mittel, aus natürlichen Räumen kulturelle Orte werden zu lassen – Möglichkeiten, Theater zu schaffen. Doch ist so jede architektonische

Konstruktion, jeder Eingriff die Herstellung eines kulturellen Ortes; was ist also das Besondere am Theater?

Das Theater ist ein Ort, dessen einzige oder zumindest hauptsächliche Bestimmung es ist, für Aufführungen benutzt zu werden. Ich glaube fest daran, daß diese Orte, Theaterräume, nicht erst einer späteren Entwicklung menschlicher Kulturen geschuldet sind (etwa der griechischen des 5. Jahrhunderts v. Chr.), sondern, daß es sie von allem Anfang an gegeben hat, sie für die menschliche Spezies konstitutiv sind. Die ersten Theater waren als zeremonielle Zentren Teil eines Gesamtsystems. Dazu gehörten auch die Jagd, das Aufsuchen von Nahrungsgründen im Rhythmus der Jahreszeiten, die Treffen mit anderen menschlichen Horden, die Feiern und die Markierung der Orte, an denen gefeiert wurde, durch Schriftzeichen. Diese Merkmale, Geographie, Kalender, soziale Interaktion, ergeben insgesamt die Fähigkeit der Menschen, aus einem gegebenen natürlichen Raum einen kulturellen Ort erstehen zu lassen.

Die ersten Theater waren nicht bloß ‹natürliche Räume›, wie der Budango-Dschungel, in dem die Schimpansen ihren Karneval aufführten, sondern sie waren zugleich – und das ist grundlegend – ‹kulturelle Orte›. Diese Verwandlung eines gegebenen Raumes in einen Ort, an dem etwas Bestimmtes stattfindet, heißt Grund zu legen für ein *Theatron.* Diese Verwandlung wird vorgenommen durch das Beschriften eines Raumes, wie die Höhlenmalereien der paläolithischen Zeit es sehr deutlich demonstrieren.[1] Die Beschriftung muß nicht sichtbar sein, sondern kann sich, wie bei den Aborigines, mündlich vollziehen. Das Volk der Aborigines verfügt kaum über materiellen Besitz, statt dessen jedoch über ein kultiviertes System von Blutsverwandtschaften, Riten, Mythen, Liedern und Tänzen. Um also die Transformation eines Raumes in einen Ort hier wahrzunehmen, müßte man eher hinhören als hinsehen. Man stelle sich eine Umgebung vor, die das genaue Gegenteil der Wüstenheimat der Aborigines verkörpert, z. B. den tropischen Regenwald Zentralafrikas, durch den vertrauensvoll die Mbuti gehen und, ihren Molimo singend und tanzend, den Raum zu einem Ort für sich werden lassen (vgl. Turnbull 1973). Das Charakteristische am Molimo-Ritual der Mbuti ist der Klang der Molimo-Holztrompete und die zu diesem Trompetenklang gehörenden Tänze. Die Molimo-Trompete, versteckt «in einem Baum, der sich in der Nähe des geheiligten Zentrums im Wald finden muß, wird zum Camp getragen, unterwegs der Luft ausgesetzt, mit viel Wasser benetzt, mit Erde eingerieben und am Schluß über dem Feuer gehärtet. An diesem Punkt umschließt die Heiligkeit des Zentrums im Wald das gesamte Camp» (Turnbull 1985, S. 16). Mit Blick auf die Aborigines und die Mbuti sollte man sich hüten, von einem Gebiet, in dem sich wenig sichtbare Anzeichen höherer Kunst finden, anzunehmen, es sei kulturell verarmt.

Die Funktionen der Zeremonien, die Aufführungen in den zeremoniellen Zentren und ihre genaueren Verläufe sind nicht exakt erforscht. Fußabdrücke im Lehm, die sich in einer der paläolithischen Höhlen feststellen lassen, deuten auf Tanz hin; Fachgelehrte pflegen im allgemeinen darin übereinzustimmen, daß an diesen Orten Aufführungen in irgendeiner Form stattgefunden haben müssen.[2] Allerdings hängt die Interpretation der angefertigten Rekonstruktionen vom Geschmack dessen ab, der sie aufstellt: Dort können sowohl Fruchtbarkeitsriten als auch Initiationen, schamantische Heilungsprozeduren und vieles andere stattgefunden haben. Ich neige zu der Auffassung, daß dort ‹ökologische Riten› vollzogen wurden, so wie sie Roy A. Rappaport skizzierte – Aufführungen, die die ökonomischen, politischen und religiösen Beziehungen zwischen benachbarten Gruppen regulierten, deren Verhältnis zueinander zwischen Feindschaft und Zusammenarbeit wechselte. Tatsächlich diskutiert Rappaport in seinem Buch *Pigs for the Ancestors* die kriegerische Auseinandersetzung als integrativen Bestandteil des ökologischen Gesamtsystems. Meine Sicht ist der von Rappaport verwandt:

«Ritual, insbesondere im Zusammenhang ritueller Zyklen, wirkt als regulierender Mechanismus in einem System oder einer Anordnung ineinandergreifender Systeme, wobei Variable wie: die Größe des zur Verfügung stehenden Landes, die Länge der Periode, in der es brach liegen muß, Umfang und Zusammensetzung der menschlichen Population und der der Schweine, Ernährungsbedingungen beider, die Energie, die für die verschiedenen Tätigkeiten erforderlich ist und in die die Häufigkeit von Unfällen einbezogen ist... Dieser Hypothese liegt die Annahme zugrunde, daß viel damit gewonnen sei, einige Aspekte der Kultur als Teil der Mittel zu betrachten, mit denen Tiere der Spezies Mensch sich in ihrem Lebensraum behaupten» (Rappaport 1968, S. 4–5).

Rappaport beschreibt einen heute existierenden Stamm in Neuguinea (für den Schweine die Hauptnahrungsquelle darstellen; Anm. d. Übers.). Ich versuche, die Aufführungen paläolithischer Jäger zu rekonstruieren. Ich bin der Meinung, beide Ansätze sind nur vor dem Hintergrund moderner und postmoderner Industriegesellschaften zu denken. Ausgehend von Rappaports Bildern, Belegen und anderen Hinweisen, die er in den Höhlen gesammelt hat und unter Berücksichtigung der Formen zeitgenössischen Theaters, läßt sich sagen, daß Aufführungen in den zeremoniellen Zentren, wo jagdtreibende Horden sich versammelten, etwa aus folgenden Gründen funktioniert haben können:

1. Um freundschaftliche Beziehungen aufrechtzuerhalten,
2. um Güter, Frauen, Trophäen und technisches Know-how auszutauschen,
3. um Tänze zu zeigen und auszutauschen, Geschichten zu erzählen und Lieder zu singen.

Weiterhin folgten sie meines Erachtens einigen Mustern, die auch uns vertraut sind:

1. sich versammeln,
2. der Aufführung einer oder mehrerer Aktionen,
3. der Zerstreuung.

Mit anderen Worten: Menschen kamen an einem bestimmten Ort zusammen, praktizierten etwas, das man als Theater (und/oder Tanz und Musik, denn alle drei Genres kommen hier gleichzeitig vor) bezeichnen kann, und gingen ihrer Wege. So einfach und selbstverständlich dieser Ablauf erscheinen mag, so ist er doch nicht das einzige, was sich ereignen kann, wenn zwei oder mehrere Gruppen aufeinandertreffen. Sie könnten sich auch meiden, einander bekämpfen oder aneinander vorbeiziehen wie Wanderer auf einer Straße. Das Muster der Versammlung, der Aufführung und der Zerstreuung dagegen ist spezifisch für das Theater.

In urbanen Umgebungen gehören Ereignisse, die nach diesem Muster ablaufen, zur Normalität. Ein Unfall ereignet sich oder wird (wie im Guerilla-Theater) herbeigeführt, eine Menge versammelt sich, um zu sehen, was geschehen ist. Sie bilden einen Kreis um das Ereignis oder, wie bei einem Unfall, um die Folgen des Ereignisses. In der Menge wird darüber gesprochen, was vorgefallen ist, wem es zugestoßen ist und warum es sich ereignet hat, das Gespräch besteht weitgehend aus Fragen: In Dramen und Gerichtsverhandlungen, die formalisierte Versionen des Unfalls auf der Straße sind, *geht das Ereignis selbst in dem Versuch seiner Rekonstruktion auf.* In Gerichtsverhandlungen geschieht dies konstativ; im Theater performativ, indem hergestellt, gezeigt wird, was geschah (faktisch, fiktional, mythisch, religiös). Die Fragen, die sich in der Menge erheben, sind von der Art, wie sie Brecht Theaterbesuchern abverlangen wollte.[3] Das Raster einer solchen Straßenszene mit einem Mittelpunkt erhitzter beteiligter Zuschauer, dessen Intensität sich zu einer Randzone hin verliert, in der Zuschauer nur noch kurz verweilen und dann weitergehen, ähnelt dem mittelalterlichen Straßentheater.[4] Unfälle entsprechen dem Grundmuster theatralischer Aktivitäten. Selbst wenn die Ursachen beseitigt sind, bleibt etwas diesem Ort ‹Eingeschriebenes› zurück, zum Beispiel Blutspuren, kleine Gruppen von Zeugen, die Neugierigen usw. Nur langsam wird sich das Ereignis auflösen und die Menge sich zerstreuen. Ich nenne diese Ereignisse ‹Eruptionen›.

Eine derartige Eruption ist einem theatralischen Ereignis vergleichbar, weil es nicht der Zwischenfall selbst ist, der die Menschen anzieht und beisammenhält; vielmehr werden sie von der Rekonstruktion oder dem Nachvollzug des Ereignisses in Atem gehalten. Im Falle eines Streites oder, auf einer anderen Ebene, dem Bau eines Hauses, der von zufälligen Beobachtern verfolgt wird, ist es die Entfaltung der Handlung, welche die Menschen bei der Stange hält. Völlig unbeherrschbare Geschehnisse wie das Zusammenbrechen einer Mauer oder plötzliche Pistolenschüsse treiben die Leute auseinander, und erst wenn die Mauer schon gefallen ist bzw. die Schüsse aufgehört haben, *versammelt* sich die Menge und macht Theater.

Eruptionen sind eine Form von ‹natürlichem Theater›[5], Prozessionen eine andere. Gemeinsam bilden sie das bipolare Modell der Aufführungen in den zeremoniellen Zentren, wo die Züge der paläolithischen Jäger sich zu bestimmten Jahreszeiten begegnen. In einer Prozession, die man als eine Art Wallfahrt begreifen kann, bewegt sich das Ereignis auf schon beschrittenen Wegen. Zuschauer versammeln sich entlang der Route, und die Prozession macht an vorhersehbaren Stellen halt. Dort werden dann Aufführungen gezeigt. Paraden, Beerdigungszüge, politische Märsche und auch das Bread & Puppet Theatre sind Prozessionen.[6] Gewöhnlich bewegen sich Prozessionen auf ein bestimmtes Ziel zu: die Beerdigung auf das Grab, der politische Marsch auf den Kundgebungsort, die Wallfahrt auf den Schrein. Das Ereignis am Endpunkt einer Prozession ist das genaue Gegenteil einer Eruption; es ist sehr gut vorbereitet, geprobt, ritualisiert.

Trotzdem können sich Prozessionen und Eruptionen gleichzeitig ereignen. Die Versammlung der Schimpansenhorden im Dschungel von Budango ist sowohl eruptiv als auch prozessual. An einem bekannten Ort unter bekannten Umständen lösen der Überfluß an Nahrung und die Begrüßung einander fremder Horden die Eruption des ‹Karnevals› aus. Meiner Ansicht nach ereignete sich etwas grob Vergleichbares unzählige Male auf den Jagdzügen der paläolithischen Menschen. Hieraus entwickelten sich rituelle Züge, Treffpunkte, zeremonielle Zentren und Theater.

122

Überall auf der Welt ereignet sich das Theater an besonderen Orten zu besonderen Zeiten, und als solches ist es nur ein kleiner Teil des Bereiches performativer Aktivitäten, der auch Rituale, den Sport, Gerichtsverhandlungen, Duelle, rituelle Kämpfe, Tanz, Musik und viele verschiedene Situationen des alltäglichen Lebens mit einschließt. Orte, an denen Theater stattfindet, sind die Orientierungspunkte der Kulturen, in denen sie existieren.

Das bedeutet, daß Theater nicht nur im wörtlichen Sinn der jeweiligen Gesellschaft, in der es sich befindet, entspricht – in den Geschichten, die erzählt werden, und den Konventionen der Handlungen, die aufgeführt werden –, sondern auch im architektonischen Sinn. Zentrum des athenischen Theaters im 5. Jahrhundert v. Chr. ist beispielsweise der Altar des Dionysos. Um diesen Altar herum tanzte, zwischen den Zuschauern und den Darstellern der dramatischen Rollen, der Chor. Die im Halbrund angeordneten Sitze waren nicht, wie im modernen Theater, einzelne Sitzschalen, sondern ansteigende Bänke wie in modernen Sportarenen, die das Drama buchstäblich umschlossen. Dieses Muster der solidarischen Gemeinschaft, die ein *agon* enthält, wiederholte sich im Wettstreit der Poeten und Schauspieler um das beste Stück. Auch die Proszeniumsbühnen, die sich im 18. und 19. Jahrhundert entwickelten, spiegeln eine, wenn auch andere, soziometrische Struktur.

Das griechische Amphitheater war offen. Im und um das Theater herum war während der Vorstellungen, die bei Tageslicht stattfanden, die Stadt zu sehen. Die Stadt, die Polis, war sowohl geographisch als auch ideologisch eng eingegrenzt. Das Proszeniumstheater dagegen ist ein geschlossenes Gebäude mit einem streng kontrollierten Zugang von der Straße her. Mit großem Aufwand wird in diesen Räumen versucht, die gesamte Aufmerksamkeit aller ausschließlich auf die Bühne zu lenken – was nicht zum Stück gehört, wird versteckt oder versinkt in der Dunkelheit. Die Aufteilung des Gebäudes entspricht den Dingen, die in ihm zu sehen sind. Die Zuschauer können einander lediglich vor der Show, danach und in den Pausen sehen.

Das Proszeniumstheater ist in fünf voneinander abgetrennte Bereiche unterteilt. Die Angestellten betreten das Theater durch den Bühneneingang, unbeobachtet von denen, die durch den Vorraum in das Theater eintreten wollen, um Karten zu kaufen. Es gehört zum Stil des Theaters, daß alle Vorbereitungen der Aufführungen vor dem Konsumenten verborgen werden. Auch im Theater spiegelt sich die in der Industriegesellschaft übliche Trennung der Produktion der Güter von ihrer Vermarktung. Die Teile des Hauses, die der Öffentlichkeit zugänglich sind, werden aufwendig dekoriert, mit der Ambition, ‹aristokratisch› bzw. ‹erstklassig» zu erscheinen. Die Teile des Hauses hinter der Bühne wirken dagegen eher wie Fabriken, wie Arbeitsplätze, ökonomisch, sparsam und voller nützlicher Requisiten.

Das Haus ist in verschiedene Kategorien von Sitzplätzen unterteilt, von denen manche besser als andere, alle aber individuelle Sitzplätze (keine Bankreihen) sind. (In älteren Proszeniumstheatern war das anders, dort waren die Sitzschalen den Adeligen vorbehalten, der ‹Pöbel› hatte sich auf Bänken zu drängen.) Die Logenplätze sind so konstruiert, daß die dort sitzenden Patrone des Theaters von den übrigen Zuschauern gesehen werden können.[7] Bevor das Stück beginnt, verdeckt ein Vorhang den größten Teil der Bühne, und auch wenn diese Barriere zeitweilig geliftet wird, ist es den Patronen nicht gestattet, wie noch zu Restaurationszeiten, die Bühne zu betreten, noch sehen sie überhaupt die eigentlichen Mauern des Theaters. Diese sind durch verschiedene ‹falsche› architektonische Elemente maskiert, die von Szene zu Szene wechseln.

Architektonisch wird die Bühne von dem Haus durch den Proszeniumsbogen getrennt, der die ganze Idee des Proszeniumstheaters überhaupt am besten beleuchtet. Der Bogen ist ursprünglich eine gerahmte Wand, durch welche Zuschauer und Bühne voneinander getrennt sind und der Eindruck entsteht, als schaue der Zuschauer durch die Bühnenöffnung dieser Wand in einen anderen Raum. Die Wand, welche beide Räume voneinander trennt, ist *niemals* vollständig entfernt, im Gegenteil, der Proszeniumsbogen betont die unvollständige Entfernung der sogenannten ‹vierten Wand›. Die Entwicklung des Proszeniumstheaters durch die Jahrhunderte ließ die Vorbühne völlig verschwinden – und damit jeden gemeinsamen Raum zwischen Bühne und Haus. Erst mit der Tendenz zum offenen Theater wurde der Spielraum im 20. Jahrhundert wieder zu einem Teil des Zuschauerraums. Versuche wurden unternommen, die Bühne in den Zuschauerraum hinein zu verlängern, die Arenabühne wurde wiederentdeckt, und es gehörte zum Experimentieren dazu, den gesamten Theaterraum zum Spielraum werden zu lassen. Im Proszeniumstheater ist der für den Zuschauer sichtbare Bereich der Bühne nur ein vergleichsweise kleiner Teil des Arbeitsraumes Theater. Im griechischen Theater war fast der gesamte Theaterraum inklusive der unter dem Theater liegenden Stadt für den Zuschauer sichtbar. Im Proszeniumstheater bleiben Seiten- und Hinterbühne, Umkleideräume, Büros und Lagerstätten dem Auge des

Zuschauers verborgen. Normalerweise nimmt der Bereich der eigentlichen Bühne (d. h. einschließlich des Teils, der für die Zuschauer nicht
sichtbar ist, Anm. d. Übers.) mehr als die Hälfte des gesamten Thea-
terraumes ein. Doch vom Zuschauerraum aus gesehen, erscheint die
Bühne meist sehr viel kleiner als das gesamte Haus.

Die Entwicklung des Proszeniumstheaters brachte wesentliche Veränderungen mit sich. Die Seitenbühnen dehnten sich aus, um schnelle
Wechsel der Bühnenbilder und damit auch optische Überraschungen
zu ermöglichen. Es bedurfte zusätzlicher Lagerräume, weil aufwendige
Dekorationen aufbewahrt werden mußten. Mit zunehmendem Aufwand für Maske und Kostüm mußten die Umkleideräume vergrößert
werden. Der Bühnenbereich des Proszeniumstheaters wurde zu einer
gut funktionierenden Maschine für schnelle Szenenwechsel und aufwendige Effekte. Diese Theater produzieren ‹Nummern› und *coups de
théâtre*, so wie ein teures Restaurant mehrgängige Menüs produziert.
Es wurde und wird jede erdenkliche Anstrengung unternommen, um
zu verheimlichen, wie die Effekte erzielt werden. Theaterstücke, die für
das Proszeniumstheater geschrieben werden, sehen meist ein oder zwei
Pausen vor. Diese Pausen sind für die Theaterbesucher, die gleichzeitig
Gönner sind, wichtig. Hier können sie einander sehen, das ‹erstandene›
Produkt abschätzen, trinken und rauchen, um hinterher aufs neue den
Kitzel des sich hebenden Vorhangs zu erleben.

Theater sind meist in sogenannten Theatervierteln angesiedelt. Vorstellungen werden außerhalb der Arbeitszeit und an Feiertagen angeboten; ins Theater geht man nach der Arbeit, es ist nicht als Rivale der
Arbeit gedacht. Da diese Theaterform selbst nach Maßgabe des wirt-
schaftlichen Prozesses geformt wurde, kann es kaum in den Wirt-
schaftsprozeß eingreifen oder ihn verändern. Da sich seine Produzenten und Konsumenten zumeist aus der Mittelschicht rekrutieren und
das Theater sich vor allem an diese wendet, wird es kaum versuchen,
die Menschen von der Arbeit fortzulocken. Mit Kinofilmen oder Baseball verhält es sich anders, beides wird zu normalen Tageszeiten angeboten. Das Theaterviertel, das oft auch Vergnügungs- und Restau-
rantviertel beheimatet, regt den Appetit der Konsumenten an, indem
es eine Vielzahl verschiedener Shows anbietet. Der Wettbewerb zwischen den Theatern ist erbittert – es ist ein Wettbewerb um zahlende
Besucher, nicht um Preise. Werden Preise vergeben, muß der Nutznie-
ßer sie in die Werbung stecken, um weitere Gäste anzulocken. Die
meisten Shows ziehen aber, unabhängig von ihrer künstlerischen
Qualität, nicht genügend Interessenten an. Nur die Hits laufen so

lange, wie jemand dafür zahlt, sie zu sehen. Mit allen diesen Merkmalen ist das Proszeniumstheater ein Modell des klassischen Kapitalismus. Heutzutage, wo der Kapitalismus in eine Art Korporatismus übergeht, entstehen andere, neue Arten von Theater. Kulturelle Zentren – kleine ‹Kunst-Festungen›, die nicht von einem Direktor, sondern von Gesellschaften verwaltet werden, zeugen von diesem Korporatismus.

Das Environmental Theatre, das sich häufig in billigen, oft entlegenen Gegenden und in verlassenen Gebäuden seine Arbeitsmöglichkeiten mühsam suchen muß, versucht, den anfechtbaren Werten dieses Konglomerats auf die Spur zu kommen und durch die Arbeit Alternativen zu benennen. Es kann sich jedoch, wie so viele andere auch, nur in den Nischen und Bruchstellen zeitgenössischer Gesellschaft einrichten, um von ihren Abfällen notdürftig zu existieren.

(Der von Schechner geprägte Begriff ‹Environmental Theatre› [vgl. auch Schechner 1973] bezeichnet eine Theaterform, in der die bespielten Räume nicht mehr in Bühne und Zuschauerraum unterteilt werden. Die Schauspieler agieren in engem Kontakt mit den Zuschauern in einem beide umschließenden Bühnenraum, Anm. d. Übers.)

Diese Bruchstellen stellen keine Marginalien dar. Sie verlaufen quer durch alle wirklichen und möglichen Zentren dieser Gesellschaft, wie Spalten in der Erdkruste. Risse sind Orte, um sich zu verstecken; aber mehr noch sind sie Anzeichen für Instabilität, Störungen und radikale Umbrüche in der sozialen Topographie. Diese Wechsel sind immer Richtungswechsel, jedenfalls mehr als eine bloße Veränderung technischer Standards. Innerhalb städtischer Umgebungen ist es in verlassenen, aufgegebenen oder noch nicht wiederhergerichteten Gebäuden oder Gebieten noch möglich, mit kleinen Gruppen oder als einzelne Person zu arbeiten. Aber selbst in den großen, sauberen, scheinbar reibungslos funktionierenden Unternehmen und in den Universitäten gibt es diese Risse, von denen hier die Rede ist; man sollte nach ihnen Ausschau halten, auch oder gerade an Plätzen, wo sie nicht vermutet werden. Ein Stadtteil wird nicht über Nacht mit Bulldozern verwandelt (wie etwa ein neues Kulturzentrum, dessen Fundamente auf niedergewalzten Gebäuden errichtet werden), sondern Schritt für Schritt durch Stadtsanierung und Infiltration. In dem Moment, wo Gleichgewicht und produktive Spannung zwischen verschiedenen Klassen, Einkommensgruppen, Interessen und Bedürfnissen bestehen und einen Nährboden für Bruchstellen – wie in SoHo/New York in den 60er und 70er Jahre bieten –, schießen experimentelle Kunst, Kulturbars, Cafés, Stra-

Cafés, Straßenperformances, Feste, auf denen sich Künstler treffen, nur so aus dem Boden. Aber wenn dann eine bestimmte Schwelle von Transparenz und Stabilität überschritten ist, erstarrt das ganze Viertel in der ehemals neuen Form und verkommt zu einer ‹Attraktion› (ganz so wie der Theaterdistrikt, der den Großteil seiner Lebendigkeit von außerhalb beziehen muß), der Riß wird eingeebnet. Daraufhin wandern die Künstler und alle, die sich nur in den Bruchstellen einnisten können, ab, um neue, spannungsreiche Lebensräume für sich zu suchen.

Überall sind die Theater szenographische Modelle soziometrischer Prozesse. Nachdem er darauf hingewiesen hat, daß die meisten traditionellen Theaterveranstaltungen (in Indien) im Freien, auf dem Erdboden oder kleinen Bühnen bzw. als mobile Prozessionen aufgeführt werden, fährt Suresh Awasthi fort:

«Sie werden nach der Ernte auf den Feldern, auf den Straßen, auf freien Flächen außerhalb der Stadt gezeigt, auf Märkten und Jahrmärkten und – besonders bei Darstellungen der Ramayana- und Krishnalegenden – in Tempelgärten an Flußufern und an den Höfen… als soziale Aktivitäten sind die Aufführungen nicht von den Gemeindeaktivitäten abzulösen. Der Schauspieler ist ein aktives Mitglied der Gemeinschaft. Er ist gleichzeitig Bauer, Mechaniker, Zimmermann, Obstverkäufer oder Gemüsehändler… einer der wichtigsten Faktoren, der die Natur der Szenographie dieses Theaters bestimmt, ist die nicht-realistische und metaphysische Behandlung von Zeit und Raum» (1974, S. 36–38).

Traditionelles indisches Theater ist dem europäischen mittelalterlichen und dem Avantgarde- bzw. Experimentaltheater vergleichbar. Auch hier haben die Darsteller oft einen zweiten oder dritten Beruf, was nicht heißen soll, daß sie als Darsteller Amateure seien, eher das Gegenteil, denn die lebendige Beziehung zu einer Gemeinschaft kann alle Aspekte der Kunst vertiefen. Die flexible Behandlung von Zeit und Raum – die Fähigkeit, einen gegebenen Raum durch das Können der Darsteller, nicht durch die Illusionsmittel der Bühne in viele verschiedene Räume zu verwandeln – geht Hand in Hand mit einer flexiblen Auffassung von Charakter (Rollendoppelung, Rollenwechsel) und einem engen Kontakt zum Publikum. Diese Verbundenheit, die Durchlässigkeit verschiedener Wirklichkeitsebenen eher als eine soziale Mobilität im modernen Sinn bezeichnet, ist eine wichtige Qualität traditioneller indischer Aufführungen genauso wie der Avantgarde. Nirgendwo wird die Totalität dessen, was Theater sein kann, besser beschrieben als bei den Aborigenes:

«Das tägliche Leben der Aborigines ist zwar reich, aber routiniert; es gibt eine gewisse Einförmigkeit im täglichen Rhythmus. In ihrem rituellen Leben jedoch entwickeln die Aborigines einen spannungsreichen Sinn für Dramen voll scharfumrissener Bilder und bestechender Farben. Die Aborigines sind Meister der Bühnenkunst und imstande, mit wenig Hilfsmitteln beachtliche visuelle und musikalische Wirkungen zu erzielen... Langsam wurde die zentrale Wahrheit ihrer Religion für mich erfahrbar: Kein einzelnes Ding steht für sich, sondern jedes ist ein Teil des Ganzen, das jeden Aspekt des täglichen Lebens und aller Zeiten umfaßt – der Vergangenheit, der Gegenwart und der Zukunft. Nichts Geringeres als eine der Grundfragen jeder Existenz wird hier thematisch, und in diesem Sinn stellt sie (die Religion; d. Übers.) eines der entwickeltsten und einheitlichsten religiösen und philosophischen Systeme dar, die den Menschen bekannt sind» (Goffman 1986, S. 103–104).[8]

Wir sind ein Theater gewohnt, das die ‹Wirklichkeit› in der Beziehung zwischen einzelnen Menschen realistisch zeigt. Die meisten Theater in der Welt verfügen über eine umfassendere und tiefere Sicht dessen, was ‹wirklich› ist. Modernes westliches Theater ist mimetisch. Ursprünglich – und wiederum beziehe ich die Avantgarde hier mit ein – ist Theater *transformativ*. Es kreiert oder inkarniert an diesem Ort des Theaters etwas, das nirgendwo sonst stattfinden könnte. So wie auf einem Feld Früchte angebaut werden, ist das Theater ein Ort, an dem sich die Transformation von Zeit, Raum und Personen vollzieht. In der Szenographie der Aborigines entsteht Theater aus einer Verbindung natürlicher und künstlich hergestellter Elemente. Jeder Fels, jeder Baum, jede Wasserstelle und jeder Fluß ist eingebettet in eine Matrix von Legenden und dramatischen Handlungen. Überall dort, wo eine Zeremonie vollzogen wird, wo ein mythisches Ereignis stattgefunden hat, wo sich Wesen in Liedern und Tänzen vergegenständlichen und wo alltägliche und besondere Handlungen ineinander übergehen, da entstehen diese besonderen Orte. Ein Wasserloch zum Beispiel ist ein Ort, zu dem die Menschen gehen, um zu trinken, und der gleichzeitig zur Durchführung spezieller Zeremonien dient. Einfache Modifikationen verwandeln einen multifunktionalen Ort in ein Theater. Man kann ihn säubern, kleine Felsbrocken entfernen, ihn bemalen, oder man kann einen Ort ‹erlernen› – einem Neuling werden die Legenden, die Lieder und Tänze beigebracht, die mit diesem Ort in Zusammenhang stehen. Die Landschaft selbst wird sozialisiert: Während der Nicht-Initiierte kaum etwas anderes wahrnimmt als einen hervorstehenden Felsen oder ein Wasserloch, erkennt der Eingeweihte die dichte theatralische Anordnung darin. Diese Technik wurde von Shakespeare genauso benutzt wie von den Guerilla-Theatern.

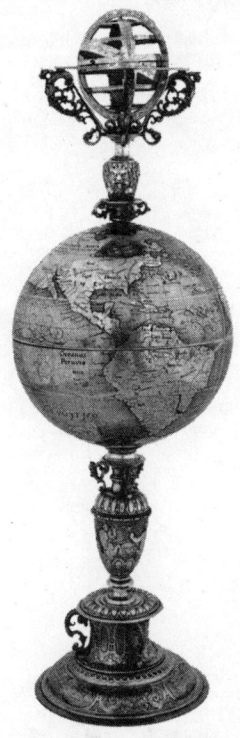

DEUTSCHLAND

«Das Theater ...

…besteht nur aus verwirklichten Träumen.»

Max Reinhardt (1873–1943)

Das gilt in erster Linie für diejenigen, die Theater machen. Wir anderen erreichen unsere Traumziele meist auf Wegen, die profaner sind – profitabel.

Pfandbrief und Kommunalobligation

Meistgekaufte deutsche Wertpapiere - hoher Zinsertrag - bei allen Banken und Sparkassen

Verbriefte Sicherheit

Transformances

In seiner Analyse des ‹sozialen Dramas› benutzt Victor Turner (1974) theatralische Kategorien, um Disharmonie und Krisensituationen in der Gesellschaft zu beschreiben. Diese Situationen – Streitigkeiten, Kämpfe, Übergangsriten – sind in sich dramatisch, da die Beteiligten nicht nur auf eine bestimmte Weise handeln, *sondern sich selbst auch präsentieren, indem sie etwas tun oder getan haben.* Die Aktionen haben gleichzeitig einen reflexiven und einen öffentlichkeitswirksamen Aspekt. Auch Erving Goffman (1986) benutzt wie Turner ein theatrales Paradigma. Er nimmt an, daß alle sozialen Interaktionen nicht nur durch-, sondern aufgeführt werden – Menschen üben ihre sozialen Rollen (verschiedene personae, Masken und Techniken, in die sie hineinschlüpfen) für sich ein und betreten dann die ‹Lebensbühne›, um das Gelernte zu präsentieren. Goffman und Turner betreten das menschliche Grunddrama übereinstimmend: Eine Person oder eine Gruppe möchte im sozialen Gefüge einen neuen Platz einnehmen, und diese Bewegung wird entweder ermöglicht oder blockiert. In jedem Fall entsteht eine Krise, da bei jedem einzelnen Statuswechsel das gesamte Schema neu justiert werden muß. Diese Wiederanpassung wird zeremoniell vollzogen – also mit den Mitteln von Theater und Ritual. Turner merkt an, daß

«soziale Dramen unharmonische oder disharmonische Prozesse sind, die aus Konfliktsituationen entstehen. Vier Hauptphasen öffentlichen Handelns sind dabei als typisch zu beschreiben:

1. Ein *Bruch* in den normalen, normengeleiteten sozialen Beziehungen…

2. Die *Krise* mit der Tendenz, den Bruch zu vertiefen… jede öffentliche Krise trägt, wie ich sie nenne, grenzwertige Züge, denn sie bildet einen Einbruch inmitten mehr oder weniger stabiler Phasen des sozialen Prozesses, doch ist sie keine geheiligte Schwelle, die von Tabus gehütet und von den Zentren des öffentlichen Lebens ferngehalten wird. Im Gegenteil, sie nimmt der Öffentlichkeit gegenüber eine drohende Haltung ein und fordert die Repräsentanten der Ordnung dazu heraus, handgreiflich zu werden…

3. *Handlungen, die das Gleichgewicht wiederherstellen.* Sie reichen vom persönlichen Rat oder der informellen Schlichtung über die Einschaltung des juristischen Apparats zur Krisenlösung oder zur Legitimation von Lösungen, die die Aufführung der gesellschaftlichen Rituale ermöglichen… Auch Beschwichtigung trägt grenzwertige Züge und eröffnet in dieser Situation des ‹Zwischen› die Möglichkeit zu distanzierter Wiederholung und Kritik an den Ereignissen, die zu der Krise geführt hatten und sie ausmachen. Diese Wiederholung kann die juristische Form einer Gerichtsverhandlung annehmen, aber auch in der

metaphorischen und symbolischen Form eines rituellen Prozesses vor sich gehen…

    4. Die *Schlußphase* besteht entweder in der *Reinkarnation* der gestörten sozialen Gruppe oder in der Anerkennung oder Legitimation nicht behebbarer Spaltungen zwischen den kontroversen Parteien» (Turner 1974, S. 37–41).

Bateson nennt diese Art der Weiterentwicklung durch Krise und Schisma ‹Schismogenese› (1981, S. 108–112 und 158 ff, 165, 180, 215 f), die eine der Hauptantriebskräfte menschlichen kulturellen Wachstums sei.

    Turners dramatischer Ansatz ist in vielerlei Hinsicht interessant. Die distanzierte Wiederholung in der dritten Phase der Handlungen, die das Gleichgewicht zurückbringen, ist natürlich eine theatralische Aufführung, eine formale Wiederaufführung von Ereignissen. Ich bin der Meinung, daß die vier Phasen des Modells in ihrer Gesamtheit jede dramatische Struktur kennzeichnen. Dieses Schema kann, wie ich glaube, in der griechischen Tragödie, bei Shakespeare ebenso wie bei Ibsen und O'Neill gefunden werden. Zwar ist es bei Tschechow, Ionesco oder Beckett schwerer auszuloten, doch es existiert auch dort, allerdings in verzerrter Form, die aber den Blick auf die dramatische Struktur erzwingt. In *Warten auf Godot* beispielsweise ist ein Bruch (die Trennung von Godot) und eine Krise auszumachen (am Ende jeden Aktes wird die Ankunft des Jungen erwartet, der Gogo und Didi sagen wird, daß Godot nicht erscheint). Es gibt eine zwar negative, dennoch ausgeprägt beschwichtigende Handlung: die verschiedenen Variationen des ‹Nichts›, Konversationen, die keinen Einfluß auf die dramatische Handlung haben, Vaudeville-Konventionen, die Zeit schinden, aber nichts bewirken und nur das ausstellen, was die Personen (nicht) tun können. Es kommt zu keiner Reintegration, keinem Schisma. Das Stück endet einfach, und wenn auf eine Zukunft verwiesen wird, dann nur in Form der unendlichen Wiederholung des Gegenwärtigen. Bezeichnenderweise schließt das Stück mit der Bühnenanweisung: «Sie bewegen sich nicht.» Die meisten anderen Dramen, die Stücke Shakespeares zum Beispiel, enden mit einer Reise zur Krönung, zum Grab, zur Obrigkeit, um über das Vorgefallene zu berichten – oder mit einer reintegrativen Handlung, wie Tesmans Entschluß, am Ende von *Hedda Gabler* Lövborgs Manuskript wiederherzustellen. Das Leben geht weiter. Diese Bewegung am Endpunkt so vieler Dramen funktioniert wie das *Ite missa est*, welches die Heilige Messe beschließt: Es ist die Entlassung des Publikums, das Zeichen im Drama selbst, daß sich das theatralische Ereignis seinem Ende zuneigt und die Zuschauer sich auf den

Mutter Courage und ihre Kinder von Bertolt Brecht, in einer Aufführung der Performance Group in New York 1975. Kattrin (Leeny Sack) steht auf der Wooster Street; Mutter Courage (Joan MacIntosh) und der Koch (James Griffiths) lehnen an der offenen Tür der Garage (Spielort der Gruppe; d. Übers.) und singen, während das Publikum von drinnen zuschaut. (Foto Clem Fiori)

Aufbruch vorbereiten sollen. Die Aufführung setzt sich in der Zerstreuung der Zuschauer fort, die auseinanderlaufen und von der guten oder mißlungenen Vorstellung berichten. Selbst ein Stück, das so unkonventionell und unreligiös ist wie die *Mutter Courage und ihre Kinder*, operiert mit diesem fast universellen Muster. Sein Höhepunkt liegt in der 11. Szene, in der Kattrin ermordet wird. In der folgenden und letzten Szene nimmt die Courage von ihrer Tochter Abschied (mit Kinderlied und Sterbegesang). Und das Schlußwort (den Schlußcouplets der Shakespeareschen Dramen vergleichbar) ist der Schrei der Courage, als sie sich selber vor den Wagen spannt: «Ich muß wieder in den Handel kommen... Nehmts mich mit!» Die letzte Handlung des Stücks besteht darin, daß die Courage dem Zug folgt. Der Song ist derselbe wie zu Anfang des Stücks, nur in einem langsameren Tempo. Ist das finstere Dickköpfigkeit oder tragische Blindheit? Wie immer auch die Interpretation ausfällt, deren Variationen sicher von der jeweiligen *Inszenierung* abhängen, die Handlung ist eindeutig: die Courage ist unterwegs, sie läuft und läuft und arbeitet und läuft.

Turner führt weiterhin aus, daß die grenzwertigen Phasen in den Riten der Jagd- und Ackerbau treibenden Stämme sowie traditioneller Gesellschaften sich analog verhalten zu den Kunstwerken und dem Freizeitverhalten in Industrie- und postindustriellen Gesellschaften. Diese Erscheinungen nennt Turner ‹liminuid›, d. h. den grenzwertigen Riten ähnlich, aber nicht identisch mit ihnen. Grundsätzlich sind grenzwertige Riten nicht ersetzbar, während liminuide Kunst und Unterhaltung auf einer unverbindlicheren Basis stattfinden. Trotzdem bleibt die Frage bestehen: Ist Turners Vier-Phasen-Modell vom Bruch, der Krise, beschwichtigender Handlung und Reintegration/oder Schisma tatsächlich universell auf theatralische Ereignisse anwendbar, oder wird vielmehr nur ein westliches Modell von Konflikt und Konfliktlösung als universell ausgegeben? Turner zeigt, wie soziale Prozesse bei dem Ndembu (Afrika) diesem dramatischen Paradigma entsprechen. Daß Turners Modell auch für Theaterformen unterschiedlicher Kulturen seine Gültigkeit bewahrt, könnte ich mit Beispielen aus dem Theater der Aborigines, dem in Papua-Neuguinea und dem indischen Theater belegen. Aber wie hoch wäre schließlich der Preis für soviel Konformität. Clifford Geerts notiert:

«Die Analogie im Drama... kann einige der erstaunlichsten Zusammenhänge sozialer Prozesse beleuchten, aber um den Preis, lebendige Vielfalt und Eigenartigkeit auf traurige Weise einförmig erscheinen zu lassen» (1980a, S. 173).

Selbst wenn es nach allem Gesagten wie eine elaborierte Tautologie erscheinen mag: Die grundlegende Aufführungsstruktur der Versammlung, der Aufführung, der Zerstreuung liegt der dramatischen Struktur zugrunde und enthält sie.

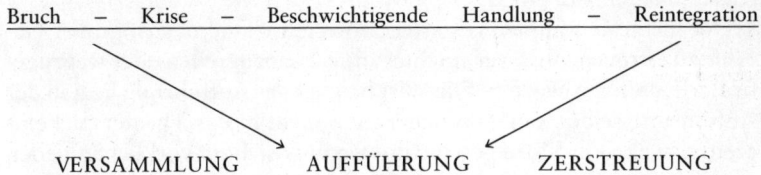

Bruch   –   Krise   –   Beschwichtigende   Handlung   –   Reintegration

VERSAMMLUNG   AUFFÜHRUNG   ZERSTREUUNG

Die Grundlinie ist Solidarität, nicht Konflikt. Konflikte sind (im Theater und vielleicht auch innerhalb der Gesellschaft) nur in einem Nest auszuhalten, das getragen wird von dem Einverständnis, sich an einem bestimmten Ort zu einer bestimmten Zeit zu versammeln und etwas aufzuführen, worauf man sich im voraus geeinigt hat, und sich wieder zu zerstreuen, wenn die Aufführung vorüber ist. Die extremen Formen von Gewalt, die das Drama kennzeichnen, können nur in diesem Schutzraum einer sozialen Prozedur, über die Einigkeit besteht, ausagiert werden. Wenn Menschen ‹ins Theater gehen›[9], akzeptieren sie, daß Theater an speziellen Orten zu speziellen, dafür reservierten Zeiten stattfindet. Rund um das Theaterereignis sind gewisse Dinge zu beobachten, besondere Praktiken und Rituale, die in die Aufführung hinein- und wieder aus ihr herausführen. Wie der Weg in den Theaterbezirk erfordert auch das Betreten des Gebäudes, in dem die Aufführung gezeigt wird, eine besondere Zeremonie. Karten werden gekauft, Eingangstore passiert, man sieht und wird gesehen, findet einen Sitzplatz – das alles – und diese Prozedur ist in jeder Kultur verschieden – umrahmt und definiert die Vorstellung. Auch das Verlassen der Aufführung am Ende ist eine Art Zeremonie: Der Applaus, als hörbares Zeichen vom Ende einer Vorstellung, wischt die Bühnenrealität weg und etabliert zugleich den Alltag wieder im Bewußtsein. Intensiver als die Zuschauer bereiten sich die Darsteller auf eine Vorstellung vor und beschäftigen sich mit deren Ausklang. In vielen Kulturen begleiten Rituale diese Phase der Aufführung, wie zum Beispiel das Ablegen der Kostüme oder Requisiten oder Hilfe, aus einer Trance zu erwachen. Der Weg des Publikums zur Vorstellung und von der Vorstellung zurück ins ‹normale› Leben sowie die Vor- und Nachbereitung der Schauspieler und das Verhältnis beider zueinander wurden bislang noch zuwenig erforscht. Wie gehen die Zuschauer zu einem theatralischen Ereignis, wie bzw. in welchem Zustand verlassen sie es, in welchem Zusammenhang stehen die Versammlung und die Zerstreuung des Publikums mit der Vor- und Nachbereitung der Darsteller, *gibt* es diesen Zusammenhang überhaupt?

Der theatrale Rahmen gestattet es den Zuschauern, sich großer Gefühle zu erfreuen, ohne verpflichtet zu sein, einzugreifen oder wegzugehen. Mit anderen Worten: Die Wirklichkeit der Aufführung liegt in der Aufführung selber. Ein Zuschauer muß nicht in das Theaterspiel eingreifen, wenn ein Mord geschieht – wozu er sich im wirklichen Leben vielleicht verpflichtet fühlen würde. Dadurch wird der Mord auf der Bühne nicht ‹weniger real›, sondern ‹auf andere Weise real›. Um wirksam bleiben zu können, muß die Bühne ihre doppelte Gegenwärtigkeit bewahren, die darin besteht, daß *hier und jetzt Ereignisse aufgeführt werden, die da und dort geschahen.* Der Zwischenraum zwischen ‹hier und jetzt› und ‹dort und damals› ermöglicht dem Zuschauer die Betrachtung der Handlung und das Vergnügen, mögliche Alternativen zu entwickeln: Denn Theater ist die Kunst, nur eine von vielen möglichen Alternativen aufzuführen. Das ist ein Luxus, den man sich im alltäglichen Leben kaum erlauben kann. Die Tragödie des *Ödipus* würde sich als Stück völlig verändern, wenn in der Stadt, in der es aufgeführt würde, die Pest umginge und die Zuschauer glaubten, daß der Plage Einhalt geboten wäre, wenn der Mörder ihres früheren Führers – ein Mörder, von dem sie wüßten, daß er unter ihnen verborgen wäre – hier und jetzt gefunden und verurteilt würde.

Es gibt Leute, die wollen, daß im Theater diese Art von Authentizität erreicht wird. Aber wenn das Theater sich dieser Grenze nähert, verändert es sich grundlegend. Für vergleichsweise kleine reale Aktionen werden große fiktionale äußere Zeichen gefunden; eine Frau, die ihrem Körper Narben zufügt, ein beschnittener Mann. Diese ‹realen Aktionen› fungieren selbst als Embleme oder Symbole. Nur wenn der theatrale Rahmen stark genug ist, wird ästhetisches Drama überhaupt möglich. Geschichten mit so extremen Aktionen wie Ödipus, der sich die eigenen Augen aussticht, werden von jedermann inklusive den Darstellern als ‹Spiel mit etwas›, nicht als ‹reales Tun› wahrgenommen. Dieses ‹Spiel mit etwas› ist weder schwach noch falsch, es bewirkt Veränderungen beim Zuschauer und auch beim Darsteller.

Die Leute, die auf der Bühne alles ‹real› haben wollen, einschließlich der geschlachteten Tiere, der ‹Kunst› der Selbstverstümmelung oder wie den ‹Snuff-Filmen›, in denen Menschen tatsächlich ermordet wer-den[10], unterliegen einer gefährlichen Selbsttäuschung, wenn sie anneh-men, auf diese Weise tiefer oder grundlegender in die Wirklichkeit ein-dringen zu können. Alle diese Aktionen sind – wie die Gladiatoren-kämpfe der Römer oder die Menschenopfer der Azteken – genauso symbolisch, wie alles andere auf der Bühne es auch ist. Was geschieht, ist, daß lebende Wesen zu Trägern von Symbolen verdinglicht werden. Solche Verdinglichung ist aber monströs, ich verurteile sie ohne Aus-nahme. Nicht aus Gründen der Rechtfertigung gebe ich zu bedenken, daß moderne Kriegführung auf die gleiche Weise funktioniert – ‹Dinge› auf Distanz tötend. Solche blutigen Vorstellungen werden auch kaum eine kathartische Wirkung haben: Gewalt, mimetisch verdoppelt oder aktualisiert, provoziert neue Gewalt. Auch wird die Fähigkeit der Men-schen einzugreifen, wenn außerhalb des Theaters Gewalt ausgeübt wird, abgetötet. Turner sieht den Kern des Dramas im Konflikt und in der Konfliktlösung. Für mich liegt er in der *Transformation* – in der Möglichkeit, im Theater mit Formen der Veränderung zu experimen-tieren, sie auszuagieren und für sich selbst zu bestätigen. Transforma-tionen vollziehen sich im Theater an drei verschiedenen Stellen und auf drei verschiedenen Ebenen: 1. Im Drama, d. h. in der Geschichte, die erzählt wird.[11] 2. In den Darstellern, deren besondere Aufgabe es ist, sich der *Umordnung* von Körper/Geist innerhalb bestimmter Zeit zu unterziehen (Schechner 1985, S. 117–151). 3. Beim Publikum, bei dem die Veränderung entweder zeitlich begrenzt ist (Unterhaltung) oder dauerhaft (Ritual). Überall in der Welt sind Theatervorstellungen mit Essen und Trinken verbunden. In Neuguinea, Australien und Afrika ist das Feiern von Festen der absolute Mittelpunkt des Theaters; selbst im modernen westlichen Theater ist eine Aufführung, ohne etwas zu essen oder zu trinken in den Pausen, vor oder im Anschluß an die Vorstel-lung, zumindest ungewöhnlich. Das erinnert nicht nur an den ‹Karne-val› der Schimpansen, sondern auch an die weiter oben beschriebenen Jagdzüge. Die Vermutung liegt nahe, daß Theater eine orale Kunst ist, die den Appetit anregt, eine Kunst, die ‹durch den Magen geht› (vgl. Kaplan 1968, S. 105–116). Lévi-Strauss hat gezeigt, daß die Ver-wandlung von Rohem in Gekochtes paradigmatisch für Kulturproduk-tion ist. Es passiert die Verwandlung von Natürlichem in Mensch-liches.[12] Grundsätzlich geht es im Theater um den Rahmen und seine Beherrschung, um die Transformation von Rohem in Gekochtes, um den Umgang mit den problematischsten der menschlichen Inter-aktionen, der Gewalt, der Gefahr, der Sexualität, dem Tabu.

Auf allen Ebenen gibt es im Theater Transformationen rein mechanischer Art. Auf der Ebene der Aufführung sind Kostüme und Masken dafür zuständig, desgleichen Übungen, Beschwörungen, Weihrauch und Musik. Alle diese Requisiten sind buchstäblich dazu da, ‹glauben zu machen›, dem Darsteller in eine andere Person, Existenz und Zeit hineinzuhelfen und so im ‹hier und jetzt› zu verankern. Zeit und Ort werden für den Darsteller quasi verdoppelt. Wenn diese Transformation gelingt, werden einzelne Zuschauer Veränderungen ihrer Stimmung oder Bewußtseinslage bemerken. Derartige Veränderungen sind normalerweise zeitlich begrenzt, selten dauerhaft. Während mancher Übergangsriten werden dauerhafte Statusveränderungen bei den Teilnehmern bewirkt, doch stehen solche Veränderungen im Dienst des sozialen Gefüges. Die Individuen und Gruppen vollziehen die Wechsel im Status, um das Gleichgewicht des gesamten Systems aufrechtzuerhalten. Mädchen müssen in Initiationsriten zu Frauen gemacht werden, weil an anderer Stelle des gleichen Systems in Beerdigungsriten Frauen zu toten Menschen werden. Sehr viel schwieriger noch ist dieser Vorgang in einem ästhetischen Drama vielleicht nach Zuschnitt von Eugene O'Neills Stück *Eines langen Tages Reise in die Nacht* auszumachen.

Der entscheidende Unterschied zwischen sozialem und ästhetischem Drama ist die Dauer der Transformation. Einige soziale Dramen (Blutrache, Gerichtsprozesse oder Kriege) bewirken bleibende Veränderungen. Bei anderen Aufführungen, die Züge des sozialen wie des ästhetischen Dramas tragen, zum Beispiel Übergangsriten oder politische Zeremonien, sind die Statusveränderungen nicht mehr umkehrbar und können nur durch weitere Rituale aufgehoben werden. Die körperlichen Veränderungen hingegen gelten entweder nur vorübergehend, wie ein Kostüm, das angelegt wird, oder sind nicht wirklich ernsthaft, so das Durchstechen eines Ohrläppchens oder der Nase, die Beschneidung usw. Ordensprüfungen, die Züge von Initiationsriten tragen, sind zwar extrem im Vergleich zu den alltäglichen Erfahrungen, wirken jedoch nur auf eine bestimmte Zeit. Die Idee, die diesen körperlichen Markierungen und Prüfungen zugrunde liegt, ist, bleibende Veränderungen zu bewirken. Die vom ästhetischen Drama erreichte körperliche Veränderung ist nicht von Dauer. Der Spalt zwischen den Figuren der erzählten Geschichte und dem Darsteller, der die jeweilige Rolle spielt, wird absichtlich sichtbar gemacht. Eine Person zu spielen, die verliebt ist, jemanden umgebracht hat oder selbst ermordet wird (übliche Beispiele aus dem westlichen Theater) oder jemanden, der in einen

Gott verwandelt wird oder in Trance fällt (typisch für nichtwestliches Theater), bedeutet eine fundamentale Transformation des Seins, nicht allein der Erscheinung.

Ästhetisches Drama überträgt seine Transformationen auf die Zuschauer. Die Zuschauer darin sind nicht nur konzeptuell, sondern tatsächlich von den Darstellern getrennt. Diese Abgetrenntheit ist ein grundlegendes Merkmal ästhetischen Dramas. Im sozialen Drama sind die Anwesenden beteiligt, wenn sie auch mehr oder weniger betroffen sind. Im ästhetischen Drama steht zwar jeder im Theater Anwesende in irgendeinem Bezug zur Aufführung, aber nur die Darsteller selber sind an dem *Drama* beteiligt, das man als eingebettet in das Gesamte des Theaterabends begreifen muß. Die Unterscheidung zwischen Theaterabend und Drama ist sozialer Natur, nur auf der Ebene des Theaterabends treffen sich die Kategorien einerseits des sozialen Dramas und des ästhetischen Dramas auf der anderen Seite und gehen ein Stück weit ineinander auf. *Das ästhetische Drama hat für das Bewußtsein der Zuschauer die gleiche Funktion wie das soziale Drama für die Beteiligten selbst:* es stellt den Raum und die Wege zur Transformation zur Verfügung. Rituale heben die Beteiligten über eine Schwelle, verwandeln sie in eine andere Person. Ein junger Mann ist beispielsweise ‹Junggeselle›, und er wird durch die Hochzeitszeremonie zum ‹Ehemann›. Sein Status während der Zeremonie und nur dann ist der des ‹Bräutigams›. Bräutigam zu sein ist für ihn eine Übergangsrolle auf dem Weg vom Junggesellen zum Ehemann. Ästhetisches Drama nötigt den Zuschauer zu einer Veränderung seiner Weltsicht, indem es ihn seine Sinne an der extremen Darstellung extremer Ereignisse reiben läßt. Diese Ereignisse sind in vieler Hinsicht wesentlich weitreichender als die, mit denen er tagtäglich konfrontiert ist. Die Einbettung in einen derartigen Rahmen ermöglicht es dem Zuschauer eher, die Ereignisse zu reflektieren, als vor ihnen zu fliehen oder in sie einzugreifen. Diese Reflexion ist eine ‹Grenz-zeit›, in der die Transformation von Bewußtsein vor sich geht.

Die Situation des Schauspielers ist im ästhetischen Drama schwierig, da ein Stück sehr oft wiederholt wird und von ihm erwartet wird, jedesmal an ungefähr dem gleichen Ausgangspunkt zu beginnen. Mit anderen Worten: Die Zuschauer kommen und gehen und werden dazu ermutigt, sich zu verändern. Für den Schauspieler hingegen hat man Techniken erfunden, die ihn auf das Spiel vorbereiten, ihn während des Spiels begleiten und die ihn wieder aus dem Spiel herausführen, möglichst ohne ihn oder sein Spiel allzusehr zu verändern, jedenfalls nicht über das Maß hinaus, die ein ganz normales Berufsleben bei einem Menschen bewirkt. Bildlich gesprochen ist der Schauspieler wie die Walze einer Druckerpresse: bei jeder Umdrehung hinterläßt er einen Abdruck beim Zuschauer. Er ist erst zu einer weiteren Umdrehung bereit, wenn er zu seinem Ausgangspunkt zurückgekehrt ist. Zu jeder Vorstellung erscheint ein anderes, neues Publikum, auf das Eindruck gemacht werden soll.

Für das ästhetische Drama sind Techniken entwickelt worden, die den Schauspieler seiner Rolle anverwandeln, und andere, um ihn daraus wieder zu lösen. Manche Betreiber ritueller Dramen ähneln sehr dieser Art von Schauspielern: der Schamane, der an einer Heilung arbeitet, muß bei seinen Patienten eine Veränderung bewirken, und er versucht das oft erfolgreich, indem er sich selber in eine andere Person verwandelt. Aber am Ende so einer Vorstellung muß der Schamane wieder zu seiner gewöhnlichen Existenz zurückkehren und diese seine Fähigkeit, in etwas anderes einzutreten und wieder daraus hervorzugehen, macht ihn zu einer Person, die über längere Zeiträume von Nutzen sein kann. Es gibt mindestens drei Kategorien von Vorstellungen: 1. Die ästhetische, innerhalb deren der Bewußtseinsstand der Zuschauer sich verändert, der Schauspieler aber eine Umdrehung vollzieht. 2. Das Ritual, während dessen die Person, mit der es vollzogen wird, ihren Geisteszustand dauerhaft verändert, und die Person, die es vollzieht, eine Umdrehung durchführt. 3. Das soziale Drama, in dem alle Beteiligten Veränderungen unterworfen sind.

Der Zwiespalt, in dem das Theater sich seit den sechziger Jahren befindet, in bezug darauf, was zum Beispiel ‹real› heißen könnte, ist ein Ergebnis der verschwommenen Grenzen und Abgrenzungen der Genres untereinander. Das Fernsehen mit seiner Möglichkeit, nahezu jede Alltagserfahrung zu theatralisieren, jede noch so intime oder gräßliche Geschichte in eine ‹Nachricht› zu verwandeln, bewirkt, daß den Menschen an der komplementären Aktualisierung von Kunst nichts mehr seltsam oder aufrührend erscheint (vgl. Schechner 1985, S. 295–324). Die Grenzen zwischen ‹Kunst› und ‹Leben› sind verschwommen und durchlässig. Wenn die Menschen extreme Ereignisse sehen und dabei wissen, daß diese erstens tatsächlich geschehen sind, zweitens, daß sie bearbeitet wurden, um noch dramatischer zu erscheinen und um in einen festgesetzten zeitlichen Rahmen hineinzupassen, und drittens, daß sie als Beobachter aller Möglichkeiten des Eingreifens beraubt wurden – d. h. wieder zu Zuschauern im formellen Sinn gemacht werden –, dann ist Gleichgültigkeit, Entmutigung und eine fatale Lähmung das Ergebnis. Appetite werden vielleicht geweckt, aber ausschließlich solche, die in Geschäften durch Einkauf von Dingen befriedigt werden können, von denen dem Zuschauer vorgegaukelt wird, daß sie ihm zum Glücklichsein unverzichtbar sind. Emotionales Feedback kann es nicht geben, da die Medien nur in eine Richtung kommunizieren. Im lebendigen Theater dagegen verläuft die Kommunikation immer, in jedem denkbaren Fall, in zwei Richtungen. Als Reaktion darauf versuchen manche Menschen das Theater, die Kunst ‹realer› zu machen, indem sie in den ästhetischen Diskurs die Intervention durch das Publikum und eine Art Feedback einführen, das im alltäglichen Leben verlorengegangen ist.

So ist es einem nicht länger fremd, im Theater oder bei einem Performance auf Publikumsbeteiligung zu stoßen und auf der Bühne tatsächliche Begegnungen zwischen Menschen zu erleben, die manchmal sogar ein wenig an religiöse Zufluchten à la Grotowski erinnern. Damit wird das Bemühen dokumentiert, ein Gleichgewicht zurückzuerlangen zwischen Information, die heutzutage die Menschen überwältigt, und Aktion, die zu bewirken immer schwieriger zu werden scheint. Im Gegensatz zur mittlerweile üblichen Gewalt auf der Straße, die ein Resultat ökonomischen Niedergangs ist, stellt der Terrorismus ein Mittel dar, die Aufmerksamkeit der Gesellschaft auf sich zu ziehen, indem ein – medienwirksames – Spektakel inszeniert wird. Das ist ein Zeichen dafür, daß der Kommunikationsprozeß empfindlich gestört ist, für eine Dysfunktion grundlegender gesellschaftlicher Verhaltensmuster. Die Aktualisierung von Kunst – die Existenz von Theatern, die ästhetische und soziologische Gebilde miteinander verknüpfen, haben in vielen Ländern der Erde Tradition. Insofern sind also für die Avantgarde und das politische Theater die Wege schon geebnet.

Ich habe in meiner Arbeit mit der Performance Group und auch später, in meinem Unterricht, immer versucht, die Aktualität einer Vorstellung in dem jeweiligen Ereignis selbst zu finden, die Aspekte des Aufeinandertreffens und des Sichzerstreuens in den Blick zu heben. Beim Eintritt in das Theater werden die Zuschauer von mir oder den Schauspielern begrüßt. Sie schauen bei den Vorbereitungen zur Vorstellung zu, sehen die Schauspieler in ihre Kostüme schlüpfen, Musiker ihre Instrumente stimmen, werden Zeuge der Überprüfung des technischen Gerätes usw. Es wird Wert auf Pausen und auch weniger formale Unterbrechungen der Erzählung gelegt, so wie etwa Szenenwechsel. In *Mutter Courage* wurde während einer solchen Unterbrechung ein komplettes Mahl serviert und dabei die Vorstellung mit anderen Mitteln weitergeführt, indem die Darsteller sich unter das Publikum mischten und es ermutigten, Teile des Raums zu betreten und auf ihre Art zu benutzen, die sonst den Darstellern vorbehalten waren. Ich versuche, während eines Theaterabends eine bestimmte Zeit zu etablieren, in der nicht Geschichten erzählt werden, die das Theater schrieb, sondern solche, die im Augenblick selbst vom Leben erzählt werden, klar abgegrenzt vom dramatischen Verlauf, aber integriert in den Abend. Wenn das Stück aus ist, spreche ich mit den Zuschauern, bevor sie gehen. Viele von ihnen dirigiere ich zurück zu den Darstellern, damit der Abend für sie nicht mit einem dramatischen Moment endet oder damit, daß der Vorhang fällt und mit Beifall, sondern mit entspannender Diskussion, Grußworten und Gesprächen im Gehen.

Die Geschichte der Pause im westlichen Theater ist ein interessantes Beispiel für die Wichtigkeit der Einbettung sozialer Ereignisse in das theatralische Geschehen. Als die Stücke noch im Freien aufgeführt wurden (im griechischen und im mittelalterlichen Elisabethanischen Theater), konnten die Zuschauer sich im Tageslicht gegenseitig betrachten. Wenn an den Höfen der Renaissance Maskenspiele oder Dramen aufgeführt wurden, dann waren diese so beleuchtet, daß die Zuschauer einander ebenso gut wie die Schauspieler sehen konnten. Diese Art der allgemeinen Beleuchtung und eine Sehgewohnheit, die den Zuschauer ebenso einschloß wie den Schauspieler, blieb im 17. und 18. Jahrhundert erhalten. Aber mit der im 19. Jahrhundert entstehenden komplizierten Szenenwechseltechnik, die eine notwendig komplizierte Technik nach sich zog, dem Hang der Produzenten, soviel wie möglich von der Maschinerie vor den Augen der Zuschauer zu verbergen, entstand der Vorhang, und die schrittweise Eliminierung der Vorderbühne nahm ihren Lauf. Auch die Veränderung des Lichts durch die Einführung erst der Gasbeleuchtung und später der Elektrizität vergrößerte im 19. Jahrhundert die Trennung zwischen Bühne und Haus soweit, daß schließlich die Bühne hell erleuchtet war und das Haus im Dunkel lag. In dieser Situation konnte sich ein Phänomen wie der Naturalismus entwickeln, mit einer ausschnitthaften Wirklichkeitsdarstellung und einem Voyeurismus und in dessen Gefolge die Theaterpause. In einer festgelegten Zeitspanne konnten die Zuschauer entweder in dem dann hell erleuchteten Haus bleiben oder sich in den Vorhallen und Restaurants versammeln, um zu sehen und gesehen zu werden. Die Pause, die bei den Vorstellungen im Freien oder in den erleuchteten Theatern nicht notwendig war, diente jetzt den Zuschauern dazu, miteinander in Kontakt zu treten, einander überhaupt erst wahrzuneh-

140

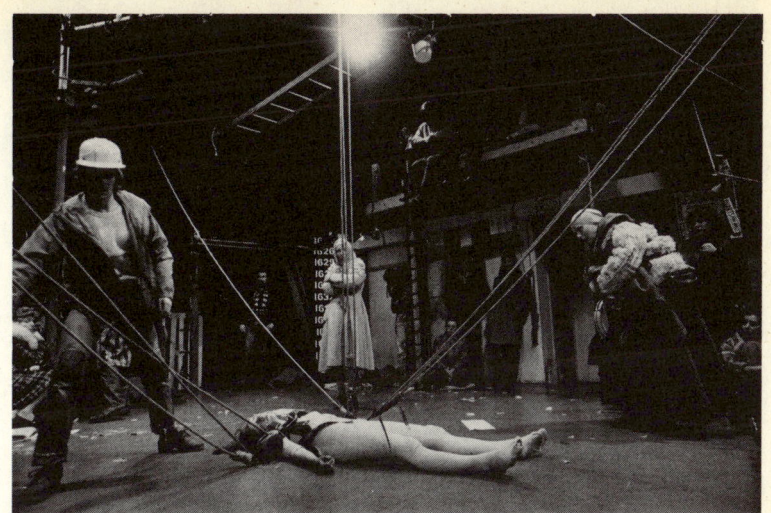

Kattrin wird beerdigt. Aufführung der *Mutter Courage*, New York 1975
(Foto Clem Fiori)

Raumgestaltung der Performance Group für das Stück *Oedipus* (nach Seneca)
1977. Der Bühnenraum für Oedipus wurde in dem gleichen Theaterraum un-
tergebracht, in dem vorher *Mutter Courage* gespielt worden war. Der Bühnen-
entwurf stammt von Jim Clayburgh. (Foto Jim Clayburgh)

men. Diese Spielunterbrechungen bestätigen den Versammlungscharakter eines Theaterereignisses, die Tatsache, daß sich Gruppen bilden, um genau dieses eine bestimmte Ereignis gemeinsam zu begehen. Warum gibt es in Kinofilmen keine Pause? Weil der ‹Life-Effekt› wegfällt und ein Kinofilm nicht als soziales Ereignis gewertet werden kann. Sportveranstaltungen haben einen sozialen Charakter und damit auch Spielpausen. Aufführungen ohne Pausen, in denen die Zuschauer im Dunkel verweilen, erzeugen Beklemmung und widersprechen zutiefst dem sozialen Impuls von Theater. Ich verurteile solche Veranstaltungen nicht, stelle jedoch fest, daß sie einer westlichen Tradition entgegenstehen und im tiefsten Sinn unkonventionell sind.

Meine Art zu inszenieren soll dem Publikum vermitteln, daß die erzählte Geschichte für sie gespielt wird, sich um ihre Belange dreht und ihre aktive Anteilnahme erfordert. Solche Technik betont den ‹Nestcharakter› des Rahmens, in dem sich das Drama abspielt. Die Darsteller der Performance Group waren darin geübt, ihre doppelte Identität auszuspielen, als sie selbst und als die Figur, die sie darstellen. Wenn man darauf besteht, dem Zuschauer beides gleichzeitig vorzuführen, sieht der einen Schauspieler nicht nur agieren, sondern bemerkt auch die *Entscheidung* des Schauspielers in dem Augenblick, seine Figur so oder so und nicht anders zu präsentieren. Selbst die totale Verkörperung eines Charakters erscheint als freie Entscheidung, nicht als alternativlose Unvermeidlichkeit. So ist auch der Zuschauer eingeladen zu entscheiden, wie er etwas wahrnehmen möchte. Im Zuschauerraum gibt es keine feste Bestuhlung, mehrere Handlungen passieren gleichzeitig – der Zuschauer kann den Blick von einem Aspekt der Vorstellung auf einen anderen lenken, und beileibe hat nicht alles, was der Zuschauer sehen wird, mit dem Drama zu tun. Er kann seine Aufmerksamkeit einem Schauspieler zuwenden, der gerade sein Kostüm wechselt, um vielleicht in eine andere Rolle zu schlüpfen, oder den Technikern oder anderen Zuschauern. Anstatt mich wie das orthodoxe Theater um einmütige Reaktionen zu bemühen, geht es mir als Regisseur um die Vielheit und Vielzahl von Gelegenheiten, was das Publikum dazu animiert, sowohl intellektuell, ideologisch als auch sehr emotional auf unsere Stücke zu reagieren. Was wirklich passiert, ist die Zusammenkunft von Zuschauern verschiedenen Alters, Geschlechts, verschiedener Klassen- und Bewußtseinsstufen, die einer Gruppe von Performern dabei zusehen, wie sie mit theatralen Mitteln eine Geschichte erzählen. In diesem Kontext experimentierte die Performance Group mit den radikalsten Vorstellungen, die sie bewältigen konnte:

Publikumseinbeziehung, Ausdehnung der Bühne auf den gesamten Theaterraum, ständige Perspektivwechsel usw. Diese wurden verbunden mit den traditionellen Mitteln unserer Kultur wie der Erzählung und Charakterisierung.

Was Performer tun: das Rad der Ekstase und der Trance

Wenn man die Tätigkeit von Schauspielern weltweit betrachtet, kann man zwei Vorgehensweisen unterscheiden. Entweder der Performer wird ‹subtrahiert›, d. h., er erzielt Transparenz: «Die Widerstände und Hindernisse des eigenen Organismus, sowohl physische als auch psychische (die beiden Komponenten bilden ein Ganzes), [müssen] aus dem kreativen Prozeß eliminiert werden» (Grotowski 1968, S. 128). Oder er eignet sich etwas Neues an/wird zu etwas anderem, wenn er nicht aufführt, er wird ‹gedoubled›, um ein Wort Artauds zu benutzen. Die erste Technik, die des Schamanen, ist die Ekstase, die zweite, die des balinesischen Tänzers, ist die Trance. Für beide Arten der Darstellung haben wir im Westen Begriffe: Der Schauspieler in Ekstase ist Cieslak in *Der standhafte Prinz*, Grotowskis ‹Heiliger Schauspieler›. Der Schauspieler in Trance, der von etwas anderem besessen ist, ist Konstantin Stanislawski selbst, als Vershinin, der ‹Charakterdarsteller›.

In Trance zu sein bedeutet nicht, die Kontrolle oder das Bewußtsein zu verlieren. Die Balinesen sagen, daß ein Tänzer betrügt, der sich in der Trance verletzt. Manchmal ist in der Trance nicht nur der Besessene, sondern auch der Besitzergreifende sichtbar. Jane Belo beschreibt einen balinesischen Pferdetanz, in dem der

«Spieler damit beginnt, ein Steckenpferd zu reiten. Er ist der Reiter. Aber in der Trance identifiziert er sich sehr bald mit dem Pferd. – Er bäumt sich auf, galoppiert herum, stampft und schlägt aus wie ein Pferd, oder richtiger, er ist gleichzeitig das Pferd und sein Reiter. Obwohl er auf einem Steckenpferd sitzt, dienen ihm die eigenen Beine von Anfang an als Pferdebeine» (Belo 1960, S. 213).

Heraus kommt ein Zentaur und auch ein Beispiel für die doppelte Identität des Darstellers. Wenn wir im westlicher Theater davon ausgehen, daß ein Schauspieler eine Rolle porträtiert, dann verwenden wir damit ein Bild aus der Malerei. Der Künstler studiert den Gegenstand und stellt ein Bild davon her. Dabei entgeht uns aber das wichtigste Merkmal einer theatralischen Aufführung: ‹Porträtieren› bedeutet eine

Transformation von Körper/Geist des Darstellers. Der Darsteller ist sich selbst die ‹Leinwand› oder das ‹Material›. In Interviews mit Tänzern von Trance-Aufführungen in *Sanghyang* versuchte Goesti Made Soemeng (GM), einer der Mitarbeiter Belos, etwas darüber zu erfahren, wie die Trance funktioniert:

GM: Was ist das für ein Gefühl, wenn du zunächst eingeräuchert wirst?[13]
Darja: Irgendwie verliere ich plötzlich das Bewußtsein. Ich höre die Leute singen. Wenn sie mich Tjittah (so ruft man Schweine) rufen, höre ich das auch. Wenn sie aber von anderen Dingen reden, höre ich es nicht.
GM: Wenn du ein Sanghyang-Schwein bist und die Leute beleidigen dich, hörst du das?
Darja: Ich höre es. Wenn mich jemand beleidigt, werde ich sehr wütend.
GM: Wenn dein Spiel beendet ist, fühlst du dich dann müde oder nicht?
Darja: Wenn es gerade vorüber ist, fühle ich mich nicht müde. Aber am nächsten Tag oder am Tag danach ist mein Körper krank...
GM: Wenn du eine Sanghyang-Schlange bist, wie fühlst du dich, und wie spürst du deinen Körper?
Darja: Wenn ich eine Sanghyang-Schlange bin, habe ich plötzlich köstliche Gedanken. Wenn ich köstliche Gefühle habe, sehe ich plötzlich etwas wie Wald, mit vielen, vielen Bäumen. Wenn mein Körper so ist wie eine Schlange, dann geht mein Gefühl durch die Wälder, und ich bin glücklich.
GM: Und wenn du ein kleiner Sanghyang-Hund bist, was für ein Gefühl gibt dir dein Körper, und wie fühlst du dich selbst?
Darja: Ich fühle mich einfach wie ein kleiner Hund. Ich bin glücklich, über den Boden zu laufen, wie ein kleiner Hund über den Boden läuft. Ich bin glücklich, solange ich über den Boden laufen kann.
GM: Wenn du eine Sanghyang-Kartoffel bist, wo bist du dann, und wie bist du?
Darja: Ich habe das Gefühl, daß ich im Garten bin, wie eine Kartoffel, ich bin im Garten gepflanzt...
GM: Und wenn du ein Sanghyang-Besen bist, wie ist das, und wie fühlst du dich?
Darja: Als würde ich auf dem Boden Schmutz aufwischen. Als würde ich Schmutz auf der Straße aufwischen oder im Dorf. Ich werde vom Besen getragen, ich werde zum Wischen geführt» (Belo 1960, S. 222).

Belo schreibt, daß «eine Menge Menschen zugegen sein müssen, um sicherzustellen, daß sich der Tänzer in der Trance nicht verliert». Sie berichtet davon, wie einmal jemand, der ein Schwein spielte, vom Tanzplatz entkam. Er wurde erst am nächsten Morgen wiedergefunden. «Er hatte die Gärten verwüstet, die Pflanzen zertrampelt und aufgegessen, was dem Dorf geschadet hat, außerdem hatte er – als Schwein – eine Menge Exkremente gegessen, was wiederum ihm geschadet hat» (Belo 1960, S. 202).

Belo findet diese Berichte ‹erstaunlich zufriedenstellend›, ich bin der gleichen Meinung. Sie zeigen, daß die Trance eine Art der Charakterdarstellung ist: man wird von etwas/einem anderen besessen, wird ein anderer. Eliade sagt, daß auch Schamanen oft von Tieren besessen werden.

«Bei den Sitzungen der Jakuten, Jukagiren, Tschuktschen, Golden Eskimos und anderer hört man Schreie von wilden Tieren und Vögeln. Castagne schildert den kirgisisch-tatarischen boqça, wie er um das Zelt herumläuft und Sprünge macht, brüllt und springt: er ‹bellt wie ein Hund, wittert an den Anwesenden, muht wie ein Ochse, schreit, blökt wie ein Lamm, grunzt wie ein Schwein, wiehert und gurrt und ahmt so mit bemerkenswerter Genauigkeit die Schreie der Tiere, den Gesang der Vögel, das Rauschen ihres Fluges usw. nach, was seinen Eindruck auf die Umstehenden nicht verfehlt›... Das ‹Niedersteigen der Geister› vollzieht sich auf diese Weise» (Eliade 1975, S. 104).[14]

Wie von mir schon bei anderer Gelegenheit ausgeführt, kann also gesagt werden, daß diese Art von Aufführungen, die im Zusammenhang mit der Jagd stehen, sehr früh in der menschlichen Geschichte entstanden sind (vgl. dazu auch La Barre 1972, S. 195–196). Balinesische Trance und schamanistische Besessenheit waren nicht direkt Beispiele für die Entwicklung der Schauspielkunst in der Tradition Stanislawskis, aber sie sind auch nicht grundsätzlich davon unterschieden. Stanislawski entwickelte Übungen – sense memory, emotionale Erinnerung, das Erspielen eines groben Handlungsgerüstes, so daß sich der Schauspieler da hinein versetzen und so spielen konnte, ‹als ob› er eine andere Person sei. Stanislawskis Ansatz ist humanistisch und psychologisch und dennoch eine Spielart der alten Technik der Darbietung durch das Besessensein oder das Sichversetzenin eine andere Person. Belo sagt, daß die Lust an der Trance «mit dem Aufgeben des eigenen Antriebs verbunden ist... ein Schwein, eine Kröte, eine Schlange oder ein kriechender Geist zu sein bedeutet, sich in einem sehr buchstäblichen, direkten und kindlichen Sinn niedrig zu fühlen» (Belo 1960, S. 223). Sie ist der Meinung, daß der Wunsch, ‹niedrig› zu sein, eine der Grundlagen der Trance ist.[15] Niedrig sein heißt, die physische Haltung eines Kindes einzunehmen, schmutzig sein, mit Exkrementen oder Schlamm spielen, heißt, eine Regression auf infantiles Verhalten zu suchen. Es öffnet den Weg zur Farce, die vielleicht früheren Ursprungs ist als die Tragödie.[16] Schließlich bedeutet niedrig sein die Möglichkeit, rigiden Normen zu entkommen – niedrig sein ist ein Weg in die Freiheit.

Doch diese Phänomene sind nur die eine Hälfte des dialektischen

Prozesses der Aufführung. Die andere Hälfte ist die Ekstase: ein Fortschwingen, eine Entleerung des Körpers. Eliade meint:

«Es ist offensichtlich, daß mit all diesem Schmuck die Schamanentracht darauf abzielt, dem Schamanen einen neuen magischen Körper in Tiergestalt zu verschaffen. Die drei Haupttypen sind dabei Vogel-, Rentier- (Hirsch-) und Bärengestalt, vor allem aber Vogelgestalt. [...] Vogelfedern erscheinen fast in allen Beschreibungen von Schamanenkostümen, sogar die Struktur der Kostüme versucht möglichst getreu die Gestalt eines Vogels nachzuahmen... Sibirische, nordamerikanische und Eskimoschamanen fliegen. Auf der ganzen Erde schreibt man den Zauberern und *medicine-men* dieselbe magische Fähigkeit zu. [...] Eine adäquate Analyse der Symbolik des magischen Fluges würde uns zu weit führen. Nur soviel sei festgestellt, daß zwei wichtige mythische Motive zu der gegenwärtigen Struktur dieser Symbolik beigetragen haben, die mythische Vorstellung von der Seele in Vogelgestalt und der Gedanke von den Vögeln als Seelenführern» (Eliade 1975, S. 157, 441, 442).

Die ‹Traumzeit›-Tänze und -Gesänge der Aborigines sind Beispiele für derartige Aufführungen. Eine Person, oft schlafend, manchmal aber auch hellwach, wird in die «zeitlos mythische Vergangenheit, in der totemistische Existenzen von Ort zu Ort durch die Wüste wandeln und kreative Handlungen vollziehen» (Gould 1969, S. 105), transportiert. Manche dieser Wesen, so wie das Känguruh oder das Emu, sind natürlichen Ursprungs. Andere wiederum sind spezieller, so das ‹Wati Jutjars› (der Zwei-Mann) und das ‹Wanampi› (die Wasserschlange). «Obwohl sie in längst vergangener Zeit gelebt haben, stellt man sich die Traumwelt-Wesen lebendig vor und nimmt an, daß sie auf die heutigen Menschen Einfluß haben» (Gould 1969, S. 106). Aufführungen werden über Generationen weitergegeben. Wenn neues Material hinzukommt, wird es ‹im Traum› erlernt: Das mythische Sein eines Mannes nimmt an ihren Zeremonien teil und lehrt später seine Freunde, was er erfahren hat. Die Aufführungen der Aborigines werden mit größter Sorgfalt realisiert. Besonderer Wert wird auf die Szenographie, die Körperverzierungen und die Ausführung der Tanzschritte und Lieder gelegt. Sorgfalt bedeutet hier nicht Schönheit in unserem Sinn von Zweckmäßigkeit und Eleganz, sondern die Sicherheit, alle vorgeschriebenen Schritte in genauer Ordnung ausgeführt zu haben, Richtigkeit ist wichtiger als Kunstfertigkeit im euro-amerikanischen Verständnis. Wenn das Material neu ist, wird jede erdenkliche Sorgfalt darauf verwendet, daß es genau erlernt und korrekt weitergegeben wird.

Während der Phase des ‹Armen Theaters› (1959–1968) folgte Grotowski einem Muster, das dem der Aborigines sehr ähnlich war. Anstatt aber Material in der Traumzeit (Archäologie, Geschichte) zu suchen, erforschten Grotowskis Schauspieler ihre persönlichen Erfahrungen.

«Unserer Meinung nach sind folgende Bedingungen für die Kunst des Schauspielers wesentlich und sollten Gegenstand der wissenschaftlichen Untersuchung sein:
a) Die Möglichkeit, einen Prozeß der Selbstenthüllung zu stimulieren, der weit bis ins eigene Unbewußte zurückreicht, aber indem man den Stimulus dergestalt kanalisiert, daß die erwünschte Reaktion erhalten werden kann.
b) Die Artikulation und Meisterung dieses Prozesses, seine Übersetzung in Zeichen. Konkret bedeutet das, eine Partitur zu erstellen, deren Noten kleine Ele-

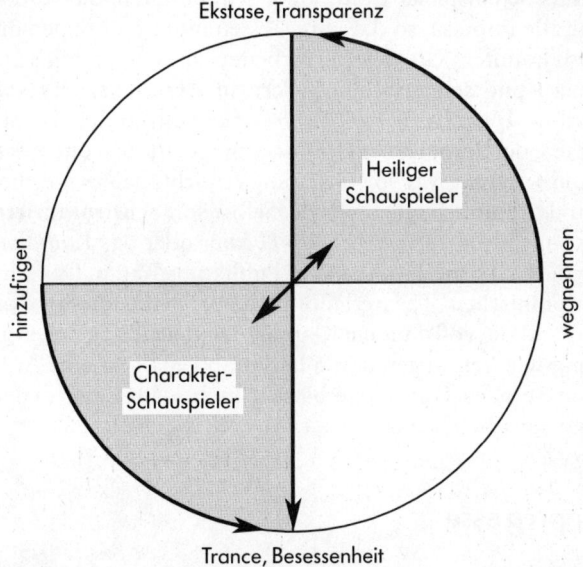

Der ekstatische Flug des Schamanen leert den Körper und macht ihn transparent, absolut verletzlich. Cieslak verwendet die Mittel der «Subtraktion», wenn er den standhaften Prinzen spielt. Die Trancetänzer in Bali werden besessen, ganz gleich, wer oder was von ihnen Besitz ergreift. Olivier verwendet die Mittel der «Hinzufügung» und weist damit in Richtung Besessenheit. Systematisch entwickelt er das «Als-ob» Hamlets zu ‹sich selbst als Hamlet›. Techniken des schauspielerischen Trainings, die in Richtung Ekstase gehen – psychophysiologische Übungen wie Yoga etc. – helfen dem Darsteller, ‹Impulsen zu folgen›, das heißt, transparent zu werden. In diesem Zustand kann ein Darsteller plötzlich aus seiner Rolle ‹fallen›, weil die Verwundbarkeit der Ekstase auf einmal zu völliger Besessenheit in der Trance wird.

mente für einen möglichen Kontakt sind, Reaktionen, um die äußere Welt zu stimulieren, das, das wir ‹geben und nehmen› nennen.

c) Die Notwendigkeit, Widerstände und Hindernisse aus dem kreativen Prozeß zu nehmen, die der eigene Organismus einem setzt – sowohl psychologische als auch physiologische (beide bilden ein Ganzes)» (Grotowski 1968, S. 128).

Nach dieser Methode komponierte Grotowski ‹gestische Ideogramme›, die den Zeichen der mittelalterlichen Theater in Europa, der Peking-Oper und anderen, sehr kodifizierten Formen vergleichbar waren. Doch Grotowskis Ideogramme waren unmittelbar und spontan, eine lebendige Form mit einer eigenen Logik. Möglich waren sie, weil Grotowskis Schauspieler transparent sein konnten. Sie waren durchlässig für alle Impulse, so daß ihre Gesten intim und unpersönlich zugleich sein konnten. Grotowski erarbeitete zusammen mit seinen Bühnenbildnern und seinen Schauspielern in *Akropolis, Der standhafte Prinz* und in *Apocalypsis cum Figuris* eine vollständige Ikonographie des Körpers, der Stimme, der Gruppenkompositionen und des Bühnenbildes. Die Totalität war so vollständig erreicht, daß es westlichen Zuschauern darin unbehaglich wurde. Selbst so hochstrukturierte orientalische Aufführungen wie das *Nô-Theater* oder das *Kathakali* lassen auch für die Unaufmerksamkeit des Publikums Raum. Den Produktionen des polnischen Theaterlaboratoriums fehlte dieses ‹Rauschen› gänzlich, und die vollständige Klarheit der Zeichen rief ebensoviel Beklemmung wie Vergnügen daran hervor. Niemals ist eine Aufführung reine Ekstase oder Trance; sie besteht immer aus einer dialektischen Spannung zwischen beiden.

Probenprozesse

Jeder Aspekt der Versammlung, der Aufführung und der Zerstreuung bedarf sorgfältiger Überprüfung, sowohl aus der Perspektive des Darstellers als auch aus der des Zuschauers. Wenn wir unser Wissen über den Weg von der Lektüre dramatischer Texte zur Aufführung und über die Aufführung hinaus zum gesamten Aufführungsprozeß hin erweitern, dann werden wir nicht nur vieles über die Entstehung von Kunst lernen, sondern auch der des sozialen Lebens, denn Theater ist ein Paradigma für Kultur und das Schaffen von Kultur. In diesem abschließenden Teil will ich nur kurz einen entscheidenden Aspekt dieses großen Problems anschneiden, den nämlich, was eine Probe überhaupt ist, was den Probenprozeß ausmacht. Ich denke, ich werde in der Lage sein zu zeigen, *daß der grundlegend rituelle Aspekt des Theaters sich während der Proben verwirklicht*. Auf einer Konferenz über Gruppenverhalten im Jahr 1957 erklärte Ray Birdwhistell das folgende Modell:

«A und B beschreiben Bahnen eines Armes, Beines oder eines ganzen Körpers. A ist eine weiche Kurve und B eine gezackte Linie, der Maßstab dieser Linien ist unerheblich, ich bin an der Art der Bewegung interessiert. Formal führen A und B dieselben Bahnen aus. Jedoch die Bahn von A zeigt eine kleine Abweichung bzw. justiert die Bewegung innerhalb der Kurve anders, die ‹message› dieser sanften Bewegung ist ‹Grazie›, wohingegen in der Zickzack-Linie von B viele verschiedene Zeichen enthalten sind, eben zick-zack. Alles, was wir ‹graziös› nennen, besteht aus vielen Zeichen, wobei die sekundären Zeichen minimalisiert erscheinen und dem Gesamteindruck maximales Gewicht zugesprochen wird» (Birdwhistell, in Lorenz 1959, S. 201–202).

Lorenz selbst weist darauf hin, daß,

«wenn aus der Bewegung der Lärm verschwindet, den sie verursacht, Grazie entsteht und die Bewegung als Zeichen eindeutiger wird. Je prägnanter und einfacher eine Bewegung ist, desto leichter ist es für den Rezipienten, sie als eindeutiges Zeichen wahrzunehmen. Demzufolge existiert ein starker Druck, alle Bewegungen zu eindeutigen Zeichen werden zu lassen, die immer graziöser werden und an Tanz erinnern» (Lorenz 1959, S. 202–203).

Grazie = Vereinfachung = den Zeicheneffekt einer Bewegung vergrößern = Tanz. Manche Kunstwerke hingegen sind hochkompliziert, zwiespältig und ‹ineffizient›. Große Meisterwerke sind nicht notwendig minimalistisch. Das *Ramayana*, die Bibel, die *Odyssee*, die Stücke von Shakespeare, die Spektakel von Robert Wilson, die Gemälde von Breughel, die Skulpturen in Konrarak etc. – ist all das weniger graziös (sprich kunstvoll) als die Stücke von Beckett, die Bilder von Mondrian oder Haiku-Poesie? Natürlich verdrängt ein einzelner normativ angelegter Standard der ‹Bewertung von Kunst› verschiedene andere kulturelle, historische oder evolutionäre Prozesse aus dem Blickfeld. Dieser Schwierigkeit läßt sich aber begegnen, indem man die Frage von Einfachheit und Grazie nicht im Vergleich mehrerer ‹fertiger› Arbeiten zueinander stellt, sondern den Prozeß ihrer Entstehungsbedingungen und Arbeitsweisen mit ins Kalkül zieht. Es steht nicht zur Debatte, eine Arbeit mit einer anderen oder mit den Arbeiten der ganzen Welt zu vergleichen, man erhält keine verwertbaren Informationen dabei. Wichtig dagegen ist, jede Arbeit sozusagen auf sich selbst zu beziehen,

149

die fertige Gestalt mit der Idee zu vergleichen oder mit der ersten Arbeit daran, als es noch niemand Fremdem hätte gezeigt werden können. – Jedes Kunstwerk befindet sich einmal in so einer Phase, nur im Theater allerdings nimmt sie eine gewisse Öffentlichkeit für sich in Anspruch, die dann Probenprozeß genannt wird. Der Vergleich einer fertigen Arbeit mit ihrem Entstehungsprozeß ist nicht nur bei Arbeiten eines Autors, sondern auch bei Werken, denen eine kollektive Urheberschaft zugrunde liegt, wie den Homerschen Epen, der Bibel, den mittelalterlichen Kathedralen und anderer Projekte, die die Lebenszeit einer einzelnen Person weit überschreiten, möglich. Die Genese der endgültigen Form kann sich über viele Generationen erstrecken. Für solche Fälle ist darüber hinaus charakteristisch, daß die definitive Form des Kunstwerks in keiner Weise vorhersehbar ist. In Abhängigkeit von bestimmten historischen Umständen werden Entscheidungen getroffen, die unter anderen Bedingungen vielleicht anders ausgefallen wären. Notre-Dame in Paris hat beispielsweise nur einen ‹vollendeten› Turm, aber wie falsch und unmöglich wäre es, das Kunstwerk zu ‹vollenden›. Als Notre-Dame ist die Kathedrale vollendet, so wie sie *jetzt* da steht. In allen Fällen kann man den Prozeß der Formwerdung und seine historische Genese als einen Probenprozeß bezeichnen: Ein Werk wird bearbeitet, bis es akzeptiert vorgezeigt werden kann.

Theater ist in dieser Hinsicht einzigartig. Es unterliegt immer dem Probenprozeß. Selbst die scheinbar festgelegten traditionellen Formen werden geprobt, d. h., sie werden besonderen Umständen entsprechend verändert. Manchmal entwickeln sich solche Veränderungen langsam, besonders wenn es, wie bei der katholischen Messe, ein schriftlich fixiertes Dogma gibt. Irgendein Fehler im Ritual läßt dann plötzlich die Veränderung sehr schnell entstehen, so wurde vom II. Vatikanischen Konzil die Lesung der Messe in nichtlateinischen Sprachen legalisiert. In den ästhetischen Genres des modernen euro-amerikanischen Theaters findet man Vergnügen daran, die klassischen Texte neu zu übersetzen und anders zu interpretieren. Allerdings gibt es auch da unausgesprochene Grenzen, was zur Folge hat, daß, wenn eine Theatergruppe diese Grenzen überschreitet, sie nicht gelobt wird für eine neue Herangehensweise, sondern scharf attackiert, weil sie das Material ‹vergewaltige›. So zumindest war die Reaktion einiger Kritiker auf unsere Versionen der *Backchen, Macbeth* und *Dionysis* in 69. Aber auch bei einem ganz neuen Stück entsteht diese Spannung zwischen der Absicht des Autors und dem, was sich letztlich auf der Bühne ereignet. Das passierte zum Beispiel in der Version der Performance Group von Sam Shepards *Tooth of*

Crime. Manchmal, wie in den berühmten Disputen zwischen Stanislawski und Tschechow, Williams und Kazan kommt es darüber zum Bruch.

Was ist nun exakt gefragt ein Probenprozeß? Auf der Konferenz über Gruppenverhalten, über die ich weiter oben schon sprach, kommentierte W. Gray Walter das Modell von Birdwhistell folgendermaßen:

«Grazie mag das Ergebnis einer zielgerichteten Bewegung sein. Nicht zielgerichtete Bewegungen weisen aber in vielen Fällen eine Kurve auf, wie die in Birdwhistells Modell B. Einen fliehenden Moment erjagen zu wollen ist mit Sicherheit nicht sehr graziös, sondern unbeholfen und inkohärent. Aber das Auftauchen eines Bewegungsziels macht die Bewegung von einer Sekunde auf die andere wieder zu einer erhabenen, graziösen Bewegung. Das hat etwas damit zu tun, das Ziel einer Bewegung zu erkennen; wer über Informationen darüber verfügt, kann eine Bewegung rund und schön finden, die ein anderer, der über diese Information nicht verfügt, als hilflos und dissonant wahrnimmt» (Walter, in Lorenz 1959, S. 202).

Erste Proben sind in der Tat oft unbeholfen, unkoordiniert und inkohärent und wirklich eine Jagd, voller Aktionen, die ein hohes Informationspotential haben, aber kaum eine Zielorientierung. Selbst die Probenarbeit, die einen Text zur Grundlage hat, kennt dieses ‹Herumsuchen›, das so viele ‹erste Proben› kennzeichnet. Die Schauspieler versuchen viele verschiedene Interpretationsmöglichkeiten, die Bühnenbildner bringen viele Entwürfe, Modelle und Zeichnungen, von denen die meisten verworfen werden, weil der Regisseur nicht wirklich weiß, was er will. Besonders wenn in dem Projekt selbst ein Text entwickelt werden soll, erhebt sich oft sehr früh die Frage danach, was man eigentlich tut. Wenn nach einer bestimmten Zeit das Ziel nicht ins Licht rückt, wird das Projekt unvermeidlich scheitern. Ein Regisseur kann das Vertrauen in ihn aufrechterhalten, indem er Übungen vorschlägt oder Umorientierungen im Arrangement; aber wenn er das zu früh tut, werden wiederum neue eigene Aktionen der Schauspieler unterdrückt, was dem Projekt auch nicht guttut. Eine Balance ist vonnöten. Vergleichsweise Prozesse kommen in traditionellen Gesellschaften vor. John Emigh schreibt über einen Probenprozeß in einem Dorf am Fluß Sepik in Papua-Neuguinea:

«Während der Proben hörte ein alter Mann von Zeit zu Zeit auf zu singen, um Vorschläge zu machen, was die Phrasierung einzelner Passagen anging, er tat das von sich aus und sooft es ihm einfiel, desgleichen kam es vor, daß er eine Zeile daraus interpretierte oder nur kommentierte. So waren die Proben beispiellos informell und höchst effektiv zugleich. Eine Frau mittleren Alters mit einer ausgezeichneten Stimme schien den Chor zu beherrschen, sie gab die Signale zum Einsatz oder unterbrach den Gesang, beratschlagte sich mit dem alten Mann, pausierte, um seinen Ratschlägen zuzuhören... Nach und nach während der Proben kamen Leute dazu, um den Proben beizuwohnen und nach dem Takt der Musik zu tanzen.»[17]

Wir sind Proben zu Beerdigungen, Hochzeiten und anderen religiösen Zeremonien gewohnt. In jedem Fall werden dort bestimmte Aktionen herausgefiltert, die zur Aufführung bestimmt werden, diese werden nochmals vereinfacht, um ihrem Zweck am besten zu entsprechen. Zusammen mit dieser ersten Aufgabe der bestmöglichen Kommunikation mit der jeweiligen Zielgruppe haben die Proben außerdem den Sinn, dem Schauspieler die größtmögliche Klarheit über das zu verschaffen, was er da tut. Die Gattung der Farce ist in dieser Hinsicht interessant, da sie eine bestimmte Klarheit auf den Kopf stellt. Der betrunkene Charlie Chaplin, der kopflos über die Straßen torkelt, vollführt eine ungraziöse Handlung mit soviel Können und Grazie wie ein Clown. Das gesendete Signal ist ‹ungraziös›, aber das ungraziöse Signal ist graziös gesendet. Das Publikum liebt die Leichtigkeit, mit der große Darsteller die Unbeholfenheit aufführen. Das gilt für alle anderen Täuschungen auf dem Theater in gleicher Weise, für Lüge, Ironie, double binds etc. In jedem Fall ist das Problem des Darstellers, sich über die Lüge, die Ironie etc. im klaren zu sein, überzeugend zu wirken, indem das Publikum den Text und den Metatext und sein Gegenteil gleichzeitig entziffern kann.

Die Vorbereitung zu etwas ist der Probe vergleichbar, doch nicht mit ihr identisch. Die Aborigines brauchen viele Stunden, um sich auf einen zehnminütigen Tanz vorzubereiten. Alle notwendigen Gegenstände werden sorgfältig ausgelegt, sie schmücken ihre Körper und bereiten die Tanzfläche vor. Vor jeder Aufführung wärmten die Mitglieder der Performance Group zwei Stunden lang ihre Stimmen auf. Sie machten psychophysiologische Übungen, Tanzschritte und Yoga. Sie wiederholten auch schwierige Teile der Vorstellung. Das Künstlertheater in Moskau war berühmt für die Vorbereitung jedes Schauspielers, unmittelbar bevor er auf die Bühne trat. Diese Vorbereitungen schweißen die Gruppe zusammen und ‹komponieren› die Person. Es sind kinesthetische Wiederholungen des Probenprozesses, sie ermöglichen Konzentration und lassen die Welt auf die Dimension des Theaters schrumpfen.

Sowohl Proben als auch Vorbereitungen benutzen die gleichen Mittel: Wiederholung, Vereinfachung, Übertreibung, rhythmische Handlung, Transformation ‹natürlicher Verhaltensweisen› in ‹komponierte Sequenzen›. Diese Mittel umfassen den rituellen Prozeß, so wie er von den Ethnologen verstanden wird. Die wichtigsten rituellen Merkmale im theatralischen Prozeß finden sich also meiner Ansicht nach im Probenprozeß selbst.

Ich finde nichts Störendes daran, wenn die feinsten Errungenschaften menschlicher Kunst – gerade auch der Entstehungsprozeß von Kunst, die Probe und Vorbereitung – in Beziehung zu tierischem Verhalten gesetzt wird, denn ich kann zwischen tierischem und menschlichem Verhalten keinen qualitativen Bruch feststellen, im Gegenteil, gerade im Bereich künstlerischer Rituale sehe ich eine Kontinuität und eine Analogie. Die Tätigkeiten verdichten sich, werden komplizierter, symbolischer, widersprüchlicher, vielstimmiger – im Zusammenhang mit dem sich erweiternden Bewußtsein. Die Menschen teilen die Errungenschaft, Entscheidungen auf der Grundlage möglicher und wirklicher Alternativen zu fällen, mit ein paar hochentwickelten Säugetieren, die diese Fähigkeit allerdings nicht verfeinert haben. Diese Alternativen nehmen ein Eigenleben an. Theater ist die Kunst, sie zu aktualisieren, und die Probe ist das Mittel, sie zu individuellen Formen und Rhythmen zu entwickeln. Indem Handlungsmöglichkeiten zu Aufführungen werden, werden ganze Welten geboren, die sonst nicht gelebt würden. Theater entsteht nicht plötzlich und bleibt nicht starr, weder in seiner kulturellen noch in seiner individuellen Form. Theater ergibt sich aus einem Netz von Assoziationen, das auch Bereiche wie Spiel, Text, Jagd, Schlachtung und Fleischverteilung, zeremonielle Zentren, Gerichtsverhandlungen, Übergangsriten und das Geschichtenerzählen umfaßt. Proben und Rückerinnerungen – Vorspiel und Nachspiel – verbinden sich im theatralischen Ereignis.

Anmerkungen

1 Vgl. auch Weston LaBarre 1972.
2 Ucko und Rosenfeld (1969) fassen ihre Gedanken zu diesem Thema folgendermaßen zusammen: «Das relativ häufige Auftreten von Tieren, fehlende Abbildungen von Vegetation und auch die Tatsache, daß die Abbildungen dazu gedacht waren, gesehen zu werden, könnte einen Hinweis darauf geben, daß sich so etwas wie ‹Theater› hinter alldem verbirgt» (S. 229). Obwohl es manche Auseinandersetzungen über diesen Aspekt der Höhlenkunst gibt, stimmen alle Fachleute darin überein, daß Aufführungen, welcher Art auch immer, in den Höhlen stattgefunden haben müssen. Daß Aufführungen als Phänomen uralt, ja ursprünglich sind, versteht sich.
3 Vgl. Bertolt Brecht: Der Messingkauf (GW 16, 1967).

4 Im mittelalterlichen England wurden Theaterstücke auf den Wagen aufgeführt, mit denen die Truppen von Ort zu Ort reisten. Die Wagen wurden zur Bühne. Gleichzeitig dienten sie als Bühnenhintergrund und als Umkleideraum. Die Zuschauer versammelten sich um den Wagen. Gespielt wurde auf der erhöhten Plattform des Wagens wie auf der Straße selbst. Die Zuschauer standen auf der Straße und an den höherliegenden Fenstern ihrer Häuser. Die Aufführungen begannen in der Morgendämmerung und dauerten den ganzen Tag. Es muß ein ständiges Kommen und Gehen unter den Zuschauern geherrscht haben. Eine derartige Vermischung sozialer mit religiösen und ästhetischen Ereignissen finden sich ebenso in der zeitgenössischen Aufführung des Ramlila in Nordindien wieder (vgl. Schechner 1985).

5 Ich benutze das Wort ‹natürlich› für die Theaterereignisse, die im alltäglichen Leben stattfinden, für die Dinge, die man nicht erst erfinden oder schaffen muß. Wenn ein Unfall passiert oder ein Streit in aller Öffentlichkeit ausgetragen wird, dann bleiben die Leute stehen, fährt etwas Ungewöhnliches an ihnen vorbei, ein Ozeanriese etwa oder ein Staatsoberhaupt mit Motorradeskorte, werden sie sich dem zuwenden, das ist keine Frage des Geschmacks.

6 Für eine speziellere Diskussion professioneller Theaterdarbietungen innerhalb verschiedener Kulturen vgl. Drama Review 29 (39), 1985.

7 Die Logenplätze haben ihren Ursprung in früheren Zeiten, in denen es den besonders wichtigen Leuten, Königen, erlaubt war, auf der Bühne zu sitzen. Als diese Gewohnheit zunehmend als störend empfunden und nicht mehr toleriert wurde, kamen die Logen in Mode. Interessant ist es, zu sehen, wie in einem Theater, bei dem jedermann auf der Bühne ist oder zumindest auf der gleichen Höhe und im gleichen Raum, in dem auch die Schauspieler agieren, das Publikum auf dieser Ebene sozusagen demokratisiert wird.

8 Vgl. auch E. T. Kirby 1972.

9 Mit ‹ins Theater gehen› meine ich etwas anderes und mehr als das, was die euro-amerikanische Praxis ausmacht. Ich denke an alle Vorbereitungen, die nötig sind, um eine Darbietung möglich werden zu lassen, zum Beispiel das Einhalten eines rituellen Kalenders, das Herrichten eines besonderen Ortes bzw. die Verwandlung eines gewöhnlichen Ortes in einen bespielbaren Raum, Probenzeiten, die Gewährleistung der Anwesenheit einer ausreichenden Menge von Zuschauern.

10 Die allerletzte Entwicklung gewalttätigen Theaters sind die pornographischen sog. ‹Snuff-Filme› (natürlich auch die Kriegsfilme, Dokumentationen von Folter und schwerer Verletzung). In diesen Filmen werden Menschen dafür bezahlt, in einem Porno mitzuspielen, im Moment des Höhepunktes bringt man sie um. Die Kamera nimmt den Schock und die Agonie des Ermordeten genauso auf wie die Reaktion des Mörders. Für sehr viel Geld wird so ein Film dann auf privaten Veranstaltungen gezeigt. Man behauptet, daß manche Akteure, wiederum für sehr viel Geld, darin einwilligen, umgebracht zu werden. Den Vergleich von Snuff-Pornos und römischen Gladiatorenkämpfen liegt auf der Hand, ähnlich klar ist die Dekadenz sol-

cher Shows. Was den kathartischen Effekt angeht, den die Betrachtung von Gewalttätigkeiten haben soll, so zeigen die Studien von Eibl-Eibesfeldt (1970), daß dieser sehr kurzlebig ist: «Auf lange Sicht wird das Ausspielen aggressiver Impulse zu einem Training in Aggression. Das Tier wird aggressiver» (S. 329).

11 Im Drama geht es um die Veränderung eines Charakters während des Stücks. Jedes x-beliebige Drama läßt sich daraufhin befragen, was, wer und wie eine Figur am Anfang oder Ende eines Stücks ist. Die Summe der Veränderung ist eine Liste der Aktionen des Dramas.

12 Lévi-Strauss' (1969) schwierige Arbeit stellt die zwei Kontrastpaare von Natur/Kultur und von rohem/gekochtem Zustand vor. In den Kategorien des Theaters gesprochen, ist eine ‹gekochte Aktion› keine Imitation von problematischem Verhalten. Es ist neues Verhalten, das sich aber in Relation begreift zu seinem ‹rohen› Vorgänger. Übergangsriten zum Beispiel ‹kochen› solche Verhaltensweisen, die Sozialisation verlangen, genauso wie Arbeit an den Individuen, die von einem bestimmten Status zu einem anderen wechseln wollen (vgl. dazu auch Schechner 1985).

13 Oft werden balinesische Trancetänzer ‹eingeräuchert›, indem sie Weihrauch einatmen, der unter ihrer Nase verbrannt wird. Soweit ich das beurteilen kann, ist aber der Rauch nicht die Ursache der Trance, sondern nur ein Zeichen dafür, daß der Tänzer, der sich in Trance begeben will, einen bestimmten Zustand erreicht hat. Wenn nur ein bestimmter Körperteil in Trance versetzt werden soll, wie die Hand, die zum Besen wird, beweihräuchert man nur den. Die Prozedur des Einräucherns ist nicht auf Bali beschränkt, ich sah sie auch in Sri Lanka.

14 Eliade sagt von der Transformation der Schamanen: «Es ist der Schamane selbst, der sich in ein Tier verwandelt, was den gleichen Effekt hat, als wenn er eine Tiermaske aufsetzen würde» (1975, S. 93).

15 Belo (1960, S. 223): «Das Gefühl der Niedrigkeit, was Darna als so köstlich beschreibt, paßt zu der Vorstellung, bestiegen zu werden, geritten zu werden usw. Die angenehme Seite der Trance-Erfahrung ist mit der Preisgabe der Selbstimpulse verbunden, was für Menschen ohne Trance-Erfahrung vielleicht am allerschwierigsten zu begreifen ist.» Diese ‹Hingabe› ist in der Trance die ‹Hingabe› an einen bestimmten Anderen: ein Tier, einen Geist, eine Person etc. In der Ekstase hingegen handelt es sich um reine ‹Aufgabe›, wie in der Zen-Meditation.

16 Auch wenn hier nicht der Rahmen ist, darauf näher einzugehen, sei doch bemerkt, daß die Kürze der Farce, ihre gewaltigen Aktionen und erstaunlichen Umkehrungen mehr als nur einen Hinweis auf das Alter dieser Form darstellen, genauso wie ihre Universalität. Jede Kultur verfügt über die Form der Farce, während nur in wenigen Kulturen die Tragödie im griechischen oder japanischen Sinn überhaupt bekannt ist.

17 Aus einem Brief, den John Emigh an mehrere seiner Kollegen verteilte. Emigh beobachtete die Proben 1974. (Für eine umfassendere Diskussion der entsprechenden Probe vgl. Schechner 1985.)

Literatur

Bateson, Gregory: Ökologie des Geistes. Anthropologische, psychologische, biologische und epistemologische Perspektiven. Frankfurt/M. (Suhrkamp) 1981.

Belo, Jane: Trance in Bali. New York (Columbia University Press) 1960.

Brecht, Bertolt: Schriften zum Theater. Über eine nicht-aristotelische Dramatik. Zusammengestellt von Siegfried Unseld. Frankfurt/M. (Suhrkamp) 1981.

Davore, Irven: Primate behavior. Field studies of monkeys and apes. Ed. by Irven Davore. New York (Holt, Pinhort & Winston) 1965.

Eibl-Eibesfeld, Irenäus: Ethology: The Biology of Behavior. New York (Holt, Rinehart and Winston) 1970.

Eliade, Mircea: Schamanismus und archaische Ekstasetechnik. Frankfurt/M. (Suhrkamp) 1975.

Garner, Richard Lynch: Die Sprache der Affen. Dresden (Schultze) 1896, 2. Aufl. 1905.

Geertz, Clifford: Blurred Genres, in: American Scholar (1980), H. 2.

Gennep, Arnold Van: The Rites of Passage (originally published in 1908). Chicago (University of Chicago Press) 1960.

Goffman, Erving: Rahmenanalyse. Ein Versuch über die Organisation von Alltagserfahrungen. Frankfurt/M. (Suhrkamp) 1980.

–: Wir alle spielen Theater. Die Selbstdarstellung im Alltag. München (Piper) 1986.

Gould, Richard: Yiwara: Foragers of the Australian desert. New York (Scribner) 1969.

Grotowski, Jerzy: Für ein Armes Theater. Vorwort von Peter Brook. Zürich/Schwäbisch Hall (Orell Füssli) 1986.

Lévi-Strauss, Claude: Das Rohe und das Gekochte. In: Mythologie I. Frankfurt/M. 1969.

Rappaport, Roy A.: Pigs for the Ancestors. Ritual in the Ecology of a New Guinea people. New Haven (Yale University Press) 1968.

Turner, Victor Witter: From Ritual to Theatre. The human seriousness of play. New York (Performing Arts Journal Press) 1982.

–: On the Edge of the Bush. Anthropology as Experience. Tucson/Arizona (University of Arizona Press) 1985.

–: Dramas, Fields and Metaphors. Ithaca/New York (Cornell University Press) 1974.

Ucko/Rosenfeld: Form in indigenous art – Schematisation in the Art of Aboriginal Australia und Prehistoric Europe. Ed. by P. J. Ucko Laubera (Australian Institute of Aboriginal Studies), 1977 (1967).

Weston, LaBarre: The Ghost of Dance – Origin of Religion. London 1972.

4 Rekonstruktion von Verhalten

‹Rekodiertes› Verhalten ist lebendiges Verhalten, das wie ein Streifen Film behandelt wird. Solchermaßen behandeltes Verhalten kann beliebig umarrangiert und rekonstruiert werden. Es wird dadurch unabhängig von den kausalen Systemen (sozialer, psychologischer und technischer Art), denen es seine Existenz verdankt. Es hat ein Eigenleben. Die ursprüngliche ‹Wahrheit› oder ihre ‹Quelle› kann ignoriert und verloren werden, oder es kann ihr direkt widersprochen werden, und das sogar, während diese gleiche Wahrheit und Quelle ganz offensichtlich geehrt und beachtet wird. Es mag unbekannt bleiben oder geheimgehalten werden, wie diese ‹Streifen›[1] von Verhalten, die wir im weiteren Verlauf ‹rekodiertes Verhalten› nennen werden, gefunden oder entwikkelt, wie sie durch Mythen oder Tradition geformt wurden. Obwohl ursprünglich ein Prozeß und benutzt im Probenprozeß, um einen neuen Prozeß, den der Aufführung, hervorzubringen, ist dieses rekodierte Verhalten selbst kein Prozeß, sondern ein Ding, Gegenstand, Material. Rekodiertes Verhalten kann lang andauern, wie in einigen Dramen und Ritualen, kann sich aber auch als sehr kurzlebig erweisen, wie in manchen Gesten, Tänzen oder Mantras.

Rekodiertes Verhalten wird in allen Arten von Aufführungen verwendet, im Schamanismus, Exorzismus und in der Trance, im rituellen und ästhetischen Theater, in Initiationsriten und auch im sozialen Drama, in der Psychoanalyse, im Psychodrama und in Transaktionsanalysen. Tatsächlich ist rekodiertes Verhalten das Hauptmerkmal einer Aufführung. Die Menschen, die diese Künste, Riten und Heilungen praktizieren, gehen davon aus, daß einige der Verhaltensweisen – organisierte Ereignissequenzen, beschriebene Handlungen, bekannte Texte und festgelegte Bewegungen – von den Darstellern, die sie ausführen, getrennt sind. Und weil Verhalten als solches von den sich Verhaltenden getrennt werden kann, kann es auch aufbewahrt, übertragen, manipuliert und transformiert werden. Die Darsteller treten in Verbindung mit, berühren, entdecken oder erinnern sich oder erfinden ihre Verhaltensstreifen und verhalten sich dann entsprechend, indem sie entweder in ihrer Rolle aufgehen (in Trance geraten) oder sozusagen parallel zu ihr existieren (Brechts Verfremdungseffekt). Die Arbeit der Rekodierung wird in den Proben und/oder durch die Weitergabe des Meisters an den Schüler fortgeführt. Der Versuch zu verstehen, was im Training und in den Proben geschieht – das Erforschen der diesem Prozeß zugrundeliegenden Stimmung –, ist der sicherste Weg einer Verbindung von ästhetischen und rituellen Aufführungen.

Rekodiertes Verhalten existiert unabhängig von mir als Person. Deshalb ist es bearbeitbar und veränderbar durch mich, selbst wenn es schon stattgefunden hat. Rekodiertes Verhalten betrifft einen weiten Bereich von Handlungen. Es kann mein eigenes Ich in einem anderen psychologischen Zustand oder in einer anderen Zeit sein, wie in einer psychoanalytischen Abreaktion. Genauso kann es außergewöhnliche soziokulturelle Bereiche wie die Passionsspiele betreffen oder die Wiederaufführung des Kampfes zwischen *Rangda* und *Barong* auf Bali; oder es kann durch eine ästhetische Konvention bestimmt sein wie im Drama oder im Tanz. Es kann sich aber auch um eine besondere Verhaltensweise handeln, die von dem Teilnehmer an einem traditionellen Ritual so und nicht anders erwartet wird – bei den Initiationen der Gahuku-Jungen in Papua-Neuguinea etwa wird Tapferkeit erwartet. Sie dürfen keine Träne vergießen, wenn gezackte Blätter die Innenseiten ihrer Nasen aufschlitzen. Von einer amerikanischen Braut verlangt man ‹zartes Erröten›, auch wenn sie zuvor schon zwei Jahre mit ihrem Bräutigam zusammengelebt hat.

Rekodiertes Verhalten ist symbolisch und reflexiv zugleich. Es ist nicht leeres, sondern aufgeladenes Verhalten, das vielstimmige Signifikanzen ausstrahlt. Diese schwierigen Begriffe sollen einem einfachen Prinzip zum Ausdruck verhelfen: das eigene Selbst kann als ein anderes handeln, das soziale oder transindividuelle Selbst besteht aus einer oder mehreren Rollen. Symbolisches und reflexives Verhalten ist die Verdichtung der sozialen, religiösen, medizinischen und erzieherischen Prozesse auf dem Theater. Aufführung bedeutet: nie zum ersten Mal. Es heißt: vom zweiten bis zum x-ten Mal, heißt Verdoppelung von Verhalten.

Weder die Malerei noch die Bildhauerei oder die Dichtkunst zeigen aktuelles, reales Verhalten. Tausend Jahre bevor es Kino gab, wurden aus Streifen rekodierten Verhaltens Rituale gemacht, Handlung und Stasis existierten im selben Ereignis nebeneinander. Die Rituale bedeuteten einen großen Trost: Menschen, ihre Vorfahren und die Götter konnten gleichzeitig teilnehmen als Gewesene, Gegenwärtige und als

Werdende. Diese Verhaltensstreifen wurden viele Male gespielt und mit geringfügigen Veränderungen über viele Generationen hinweg überliefert. Selbst heutzutage besteht der Schrecken einer Premiere nicht in der Anwesenheit von Öffentlichkeit, sondern in dem Wissen darum, daß Fehler nicht mehr vergeben werden.

Die Beständigkeit der Überlieferungen ist um so erstaunlicher, als rekodiertes Verhalten Entscheidungen enthält. Tiere wiederholen sich, und auch der Zyklus des Mondes tut das, aber ein Schauspieler kann jede Handlung ablehnen, auch wenn sich die sogenannte Entscheidungsfreiheit des Schauspielers als Illusion erweisen sollte. Ein Zusammenhang existiert zwischen dem Ritual mit wenig Entscheidungsfreiheit und dem ästhetischen Theater mit seiner relativ großen Entscheidungsfreiheit. Die Funktion der Proben im ästhetischen Theater ist es, die Entscheidungsmöglichkeiten einzuengen oder zumindest die Regeln der Improvisationen zu klären. Sie dienen dazu, eine Partitur zu schaffen, und diese Partitur wird zum ‹Ritual durch Übereinkunft›, das heißt zu festgelegtem Verhalten, an das sich jeder der Beteiligten halten muß.

Rekodiertes Verhalten kann übergestülpt werden wie eine Maske oder ein Kostüm. Seine Form kann von außen betrachtet und verändert werden. Das ist es, was Theaterregisseure, Bischofskonzile, Meisterschauspieler und große Schamanen tun: die Partitur der Aufführung verändern. Diese Veränderung ist deshalb möglich, weil es sich nicht um ein ‹natürliches Ereignis› handelt, sondern um ein Modell individueller und kollektiver menschlicher Entscheidung. Eine Partitur ist, wie Turner sagt, eine zugrundeliegende Stimmung, so wie Stanislawskis ‹Als-ob› (vgl. Turner 1982, S. 82–84). Da es sich bei rekodiertem Verhalten immer um eine Art ‹zweite Natur› handelt, ist es offen für jede mögliche Überarbeitung.

Wenn ich für den Begriff des rekodierten Verhaltens eine persönlichere Formulierung wählen würde, bedeutete dieser Ausdruck soviel wie ‹ich verhalte mich, als wäre ich jemand anders›, als wäre ich in Trance. Aber dieser ‹andere› kann auch ich selbst sein, in einem anderen Bewußtseins- oder Gefühlszustand, gerade so, als wäre ich viele. Der Unterschied, ob ich einen Kindheitstraum ausagiere, zeige, was ich gestern tat oder andere, formalere Vervielfältigungen meines Bühnen-Ichs präsentiere, ist graduell, nicht qualitativ. Desgleichen gibt es einen Zusammenhang zwischen dieser Art der Selbstpräsentation oder der Darstellung anderer in Dramen, Tänzen und Ritualen. Das gleiche gilt für solche sozialen Handlungen und kulturellen Aufführungen, deren

Ursprünge, wenn überhaupt, jedenfalls nicht im Individuum festgemacht werden können. Wenn solche Ereignisse ausagiert werden, schlagen sie eine Volte zurück zum alltäglichen Leben der Individuen. Was den Menschen in Nordindien etwa beim Ramlila vorgeführt wird, sagt ihnen, wie sie sich im alltäglichen Leben verhalten sollen; und ihr Verhalten im alltäglichen Leben beeinflußt die Darstellungen des Ramlila. Mythische Handlungen werden oft zu exemplarischen Modellen, im Ramlila jedoch, und in anderen folkloristischen Aufführungen, ist – auch – das ‹normale› Leben der Menschen in Gesten, Kostümen, in den szenischen Strukturen und anderen Details nachgezeichnet.

Manchmal werden kollektive Ereignisse an einzelne Personen gebunden, Personen, deren Existenz sich irgendwo zwischen Geschichte und Mythos abspielt: die Bücher Mosis, die *Ilias* und *Odyssee* des Homer, das *Mahabharata* des Vyas. Manchmal sind die Geschichten und Handlungen pure Folklore, Fiktion, Legende oder eben Mythos. Manchmal aber sind sie in einem gewissen Sinn ‹original› oder zumindest bestimmten Individuen zuzuordnen; so der *Hamlet* von Shakespeare, der *Ödipus* von Sophokles, der *Ramcharitmanas* von Tulsidas. Aber was diese Dichter notiert haben, ist nicht die Geschichte der Geschichte, sondern eine Version davon, ein Gesichtspunkt. Es ist schwer zu sagen, was letzten Endes die Qualität eines solchen Werkes ausmacht. Rekodiertes Verhalten eröffnet sowohl Gruppen als auch Individuen die Möglichkeit, noch einmal zu werden, was einst war, was sie nie waren, aber erhofften.

In der Abbildung werden drei Aufführungssysteme dargestellt. Bei 1 →2 werde ich zu jemand anderem bzw. zu mir selbst, aber in einem anderen Bewußtseinszustand, wirke also wie ‹mir selbst unähnlich›, wie ‹neben mir stehend› oder ‹besessen von etwas anderem›. Es braucht sehr wenig Proben für diese Art Performance, manchmal gar keine. Von Geburt an wachsen die Menschen in diese Formen von sozialen Aktionen hinein und brauchen oft nur die ausreichenden Vorbereitungen, um in Trance zu fallen. Wenn man Kinder oder auch Jugendliche der Schwarzen Kirche oder auf Bali beobachtet, wird man feststellen, das ihre Trainingskontinuität eine durch Generationen hindurch vererbte ist. Die meisten der 1 →2-Aufführungen sind Solos, auch wenn mehrere Einzelpersonen zur gleichen Zeit an der gleichen Stelle agieren. Erstaunlich ist bei den Sanghyang-Trancetänzen folgendes: Jeder einzelne der Tänzer ist so in eine kollektive Partitur eingebunden, daß auch in einer funktionierenden Gruppe jeder Tanz ein Solo bleibt. Wenn sie sich von der Trance erholen, sind sich viele Tänzer der Tatsa-

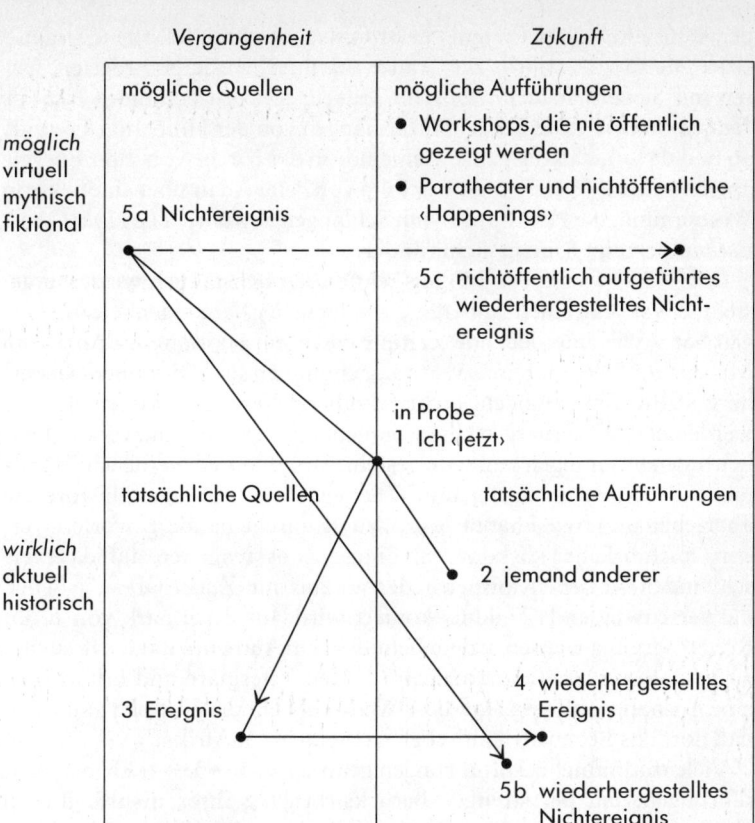

	Vergangenheit	Zukunft

Vergangenheit — **Zukunft**

möglich virtuell mythisch fiktional

mögliche Quellen

5a Nichtereignis

mögliche Aufführungen
- Workshops, die nie öffentlich gezeigt werden
- Paratheater und nichtöffentliche ‹Happenings›

5c nichtöffentlich aufgeführtes wiederhergestelltes Nichtereignis

in Probe
1 Ich ‹jetzt›

wirklich aktuell historisch

tatsächliche Quellen

tatsächliche Aufführungen

2 jemand anderer

3 Ereignis

4 wiederhergestelltes Ereignis

5b wiederhergestelltes Nichtereignis

che, daß auch andere mit ihnen getanzt haben, nicht bewußt. Ähnliche Verbindungen von Soloaufführungen zu Gruppenereignissen habe ich in einer Schwarzen Kirche in Bedford-Stuyvesant/Brooklyn gesehen. Als der Gospelgesang seinen Höhepunkt erreicht hatte, ‹fielen› mehr als ein Dutzend Frauen und Männer gleichzeitig in den Mittelgang. Jeder tanzte in der Trance allein, gleichzeitig tanzte auch die ganze Gruppe gemeinsam. Andere, die nicht in Trance waren, achteten sorgfältig darauf, daß niemand gegen die Stühle fiel, oder faßten behutsam zu, wenn die Trance zu gewalttätig zu werden schien, und beruhigten die, die langsam aus der Trance erwachten. Diese Art der begleitenden Hilfe wird auch den Trancetänzern auf Bali und überall sonst auf

Hilfe-stellung bei Trance

163

der Welt zuteil. Das Ereignis in Brooklyn ist vorausschauend organisiert. Die Sänger, welche die Trance mit ihrer Musik beförderten, waren mit Sicherheit nicht selbst in Trance, sondern betätigten sich als ‹Transporteure›. Die Trancetänzer hängen von der Hilfe ihrer Freunde ab und davon, daß die ganze Gemeinde in der Kirche von ihrer Energie abgibt und die Tänzer trägt. Der Film von Peter Adair über eine Sekte in Westvirginia, die Handlungen mit Schlangen aufführt, *The Holy Ghost People*, zeigt im Prinzip nichts anderes.

In 1 →3 →4 wird ein Ereignis rekodiert, buchstäblich wiederhergestellt, das sich an einem anderen Ort oder in der Vergangenheit zugetragen hat – wie eine ‹lebende Zeitung› oder ein Diorama im American Museum of Natural History. Strenggenommen sind Dioramen wiederhergestellte Umgebungen, nicht rekodierte Verhaltensweisen. Jedoch werden den wiederhergestellten Umgebungen zunehmend veranschaulichende Handlungen zur Seite gestellt. Weiter unten werde ich Phänomene wie Museumsdörfer und ‹Themen-Parks›, in denen historische Tatsachen und freie Phantasie großzügig durcheinandergeworfen werden, ausführlicher diskutieren. Einige Zoos reagieren auf das Verschwinden der Lebensformen in der Wildnis mit ‹Zuchtparks›, in denen die verschwindende Wildnis kopiert wird. Im Zuchtpark von Front Royal/Virginia werden in dem Bemühen um Authentizität die Besucher ausgeschlossen, wobei natürlich Züchter, Veterinäre und Ethnologen eine Ausnahme bilden. Auf diese Weise entsteht die groteske Situation, daß dort das Leben afrikanischer erscheint als in Afrika.

Viele traditionelle Aufführungen gehören zu 1 →3 →4. Ebenso Aufführungen, die bei strenger Berücksichtigung ihrer ursprünglichen Qualität lange Zeit im Repertoire gehalten werden. Als das Moskauer Künstlertheater Mitte der 60er Jahre in New York gastierte, behauptete man, Tschechow in der Originalinszenierung von Stanislawski zu zeigen. Als ich 1969 mehrere Aufführungen des Berliner Ensembles sah, wurde mir versichert, daß man Brechts Modellbuch – seinen genauen Bühnenanweisungen – buchstabengetreu gefolgt sei. Klassische Ballette werden über Generationen von Tänzern nahezu unverändert weitergegeben. Doch auch die genauesten Versuche, 1 →3 →4 herzustellen, sind in Wirklichkeit Beispiele für 1 →5 a →5 b; 1 →3 →4 ist schwierig zu halten, einfach deshalb, weil, auch wenn dem menschlichen Gedächtnis durch exakte Aufzeichnungen nachgeholfen werden kann, die Aufführung doch immer in einem bestimmten konkreten Kontext entsteht, der nicht einfach zu kontrollieren ist. Die sozialen Umstände verändern sich, was einfach einzusehen ist, wenn man die Arbeiten Stanislawskis um die Jahrhundertwende und das Künstlertheater heute vergleicht. Selbst die Körper der Schauspieler, wie sie aussehen, sich bewegen, wie sie denken und was sie glauben sollten, verändern sich innerhalb relativ kurzer Zeitspannen, gar nicht zu sprechen von den Gefühlen, den Reaktionen und Stimmungen der Zuschauer. Aufführungen, die einst aktuell oder sogar Avantgarde waren, sind bald historische Zeitstücke. Dieser Art der kontextuellen Veränderung ist durch Labannotation nicht beizukommen.[2] Selbst eine exakt notierte Vorstellung ist nach einiger Zeit nicht mehr die gleiche.

Das Nô-Drama ist ein interessantes Beispiel für 1 →3 →4 und für 1 →5 a →5 b gleichzeitig. Die gesamte Partitur einer Nô-Aufführung, seine Inszenierung, die Musik, der Text, die Kostüme und die Masken wurden innerhalb einer Familie oder Schule von einer Generation an die nächste weitergegeben, ohne mehr als unwesentliche, kleinere Veränderungen daran zuzulassen. In diesem Sinn ist das Nô – zumindest seit der Meji-Restauration – ein klares Beispiel für 1 →3 →4.

Der Nô-Shite als Hauptdarsteller – wörtlich: der Tuende, derjenige, der die Maske trägt – entwickelt sich, solange er lebt, von einer Rolle zur nächsten weiter. Er akzeptiert die Partitur der Rolle, an der er arbeitet, und läßt die früheren Rollen hinter sich, die dann für einen Nachwachsenden frei werden. Nur die größten Meister des Nô dürfen die Partitur verändern; die Shite geben diese Veränderungen dann an ihre Schüler weiter, und so werden sie Teil der Tradition. Die einzelnen Rollen und ihre Stellungen im gesamten Aufführungstext und die Inszenierungen im Rahmen der Entwicklung der Nô-Aufführung selbst, die sich über eine Lebenszeit erstreckt, bilden ein kompliziertes, aber entzifferbares System, obwohl jede einzelne Nô-Aufführung auch Überraschungen in sich birgt. Die Gruppen, die bei der Aufführung zusammenwirken, kommen aus verschiedenen Familien, deren jede eine über eine eigene Tradition und eigene ‹Geheimnisse› verfügt. Der Shite und der Chorus arbeiten zusammen, der Waki, der Kyogen, der Flötist und der Trommler arbeiten getrennt voneinander. Wenn der Tradition Genüge getan wird, treffen sich die verschiedenen Gruppen erst wenige Tage vor der Aufführung, nicht um zu proben, sondern um sich von dem Shite dessen Pläne erläutern zu lassen. Eine Nô-Aufführung mit ihren Wurzeln im Zen kann nur ein einziges Mal gegeben werden, um so die Kraft der Unmittelbarkeit aller Beteiligten zu ihrer vollen Entfaltung gelangen zu lassen. Wie der Bogenschütze im Zen trifft der Shite dann entweder sein Ziel, oder er verfehlt es.

Durch Zeichen an die Musiker oder die anderen Beteiligten werden während der Aufführung Veränderungen vorgenommen – Betonungen werden variiert, ganze Passagen gekürzt, wiederholt oder gestrichen, das Tempo wird gesteigert oder verlangsamt. Selbst die endgültige Entscheidung über das Kostüm und die Maske kann der Shite treffen, je nach seiner Einschätzung der Stimmung des Publikums. Er bildet sich seine Meinung, wenn sich das Publikum versammelt oder er dessen Reaktion auf die ersten Teile des Programms beobachtet. Ein Programm enthält immer fünf Nô-Stücke und vier komische (Kyogen)-Stücke und dauert mindestens sieben Stunden. Die Nô-Spieler, die dazu überredet werden, sich einer ‹Company› anzuschließen und ins Ausland zu gehen, klagen fast immer über Langeweile und mangelnde Kreativität, weil sie dort mit den gleichen Darstellern die immergleichen Stücke wiederholen müssen. Optimal dagegen ist es, wenn jede Aufführung des Nô und jede Variation innerhalb einer Aufführung wie die Spitze einer lange gepflegten Tradition erscheint, die in den Zeiten Kanamis und Seamis entwickelt, dann vergessen und heute wieder ausgegraben worden ist. Daraus entsteht dann sowohl 1 →3 →4 als auch 1 →5 a →5 b.

Ein Teil des zeitgenössischen experimentellen Theaters in New York verbindet ebenso 1 →3 →4 und 1 →5 a →5 b. Im Stück *Rumstick Road* der Wooster Group zum Beispiel werden Tonbandaufnahmen mit Interviews eingeblendet, die Spalding Gray (ein Schauspieler der Gruppe, Anm. d. Übers.) mit seinem Vater, seiner Großmutter und dem Psychiater seiner Mutter machte. Diese Einblendungen sind als eine Rückblende gedacht, um Grays Zustand nach dem Selbstmord seiner Mutter zu dokumentieren. Die Techniken, die in *Rumstick Road* benutzt werden – tänzerische Bewegungen, direkte Publikumsansprache, eine eher assoziative als lineare Erzählperspektive, Darsteller, die manchmal sich selbst als Personen, manchmal eine Figur spielen –, all das ist fester Bestandteil des euro-amerikanischen Theaters. Aber die Dokumente, die den Kern der Aufführung bildeten – die Tonbänder, Briefe, Fotografien, die Gray im Haus seines Vaters fand –, werden im Rohzustand benutzt, so wie sie sind. Auch Robert Wilson führte in seiner Arbeit mit Raymond Andrews, einem tauben Jungen, und Christopher Knowles, einem hirnverletzten Jungen, ‹rohes› Material in eine ansonsten hochartifizielle Aufführung ein. Das Squat Theatre verbindet mit Hilfe eines Fensters der Hinterbühne, das auf die belebte dreiundzwanzigste Straße von Manhattan geht, Rohes, Ungeprobtes mit höchst Künstlichem. Natürlich kann das, was aus einer Perspektive wie etwas Rohes wirkt, aus einer anderen bearbeitet erscheinen. Wie kann die dreiundzwanzigste Straße wie rohe Natur oder auch nur rohe menschliche Natur sein? Ist das nicht ein Widerspruch in sich? (vgl. Schechner 1982). [...]

1 →5 a →5 b ist eine Aufführung, die auf Gewesenem basiert. Die Totalität aller vorangegangenen Aufführungen, so wie diese mündlich überliefert wurde, bildet das ‹Original› einer solchen Aufführung. Wenn es dieses ‹Original› tatsächlich gibt, ist es sicher ein Irrtum, anzunehmen, daß dieses keiner geschichtlichen Veränderung unterlegen war und daß die Veränderungen des Zusammenhangs, in dem es gespielt wurde, an so einem Stück spurlos vorübergegangen seien. Wie schon erwähnt, macht selbst die genaueste Wiederholung ein Stück zu etwas anderem, als es ursprünglich war. Technisch gesehen sind die Produktionen des Moskauer Künstlertheaters und die des Berliner Ensembles 1 →3 →4. Praktisch jedoch in ihrem jeweiligen Jetzt-Zustand entsprechen sie alle 1 →5 a → 5 b. [...]

Andere Beispiele für 1 →5 a →5 b sind Theaterstücke, deren Inszenierung während der Proben entwickelt wird; ethnographische Filme, die in Außenaufnahmen erstellt und zu Hause geschnitten werden, moderne Versionen althergebrachter Formen, die auf diese Weise dem Publikum erschlossen werden sollen, manchmal bezeichnet als ‹neoklassisch› oder ‹Wiederherstellung› oder ‹Neuerfindung› oder aktualisiertes Ritual. In 1 →5 a →5 b wurde das wiederhergestellte Ereignis entweder vergessen, oder es hat nie existiert, oder es wird dermaßen von sekundären Dingen überlagert, daß seine historische Gestalt verlorengegangen ist. Geschichte ist nicht das, was geschehen ist, sondern das, was und wie es festgehalten, rekodiert und aufgeführt wurde. Aufführungen bestehen mithin nicht einfach aus einer Auswahl von Daten und Fakten, die auf bestimmte Weise interpretiert werden, sondern bringen Verhalten hervor, das als eigenständig, als ‹original› bezeichnet werden muß und die Grundlage bildet für neue Interpretation und weitergehende Studien. [...]

1 →3 →4 ist instabil. Viele Aufführungen, die so anfangen oder zunächst wirken, sind tatsächlich 1 →5 a →5 b. Manchmal aktualisieren Meister einer Kunst die Partitur, die sie erhalten, und diese Veränderungen werden Teil der Partitur. Die Fähigkeit, Veränderungen zu akzeptieren, ist ein Merkmal lebendiger Tradition. Nô-Theater ist festgelegtes Theater, aber diejenigen Schauspieler, die ihre ‹Blume› entwickelt haben, führen Veränderungen ein, die sie an ihre Nachfolger weitergeben; Nô-Schauspieler sind auch Regisseure und Lehrer. Aber 1 →5 a →5 b ist nicht allein auf diese Art der Veränderungen beschränkt.

Es ist die Aufgabe der Proben, das Verhalten der Spieler so zu entwikkeln, daß es spontan, authentisch und ungeprobt wirkt. Das ist nicht nur eine Erscheinung des Westens. John Emigh[3] berichtet von einem Beispiel für 1 →5 a →5 b vom Sepk-Flußgebiet in Papua-Neuguinea. In dem Dorf Magenda wanderte einige Zeit vor der Aufführung, die Emigh sah, ein noch nichtinitiierter Junge namens Wok zum Tamboran-Haus (einem Männerhaus, das den Nicht-Initiierten verboten ist) und starb. Man erzählte sich, daß die Mutter des Jungen einen Traum gehabt habe, in dem ihr ein Vogel erschien, um ihr zu sagen, was passiert war und wo sie den Körper ihres Jungen finden würde. Die Mutter klagte ihren Bruder an, die Schuld am Tod ihres Kindes zu tragen, er habe ein gefährliches Geisterbild im Hause Tamboran gezeichnet. Der Bruder akzeptierte die Anklage, das Haus wurde abgerissen und ein neues an die Stelle gesetzt, in dem Woks Geist residieren konnte. Wok war geachtet unter den Dorfbewohnern, weil er sie gelehrt hatte, bessere Kanus zu bauen, Fisch zu fangen und Getreide anzupflanzen. Diese Geschichte wurde zur Grundlage für die Erarbeitung einer Aufführung. Emigh sagt dazu:

«Es gibt nun mehrere Dinge, die ich an dieser Geschichte im Zusammenhang mit der Vorbereitung zu dem betreffenden Ereignis faszinierend finde. Das erste ist die direkte und körperliche Art der Beziehung zwischen Vergangenheit und Gegenwart. Das alte Haus stand *dort*, jenseits des Sumpfes, das Schilf, in dem man das Kind fand, war *hier* – die Leute sind sehr genau, was die Beschreibung der Örtlichkeiten angeht und auch was die Verbesserungen im Leben des Dorfes betrifft, die durch das Wirken von Woks Geist entstehen konnten. Eine Aufführung des Tanzes zu diesem Zeitpunkt wäre ein Akt der Erneuerung, der Wiederverbindung von Vergangenheit und Gegenwart gewesen» (Emigh 1975, Brief an den Autor).

Aber wie sehen die Proben in Magendo aus? Wie wird das Material der Geschichte Woks verwendet?

«Im Lauf der Proben unterbrach ein alter Mann ab und zu den Gesang und machte Vorschläge zum Stil und zu den Phrasierungen. Genausooft kommentierte er die Bedeutung der gesungenen Worte und Einzelheiten der Geschichte. Die Proben wurden dadurch sehr informell und außerordentlich effektiv zugleich» (Emigh 1975, Brief an den Autor).

Fragen zum Aufführungsstil werden so mit der Interpretation der Geschichte verbunden. Der historisch-legendäre Wok wird so in seinen Tanz hineintransformiert. Ein mögliches oder nicht geschehenes Ereignis in der Vergangenheit – dem aber etwas Wirkliches zugrunde liegt, der Tod eines Kindes, erlangt konkrete aktuelle Gegenwart. Aber das ist die Probe: die Gegenwart wird für ein Morgen gemacht, für die Zukunft, in der der Tanz getanzt wird.

«Während die Proben voranschritten, kamen gelegentlich Frauen und Männer vorbei. Die versammelten Sänger, Trommler und die Zeugen praktizierten dann die Bewegungen des Tanzes, den das Klagelied der Mutter begleitete. Laurence, ein Schullehrer, der Englisch sprach, erklärte, daß dies ein imitierender Tanz sei, ein Tanz, in dem die Frauen und Männer die Bewegungen von Vögeln nachahmten und sich lose auf die Ereignisse bezogen, die im Klagelied der Mutter beschrieben wurden» (Emigh 1975, Brief an den Autor).

Wok wird durch das Klagelied der Mutter repräsentiert und das Klagelied durch die Tänzer, Männer und Frauen – und diese tanzen als Vögel.

«Die Tänzer imitieren die Vögel, weil die Sippe, der die Geschichte wichtig ist, eine Vogelsippe ist und einen Vogel als Totem hat. Gleichzeitig wird die Geschichte damit sofort in Distanz gebracht – durch die künstlerische Bewegung, die Übersetzung des Klagelieds in die Gesten der Männer und Frauen, die als Vögel auftreten – und für alle Leute im Dorf unmittelbarer» (Emigh 1975, Brief an den Autor).

Direkter ausgedrückt, weil die Sippe der Vögel heute existiert. Das Klagelied einer Mutter über ihren Sohn ist transformiert in einen Tanz von Männern und Frauen, die Vögel nachahmen. Ein nicht geschehenes Ereignis der Vergangenheit, die Ermordung von Wok (durch einen Geist?) wird als Sprungbrett für ein Theaterereignis in der Zukunft benutzt: einen Vogeltanz, der an das Klagelied einer Mutter anknüpft. Ich sage nicht geschehenes Ereignis, weil der Mord an Wok, selbst wenn er sich in irgendeiner Form tatsächlich ereignet haben sollte, nicht dasjenige ist, was ihn für Magendo wichtig werden läßt. Es ist, als habe die Rolle des Helden, des Kulturträgers darauf gewartet, daß jemand kommt und sich ihrer bemächtigt, und Wok wurde dazu erwählt. Woks Geist lehrte die Menschen das Fischen, ihre Felder zu bestellen und zeremonielle Häuser zu errichten. Wir wissen nicht, ob der Mord das Entscheidende war oder ob Woks Rolle als Kulturträger seine vorherige Ermordung notwendig machte (ob als mythische Fabel oder in Wirklichkeit). Wir werden es nicht erfahren, und es spielt auch keine große Rolle. Wok, der Held, muß nicht notwendigerweise eine Beziehung zu dem anderen Wok haben, der umgebracht worden ist – abgesehen davon, daß beide heute Bestandteil desselben Skripts, desselben Verhaltensstreifens sind. Das wichtige Ereignis, das Magendo braucht, ist weder Woks Tod noch die Klagen seiner Mutter, sondern die Aufführung des Tanzes, die nichts von alledem ist und doch alle Bestandteile in sich zusammenführt.

Die Probe, die Emigh sah, behandelt den Faktor Zeit wie eine Faser eines Materials, das aus verschiedenen Bestandteilen zusammengesetzt ist. Und die Faser Zeit muß, den Erfordernissen der Proben entsprechend, jeweils neu verwebt werden. Die Aufmerksamkeit richtete sich bei den Proben genauso auf die Tanztechnik wie auf die Bedeutung des Tanzes. In der Probe wird auf Wok zurückgeschaut, aber auch nach vorne, hin zu der geplanten Aufführung. Woks Tanz wird, wie oft bei Ritualen, als Rekodierung eines tatsächlichen Ereignisses ausgegeben, obwohl es sich dabei in Wirklichkeit um die Aktualisierung und das Wiederaufleben einer älteren Aufführung handelt.

Die Vorbereitungen für einen rituellen Prozeß sind ein Vorwärts-und-Zurückschreiten zwischen dem sogenannten Nicht-Ereignis und dem wiederhergestellten Ereignis, das aufgeführt werden soll; zwischen der Bedeutung des Ereignisses (als Geschichte, obligatorischer Akt, Gebet etc.) und den Einzelheiten der Technik, die die Aufführung zur Aufführung machen. Die Proben gestalten genauso die Bewegung, wie die Bewegung selbst ganz offensichtlich die Proben gestaltet. Die Menschen von Magendo tanzen nicht, weil es Wok gegeben hat, sondern Wok existiert (noch) fort, weil die Menschen tanzen. Ihre Proben versammeln 1., was sie ‹wissen› von Wok, 5 a kombiniert dieses ‹Wissen›, ihre Vorbereitungen mit seinem ‹Werk› in ihrer Aufführung: 5 b.

Zurück zu Abbildung 1. Die zurückgelegte Strecke wird länger, so daß der Weg $1 \to 5a \to 5b$ weiter ist als entweder $1 \to 3$ oder $1 \to 3 \to 4$. Diese größere Distanz gilt sowohl für die Zeit als auch für die Stimmung. $1 \to 5a \to 5b$ verbindet Vergangenheit, Probezeit und Aufführungszeit sowohl in den möglichen als auch den wirklichen Stimmungen. (Ich nehme $5a \to 5b$, weil das Nicht-Ereignis und das wiederhergestellte Ereignis Versionen voneinander und nicht unabhängige Ereignisse sind.) Zeigt man eine bekannte Partitur, so ist das $1 \to 3 \to 4$. Aber selbst die bekannte Partitur hat immer etwas von $1 \to 5a \to 5b$, einer Zeit, in der die Partitur erfunden und zusammengesetzt wurde und im Fluß war.

Dieses Modell hat Folgen für eine Theorie des Rituals, die sowohl ästhetische als auch rituelle Aufführungen umfaßt. Die Wiederholung von individuellen oder sozialen Tatsachen in einer angedeuteten Zukunft ($1 \to 2$) ist im ethnologischen Sinn ein Ritual. Die Wiederholung einer gegebenen oder tradierten Aufführungspartitur ($1 \to 3 \to 4$) ist ein

Ritual im sozialen oder religiösen Sinn. Ästhetische Aufführungen wie das Nô-Theater, deren erklärtes Ziel es ist, dem Publikum 3 zu zeigen, indem es 4 präsentiert, das gegen 3 abgesichert wurde, sind fast immer 1 →3 →5 a →5 b. Das Erfinden neuer Aufführungen oder die grundlegende Neusichtung tradierter Aufführungen (entweder unbewußt oder bewußt herbeigeführt) ist 1 →5 a →5 b, Ritual im symbolischen Sinn. Eine bestimmte Aufführung kann Vorgehensweisen kombinieren oder zwischen ihnen stehen und verschiedene Zeiten und Stimmungen zusammenbringen; das sind dann meist die kompliziertesten, vielstimmigsten Aufführungen mit der reichhaltigsten Symbolik.

Das Modell ist dazu gedacht, Stützpfeiler in einem dynamischen System zu setzen. Aufführungen des Typs 1 →5 a →5 b mögen wie Erinnerungen an die Vergangenheit erscheinen, aber tatsächlich sind sie Verbindungen, deren Zentrum nicht in einer bestimmten Zeit oder Stimmung liegt, sondern in der vollständigen und komplexen Beziehung aller Zeiten und Stimmungen zueinander. Als Aufführungen werden sie in der historisch realen Stimmung gespielt, aber in ihrer Eigenschaft als Aufführung *von etwas* unterliegen ihnen auch die möglichen Stimmungen. Der Satz «Ich spiele» ist real, «Ich spiele Hamlet» dagegen ist eine anderes ausschließende Möglichkeitsform. Der Unterschied zwischen tierischen und menschlichen Ritualen besteht darin, daß Tiere immer das darstellen, was sie sind, während den Menschen die Möglichkeit vorausschauender und rückblickender Darstellung gegeben ist. – Ein einleuchtendes Beispiel für die Rekodierung von Verhalten des Typs 1 →5 a →5 b ist das *Agnicayana*, das Frits Staal und Robert Gardner 1975 in Panjal/Kerela, Indien, filmten. Staal schreibt:

«Das Agnicayana, ein 3000 Jahre altes vedisches Ritual, wurde 1975 in Südwestindien aufgeführt. Dieses Ereignis, das 12 Tage dauerte, wurde gefilmt, fotografiert und ausführlich dokumentiert. Aus ungefähr 20 Stunden Filmmaterial produzierten Gardner und ich einen 45-minütigen Film *Altar of Fire*. Aus den 80 Stunden aufgenommener Rezitationen und Gesänge sind zwei Schallplatten geplant. Die Zeremonien wurden von Adelaide de Menil fotografiert. In Zusammenarbeit mit dem Chef der Rituale in Nambudin und seinen Schülern bereitete ich eine zweibändige Ausgabe mit dem Titel *Agni. The Vedic Ritual of the Fire Altar* vor. Das vedische Ritual ist nicht nur das älteste überlieferte Ritual der Menschheit, das heute noch praktiziert wird, es birgt auch das beste Quellenmaterial für eine Theorie des Rituals ... Hubert und Mauss ... benutzten das vedische Tieropfer als Quellenmaterial für die Konstruktion eines rituellen Paradigmas. Leider wußten sie nicht, daß diese Rituale immer noch durchgeführt werden, und so entgingen ihnen viele unerläßliche Daten zu ihrem Projekt» (Staal 1978, S. 1–2).

171

Heute (1983) ist der größte Teil von Staals ehrgeizigem Programm verwirklicht. Bemerkenswert daran ist, daß er das *Agnicayana* als eine Hauptquelle bei seinem Bemühen, ein rituelles Paradigma aufzustellen, betrachtet.

Tatsächlich entwickelt Staal in seiner Arbeit eine Theorie des Rituals, die auf der Aufführung von 1975 basiert. Aus ironischen Gründen kümmere ich mich hier aber nicht weiter um diese Theorie, denn ich habe das Gefühl, daß die Aufführung in Agnicayana, wenn sie nicht gefilmt worden wäre, niemals stattgefunden hätte. Der Impuls kam aus Amerika und nicht aus Indien, und das gleiche gilt für seine Finanzierung. Kerela war 1975 der Ort des Agnicayana, aber er ist nicht das Zentrum seiner Entstehung. Dieses Ritual war vom Aussterben bedroht, aber ich möchte bezweifeln, daß der rituelle Leiter des Rituals in Indien, Nambudiri Brahmans, dieser gewaltigen finanziellen Unterstützung teilhaftig geworden wäre, wenn er aus eigenem Impuls darum nachgesucht hätte und nicht in Amerika der Plan bestanden hätte, dieses Ritual zu filmen, zu fotografieren und vor allem zu dokumentieren.

Es war also die Ahnung einer ‹letzten Chance›, das die Durchführung des Agnicayana 1975 motiviert hat. Tatsächlich ist die Aufführung, die 1975 entstanden ist, entweder die letzte Aufführung eines Rituals oder die erste einer Serie von Aufführungen unter interkulturellen Voraussetzungen.

Es existieren zwei verschiedene Versionen darüber, wie das Agnicayana 1975 vonstatten gegangen sei. In dem Material, das dem Film *Altar of Fire*, einem 16-mm-Farbfilm «über das älteste überlebende Ritual der Welt», beigegeben ist, schreibt ein Publizist der University of California:

«Der Hintergrund samt den Problemen, die die Herstellung des Films *Altar of Fire* begleitet haben, ist mindestens so interessant wie das Ritual als solches. Der Ko-Produzent des Films, Professor der Philosophie und Südasiatischer Sprachen an der University of Berkeley, Frits Staal, begann bereits als Student in den 50er Jahren die Rezitationen der Vedin in Südindien zu studieren. Später entdeckte er, daß die Nambudiri Brahmins ihre Rituale nicht nur durch ständiges Rezitieren von einer Generation an die nächste weitergaben, sondern daß sie gleichzeitig einige größere vedische Rituale, von denen das größte, das *Agnicayana*, noch nie von Außenstehenden beobachtet worden war, auch noch aufführten.

Westliche Theoretiker hatten Rekonstruktionen dieses Rituals erstellt, aber niemand von ihnen hatte es für möglich gehalten, daß dieses Ritual überlebt haben könnte. Trotzdem ist das der Fall, obschon es nur noch wenige Familien gibt, die berechtigt und in der Lage sind, eine solche Zeremonie auch durchzuführen. Das Ritual ist teuer und bedeutet jahrelanges vorheriges Training. Außerdem stirbt die Tradition sehr schnell aus, weil die jungen Leute nicht mehr an die Wirksamkeit von Ritualen glauben wollen. Als einige Nambudiris sich besorgt über das Aussterben der Tradition äußerten, begann Dr. Staal darauf zu drängen, diese Zeremonie ein letztes Mal aufzuführen, damit sie gefilmt und dokumentiert werden könne.

Nach Jahren von vermittelnden Diskussionen stimmten die Nambudiris dem zu. Sie verlangten dafür nur, daß die Forscher, denen das Privileg zuteil würde, das Ritual zu sehen, zu filmen und zu dokumentieren, auch seine Finanzierung zu übernehmen hätten... Ende des Jahres 1974 schließlich war es gelungen, 90 000 Dollar über Stiftungen, Spenden und Forschungshilfen aus der ganzen Welt zusammenzutragen. Robert Gardner, ein geschätzter Filmer vor allem ethnologischer Themen (*Dead Birds, Rivers of Sand*) und Professor in Harvard, wurde ausgewählt, den Film zu drehen. Das *Agnicayana* wurde vom 12. April bis zum 24. April 1975 aufgeführt» (Eine Information des Media Center, University of California).

Der Reklamezettel beschreibt weiterhin die Konflikte, die das Drehen selber mit sich brachte: «Es gab die Tendenz, diesen Platz, an dem geheiligte Handlungen stattfinden sollten, in einen Wallfahrtsort zu verwandeln. Handgemenge brachen aus zwischen den Pilgern und den Touristen auf der einen Seite und den Jugendlichen von Nambudiri und den Forschern und sechs Polizisten auf der anderen.»

Aber trotz aller Bemühungen

«wurden die geheiligten Handlungen zuzeiten von Außenseitern gestört, was die Dreharbeiten und auch den Fortgang des Rituals selber empfindlich beeinträchtigte. Manche Einstellungen waren verdorben oder unbrauchbar gemacht durch den traurigen Gegensatz von komplett bekleideten Menschen und den Nambudiris in ihren weißen Leinenschurzen, deren Anblick an sich nur gestört wurde von einer gelegentlich auftauchenden Armbanduhr am Gelenk eines Nambudiri.»

Die Broschüre der University of California beschreibt ein anderes Drama, das in dem Film *Altar of Fire* keinen Niederschlag findet. Eine gefährdete Spezies – in diesem Fall ein seltenes, uraltes Ritual – wird durch die rechtzeitige Intervention von besessenen Konservierern, die sich zwar außerhalb der in Frage stehenden Kultur befinden, aber a) wissen, wie man Gelder auftreibt und b) wie man sich vor Ort zu benehmen hat. Doch die Einheimischen spalten sich angesichts dieser Situation in zwei Lager. Die ‹Schlechten› verwandeln das Ereignis zu ihren Gunsten in eine Mischung aus Media Show und Instant-Wallfahrt-Center. Diese unkooperativen Einheimischen ziehen sich an, wie

173

sie es Mitte der 70er Jahre für richtig halten und nicht wie ‹Eingeborene›, und bringen dadurch den gesamten Drehplan zu Fall. Im Gegensatz dazu erinnern die Hauptdarsteller des Rituals in den entsprechenden Kostümierungen wie gesagt höchstens mal durch eine unpassende Armbanduhr am Handgelenk an ‹heutige› Menschen. Forschungsinteresse plus Medieneinfluß können die Uhr um dreitausend Jahre zurückdrehen. Den gegebenen kinematographischen Konventionen entsprechend zeigt der Film von diesen Konflikten so gut wie nichts, um den Anspruch einer authentischen Dokumentation nicht zu verlieren. Die Rechenschaft über diesen Konflikt bleibt dem Buch *Agni. The Vedic Ritual of the Fire Altar* vorbehalten, einem Buch über den Film in zwei Bänden, das Frits Staal 1983 schrieb. Staal nennt in diesem Buch unter anderem die Kosten des Projekts, die so hoch sind, daß sie für die Einheimischen außerhalb jeder Diskussion stünden. Nicht der kleinste Hinweis auf die großen lokalen Schwierigkeiten, die die Dreharbeiten begleitet haben, den unmißverständlichen Protest vieler Einheimischer. Die Broschüre der kalifornischen Universität bläst diese Schwierigkeiten in ihrem eigenen Interesse auf, um die ‹heroische› Tat der Filmer in den Vordergrund zu spielen, die es geschafft haben, diese Widerstände zu ‹überwinden›. Allerdings sind diese Broschüre und der ‹Rechenschaftsbericht› in Staals Buch nicht die einzigen ‹offiziellen› Versionen, die uns hierzu vorliegen. Staal wurde wegen der Forcierung der Aufführung des Agnicayana von Robert A. Paul 1978 heftig angegriffen. Um sich zu verteidigen, zitiert Staal die Universitätsbroschüre und fügt hinzu:

«Der *Adhvaryu*, der Oberpriester, und auch andere Priester haben schon vor 1975 ihre Rituale öffentlich abgehalten, sowohl 1955 als auch 1956. Alle Filmtakes und alle Tonaufnahmen mußten von außerhalb gemacht werden. Unter solchen Umständen, ohne die Erfahrung zweier Dekaden und ohne eine sorgfältige Planung wäre es nicht möglich gewesen, ein solches Ereignis überhaupt zu filmen, was möglicherweise das letzte seiner Art gewesen ist. Allen Kritikern sei auf diesem Wege nochmals gesagt, daß es sich hierbei nicht um einen Unsinn, sondern um ein historisches Ereignis gehandelt hat» (1979, S. 346–347).

Aber was für ein historisches Ereignis ist ein Ritual, das aufgrund seiner Verfilmung überlebt und dessen letzte Aufführung dazu herhalten muß, der Nachwelt zum Dokument zu werden. Vor dem ‹historischen Ereignis› 1975 wurde das Agnicayana zum letztenmal in der 50er Jahren aufgeführt. In seinem Buch listet Staal 103 Aufführungen des Agnicayana auf, von denen im Zeitraum der letzten hundert Jahre 22 in

Kerela stattgefunden haben sollen. In einem Brief an mich vom 15. Juni 1983, in dem die Frage erörtert wird, ob das Agnicayana im *Altar of Fire* ein Ereignis der Kategorie 1 →5 a →5 b ist, argumentiert Staal, daß «Aufführungen wie diese seit über 3000 Jahren stattgefunden haben und in vielen ihrer Phasen gut dokumentiert seien». Er behauptet, man könne die Aufführung von 1975 Schritt für Schritt zurückverfolgen bis hin zu einer Aufführung des gleichen Rituals um 600 vor Christus.

Meine Behauptung ist, daß, egal wieviel dokumentierendes Material existiert, wir einfach nicht wissen können, wie das Agnicayana war. Die Überlieferung von Ritualen ist eine komplizierte Interaktion aus Elementen mündlicher Traditionen und geschriebener Texte und Formeln. Die Überlieferung des Rituals als Aufführungstext (nicht als Beschreibung oder als Literatur, sondern als eine Aufführung, die noch gegeben wird) war immer größtenteils mündlich, vom erwachsenen Mann an den Sohn, von älteren brahmanischen Priestern an die Jüngeren unter Zuhilfenahme zahlreicher mnemotechnischer Verfahren. Werden die acht Stunden Tonbandaufnahmen, die Filmaufnahmen, die Tausende von Diapositiven rund um den Film *Altar of Fire* herum nun dafür garantieren, daß das Ritual immer gleich bleibt, eingefroren wird auf seinem jetzigen Stand? Wird es vielleicht in einem Sinn eingefroren, der mit den Erinnerungen lebendiger Menschen nichts mehr zu tun hat? […]

Wir brauchen keine neuen Kategorien, um zu begreifen, daß die Mittel und Wege der Beobachtung den beobachteten Gegenstand tiefgreifend verändern können. Die grundlegenden logistischen und finanziellen Energien, die den Film *Altar of Fire* möglich gemacht haben, ermöglichten auch das Ritual selbst und sorgten für den Tumult um das Projekt. Die verschiedenen Ereignisstränge müssen in Beziehung zueinander gesehen und als Teile eines komplizierten übergeordneten Zusammenhangs verstanden werden. Wir sind es gewohnt, nach der Authentizität von Ereignissen wie dem Agnicayana von 1975 zu fragen. Allerdings ist es nicht die Authentizität, die in diesem Fall zu hinterfragen ist. Eher brauchen wir dringend Möglichkeiten, das Gesamtgeflecht der Ereignisse, das Sanskrit-Schüler, Filmemacher, Nambudiri-Priester, die Presse, Marxisten, die neugierige Menge und Aufführungstheoretiker gleichermaßen einschließt, zu verstehen. Wenn man sich vor der Diskussion dieser Beziehungen in ihrer Gesamtheit scheut, ist die Chance vertan, in dem Projekt von Staal und Gardner einen weiteren Vorläufer der wichtigen Verschiebung hin zu einer Theatralisierung der Anthropologie – und vielleicht nicht nur der Anthropologie – auszumachen. Indem wir den Notizblock mit dem Kassetten-rekorder, die Fotokamera mit der Filmkamera vertauschen, findet eine Verschiebung statt, durch die wir soziales Leben als erzählerisch und metaphorisch, als Krise und Krisenlösung, als Drama und personelle Interaktion, Zurschaustellung usw. wahrnehmen. Theatralische Tech-niken verwischen die zeitlichen und kausalen Systeme und schaffen ein Vielfaches an Beziehungen untereinander, die nur noch eine relative Klarheit und Unabhängigkeit voneinander zulassen – und das sowieso nur innerhalb von Rahmenbedingungen, die selbst neu definiert werden müßten. In einem Film kann etwa ein Effekt seiner Ursache vorangehen. Etwas, das zeitlich später passiert ist (während der Filmaufnahmen), kann im letztlichen Endprodukt eines Films ganz am Anfang stehen. Nur durch 1 →5 a →5 b wird diesem Phänomen Ausdruck verliehen.

Altar of Fire geht damit zu Ende, daß der Erzähler berichtet, der Zuschauer habe nunmehr der wohl letzten Aufführung des Agnicayana beigewohnt. Das aber ist nicht wahr. Der Zuschauer hat im Gegenteil die erste einer Serie von Aufführungen gesehen, die sich immer gleich bleiben werden, da sie sich an dem Film orientieren. Wenn Menschen nach diesem Film also das Agnicayana ‹sehen› wollen, werden sie kaum nach Kerela fahren (wo es vielleicht sowieso nicht mehr zur Auf-führung gelangt), sondern werden den Film *Altar of Fire* ausleihen. Niemand wird genügend Geld zusammenbekommen, um das Agni-cayana ein weiteres Mal zu filmen, es wäre auch überflüssig. Theoreti-ker, die über das Agnicayana forschen wollen, werden ihre Theorien nicht auf die Aufführungsserien gründen, die in den 50er Jahren ausge-setzt haben und über die noch wenig bekannt ist, sondern auf das Ma-terial, daß von Staal und Gardner zusammengestellt worden ist. Wenn überhaupt, werden sich nur wenige Forscher das gesamte Rohmaterial ansehen, sämtliche Bänder anhören, jede der über tausend Fotografien betrachten. Statt dessen werden sie sich an den Film halten, die Platten hören und die Schriftstücke lesen, die Staal/Gardner veröffentlicht ha-ben. Das bedeutet, daß Theorien auf den extrapolierten Streifen reko-dierten Verhaltens gegründet werden.

Gibt es einen signifikanten Unterschied zu der Art und Weise, wie mit Theorie bei den Schriftstellern umgegangen wird? Geschriebenes ist sehr viel leichter als eine Art der Interpretation als Rekodierungen von Verhalten zu erkennen. Theorien werden auf die gleiche Art zu-sammengestellt wie die Daten, auf denen sie wiederum beruhen. Die Arbeitsweisen unterscheiden sich nicht und infolgedessen auch nicht die Präsentation. Referenzen zu anderen Texten, früheren Interpretationen sind unumgänglich. Sehr oft ist Geschriebenes offensichtlich reflexiv. Ich ziehe das Schreiben dem rekodierten Verhalten als eine Art Forschungsbereich sicherlich nicht vor, aber die Rekodierung von Verhalten ist bis heute bei weitem nicht so gut erforscht wie das Schreiben selbst (siehe Tabelle auf der folgenden Seite).

In diesem Schaubild wird gezeigt, wie Zeit sich relativ zu den Ereignissen verhält. Der Film von 1975 wird für alle, die in Zukunft die Aufführung des Rituals durch das Medium Film erleben zum ‹Jetzt›. Und wie Staal sagt, ist es tatsächlich denkbar, daß die meisten Menschen in Zukunft das Agnicayana auf diesem Weg kennenlernen werden. Selbst wenn die Tradition lebendig bleibt und das Agnicayana in Kerela noch einmal aufgeführt wird, kann es passieren, daß die Nambudiri sich den Film ansehen und ihr Ritual daran messen. Im Unterschied zum Endprodukt wohnt dem Vorgang des Filmens selbst ein auslösendes Moment inne. Bevor es dazu kommt, daß ein Film überhaupt gedreht werden kann, muß geplant werden, genügend Geld zur Verfügung stehen, Spezialisten für Fragen der Rituale müssen befragt und die Menschen, das Material und die entsprechenden Tiere zusammengebracht werden. Nachdem der Film abgedreht ist, muß das Rohmaterial gesichtet, geschnitten und archiviert werden, um schließlich zum Endprodukt euro-amerikanischer Kultur zu werden, zum Film, zur Kassette oder zu einem Buch.

Warum also nicht Staal und Gardner wie einfache Filmemacher behandeln? Ihre Arbeit in Indien wird eventuell verständlicher, wenn man sie auf der rein künstlerischen Ebene betrachtet. Eine frühere Begebenheit wird erforscht und/oder wiedererinnert, beides den Proben äquivalente Aktionen. Es wird eine Aufführung arrangiert, die mutmaßliche frühere Ereignisse spiegelt beziehungsweise aus einer Serie von früheren Ereignissen die ‹grundlegenden›, ‹typischen›, ‹authentischen› herausnimmt und ausstellt. Ein Ereignis, das in der Zukunft geschaffen wurde (der Film *Altar of Fire*, 5 b), wird in die vergangene Zeit zurückprojiziert (in die Zeit der ‹Original›-Agnicayana, 5 a) und wiederhergestellt, ‹jetzt›, um gefilmt werden zu können (was in Kerela 1975 geschehen ist, 1). Die einzelnen Aspekte dieses Vorgehens können nicht losgelöst voneinander betrachtet werden, sondern müssen als Einheit verstanden werden. Das sogenannte ‹Ursprungsereignis›, das Agnicayana, was vielleicht so ursprünglich auch nicht gewesen ist, zieht selbstverständlich eine Aufführung wie die von 1975 nicht zwingend nach sich. Die Idee zu dieser Aufführung ist allein dem Vorhaben, einen Film zu drehen, geschuldet. So ist in gewisser Hinsicht die Zu-

Zeit	ursprüngliche Ereignisse	Medien ereignisse	Stipendium
‹Damals›			
1	Agnicayana, 1950 und früher: mündliche Überlieferung		
‹Jetzt›			
2		Entscheidung über die Durchführung des Rituals: Befragung von Priestern, Gelehrten, Einwohnern, Filmemachern etc.	
2	Das Filmskript		
2	Agnicayana 1975		
2		Rohmaterial des Films; Standfotos; Tonbandaufnahmen	
2	Leute, die als Zuschauer zum Ritual kamen		
2		Leute, die als Zuschauer zu den Dreharbeiten kamen	
2	Leute, die als Zuschauer zu beiden Ereignissen kamen		
2	Streit um das Tieropfer		
‹Später›			
3		fertiggestellter Film; fertiggestelltes Buch; geschnittene Tonaufnahmen	
‹Unbestimmte Zukunft›			
4			Theorie des Rituals

kunft verantwortlich für die Gegenwart, die es wiederum nötig macht, die Vergangenheit zu erinnern, zu proben und zu rekodieren. Aber diese Vergangenheit, in der Form, in der sie 1975 durch den Probenprozeß aus dem Dunkel geholt wurde, bestimmte den Inhalt des Films, um dessentwillen diese Aktion überhaupt initiiert worden war. Der Film ersetzt gewissermaßen das ‹Original›-Ereignis. Der Film ist das, was wir von der Vergangenheit besitzen.

Rekodierungen müssen nicht gleichbedeutend sein mit Ausbeutung. Manchmal sind sie mit einer solchen Vorsicht und Sorgfalt gemacht, daß rekodiertes Verhalten nach einiger Zeit so nahtlos in die mutmaßliche Vergangenheit einwächst wie ein Hauttransplantat. In solchen Fällen ist die ‹Tradition› schnell etabliert, über Authentizität ist sehr schwer zu urteilen. Ich möchte dazu Beispiele aus Indien, Bali und aus Papua-Neuguinea anführen.

Indische Gelehrte führen den *Bharatantyam*, einen klassischen indischen Tanz, nicht ausschließlich auf den alten Theatertext des *Natyasastra* zurück (ca. 2. Jahrhundert v. Chr.–2. Jahrhundert n. Chr.), der die Tanzschritte vorgibt, sondern auch auf jahrhundertealte Tempelschnitzereien, die ebenfalls diese Tanzschritte zeigen. Die bekannteste der Schnitzereien ist eine Gruppe im Tempel von Nataraja (Shiva, der König der Tänzer) aus dem 14. Jahrhundert in Cidambaram, südlich von Madras. Zumeist wird vermutet, daß eine durchgängige Tradition den Natyasastra, die Tempelskulpturen und den heutigen Tanz verbinden. Gleiches behauptet auch Kapila Vatsyayan, Indiens führender Tanztheoretiker und Geschichtsforscher:

«Der *Bharatanatyam* gehört wohl zu den ältesten der zeitgenössischen indischen Tanzformen… Ob die Tänzerin *Devadasi* des Tempels oder Hoftänzerin der Könige von Maratha oder Tanjore war, ihre Techniken folgten genauestens den seit Jahrhunderten vorgegebenen Mustern» (1974, S. 15–16).
«Wann immer die zeitgenössischen Formen des *Bharatanatyam*, *Manipur* und *Odissi* in Erscheinung treten, sind zwei Dinge offensichtlich: erstens, daß sie im weitesten Sinne der Tradition des *Natyasastra* folgen, und zweitens, daß der Bewegungsstil ins 8. und 9. Jahrhundert weist… Einige Tänze der zeitgenössischen Stilrichtung bewahren diese Traditionen entschiedener als andere, am strengsten aber werden diese Haltungen im *Bharatanatyam* angewendet» (1968, S. 325 u. 365).

Vatsyayans Meinung wird von praktisch allen anderen Gelehrten in Indien geteilt. Tatsächlich ist nicht bekannt, wann das klassische Bharatanatyam ausstarb oder ob es überhaupt jemals existiert hat. Die

Die Tänzerin Kumari Kamala zeigt eine Tanzfigur aus dem reinen Tanz (Barata-natyam Nrtta). (Foto Kumari Kamala)
Skulptur am Tempel von Cidambaram (Indien, 14. Jahrhundert). Die neuzeit-lichen Restauratoren des Baratanatyam studierten diese und ähnliche Skulptu-ren ebenso wie das Natyasastra. (Foto Abteilung für Archäologie der indischen Regierung)

alten Texte geben recht genauen Aufschluß darüber, daß ein solcher Tanz existiert haben muß, doch als man am Anfang dieses Jahrhun-derts darangehen wollte, ihn zu neuem Leben zu erwecken und zu be-wahren, gab es keine Erinnerung an ihn, nicht mal an seinen Namen.

Es hat einen Tempeltanz gegeben, der *sadir nac* genannt und von Frauen getanzt wurde, die durch Erbfolge einem bestimmten Tempel zugehörten. Milton Singer zufolge «tanzten die Mädchen, ihre Lehrer und Musiker nicht nur bei Tempelfesten und Zeremonien, sondern auch bei privaten Festivitäten, insbesondere im Palast und bei Hochzei-ten. Ausgewählte Gruppen tanzender Mädchen und ihrer Musiker ge-hörten manchmal zur festen Einrichtung bei Hof» (1972, S. 172).

Viele der Mädchen waren, so sagt der Thanztheoretiker Mohan Khokar, Prostituierte. «Die Tradition der *Devadasi*, der Mädchen, die im Tempel tanzten, war so verfallen, daß die Mädchen zwar noch als heilig, aber in einem gänzlich anderen Sinn, als heilige Huren, betrachtet wurden. So wurde mit dieser Art, den Tanz auszuüben, auch die vormals heilige Ausübung des Bharatanatyam stark profanisiert» (1983, S. 1).

Seit 1912 etwa haben sich indische und auch britische Reformer bemüht, das Devadasi-System abzuschaffen. Eine von E. Krishna Iyer geführte Gegenbewegung indessen «wollte das Schlechte daran ausmerzen, die Kunst jedoch bewahren». Besonders 1932, als Dr. Muthulakshimi Reddi, die erste weibliche Gesetzesbeauftragte der britischen Kronkolonie, das Devadasi-System angriff, regten sich in der Presse von Madras Proteste, Rechtsanwälte, Künstler, Schriftsteller und sogar die Devadasi selbst schalteten sich in den Streit ein. «Letztlich triumphierten Krishna und seinen Mannen. Die Anti-Devadasi-Bewegung, wie der Kreuzzug von Dr. Reddis genannt wurde, unterlag. Der Slogan des Tages lautete: Der Tanz muß überleben, auch wenn die *Dasis* (laxe Bezeichnung für die Devadasi, Anm. d. Übers.) dabei draufgehen» (Khokar 1983, S. 1). In bestimmter Weise passierte dann auch genau das, was Khokar beschrieb. Im Januar 1933, auf der Konferenz der Musikakademie von Madras, zeigte Iyer zum zweitenmal (das erste Mal 1931 rief wenig öffentliches Interesse hervor) Devadasi-Tänze, die weder Tempelkunst noch Beigabe zur Prostitution waren, sondern weltliche Kunst. «Die Dasis zogen aus dem plötzlichen Interesse an ihrer Kunst größten Nutzen. Balasaraswati, Swarnasraswati, Gauri, Muthuratnambal, Bhanumathi, Varalksami und Pattu, um nur einige wenige zu nennen, vertauschten schnell die Gotteshäuser mit dem Rampenlicht und wurden innerhalb kürzester Zeit zu Idolen» (Khokar 1981, S. 1). Der Gelehrte und Kritiker V. Raghavan prägte das Wort *Bharatanatyam*, um Ausdrücke zu vermeiden, die mit der Tempelprostitution in Verbindung gebracht wurden. *Natya* bedeutet Tanz, *bharat* Indien.

Der Tanz zog aus den Tempeln, lange bevor 1947 der Staat von Madras das Devadasi-System endgültig abgeschafft hatte. Zu der Zeit übten sich auch Menschen, die nicht aus *Devadasi*-Familien stammten, sogar Männer, im Tanz. Rukmini Devi, «eine hochgestellte Brahmanin und Gattin des Präsidenten der internationalen Theosophischen Gesellschaft... stellte fest, wie großartig die Kunst des Bharatanatyam war, und gleichzeitig, wie wichtig es sei, sie von den korrupten Einflüssen, denen sie ausgesetzt sei, zu befreien» (Khokar 1983, S. 1).

Devi tanzte nicht nur; sie und ihre Mitarbeiter kodifizierten auch den Tanz. Ihr Weg, den Tanz zu retten, war eine Rekodierung, die dem

Modell 1 → 5 a → 5 b entsprach. Devi und ihre Mitarbeiter wollten *Sadir nac* benutzen, aber gleichzeitig seinen schlechten Ruf vertreiben. So reinigten sie gewissermaßen den Tanz, führten Gesten ein, die auf dem *Natyasastra* und der Tempelkunst beruhten, und entwickelten eine standardisierte Unterrichtsmethode. Sie behaupteten, daß *Bharatanatyam* sehr alt sei, und konnten natürlich Übereinstimmungen mit alten Texten und alter Kunst nachweisen: Jede Bewegung wurde an den alten Quellen gemessen, von denen man annahm, daß sie der Ursprung dieser Tänze seien. Man wollte ein lebendiges Zeugnis dieser Tradition sein. Den Unterschied zwischen den alten Quellen und dem *Sadir nac* hielt man für eine Degenerationserscheinung. Der neue Tanz, der nun durch ein angemessenes Erbe legitimiert schien, sog nicht nur den *Sadir nac* in sich auf, sondern ermöglichte es den jungen Töchtern aus sehr gutem Haus, ihn ebenfalls zu praktizieren. Heute wird der Tanz überall in Indien von Amateuren und Profis erlernt und ist zum Hauptexportartikel avanciert.

Die Geschichte und die Tradition des Bharatanatyam, seine Wurzeln in den alten Texten und der alten Kunst stellen eine Konstruktion, rekodiertes Verhalten dar, das auf den Forschungen von Raghavan, Devi und anderen beruht. Sie sahen im *Sadir nac* keinen heutigen Tanz mit eigener Existenzberechtigung, sondern ein verschwindendes, zerstörtes Überbleibsel eines alten klassischen Tanzes. Dieser ‹uralte klassische Tanz› ist eine Projektion in die Vergangenheit: Wir wissen, wie er aussah, weil wir Bharatanatyam kennen. Bald schon glaubten die Leute, der alte Tanz habe zu Bharatanatyam geführt, wo doch im Gegenteil dieser erst zu dem alten Tanz geführt hatte. Ein Tanz ist in der Vergangenheit geschaffen worden, um in der Gegenwart für die Zukunft wiederhergestellt zu werden. Es gibt nicht die eine Quelle für Bharatanatyam, sondern nur den gesamten Vorgang 1 → 5 a → 5 b oder 1 → 3 (Natyasastra, Tempelbilder) → 5 a (mutmaßliche alte Tänze) → 5 b (der heutige Bharatanatyam).

Purulia Chhau ist ein Maskentanz aus der trockenen Gegend von Westbengalen, ein athletisches Tanzdrama, das sich durch die Häufungen von Salti, Sprüngen, Rollen, Stampfen und ikonographischen Posen auszeichnet. Die Fabeln dieser Tänze sind meistens aus den indischen Epen und Puranas hergeleitet und zeigen fast immer Duelle und Kämpfe. Trommler schlagen riesige Kesseltrommeln und lange rechteckige Trommeln, mit denen die Tänzer zu wahnsinnigen Drehsprüngen, Schreien und Konfrontationen motiviert werden. Die Rivalitäten zwischen den einzelnen Dörfern, die bei den jährlichen Festen im Hü-

Purulia Chhau-Festspiele in Matha, 1976 (Foto Richard Schechner)

Purulia Chhau: Training in einem Dorf, 1976 (Foto Richard Schechner) gelort Matha ausgetragen werden, sind hitzig. Asutosh Bhattacharyya, Professor für Völkerkunde und Anthropologie an der Universität von Kalkutta, der seine Forschungstätigkeit seit 1961 vollständig dem *Chhau* widmet, sagt, daß in der Gegend von Purulia viele eingeborene Stämme leben, deren

«religiöse Sitten und Feierlichkeiten sehr wenig Ähnlichkeit mit denen des Hinduismus aufweisen... Aber genauso ist es eine Tatsache, daß die Mura von Purulia sehr begeisterte Teilnehmer des Chhau-Tanzes sind. Nahezu ohne jede Bildung oder Erziehung, haben diese Kommunen den Tanz, der auf den Episoden des Ramayana, der Mahabharata und klassischer indischer Literatur beruht, erstaunlich getreu erhalten und aufgeführt. Manchmal opfert ein armes, von Murā bewohntes Dorf seine sämtlichen geringen Einkünfte, um ein *Chhau*-Tanz-Spektakel veranstalten zu können» (1972, S. 14).

Diese Tatsache stellt Bhattacharyya vor ein Problem. «Das System, das dem *Chhau* zugrunde liegt, kann nicht von den Eingeborenen, die es heute praktizieren, entwickelt worden sein. Es ist ein Beitrag zu einer höherentwickelten Kultur, ausgestattet mit einem klaren Bewußtsein für den ästhetischen Gehalt solcher Strukturen» (1972, S. 23). Er vermutet, daß die Trommler, die Dom, eine ausgestoßene Gruppe, den Chhau begründeten, denn sie waren einst eine «geistig hochentwickelte Gemeinschaft... mutiger Soldaten in der Infanterie der örtlichen Feudalherren» (1972, S. 24). Sie wurden entlassen, als die Briten im 18. Jahrhundert die Gegend befriedeten. Ihre «Eitelkeit als einstmalige Krieger» machte sie für den Ackerbau untauglich, und so wurden sie zu «Unberührbaren», Trommlern und Tagelöhnern. Ihr Kriegstanz lebte fort als Chhau. Bhattacharyyas Äußerungen offenbaren aufschlußreiche Vorurteile: Eingeborene können keinen entwickelten Sinn für Ästhetik haben. Tänzer aus den hohen Kasten werden zu Trommlern der niederen Kasten, nachdem sie ihren Kriegstanz weitergegeben haben und zu stolz sind für den Ackerbau. (Warum haben sie nicht ihre Schwerter benutzt, um sich Land anzueignen und selbst Landbesitzer zu werden?)

Der jährliche Wettstreit bei Matha geht nicht auf eine lange Tradition zurück. Das Fest wurde 1967 von Bhattacharyya ins Leben gerufen, 1980 oder 1981 wurde es schon wieder eingestellt. Bhattacharyya erinnert sich:

«Im April 1961 besuchte ich mit einer Gruppe von Studenten der Universität von Kalkutta ein Dorf in der Gegend von Purulia und konnte dort zum erstenmal einer regulären Aufführung des Chhau-Tanzes beiwohnen... Ich sah, daß dem Tanz ein System und eine klar umrissene Methode zugrunde lagen, die aber im Niedergang begriffen waren, weil niemand sich ihrer annahm und sie beschützte. Ich wollte die Aufmerksamkeit der Welt auf diesen neuen seltsamen Tanz lenken» (1972, aus dem Vorwort).

Und das tat er auch. Mit Starbesetzungen von Chhau-Tänzern organisierte man 1972 Tourneen durch Europa, Australien, 1975 durch Nordamerika und den Iran. Der Tanz wurde auch in Neu-Delhi aufgeführt, und Bhattacharyya konnte sich freuen.

«Ich lenkte die Aufmerksamkeit der Sangeet-Natak-Akademie in Neu-Delhi (eine Regierungsstelle, die traditionelle darstellende Künste entwickeln und bewahren soll) auf diese Tanzform. Man zeigte dort sofort Interesse und lud zu Aufführungen nach Neu-Delhi ein. Im Juni 1969 besuchte ich Neu-Delhi mit einer Gruppe von etwa 40 Künstlern, die zum erstenmal in ihrem Leben ihre angestammte Umgebung verließen. Ihre Aufführungen wurden dort vor hochgestellten indischen und ausländischen Gästen gezeigt... Auch im Fernsehen von Neu-Delhi konnte man diese Aufführungen sehen und nur drei Jahre später im Londoner BBC und fünf Jahre später in New York über NBC» (Aus dem Programmheft der Michigan University von 1975, S. 3).

Mit erstaunlicher Selbstverständlichkeit betrachtet Bhattacharyya die Tänze als seinen eigenen Besitz: «...luden mich ein, um Aufführungen des Tanzes zu geben.» Das ist noch nicht einmal Prahlerei, sondern in Anbetracht der äußeren Umstände eine korrekte Feststellung: Ohne einen Schirmherrn wären die Dorfbewohner nirgendwohin gelangt. Heutzutage braucht ein Schirmherr mehr als Geld, er braucht das Know-how und den unbedingten Wunsch, sich der Kunst zu widmen, die er wiederherstellen will. Die Regierung wird dann das notwendige Bargeld beschaffen.

Der Chhau, wie er sich ab 1961 darstellt, ist das Ergebnis einer Vermischung von Vorgefundenem und Hinzugedichtetem. Die Erfindung Bhattacharyyas ist vom Typ 1 → 5a → 5b. Als Völkerkundler und Anthropologe beschäftigte er sich mit der Vergangenheit und konstruierte eine Geschichte und eine Technik des Chhau, die er dann getreulich wiederherstellte. Die jährlichen Festivals in Matha fielen mit den in der Gegend üblichen Chaitra Parva-Feiern und den jährlichen Chhau-Festivals, in denen Deraikella und Mayurbhani (verwandte Tanzformen) aufgeführt wurden, zusammen. Diese Feste, die einst von den Maharadschas bezahlt wurden, müssen jetzt – weniger üppig – von der Regierung gesponsert werden. 1976 begab ich mich nach Matha. Die Tänze hörten zwei ganze Nächte lang nicht auf. Manche Dorfbewohner hatten anstrengende Tagesreisen hinter sich und bauten erst mal ihr Camp, sie verknüpften *Charpois* (Hängematten aus Holz und Schnüren) und bauten sich ein Theaterrund. Frauen und Kinder saßen zurückgelehnt auf den auf einer Höhe von ca. acht Fuß befestigten Charpois. Männer und Jungen standen auf dem Boden. Von dem Bereich, in dem die Darsteller ihre Kostüme und Masken anlegten, führte eine schmale Gasse zu der fast runden Tanzfläche. Gruppen betraten die Gasse, präsentierten sich und glitten dann in den Tanz hinein. Getanzt wurde barfuß und auf nackter Erde, die gekehrt und von groben Steinen gereinigt war, aber noch rauh, uneben und voller Erdklumpen und Grasbüschel. Es kam mir vor wie ein Rodeo in einem Hinterwäldlerdorf. Fakkeln und Laternen warfen ein schattiges Licht, die Trommeln bellten und heulten, die *Shehanais* (klarinettenähnliche Instrumente) kreischten schrill, wenn eine Gruppe nach der anderen um die Wette tanzte. Die meisten Gruppen bestanden aus fünf bis neun Tänzern. Manche Masken, die mit Pfauenfedern geschmückt waren, wuchsen über einen Meter über die Köpfe hinaus. Die Maske der zehnköpfigen Ravana war mehr als vier Fuß (120 cm) lang. Obwohl mit diesen Masken belastet, machten die Tänzer volle Salti und verdrehte Sprünge. Die Tänze sind sehr lebendig, doch da es unter den Pappmasken sehr heiß ist, dauert kein Tanz länger als zehn Minuten. Jede Gruppe tanzt zweimal. Wenn es auch keine Preise gibt, hat ein Wettkampf stattgefunden, und jeder weiß, wer gut und wer schlecht gewesen war.

Um alle eventuellen Zweifel auszuräumen, übte Bhattacharyya stets am folgenden Nachmittag Kritik an den Darstellern. Während der Tänze saß er an einem Pult, hinter ihm zwei Petroleumlampen – er war die bestausgeleuchtete Figur des gesamten Festes, neben ihm die Assistenten der Universität. Die ganze Nacht schaute er zu und schrieb, und im Laufe dieser Zeit bis der Morgen graute, waren alle Gruppen nacheinander erschienen, um sich seinem Tadel zu stellen. Ich hörte zu, als Bhattacharyya Kritik übte. Eine Gruppe warnte er davor, Elemente zu benutzen, die nicht bei den Hindu-Klassikern gefunden werden könnten. Eine andere wurde gescholten, weil ihre Mitglieder nicht das gebräuchliche Basiskostüm, den kurzen Rock und den Schmuck aus roten, weißen und schwarzen Ringen, trugen. Bhattacharyya hatte dieses Kostüm einer Gruppe ausgewählt und für alle verbindlich gemacht. Als ich ihn danach fragte, erklärte er mir, das seien die authentischsten Kostüme, diejenigen, die sich als am allerwenigsten verwestlicht erwiesen hätten. Bhattacharyya kontrollierte jeden Aspekt des Chhau in Purulia: die Themen, die Musik, die Kostüme und die Tanzschritte.

Im Januar 1983 sah ich eine Chhau-Aufführung in der Nähe von Kalkutta, die nicht unter der Regie Bhattacharyyas stand. Ich sah dort energiestrotzende Tänze, die auf das Mahabharata zurückgingen. Die Darsteller sangen ein Lied, das Bhattacharyya nicht gebilligt hätte. Die Übersetzung:

«Wir werden nicht in Indien bleiben,
wir werden nach England gehen,
wir werden nicht essen, was es hier gibt,
wir werden Brot und Kekse essen,
wir werden nicht in zerrissenen Fetzen schlafen,
sondern auf Matratzen und Kissen,
und wenn wir nach England gehen,
werden wir nicht Bengali sprechen müssen,
sondern wir werden alle Hindi sprechen.»

Die Dorfbewohner nahmen offenbar an, daß Hindi auch die englische Nationalsprache sei. Die Frage ist, ob der Chhau dieses Dorfes, in den solche zeitgemäßen Sehnsüchte eingehen, verurteilt werden muß, weil er nicht ‹klassisch› ist? Oder muß diese ‹synkretistische Mischung› als die ‹natürliche Entwicklung› der Dinge akzeptiert werden?

Bhattacharyya suchte sich einzelne Tänzer aus den verschiedenen Dörfern zusammen und komponierte ein Starensemble, dessen Proben er überwachte und mit denen er anschließend auf Tournee ging. Die Tänzer und Musiker kehrten von dort mit erhöhtem Ansehen in ihre Dörfer zurück. Die Reisen hatten tiefere Auswirkungen auf den Chhau. Die erste Truppe dieser Art wurde für die Tournee von 1972 ausgebildet. 19 Personen gingen nach Europa, 16 in den Iran, 11 nach Australien und nach Nordamerika. Da die Ausländer dem Tanz keine neun Stunden lang zusehen wollten, stellte Bhattacharyya ein zweistündiges Programm zusammen und, weil er glaubte, daß nackte Oberkörper bei den männlichen Tänzern nicht gut aussehen, entwarf er nach irgendwelchen alten Mustern eine Jacke. Beide Veränderungen wurden nach ihrer Rückkehr zu einem Standard. Viele Mitglieder des Tourneeensembles bildeten zu Hause eigene Gruppen. Diese werden ‹fremde Gruppen› genannt, und sie verhalten sich auch entsprechend, da sich dadurch ihr Status erhöht und ihre Zugkraft und die Chancen, Geld zu verlangen, wachsen. Es gibt jetzt eine Nachfrage für Aufführungen außerhalb des rituellen Kalenders, eine Aufführung kann für 1000 Rupien bestellt werden und ist damit zwar um vieles billiger als *Jatra*, die beliebteste Unterhaltung im ländlichen Bengalen, aber dennoch für viele unerschwinglich. Bhattacharyya ist der Meinung, daß sich mit den steigenden finanziellen Möglichkeiten die Qualität der Kunst verringert habe. Im Sommer 1980 unterhielt sich John Emigh mit Bhattacharyya. Auf die Tournee angesprochen, gab er an, daß sie wahrscheinlich eine Kunstform vor dem Aussterben bewahrt habe, aber natürlich um den Preis von Rivalitäten, Eifersüchteleien und einiger irreversibler Veränderungen. Der Chhau ist ein Maskentanz, und ein Grund für seine Beliebtheit im Ausland ist die Nachfrage der Touristen nach Masken. Es werden nach diesen Aufführungen z. B. viele Masken verkauft, die von keinem Tänzer je getragen wurden.

Veränderungen dieser Art können nur bis zu Bhattacharyya selbst zurückverfolgt werden, denn er ist der große Theoretiker des Chhau, und seine Autorität wird nur selten in Frage gestellt. Gleichzeitig ist er ein Gelehrter in Kalkutta. Wenn er über den Chhau schreibt, geht es um dessen Grundlagen in den dörflichen Strukturen und seine alten Ursprünge. Er hält sogar Zusammenhänge zwischen dem Chhau und den Tänzen von Bali für möglich (es gab Handelsverbindungen, etwa im 3. Jahrhundert v. Chr., zwischen dem Kalinga-Königreich [heute Orissa und Bengalen] und Bali). Seine eigene Rolle bei der Wiederherstellung des Tanzes erwähnt Bhattacharyya allerdings kaum, er sieht sich selbst als jemand, der nur ‹entdeckt›.

Diese und ähnliche differierende Formen des Chhau betreffende Entdeckungen werden bleibende Auswirkungen auf dessen Form haben und den Modernisierungsprozeß weiter vorantreiben. Seit 1980 gibt es das Festival in Matha nicht mehr. Manche behaupten, daß die Rivalitäten der Dörfer untereinander so heftig geworden waren, daß die Festivals gefährlich wurden, andere halten dagegen, daß die Dorfbewohner gegen Bhattacharyya rebelliert haben. Als Emigh 1983 zur Chhau-Zeit in das Purulia-Gebiet zurückkehrte, sah er, wie Kinder die Schritte, Drehungen und Sprünge übten: der Tanz lebt, und es geht ihm gut – und es war wahrscheinlich noch nicht einmal nötig, ihn ‹wiederzuentdecken› in dieser Form der Annexion, die Bhattacharyya betrieb. Der Tanz ist aufgrund des Einflusses von Bhattacharyya heute sicher anders; er steht vielleicht den Hauptströmungen im modernen Indien und der Weltkultur in seiner jetzigen Form näher als vor 20 Jahren.

Im Februar 1977 haben Suresh Awasthi, Shymanand Jalan und ich darüber nachgedacht, ob man ein Festival und einen Workshop organisieren sollte, der alle Formen des Chhau vereinigen würde. Awasthi ist der ehemalige Sekretär der Sangeet Natak-Akademie, dem Büro der Zentralregierung in Delhi, das sich dem Studium und der Bewahrung traditioneller darstellender Künste widmet. Jalan ist ein Theaterregisseur und gleichzeitig Jurist. Er hat vornehmlich über modernes (westlich orientiertes) Theater in Indien gearbeitet. Auf diesem Festival 1977 in Kalkutta ergab sich für die Tänzer aus Purulia, Mayurbhanji und Seraikella das erste Mal seit Jahren die Gelegenheit, sich gegenseitig tanzen zu sehen. Drei Tage lang erforschten dort Tänzer, Theoretiker und Regisseure gemeinsam die verschiedenen Formen dieser Tänze und ihre Beziehung untereinander. Gleichzeitig ging es darum, wie traditionelle und moderne Formen aufeinander einwirken können.

Im Januar 1983 organisierte Jalan ein weitaus größeres Treffen dieser Art mit internationaler Beteiligung, um auf die tatsächlichen und die möglichen Formen des Austausches zurückzukommen. Es wurden zu dieser Gelegenheit nicht nur Chhau-Tänze, sondern auch *Bharatanatyam-*, *Odissi-*, *Kathak-*, *Yakshagana-*, *Manipuri-* und *Kathakali-*Tänze präsentiert, und zwar sowohl in ihrer traditionellen Manier als auch in ihren zeitgenössischen Umwandlungen oder Übersetzungen. Etwa ein Dutzend Delegierte aus verschiedenen Ländern nahmen daran teil; einschließlich Eugenio Barba, Tadashi Suzuki und Anne Halprin, um nur einige wenige zu nennen. Diese Konferenz vermittelte wertvolle Einsichten im Hinblick auf Probleme und Möglichkeiten der ‹Benutzung› traditioneller Elemente in der modernen Kunst. Was auch immer die Probleme sind, die mit solcher Benutzung einhergehen, sicher ist, daß sie zunehmend praktiziert wird und in der modernen Kunst ihre tiefen Spuren hinterläßt. Für mein Gefühl ist es weder möglich noch überhaupt wünschenswert, die Formen ‹rein› zu halten. Die Frage müßte eher lauten, wie man das alles organisiert und wie man die übermäßige Vermischung der Genres begrenzt.

Es kommt vor, daß traditionelle Aufführungen von Insidern verändert werden. Einer der bekanntesten Filme über nichtwestliche Darstellungsweisen ist der Film von Margret Mead und Gregory Bateson, *Trance and Dance in Bali* (1938). Bei einer Vorführung dieses Films kurz vor ihrem Tod erläuterte Margret Mead, der Trance-Club von Pagutan sei der Meinung, daß die ausländischen Filmer gern junge Frauen in Trance sehen würden, die mit ihren Krises (balinesisches Schwert. Anm. d. Übers.) in ihre Brüste stechen. Die balinesischen Frauen trugen zu dieser Zeit die Brüste frei – nackte Brüste bedeuten auf Bali nicht das gleiche wie in New York (wo ironischerweise, in einer Art semantischem Doppelsalto, Clubs, in denen Tänzerinnen mit nackten Brüsten auftreten, ‹topless› genannt werden, vielleicht als eine letzte Rache der Puritaner). Um den westlichen Zuschauern zu gefallen, aber zumindest um sie nicht vor den Kopf zu stoßen, bedeckten die balinesischen Frauen für den Film ihre Brüste, die älteren Tänzerinnen wurden durch jüngere ersetzt. Ohne daß Mead und Bateson davon erfuhren, unterrichteten die Männer des Trance-Clubs die jungen Frauen in den Techniken, um in Trance zu fallen, und in solchen, die sie sicher wieder daraus hervorbrachten. Dann gaben sie den Filmern stolz diese Veränderungen bekannt, die extra für den Film vorgenommen seien. Der Film selbst erwähnt dann die Veränderungen mit keinem Wort. In *Trance and Dance in Bali* gibt es eine alte Frau, die, wie der Erzähler berichtet, vorher angekündigt habe, nicht in Trance zu fallen, die dann aber völlig unerwartet besessen wird. Die Kamera folgt ihr. Sie ist barbusig, tief in Trance. Ihr Kris dreht sich kraftvoll gegen ihre eigene Brust. Später wird sie von einem alten Priester langsam aus der Trance zurückgeholt. Er läßt sie Rauch einatmen und besprengt sie mit heiligem Wasser und opfert dann für sie ein kleines Huhn. Nach dem Tanz sitzt sie noch eine Weile da, und ihre Hände bewegen sich wie im Tanz. Es macht den Eindruck, als wären die Mitglieder des Trance-Clubs auf diese Frau zornig gewesen, weil sie der Meinung waren, daß ihre Trance die ästhetischen Raffinessen untergraben habe, die sie sich nur für die fremden Augen und Linsen hatten einfallen lassen. Das Kamerateam Mead/Bateson schenkte in der Tat dieser alten Frau große Aufmerksamkeit, denn sie schien eine echte Trancetänzerin zu sein. Aber was von beidem ist, vom balinesischen Standpunkt aus betrachtet, authentisch: die jungen Frauen, die von den Balinesen präpariert worden sind, oder die einzelne alte Frau, die etwas Traditionelles tat? Liegt nicht auf Bali eine Tradition darin, Dinge für Fremde zu verändern?[4]

Nicht nur auf Bali, auch in anderen Ländern gibt es Beispiele dafür, wie Rituale für fremde Touristen verändert worden sind. Die *Hula*-Tänzerinnen in Patugan waren traditionell schwere, das heißt reife und mächtige Frauen mittleren Alters. Aber der Hula für die Touristen, der jetzt seine eigene Tradition und Anrechte besitzt, wird von schmalhüftigen jungen Frauen getanzt. Wenn Veränderungen wie diese auf die traditionelle Form zurückwirken, sie verändern und selbst zur gängigen Form werden, dann kann man das rekodiertes Verhalten nennen.

Ich kann nichts Verwerfliches in der Rekodierung von Verhalten sehen, wie es beim Bharatanatyam und Purulia Chhau-Tanz geschehen ist. Die Kunst und auch die Rituale entwickeln sich ständig weiter, und rekodiertes Verhalten ist dabei *ein* Weg der Veränderung. Die Veränderungen von Bharatanatyam und Chhau entsprechen der Orientierung der französischen Dramatiker des 17. Jahrhunderts an den Regeln der griechischen Tragödie oder präziser an dem, was sie dafür hielten. Die Dramatiker hatten zwar Aristoteles, Horaz, griechische und lateinische Spieltexte zur Hand, verfügten über Skizzen von alten Bauruinen und alten Tellern, aber die alltäglichen Verhaltensweisen der Griechen waren ihnen fremd. Bei der Wiederherstellung des Bharatanatyam und des Chhau dienten die noch lebendigen Künste als Vorlage, von denen man annahm, daß sie Spuren wesentlich älterer klassischer Künste seien. Darüber hinaus bezog man sich auf die alten Texte, Skulpturen und auf das fundierte Wissen über die Hindutraditionen. Vorgeblich ursprüngliche Bewegungen haben es sich zum Ziel gesetzt, vergangene Zeiten zurückzugewinnen. Mir selbst geht es um etwas grundsätzlich anderes, etwas Postmodernes. Bharatanatyam und Chhau kommen meinen Vorstellungen nahe, das Anicayana von Staal/Gardner entspricht ihnen noch eher, und weitere Rekodierungen werden folgen. Schon sind die vergangenen fünfzig Jahre auf Platte, Film und Band erhältlich. Nahezu alles, was wir heutzutage tun, wird nicht nur getan, sondern auch auf Film, Band oder Platte festgehalten. Wir haben inzwischen fast unbegrenzte Möglichkeiten, uns zu verhalten, gleichzeitig dieses Verhalten zu bewahren, weiterzugeben und es uns in Erinnerung zu rufen. Seit den 20er Jahren geht für uns eigentlich kaum noch etwas unwiederbringbar verloren. Fast alle Stilarten kehren regelmäßig wieder, weil Verhaltensinformationen relativ leicht zugänglich sind. Wir leben in einer Zeit, in der Traditionen lebendig sterben können. Sie werden als Verhalten archiviert und können zu einem späteren Zeitpunkt rekodiert werden. Manchmal entwickeln solche Rekodierungen eine erstaunliche Eigendynamik. Alan Lomax berichtet von Experimenten Adrian Gerbrands:

«Zufällig zeigte Gerbrand eine Dokumentation über den Maskenbau in Ostneuguinea vor Eingeborenen in Neubritanien. Während und nach dem Film reagierten die Zuschauer heftig. Auch sie hatten einst gewußt, wie man Masken baut, und wollten nun vor allem, wenn sie dadurch die Chance bekämen, gefilmt zu werden, diese Fähigkeit von neuem unter Beweis stellen. Nachdem Gerbrand die Maskenherstellung gefilmt hatte, kam ein Eingeborener mit dem Angebot zu ihm, eine sehr wichtige und alte Zeremonie aufzuführen, wenn er sie filmen würde. Natürlich erklärte sich Gerbrand dazu bereit. Bei seiner nächsten Reise nach Neubritannien bestanden die anderen Männer darauf, den Film zu sehen. Sie waren dann über die schlechte Qualität der Zeremonie derart verärgert, daß sie das Ganze, einschließlich der Masken, Kostüme, des Tanzes und des anschließenden Mahls neu machen wollten, und zwar in einer Länge, die für den Film geeignet wäre. Dieses Ereignis und der daraus resultierende Film waren ein solcher Erfolg, daß die ganze Zeremonie jetzt wieder in jedem Jahr gefeiert wird, ganz wie in früheren Zeiten» (Lomax 1973, S. 480).

Gefeiert wird es sicher, aber wirklich wie «in früheren Zeiten»? Der Film als Stimulus zur Wiederherstellung von Verhalten schafft eine komplizierte Situation. Im hier geschilderten Fall wurde im Film etwas «Falsches» rekonstruiert, was wiederum eine Verbesserung nötig werden ließ, aber nicht mehr ohne den Blick auf die mögliche «Länge eines Films» sind ausgedehntere Studien nötig, um dem ‹Richtig› oder ‹Falsch› und seinen Begründungen weiter nachzugehen. Einige der vorgestellten Rekodierungen spielen sogenanntes abgelegtes Verhalten gegen neues Verhalten aus. Wie unzureichend ein solches Verfahren ist, versteht sich von selbst. Die *Los Angeles Times* berichtet:

«Um das Touristengeschäft zu beleben, haben sich einige Stämme in Neuguinea dazu bereit erklärt, zum Kannibalismus zurückzukehren. Sie ließen die Mitglieder des Komitees der Mount Hagen Show, dem größten Festival der Gegend, wissen, daß sie bereit seien, bei der Veranstaltung im August (1975) Menschenfleisch zu verspeisen. Die Stammesmitglieder fügten jedoch hinzu, daß sie nicht vorhätten, ihre Feinde zu töten, sondern sich einen Leichnam aus dem örtlichen Krankenhaus zu beschaffen. Dieses Ansinnen wurde von einem Regierungssprecher anläßlich eines Treffens mit den Stammesmitgliedern höflich, aber bestimmt zurückgewiesen.»

Die Rhetorik dieser Zeitungsmeldung lenkt den Blick auf den kulturellen Hintergrund dieses Problems. Für den durchschnittlichen amerikanischen Zeitungsleser bedeuten Stammesmitglieder = Wilde, Komiteemitglieder = verwestlichte Wilde, Regierungsbeamte = Hüter der zivilisierten Ordnung. Diese Geschichte ist getränkt von rassistischem Humor, der genüßlich auf einen tabuisierten Appetit anspielt, was ihr einen Platz in einer größeren amerikanischen Zeitung eingebracht hat. Allerdings ist das, was die Einheimischen vorschlagen, nicht verrückt, sondern in ihrem Sinn logisch. Wenn mit viel Aufwand alte Tänze rekodiert werden, die alten Kriegskostüme und Verzierungen wieder getragen werden, warum sollte es dann das Kannibalenfest, das traditionsgemäß solche Aufführungen begleitete, nicht wieder geben?

Die Einheimischen scheinen zu wissen, wie weit sie gehen können: der Körper muß aus einem von der zivilisierten Ordnung genehmigten Aufbewahrungsort für Körper stammen. Auch die Zivilisation hat ihre Rolle zu spielen, durch sie wird überall offenkundig, daß es ein modernes Neuguinea gibt, in dem aber die alten Traditionen bewahrt und gepflegt werden. Auf diese Weise läßt sich die Geschichte plazieren, und die Sponsoren des Mount Hagen Festivals haben so ihre Wirkungen, müssen aber nicht für die Ursachen einstehen. [...]

Auch wenn rekodierbares Verhalten sich auf Vergangenes zu gründen scheint, «*Bharatanatyam* ist vielleicht die älteste zeitgenössische indische Tanzform» – das vedische Ritual [...] vielleicht das älteste überlebende Ritual der Menschheit», handelt es sich dabei tatsächlich um die synchronen Vorgänge 1→ 5 a → 5 b oder um 1 → 3 → 5 a → 5 b. Die Vergangenheit (5 a) wird nicht einfach von einer Gegenwart (1) wiedererschaffen, sondern von einer Zukunft (5 b). Diese Zukunft ist die Probe zu einer Aufführung, einem ‹fertigen Produkt›, das durch Bearbeitung, Wiederholung und Erfindungsreichtum zu etwas Schönem gemacht wurde. Rekodiertes Verhalten ist zugleich teleologisch und eschatologisch. Es verbindet die ersten Ursachen mit dem, was das Ende der Zeit bringen wird, letztlich ist es ein Modell für das Phänomen Schicksal.

Rekodiertes Verhalten gibt es nicht nur in Indien oder in der nichtwestlichen Welt, es ist in ganz Amerika üblich und populär und bringt seinen Urhebern eine Menge Geld. Maurice J. Moran hat eine Liste erstellt, auf der man sämtliche Themenparks und alle Museumsdörfer finden kann (1978), deren prinzipielle Verschiedenartigkeit nicht zu leugnen ist. Renaissance-Vergnügungsparks in Kalifornien und New York, Museumsdörfer in fast jedem Staat, Disneyland und Epcot, Safari- und Wildtierparks. Vergnügungsparks, die um ein einzelnes Thema herumorganisiert worden sind: ‹Das Land von Oz› in North Carolina, Storyland in New Hamsphire, Frontierland, Geisterstadt im Himmel, sogar Lil Abner's Dogpatch. Die Marriott-Vereinigung der Parkunternehmer und Hotelbesitzer beschreibt einen Themenpark als einen «Familienunterhaltungskomplex», der sich an einem besonderen Inhalt oder an einem geschichtlichen Thema orientiert, wobei er die Authentizität von Kostümen und Architektur mit Unterhaltung und Verkaufsstrategie verbindet, um eine Atmosphäre zu schaffen, die die Phantasie anregt und fördert» (Moran 1978, S. 25).

An diesen Orten findet ‹Environmental theatre› statt, sie sind erfunden, damit Menschen an ihnen zusammenkommen können, wie beim Kaiko in Papua-Neuguinea oder beim Powwow der amerikanischen Indianer und beim indischen Kumbhmela: Wallfahrtsorte, in denen Aufführungen, Handelsgüter, Dienstleistungen und Ideologien ausgestellt und angeboten werden.

Theoretisch betrachtet, werfen diese Dörfer, auch wenn sie Phantasiegebilde sind oder aufgrund eines Films entstanden, schwierige Fragen auf. Was unterscheidet sie von zum Beispiel Staal/Gardners Agnicayana? Staal und Gardner gründeten ihr vedisches Ritual auf einer Rekonstruktion aus dem ‹alten Indien›. Diese Geschichte ist genauso sinnentstellt und wahr zugleich wie die Stories aus dem alten amerikanischen Westen, die von Angriffen der Einheimischen auf die Siedler und Schießereien vor den Saloons erzählen. Die Brahmanen gingen mit ihren Texten, den eigenen Erinnerungen und dem, was alte Menschen vom Agnicayana erzählten, genauso um wie die Architekten, Darsteller und Handwerker in den Museumsdörfern. Zu den Dingen aus der Pop-Mythologie wie Buckskin Joe (Buckskin Joe ist der Name eines Museumsdorfes, das rein aus der Phantasie seiner Planer erstanden ist und ausschließlich Unterhaltungszwecken dient. Anm. d. Übers.) gibt es Parallelen im Chhau, dessen Geschichten aus der Mahabharata und dem Ramayana stammen, die einerseits im Sanskrit heilig gehalten werden und andererseits in zahllosen populären Versionen und sogar als Filme und als Comics existieren. Nein, der Unterschied zwischen den Museumsdörfern, dem Agnicayana und dem Chhau besteht darin, daß die Darsteller und die Zuschauer in den Museumsdörfern wissen, daß alles nur eine Illusion ist, ein guter Bluff [...]

In Plymoth verlassen die Besucher des Dorfes nach ein paar Stunden das 17. Jahrhundert. Nach Feierabend ziehen die Darsteller, die die Pilgrims im Neuengland des 17. Jahrhunderts spielen, ihre Kostüme aus und gehen heim. In einigen Museumsdörfern leben tatsächlich auch ‹nach Feierabend› Menschen, aber diese Leute kennen das 20. Jahrhundert sehr gut. Ihr Arbeitstag bringt sie stündlich mit Hunderten von Touristen zusammen. Es gibt allerdings auch Fälle sehr radikaler Entscheidungen für anachronistische Lebensformen. Die Sadhus in Indien leben oft ohne Eigentum, ohne Kleidung, ohne Kontakt mit der alltäglichen Welt. Ich traf Menschen, die ohne Elektrizität oder andere Annehmlichkeiten der Zivilisation in den kalifornischen Bergen von Santa Cruz leben. Aber die meisten bekannten Formen anachronistischer Lebensführung werden für die Medien inszeniert, wie auch in der Keltischen Siedlung in der Nähe von London:

«Fünf junge Paare lebten mit ihren Kindern zusammen in einem Haus aus Stöcken, Gras und Lehm, in dem es Licht nur am Tag gab, wenn es durch die niedrigen Türöffnungen eindrang, und durch das Feuer im Ofen. Sie pflanzten Gemüse, zogen Keiler und Kühe, Hühner und Ziegen und hatten ein Schlachtbeil, um Kaninchen zu fangen. Sie formten Tongefäße, schmiedeten Werkzeug, bauten Karren, webten Kleider und gerbten die Haut der Tiere. Sie wirkten wie die keltischen Eingeborenen, die nicht weit vom heutigen London vor 2200 Jahren lebten. In Wirklichkeit sind es Briten des 20. Jahrhunderts, die versuchen, wie Kelten zu leben. Ihr Experiment wurde von John Percival, einem BBC-Produ-

Zwei Ansichten der Hauptstraße des rekonstruierten Dorfes Plymoth Planta-
tion.
Das obere Foto wurde vom Informationsbüro herausgegeben und zeigt die
Straße so, wie sie um 1620 ausgesehen haben könnte.
Das untere Foto wurde 1982 von Richard Schechner aufgenommen. Es zeigt
die gleiche Straße. Die Touristen, die durch die Straße ziehen, sorgen für einen
ganz anderen Eindruck.

195

zenten, initiiert, um das Thema der Archäologie für eine 12teilige Fernsehdokumentation in den Brennpunkt zu rücken... Jede Woche kamen Kameraleute nach Wiltshire Village, um zu filmen. Ansonsten waren die ‹Kelten› aber isoliert von der modernen Welt... Kate Rossetti, eine Lehrerin aus Bristol, verfaßte eine lange Liste dessen, was sie vermißte: ‹Meine Familie, meine Freunde, Schokolade, bequeme Schuhe, Bach und Bob Dylan, die Möglichkeit eines Abstechers nach Schottland›. Aber sie hat auch gesagt, daß sie sich nicht vorstellen kann, jemals wieder in einer Stadt zu leben» (New York Times, 5. März 1978).

Rückkehr zur Natur ist nicht Sinn und Zweck eben beschriebener Experimente. Die wirklichen Einsiedler leben heutzutage in den Bergen von Santa Cruz. Die BBC-Keltensiedlung hat eher Ähnlichkeit mit dem Zuchtraum eines Zoos: ein Ort, an dem die Handlungen eines vergangenen Lebens ausgebrütet und festgehalten werden können (in diesem Fall auf Celluloid) – ein Zusammentreffen von Archäologen, Anthropologen und den Medien. Die Keltensiedlung ist irgendwo zwischen der offensichtlichen Täuschung eines Museumsdorfes und der längst nicht so deutlichen Täuschung des ‹Agnicayana› von 1975 anzusiedeln. Mit Täuschung meine ich hier etwas, das nicht allein aus sich heraus tragfähig ist, sondern entweder den Druck der Öffentlichkeit, der Medien benötigt oder seine Beziehung zum gegenwärtigen Leben verliert. Natürlich ist Theater Täuschung, aber es feiert sich darin, während die Museumsdörfer versuchen, die Täuschung zu verbergen. Und diese uneingestandenen Täuschungsmanöver befinden sich im konjunkturellen Aufwind.

Die BBC-Kelten sind ein wenig wie die brahmanischen Priester, die für Staal / Gardner das Agnicayana wiederhergestellt haben. Beim Agnicayana von 1975 gab es zwei Arten von Publikum: die spontanen Zuschauer, die Einheimischen, von denen viele das Ritual als ein Medienereignis betrachteten (das passiert immer, wenn ein Film gedreht wird, auch draußen in der Sullivan Street in Manhattan), und der nicht aus Kerela stammende Teil des Publikums. Letztere sahen den Film *Altar of Fire* hauptsächlich als Dokumentation eines tatsächlichen Rituals. Der Unterschied war nur, daß dieses Ritual zu Studienzwecken und zur Unterhaltung aufgeführt wurde, nicht um eine Tradition lebendig zu erhalten. Die Umkehrung wäre Ironie. Das Publikum aus Kerela sieht das Agnicayana, während der Film gedreht wird, als Medienereignis, das spätere Publikum des fertigen Films sieht durch das Medium ein Ritual. Beide Arten Publikum sind dem ‹reinen› Agnicayana entfremdet.

Die Frage ist nur, hat es das je gegeben? Ist nicht jeder Augenblick $1 \rightarrow 5\,a \rightarrow 5\,b$? Wenn der Erzähler des Films *Altar of Fire* den Zuschauern am Schluß erzählt, daß sie womöglich die letzte Aufführung dieses Rituals gesehen haben, dann funktioniert diese Äußerung nach den Regeln des Showbusiness. In Plymoth wird nichts Neues geschehen, das Leben ist dort zu Ende. Diese rekodierten Verhaltensweisen sind wie Theater im Theater. Das Skript ist festgelegt, die Umgebung ist bekannt, die Schauspieler spielen genau beschriebene Rollen. Das Bharatanatyam und der Chhau sind etwas anderes. Diese Rekodierungen sind nahtlos mit ihren kulturellen Umgebungen verwachsen, sie sind lebendige Künste und werden sich als solche verändern. Ihre Zukunft ist somit nicht voraussehbar, jedenfalls wird sie keine bloße Wiederholung ihrer Vergangenheit sein. In der Anlage in Plymouth muß alles seinen gewohnten Gang gehen, andernfalls wird sie schließen. Ihre Existenz ist unmittelbar mit einer bestimmten Geschichtlichkeit verknüpft. Jede Produktion des ästhetischen Theaters ist wie die Kolonie in Plymouth, aber ‹das Theater› als ein Genre ist wie Bharatanatyam und Chhau. [...]

Einen großen Unterschied zwischen Aufführungssystemen bildet der Rahmen, der durch die gegenständliche Umgebung geschaffen wird. Im gewöhnlichen Theater ist die Domäne des Zuschauers, das Haus, größer als die Domäne des Spielers, die Bühne, und bewußt davon getrennt. Im umgebungsgebundenen Theater gibt es insofern eine Verschiebung, als dort Zuschauer und Spieler oft den gleichen Raum teilen und sogar die Räume wechseln. Manchmal ist die Domäne des Spielers größer als die des Zuschauers, wobei der Zuschauer in die Aufführung einbezogen wird. In den Museumsdörfern und in den Themenparks, wo der Besucher eine Umgebung betritt, die ihn aufsaugt, wird diese Tendenz sogar noch weitergetrieben. Aller Aufwand ist darauf gerichtet, den Zuschauer teilnehmen zu lassen. Während der Zuschauer sich der normalen Zeit und des Ortes bewußt ist, erfreut er sich einer Transformation auf Zeit, die hier entsteht. Er wird in eine andere Zeit, an einen anderen Ort versetzt. Das Agnicayana verbindet die Eigenschaften des Films mit denen eines Museumsdorfes. Hier kommen zwei verschiedene Rahmen zum Tragen: der des Rituals und der des Films, der aus dem Ritual gemacht wurde. Die Brahmanen führen das Ritual auf und sind gleichzeitig die Besucher, die absorbiert werden. (Das vedische Ritual ist älter und auch anders als das brahmanische Hindu-Ritual.) Die Einheimischen sehen das Ritual und die Dreharbeiten – keines der beiden Ereignisse ist ihnen vertraut. Wären die Priester völlig von dem Ritual absorbiert gewesen, hätten sie auf den Tieropfern bestanden (die bei den Dreharbeiten aus ‹humanitären› Gründen durch

	A	B
1	*Künste*	*Wiederhergestellte Künste*
	Theater, Tanz etc.	Bharatanatyam, Purulia Chhau etc.

Zwischen diesen beiden gibt es keine oder nur sehr geringe phänomenologische Differenz, wodurch es sehr schwierig wird, 1 A von 1 B zu unterscheiden, ohne geschichtliche Forschungen anzustellen – 1 B gleitet nahtlos in 1 A über. 1 A und 1 B haben ein ‹Eigenleben›. In beiden wissen die Darsteller, sie sind ‹in der Aufführung›, und die Zuschauer wissen, sie ‹sehen eine Aufführung›.

	A	B	C	D
2	*Medien-*	*Medien-*	*Druck durch*	*Medien*
	fiktion	*simulation*	*Medien*	*‹vor Ort›*
	übliche Filme	Wiederherstellungen, speziell für Medien wie die BBC-Kelten	Ohne Medien gäbe es kein Ereignis wie Agnicayana 1975	Dokumentation, Nachrichten

Eine Bewegung nach rechts = abnehmende Abhängigkeit des Ereignisses von den Medien, obwohl Nachrichten gegeben werden, wodurch eine Rückkopplung zwischen dem, was Nachricht ‹ist›, und dem, was zur Nachricht ‹gemacht wird›, entsteht.

Bewegung nach rechts ist auch Zunahme an Stimmen zur Erklärung des unabhängigen Ereignisses, das einen ‹objektiven› Beobachter braucht, um es zu erklären.

2 B, 2 C, 2 D verschwimmen ineinander. Nur in 2 A ist der Darsteller sicher, daß er in einer ‹Aufführung› ist, und der Zuschauer, daß er einer ‹Aufführung zusieht›.

	A	B	C
3	*Themenparks*	*Museumsdörfer aus*	*Museumsdörfer aus der*
	Disneyland, Land	*Phantasie und Geschichte*	*Geschichte*
	von Oz etc.	Buckskin Joe, Frontierland, Columbia Historic Park etc.	Plimoth, Smithville, Louisbourg etc.

In 3 A weiß jeder, daß er in einer Aufführung ist, sowohl die Zuschauer als auch die Spieler. In 3 B und 3 C bekommen sogar die Spieler das Gefühl, sie seien im Leben.

Paradoxerweise sind 3 B und 3 C nahe an 1 A und 1 B, wo das Ereignis sein ‹Eigenleben› entwickelt. In 3 A ist der größte Teil der mechanischen Maschinerie vor dem Zuschauer versteckt und schafft so eine fiktive Umgebung. In 3 B und 3 C versucht man, wie in Museen soviel wie möglich zu zeigen. Aber heutzutage benutzen sogar die Museen die Fiktion. Beispiel: die Eiszeit-Ausstellung im Amerikanischen Museum für Naturgeschichte (1978/79) mit zum größten Teil simulierten Ereignissen.

die Opferung lebloser Materie ersetzt worden sind. Anm. d. Übers.),
oder sie hätten die Aufführung unterbrochen, weil für das vedische
Ritual die Ziegenopfer zwingend vorgeschrieben waren. Aber auch die
Priester hatten großes Interesse an der Entstehung des Films. In bezug
auf die Tieropfer handelten sie nicht wie Priester, sondern wie moderne
Inder, mehr noch, sie handelten als Darsteller eines Films, und zwar mit
großem Einsatz, als sie sahen, wie gut die Aufnahmen gelangen. Sie
setzten ihre Autorität als Priester ein und erfanden den Ersatz für die
Ziegen, damit das Ritual vollzogen, der Film fertiggestellt und die Gefühle der modernen Inder nicht verletzt würden. Auf diese Weise spielten die Priester drei Rollen auf einmal; sie übten das vedische Ritual
aus, zu gleicher Zeit das Priesteramt, und sie agierten als Filmdarsteller.
In einer Hinsicht überzeugte der Filmdarsteller den brahmanischen
Priester davon, daß es in Ordnung sei, die Vedin-Tradition herauszu-
fordern. Oder: Als Filmdarsteller wurden die Priester dazu aufgefordert, das vedische Ritual abzuhalten. Dieses Doppel- oder sogar Drei-
fachleben ist für den Schauspieler im Theater typisch; es ist das theatralische Brandzeichen der Wahrheit. Und inmitten beider Rahmen, dem
des Agnicayana und dem des Filmemachens, vergnügte sich das Publikum an beiden Spektakeln gleichzeitig.

Jedoch, kann es angehen zu behaupten, daß ein Priester schauspielert? Der Begriff der Schauspielerei in der euro-amerikanischen Tradition impliziert die Attitüde des ‹Als-ob›, der Täuschung und sogar der
Lüge. Die großen Schauspiellehrer und Theoretiker des 20. Jahrhunderts von Stanislawski bis Grotowski haben daran gearbeitet, die
Schauspielerei wahrhaftiger erscheinen zu lassen. (Die Gegenbewegung bekannte sich ganz selbstverständlich dazu, daß Schauspiel
‹künstlich› sei.) Aber selbst Goffman konzidiert, daß die ‹Schauspieler›
des alltäglichen Lebens eine Frontansicht von sich ausstellen, die nicht
mit ihrem wirklichen Selbst in Deckung zu bringen ist. Dieses Verständnis von Schauspielerei erklärt sich aus der platonischen Vorstellung hierarchischer Wirklichkeiten, in der diejenige Wirklichkeit den
höchsten Rang einnimmt, die von der Erfahrung, und somit von der
aristotelischen Mimesis (der Nachahmung, in der das Wesentliche der
Erfahrung erst entsteht), am weitesten entfernt ist. Aus der indischen
Perspektive aber ist Schauspielerei beides, sowohl falsch als wahr, denn
Schauspielerei ist eine spielerische Illusion − wie die Welt selbst. Die
Jungen, die während des Ramlila die Götter darstellen, sind beides: Sie
sind die Götter, und sie spielen sie.

Ich könnte mir vorstellen, daß die Priester, die für mein Empfinden vor den Kameras schauspielern, in den Augen der Einheimischen nichts anderes tun als sonst auch, nämlich zwischen verschiedenen Erfahrungsebenen vermitteln. So wäre es nicht korrekt, sie Schauspieler zu nennen, aber sie nicht als Schauspieler zu bezeichnen stimmte auch nicht. Sie befinden sich in einem Grenzbereich doppelter Negation, indem sie ‹Nicht-Schauspieler› sind und ‹Nicht-nicht-Schauspieler›, und genau in diesem Bereich wird dann der Prozeß theatralischer Darstellung lokalisierbar.

Was die Museumsdörfer betrifft, so kann jeder (ganz gleich welcher Herkunft) mit ein wenig Ausbildung eine dieser alten Handwerkskünste erlernen und im Dialekt des 17. Jahrhunderts sprechen. Die Besucher nehmen schon an, daß die Darsteller am Ende eines Arbeitstages ihre Rollen aufgeben, auch wenn sie diesen Vorgang nicht mit eigenen Augen sehen. In Plymoth und anderswo werden einige Konventionen des orthodoxen amerikanischen Theaters aufgegeben. Die Darsteller stehen auf keiner Bühne, werden nicht durch Applaus belohnt und folgen auch keinem genauen Skript im Sinne eines dramatischen Textes. In manchen Dörfern und Themenparks beziehen die Darsteller die Besucher mit ein, führen sie in die Welt des Dorfes ein und verwischen damit einmal mehr die Grenzen zwischen der Aufführung und der Umgebung. Die Darsteller in Plymoth spielen, aber geben sich den Anschein, sich ‹alltäglich› zu verhalten. Wir im Westen sagen, daß jemand ‹nur spielt›, wenn wir die Nähte zwischen der Aufführung und der nicht einbezogenen Umgebung entdecken. Wir sagen auch, er ‹spielt›, wenn jemand auf einer Bühne auftritt. Wir sagen, daß jemand nicht schauspielert, der seine Tätigkeit auch ohne Publikum verrichten würde. Der Handlungsrahmen des Dokumentarfilms setzt das Schauspiel gegen eine nicht fiktive Umgebung. Dokumentationen wie Curtis' *In the Land of the Head Hunters* oder Flahertys *Nanook of the North* zeigen das gewöhnliche Verhalten von Leuten im Zusammenhang mit rekodierten Verhaltensweisen aus ihrer jüngsten Vergangenheit — manchmal gegen Bezahlung in einer fiktiven Situation, mit Kostümen und Texten, die nur für diese Gelegenheiten geschrieben wurden.

Manchmal werden die Darsteller in Museumsdörfern, wie gesagt, zu ständigen Bewohnern, die von den Einkünften ihres Kunsthandwerks leben und das essen, was sie in Anwesenheit der Besucher zubereitet haben. Ihr ‹gelebtes Leben› vermischt sich so sehr mit ihrem ‹aufgeführten Leben›, daß es der Aufführung sehr zugute kommt. Ihre Rollen werden ihnen selbst zur Normalität, werden zu ihrem Leben. Wenn so etwas geschieht, wird die Klassifizierung unter dem Begriff des Schauspielers hier genauso schwierig wie bei den brahmanischen Priestern von Kerela.

Das experimentelle Theater von heute stellt Schauspieler und Nicht-Schauspieler Seite an Seite. Man kann das in der Arbeit von Spalding Gray, Leeny Sack, Robert Wilson und Christopher Knowles und dem Squat Theatre sehen. Doch werden Nachrichtensprecher, die doch Tatsachen im Publikum ‹verankern› sollen, nicht nach ihrer Fähigkeit ausgesucht, Nachrichten zu sammeln und entsprechend zusammenzustellen, sondern nach ihren schauspielerischen Fähigkeiten.

Die Museumsdörfer und Curtis' zum Teil rekonstruiertes, zum Teil für die Kamera erfundenes Ereignis sind Aufführungen, die zwischen dem liegen, was der brahmanische Priester tut, wenn er ein archaisches Ritual für die Kamera wieder zusammensetzt, und Laurence Olivier, wenn er den Hamlet auf einer euro-amerikanischen Bühne spielt. Dort sind auch Aufführungen wie die von Wilson, Gray und dem Squat anzusiedeln. Diese Art von Theater stellt ihre eigene Ambivalenz aus und reflektiert sie im Vorgang des theatralen Ereignisses selbst. In den Museumsdörfern wie auch in umgebungsgebundenen Theaterformen schließt die Domäne der Aufführung meist die Zuschauer mit ein. Einfaches Zuschauen wird schwieriger, Sicheinmischen, Beteiligtsein wird leichter. Wo es kein Haus gibt, werden die Zuschauer auf sich selbst zurückgeworfen, müssen auf ihre eigenen Fähigkeiten, sich zu versichern, wer und wo sie sind, zurückgreifen.

Rekordiertes Verhalten ist als ein dynamisches System abgebildet worden. Der Kern dieses Systems liegt in $1 \rightarrow 5\,a \rightarrow 5\,b$. $1 \rightarrow 5\,a \rightarrow 5\,b$ ist, was in den Workshops und den Proben stattfindet. Workshops und Proben sind zwei Teile eines siebenphasigen Prozesses: Training, Workshops, Proben, Aufwärmen, Aufführung, Abkühlen, Nachwirkungen. Die Terminologie variiert von Kultur zu Kultur, aber die sieben Phasen stehen für bestimmte Funktionen, die interkulturell dieselben sind. Das Fehlen einer oder mehrerer Phasen hingegen bedeutet nicht Unvollständigkeit oder Unvollkommenheit, sondern eher die Anpassung des Aufführungsprozesses an ganz bestimmte Bedürfnisse. Zum Beispiel wird im Nô-Theater dem Training eine Priorität gegenüber den Proben im euro-amerikanischen Sinn eingeräumt. In Grotowskis Paratheater gibt es viele Workshops, jedoch keine Aufführung.

Die Unterscheidung in sieben Phasen wird erst dann sinnvoll, wenn man sich fragt, was mit jeder einzelnen Phase innerhalb des Gesamtrahmens erreicht werden soll. Im Training werden bekannte Fähigkeiten weitergegeben. Der Workshop dagegen leitet einen Prozeß der Dekonstruktion ein, in dem die kulturellen Prägungen (weithin akzeptierte Bewegungsformen, akzeptierte Texte und Gefühle) durchbrochen werden und Möglichkeiten der ‹Neubeschriftung› ausfindig gemacht werden. Workshops können den grenzwertigen Übergangsphasen der Rituale ähnlich sein. Proben sind das Gegenteil von Workshops. In Proben werden lange und längere Streifen rekodierten Verhaltens arrangiert, um ein einheitliches Ganzes herzustellen: die Aufführung. Mit diesem zweiphasigen Dekonstruktions-Aufbau-Prozeß ist exakt das beschrieben, was sowohl Staal/Gardner mit dem Agnicayana als auch die Begründer des Bharatanatyam mit dem Sadir nac, dem Natayasastra und den Tempelbildern, was Bharatacharyya mit dem Chhau von Purulia und was die Erbauer von Plymoth mit den Daten über die Pilgrims getan haben.

Obwohl der Prozeß von Workshops und Proben dem des Rituals analog sein kann, gehen die zur Beschreibung benutzten Begriffe doch nicht nahtlos ineinander über. Das hat damit zu tun, daß die Gelehrten oft Spiel, Kunst und Religion theoretisch isolieren und getrennt voneinander betrachten, obwohl der grundlegende Prozeß universal ist. Theater ist die Kunst, die sich auf konkrete Techniken zur Rekodierung von Verhalten spezialisiert hat. Sich auf die Ausübung der Theaterkunst vorbereiten heißt, eine Partitur von Gesten, Tönen und Bewegungen erlernen und/oder eine Stimmung erlangen, in der ‹äußerliche› Gesten, Töne und Bewegungen in den Schauspieler übergehen, als sei er in Trance. Fremdes Verhalten muß zu eigenem Verhalten werden. Abgespaltene oder objektivierte Teile der Person, ihr privates oder soziales Selbst werden angeeignet und öffentlich ausgestellt. Die Aneignung von altem und neuem Material und seine Transformation habe ich als $1 \rightarrow 5a \rightarrow 5b$ zusammengefaßt. Die Schlußfolgerung aus diesem Workshop/Proben-Prozeß ist die öffentliche Aufführung, die wiederum analog ist zu dem, was Van Gennep ‹Wiederverkörperung› und Turner ‹Wiedereingliederung› nennt. Natürlich besteht die Möglichkeit, daß das ganze Projekt zusammenbricht, weil unter modernen und postmodernen Umständen, wo Aufführungen oft voluntaristisch, eher als verpflichtend und mit dem Willen zur Grenzüberschreitung angegangen werden, die Beteiligten sich schnell zerstreuen, wenn etwas danebengeht. Wenn so etwas passiert, entsteht ein ‹Schisma›. Wenn man den Workshop/Proben-Prozeß daraufhin untersucht, wie er sich auf jeden einzelnen Darsteller beziehen läßt, wird man besser verstehen, wie er sich in größerem Maßstab auf Aufführungen wie das Agnicayana, die Museumsdörfer und andere Produktionen beziehen läßt.

Wie funktionieren Workshop-Proben? Es gibt da grundsätzlich zwei Methoden. Die erste besteht in ‹direkter Aneignung›. Das heißt, der Meister benutzt körperliche Manipulation, Imitation und Wiederholung, um einen Neuling Teile der Aufführung zu lehren. Der Aufführungstext liegt hierbei als Ganzer vor und wird von einer Generation an die folgende weitergegeben. In der zweiten Methode wird eine grundlegende Grammatik gelehrt, mit der jeder beliebige Aufführungstext erzeugt werden kann. Es gibt nicht die ultimative Form, *Hamlet* auf die Bühne zu bringen, noch nicht mal 250 gültige Arten dies zu tun, aber es gibt eine Kontinuität in der Art, wie *Hamlet* gespielt wurde von der Zeit, in der Shakespeare das Stück schrieb, bis heute. Wenn man Darsteller darauf vorbereiten will, den Hamlet zu spielen, heißt das, ihn darauf vorzubereiten, einen Aufführungstext dazu für sich zu erfinden.

Die Trennung von dramatischem und Aufführungstext, die das euro-amerikanische Theater kennzeichnet, führt zu einer weiteren Auseinanderdifferenzierung von Workshops, Training und Probe. In vielen asiatischen Formen sind Training, Workshops und Proben in eins gefaßt. Im euro-amerikanischen Theater wird das Training verallgemeinernd als Vermittlung von Techniken und Handwerk betrachtet, die in jeder Aufführung zu jedem Zweck eingesetzt werden können. Ein Schauspieler lernt nicht das Keuchen, um es in der Vorstellung zu zeigen, sondern um sein Zwerchfell zu stärken, die verschiedenen Resonanzräume seines Körpers auszuloten und seinen Atem zu kontrollieren, damit er auch anstrengende Aufführungen absolvieren kann, ohne die Stimme zu verlieren und ohne außer Atem zu geraten. Es werden auch Szenen eines Stückes erarbeitet, nicht, weil sie später so auf die Bühne gebracht werden sollen, sondern damit der Neuling lernt, wie man sich eine Rolle überhaupt erarbeiten kann, wie man Gefühle weckt oder vortäuscht, kurz, wie man die notwendigen Fähigkeiten erwirbt, die einen Schauspieler auszeichnen. Diese Fähigkeiten sind eklektisch, und es wäre absurd, von einem traditionell ausgebildeten Nô-Shite den gleichen Eklektizismus zu erhoffen oder gar zu erwarten.

So wie es intermediäre Aufführungsstile gibt, existieren auch Trainingsmethoden, die eine Position zwischen Extremen für sich behaupten und Elemente von beiden benutzen. Guru Kedhar Nath Dahoo, ein Chhau-Tänzer aus Seraikella, unterrichtet zunächst eine Reihe von Übungen mit dem Schwert und dem Schild, die später als Bewegungen im Tanzdrama verwendet werden. Diese Übungen stärken den Körper und vermitteln dem Schüler einen Eindruck von den kriegerischen Wurzeln des Chhau. Im Kathakali wird durch die Massage, die der

Guru dem Schüler angedeihen läßt, dessen Körper buchstäblich umgeformt, wodurch die Haltung des Rückgrats und die weitausfallenden Schritte des Kathakali erst ermöglicht werden. Die Massagen verbinden sich mit den strengen Übungen, die mit geringen Variationen im späteren Tanz auch verwendet werden.

Weder im Kathakali noch im Chhau sind die Übungen allerdings Grundlage für eigene freie Erfindungen. Die Übungen sind Teil sowohl des Dekonstruktions- als auch des Aufbauprozesses. Sie sind nicht dazu da, dem Tänzer zu helfen, seinen Tanz theoretisch zu durchdringen. Theoretisches Verständnis entsteht erst nach Jahren der Praxis, wenn der Darsteller allmählich beginnt zu entziffern, was er tut. Es kommen ausgezeichnete Aufführungen zustande ohne das theoretische Wissen darum, aber Veränderungen werden meist von denjenigen eingeführt, die es besitzen.

Wenn ein Aufführungstext erfunden oder eine verlorene oder verschüttete Darstellung wiedergefunden wird, dann geschieht das meist in Workshops, dort wird er aufbewahrt für die spätere Benutzung. Der Regisseur sagt ‹Behalte das!› und meint damit nicht, daß man es sofort wiederholen soll, sondern in der Zukunft (5 c) einer anderen Handlung zugrunde legen, es als Verhalten ‹parat› halten solle. Es ist der Ort, an dem Material in die Zukunft verlagert und für später im Kopf behalten und so gespeichert wird. Phantasiertes Material (5 a) wird mit Material aus der persönlichen und geschichtlichen Vergangenheit (3) kombiniert und in die Zukunft (5 c) projiziert. Wenn dann aus Workshops Proben werden, bekommt die zukünftig mögliche Aufführung die ‹Form› (5 b). (5 c) wird geleert, indem immer mehr Material seinen Platz in der Aufführung findet oder fortgeworfen wird. Die Teile, die in (5 c) behalten werden, geben Aufschluß darüber, wie der fertige Aufführungstext sein könnte. Bei der Wiederherstellung eines Pilgrimdorfes ist (5 c) voller Eindrücke, Fertigkeiten und Gegenstände, die durch Nachforschung zusammengekommen sind. Dieser Entwicklungsprozeß von 1 → (3 → 5 a) → 5 c zu 1 → 5 a → 5 b wird in der folgenden Abbildung dargestellt.

Der Workshop/Proben-Prozeß ist grenzwertig. Er ist hin- und hergerissen zwischen der festgelegten Wahl, aus der das Material entnommen wurde, und der fixierten Partitur des Aufführungstextes.

In den vergangenen fünfzig Jahren, spätestens seit Artaud, wurden die beiden verschiedenen Aufführungsprozesse – die Übermittlung ganzer Teile der Aufführung und die Übermittlung der Mittel zum Erlernen einer generativen Grammatik – miteinander verbunden. Ich halte diese Verbindung für die größte Errungenschaft des experimentellen Theaters in diesem Jahrhundert. Richard Foreman zum Beispiel gibt an seine relativ passiven Darsteller einen kompletten Aufführungstext nach einer Methode weiter, die ähnlich funktioniert wie das Ramlila. Foreman schreibt seine Stücke, entwirft eine Aufführungschoreographie, gestaltet die Bühne selbst und ist oft noch leitender Techniker bei den Vorstellungen.

Die grammatischen Methoden des Guru Sahoo und des Kathakali mögen auf den intensiven Kontakt mit den europäischen Methoden zurückzuführen sein. Auch Techniken wie das Yoga, die Kampfkünste, der Mantra-Gesang, die ursprünglich als Ganzes vermittelt wurden, werden heute im Westen als Ausgangspunkt für das Training nach der grammatischen Art und Weise benutzt. 1978 sah ich bei einem Treffen, das von Grotowski außerhalb Warschaus veranstaltet wurde, wie Hideo Kanze eine Nô-Maske aufsetzte, auf dem Boden herumkroch und Handlungen improvisierte, die nichts mit dem klassischen Nô zu tun hatten. Sein Freund, der Regisseur Tadashi Suzuki, kombinierte in einer Aufführung der *Troanerinnen* von Euripides Nô-Theater, Kabuki, Kampfkünste, modernes westliches experimentelles Theater und Elemente der griechischen Tragödie. Das Stück handelte genauso vom Japan nach der Atombombe wie vom besiegten Troja.

Die Liste der Beispiele ließe sich beliebig erweitern. Sie zeugt vom Austausch zwischen asiatischem, afrikanischem und euro-amerikanischem Theater. Folgende Spielarten des Workshop/Proben-Prozesses lassen sich also bisher zeigen: 1. Solche, die benutzt werden, um ganze Aufführungstexte weiterzugeben; 2. solche, die auf Grammatiken beruhen, die dann neue Aufführungstexte ermöglichen; 3. solche, die 1. und 2. kombinieren. Diese letztere Möglichkeit ist nicht etwa eine sterile Mischung, sondern eine höchst fruchtbare Antwort auf postmoderne Umstände.

Man kann den Workshop/Proben-Prozeß anders betrachten, wenn man Turners ‹Möglichkeit/Grenzwertigkeit› mit Stanislawskis ‹magischem Wenn› verbindet. In *Die Arbeit des Schauspielers an sich selbst* sagt Stanislawski: «Du weißt jetzt, daß unsere Arbeit am Stück mit dem ‹wenn› als einem Hebel beginnt, um uns aus dem Alltagsleben auf die Ebene der Vorstellung zu heben... Auf der Bühne gibt es nichts Alltägliches. Kunst ist ein Produkt der Vorstellungskraft... Das Ziel des Schauspielers sollte es sein, seine Technik zu benutzen, um das Spiel in theatralische Wirklichkeit zu wandeln» (1946, S. 5).

Der Gebrauch des ‹Wenn› ermutigt den Schauspieler, innerhalb der gegebenen Umstände seiner Rolle zu leben. «Was würde ich tun, wenn die bestimmten Umstände wahr wären?» (Stanislawski 1946, S. 33) Vor allem während des Workshop/Proben-Prozesses wird das ‹Wenn› benutzt, um die gegenständliche Umgebung, die Gefühle, die Beziehungen der Dinge und Menschen untereinander, all das, was früher oder später Teil des festgelegten Aufführungstextes sein wird – zu erforschen.

Die Abbildung zeigt, wie die Tiefenstruktur des Workshop/Proben-Prozesses die Tiefenstruktur des Aufführungstextes in sich aufnimmt.[5] In den Workshop-Proben wird harte Arbeit geleistet, ernsthaft und problematisch, im Moment allein, der zählt. Für einen zufälligen Beobachter mag vieles, was er in so einer Probensituation wahrnehmen kann, sehr potentiell wirken, eben ‹als ob›: ‹Laß uns das versuchen›, ‹das könnte funktionieren›, ‹was würde geschehen, wenn…?› Besonders die Workshops sind spielerisch, hier haben die Techniken des ‹Als ob› ihre Blüte: Spiele, Rollenwechsel, Improvisationen – Teilnehmer bringen das Material dazu von überall her. In den Workshops wird Material gefunden, entdeckt und für das Theater brauchbar gemacht, es bekommt hier seine bühnenwirksame Gestalt. Obwohl in den Workshops vieles aufgerührt wird, bleibt das Gefühl der Offenheit und des Experimentierens immer bestehen. Workshops sind oft grenzüberschreitend. Sie handhaben das ‹Als-ob› wie ein Skalpell, das in das tatsächliche Leben derer einschneidet, die an der Aufführung mitwirken.

Der fertige Aufführungstext ist die Umkehrung des Workshop/Proben-Prozesses. Der Aufführungstext, der vor einem Publikum ausgebreitet wird oder dessen Mitwirkung verlangt, ist wirklich, ist ‹jetzt›: 2, 4 oder 5 a. Im euro-amerikanischen Theater zeigen säkularisierte Rituale wie Besprechung durch den Kritiker, die Anwesenheit fremder, zahlender Zuschauer, Premierenfeier usw. den Übergang von der Probe zur Aufführung an.

Der Aufführungstext ist faktisch, ein mehr oder weniger unveränderbares Resultat dessen, was gefunden, beibehalten und organisiert wurde. Aber die dem allen zugrundeliegende Tiefenstruktur ist ein ‹Als-ob›. Die Tränen, die Ophelia für Hamlet vergießt, sind echt, heiß und salzig, aber ihr Schmerz ist ein ‹möglicher›. Der Grund für ihren Schmerz kann etwas sein, das mit dem Hamlet oder dem Schauspieler, der den Hamlet verkörpert, nicht das geringste zu tun hat. Die Ursache ist vielleicht eine ganz intime Assoziation, die die Schauspielerin während der Proben oder des Workshops gefunden hat. Der balinesische Tänzer mag in der Trance seinen Kris gewaltsam gegen seine Brust

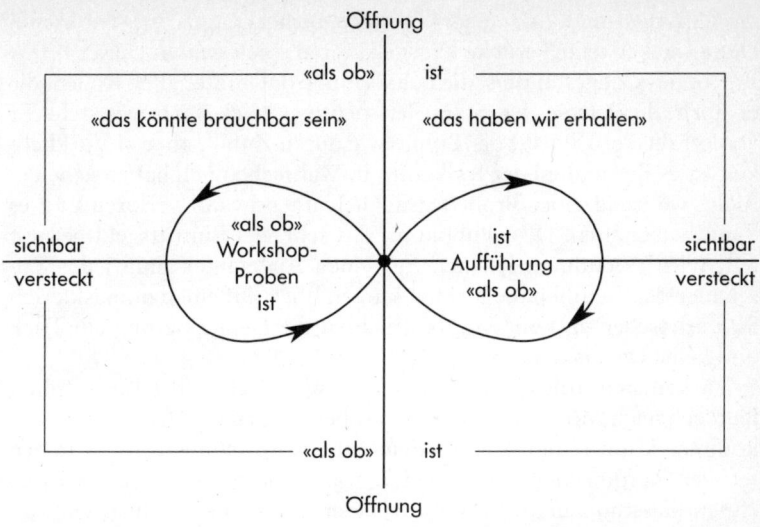

stemmen, aber der Grund dafür ist nicht sein ausgeprägter Selbsthaß, sondern eine Manifestation der Trance, die Besessenheit durch den Dämon Rangda. Diese beiden Vorgänge – die amerikanische Schauspielerin, die ihr privates Leben einsetzt, und der balinesische Tänzer, der seines hingibt – mögen gegensätzlich erscheinen, sind aber letzten Endes identisch. In beiden Fällen sinken die ‹gegebenen Umstände›, das ‹Als-ob› der vorbereitenden Phasen auf den Grund und bilden den Boden, auf dem das ‹Faktum› des Aufführungstextes zum Stehen kommt.

Natürlich gibt es zu diesem Prozeß Variationen: experimentieren heißt ‹herumspielen› und dabei neue Situationen erschaffen. Brecht verlangte von seinen Schauspielern die meiste Zeit über, daß sie ‹in› der Rolle zu sein hatten, manchmal aber wollte er, daß sie sich sozusagen neben sich selbst stellten, um sich beim Spielen zu beobachten, ihre Handlungen zu befragen, die sie im Moment vollzogen, und das zusammen auf der Bühne auszustellen. So stellte Brecht dem Publikum innerhalb der öffentlichen Aufführung zusätzlich einen Teil der Probensituation zur Diskussion.

Ein solches Verlassen des eigenen Rahmens ist nicht nur die Sache des ernsten Dramas, man findet es auch im Zirkus, Nachtclub oder Broadway-Musical. In *Sugar Babies* gibt es eine Szene, in der Mickey Rooney seine Perücke verliert. Er lacht, sein Gesicht wird rot, er läuft zum Bühnenrand und macht witzige Bemerkungen ins Publikum. Dann setzt er seine Perücke wieder auf und spielt weiter. Dieser Bruch ist Rooneys Zugeständnis, die Behauptung, daß hinter allen Rollen, die er spielt, die Person, der ‹Star›, der ‹richtige› Mickey Rooney steht. Er verliert die Perücke auf der Bühne wie durch Zufall, aber in Wirklichkeit ist es Bestandteil der Kalkulation. Wahrscheinlich hat er seine Perücke während einer Probe tatsächlich irgendwann verloren und es dann beibehalten. Dem Publikum, das sehr viel Eintrittsgeld bezahlt hat, wird es dadurch leichter. Für einen Augenblick muß jeder Zuschauer das Gefühl haben, einen kurzen Blick auf einen unmaskierten Star erhaschen zu können. Natürlich ist die Demaskierung ein Trick und keine Demaskierung.

Ich kritisiere solche Einlagen nicht. Wenn ich selbst Regie führe, halte ich nach Möglichkeit ‹offene Proben› ab, zu denen die Menschen kommen können und sich von dem Arbeitsprozeß überzeugen. In den fertigen Aufführungen versuche ich ‹rohe Teile› zu bewahren, wie den Aufenthaltsraum in *Mutter Courage*, der zum Publikum hin offen war. Aber meistens gelingt das nicht, und der prozeßhafte Charakter der Probe geht verloren.[6] Das ‹Als-ob› scheint untertauchen zu wollen, wenn die Öffentlichkeit dazu kommt.

Offenbar ist es nur unter denen, die sich wirklich vertrauen, möglich, ihre persönlichen Erfahrungen zu teilen und mit dem gefundenen Material zu arbeiten ‹Als ob›, losgelöst in dem Gefühl des ‹hier und jetzt›. Unter den strengen Augen der Öffentlichkeit bleibt von dem ‹Als-ob› nur das Faktische übrig.

Der letzte Teil der Proben ist Übung. Längere und komplizierte Streifen rekodierten Verhaltens werden in die Aufführung eingewirkt. Musik, Kostüme, Beleuchtung, Masken usw. nehmen immer mehr Raum ein. Jedes einzelne Teil wird eingearbeitet, um ein möglichst homogenes Ganzes zu schaffen. Im letzten Durchgang werden die Gesten zu klaren Zeichen und so lange eingeübt, bis sie zur zweiten Natur geworden sind. Der Rhythmus jedes einzelnen Teils im Verhältnis zum Ganzen wird sehr wichtig. Dieser letzte Teil der Proben ist der Phase der Reintegration in einem Ritual vergleichbar. Personen, die mit der Arbeit an einem Theater nicht vertraut sind, denken oft nur an diesen letzten Teil, wenn sie das Wort ‹Probe› hören. Aber ich hoffe, daß es mir gelungen ist, zu zeigen, daß die Reintegration nur den letzten Teil eines langen Prozesses ausmacht.

Für den Moment kurz bevor sie auf die Bühne gehen, haben viele Schauspieler ein Ritual. Der Nô-Schauspieler versenkt sich in die Betrachtung seiner Maske, Jatra-Schauspieler in Bengalen opfern den Göttern der Aufführung, deren Bilder hinter der Bühne auf Kisten aufgestellt sind. Stanislawski riet zu dreißig Sekunden stiller Konzentration. Manchmal werden die vorbereitenden ‹Momente› sehr lang. Die Eingeborenen in Papua-Neuguinea verbringen viele Stunden mit dem Make-up und ihren Kostümen, bevor sie auftreten. Ich treffe mich mit den Mitgliedern der Performance Group mindestens zwei Stunden vor einer Vorstellung, um das Theater zu säubern, die letzten Dinge zu besprechen und um ein warm-up zu machen.

Die Hauptfunktion solcher Vorbereitungen ist es nicht, den Schauspieler seine Rolle noch einmal ‹sehen› zu lassen (obwohl das damit sicher auch erreicht wird), sondern die, das Training, den Workshop und die Proben und den Text noch einmal zu rekapitulieren bzw. ins Gedächtnis zu rufen. Auch das Publikum wird durch bestimmte Rituale beruhigt, vorbereitet und über die Schwelle, die den Alltag von diesem besonderen Ereignis trennt, getragen. Das Licht im Saal wird langsam schwächer, in Frankreich wird als deutliches Signal dreimal auf den Bühnenboden geklopft, bei sportlichen Ereignissen werden die Nationalhymnen gesungen, oder es wird ein Gebet gesprochen oder einfach ein stiller Moment eingelegt. Die Betrachtung dessen, was einem rituellen Prozeß zu einer Aufführung ‹fehlt›, könnte sich in diesem Zusammenhang als nützlich erweisen. Grotowski und seine Schauspieler holten sich in ihrer paratheatralischen Arbeit Menschen aus den Städten, brachten sie in abgelegene Gegenden und führten mit ihnen zusammen oder sie anleitend Aktionen durch. Diese Handlungen variierten je nach Art der Teilnehmer und den Interessen des Theaterlaboratoriums. Aber immer ging es auch um die Entdeckung verborgener persönlicher Themen und um das Auffinden von neuen Verhaltensformen (allein oder zusammen mit anderen), das Erleben der Ich/Du-Beziehung.

Viele der Aktionen – durch den Wald laufen in der Nacht, plötzlich ins Wasser springen, ums Feuer tanzen, das Weitergeben des Feuers von Person zu Person, Gruppengesänge, das Erzählen von Geschichten – ähneln sehr den Initiationsriten. Vielleicht dienten Grotowski die Initiationsriten als Modell. Wenn die Teilnehmer dann nach einigen Tagen oder Wochen nach Hause zurückkehrten, sagten sie oft, daß sie über das, was passiert sei, nicht sprechen könnten. Es war wie eine Selbstverpflichtung zur Geheimhaltung und sicher Ausdruck der Überzeugung, daß Worte einer Erfahrung nicht gerecht werden können, geschweige denn, sie ersetzen. ‹Es veränderte mein Leben› war oft die lakonische Zusammenfassung. Grotowskis Paratheater war jenen Initiationsriten vergleichbar, bei denen eine Transformation des Selbst, eine Statusveränderung bewirkt wurde. Trotzdem waren ehemalige Grotowski-Schüler überraschend erfolglos in ihren Versuchen, die Erfahrungen mit dem Meister in eigene Theaterarbeit umzusetzen. Das Paratheater schien sie eher zu lähmen, als zu bestärken. Grotowski hatte die Phase (3) der Reintegration des Workshop/Proben/Ritual-Prozesses, nicht ausgearbeitet, und so waren seine Schüler auch nicht in der Lage, mit dieser Phase (3) umzugehen. Es gab keine Möglichkeit, das Paratheater irgendwo mit hin zu nehmen oder öffentlich zu zeigen. Die Teilnehmer wurden während ihrer Experimente von sich und voneinander getrennt, entblößt, wurden von Grotowski zur Tabula rasa gemacht, durchlebten dadurch tiefe Erfahrungen, wurden sozusagen neu ‹beschrieben›, konnten aber dieses ‹neue Selbst› nicht in die gewöhnliche Welt einfügen. Nicht nur, daß Grotowski seine Arbeiten nicht mehr öffentlich aufführte, er leugnete auch jeden religiösen Aspekt seiner paratheatralischen Arbeit. Er schirmte ganz bewußt und vorsätzlich alles, was er tat, von Verflechtungen mit irgendeinem religiösen, sozialen oder ästhetischen System ab.

Das Fehlen der reintegrativen Phase verdeutlicht seine Absichten mit den paratheatralischen Experimenten (ca. 1969–1976). Für das Verhältnis zur Gesamtgesellschaft des Theaters gibt es im Grunde nur zwei denkbare Positionen: Entweder es ist eng verknüpft mit den größerflächigen sozialen Mustern, oder es ist ein analytisches und didaktisches Instrument zur Gesellschaftskritik, wie Brechts Theater es sein wollte. Die meisten Theaterleute sind sich dieser Tatsache nicht bewußt, und ihr Theater treibt so dahin. Grotowski jedoch ist ein sehr bewußt handelnder Mensch. Während der Zeit des Paratheaters vermied er absichtlich jede diesbezügliche Stellungnahme. Vor nicht allzu langer Zeit versammelte Grotowski Meister von Darstellungsformen verschiedener nichtwestlicher Kulturen um sich. In einem ‹transkulturellen Dorf› tauschten Meister und Besucher Techniken aus. Grotowski verbrachte viele Monate zu Forschungszwecken in Indien und auf Haiti. Barba hat dann einige Aspekte des *Theatre of Sources* in sein Theateranthropologie-Projekt aufgenommen.[7] Erst kürzlich hat Grotowski mit der Arbeit am ‹objektiven Drama› begonnen, in der er versucht, die in den Aufführungen wirkenden Prozesse ohne Rücksicht auf ihren religiösen oder ideologischen Zusammenhang zu erklären. Vielleicht werden in dieser Arbeit die vielen Facetten der Laufbahn Grotowskis, vom Armen Theater über das Paratheater zum Theatre of Sources, in einer reintegrativen Phase beschlossen.

So weit hergeholt diese Projekte auch scheinen mögen, so signalisieren sie doch zumindest einen gründlichen Versuch, das Aufführungswissen mehrerer asiatischer, karibischer, afrikanischer und indischer Kulturen mit dem politischen, sozialen und ästhetischen Leben in Euro-Amerika zu verbinden. Ein solcher Versuch kann enorme Auswirkungen auf die Entwicklung eines interkulturellen Theaters haben. So wie Theaterleute mehr und mehr Interesse an der Anthropologie und der Feldforschung zeigen, scheinen die Anthropologen ihre Zuneigung für die Regisseure zu entdecken.

Staal/Gardner stehen durchaus nicht allein in ihrem Versuch, den Bereich der Produzenten und Regisseure in der Verkleidung anthropologischer Feldforscher zu betreten. Wenn sie kein Ritual finden, daß es wert wäre, gefilmt zu werden, arrangieren sie eines und lassen es aufführen. Sie stellen vorher sicher, daß genug Vorlaufzeit zur Verfügung steht, um Geld zu organisieren, das den Film überhaupt ermöglichen soll, und um einen Haufen wichtiger Theoretiker als Beobachter heranzuschaffen. Die Lüge, wenn es eine ist, liegt in der Vermarktung des Films *Altar of Fire* als einem Dokument eines lebendigen Rituals, das gerade zufällig stattgefunden habe. *Altar of Fire* ist mehr als ein Film über ein vedisches Ritual. Der Film selbst ritualisiert den Vorgang der Wiederherstellung des Agnicayana. Aber diese Arbeit der Ritualisierung fand in der Auseinandersetzung um die Ziegenopfer, durch die außerplanmäßigen Kameratakes und im Schneideraum statt.

Vielleicht würden heute noch viele Anthropologen mit Turner übereinstimmen, der 1969 nach seinem Besuch bei den Ndembu feststellte: «Wir baten nie um die Aufführung eines Rituals allein zum Nutzen der anthropologischen Forschung. Wir hielten nichts von solcherlei künstlicher Schauspielerei» (1969, S. 10). Doch schon die Anwesenheit der Feldforscher scheint zur Schauspielerei einzuladen, und was soll man außerdem tun, wenn die Traditionen auszusterben drohen? Die alten Zeiten der Schirmherrschaft sind definitiv vorbei. Die Schirmherren von gestern wollten Aufführungen zu ihrer Unterhaltung, zu zeremoniellen Zwecken oder wegen des rituellen Nutzens, den sie daraus ziehen konnten. Die heutigen Schirmherren interessieren Aufführungen aus archivarischen Gründen und um Daten für die Theoriebildung gewinnen zu können. [...]

Aber was ist unsere Verantwortung gegenüber den Genres, die zu Modernisierung und Postmodernisierung verurteilt sind? Nicht weit von dem Ort entfernt, an dem Staal und Gardner filmten, war Martha Ashton «nicht nur die erste Ausländerin, die den Yakshagana lernte, sondern auch die erste und einzige Frau, die ihn aufführte».[8] Gemeinsam mit ihrem Lehrer Hiriyadka Gopalo Rao rekonstruierte sie den alten *Yakshagana*-Stil. Sie bildeten zusammen eine Gruppe, sammelten die alten Geschichten, Tanzschritte und Musiken. Ashton filmte nicht nur die Ergebnisse, sie schrieb auch ein Buch darüber (Ashton und Christie 1977) und organisierte für die Gruppe eine Tournee nach Amerika. Machte sie in ihren Bemühungen Fehler? Als ich 1976 nach Karuataka reiste, waren da drei Arten von Yakshagana zu sehen: die populäre Version, eine Version für moderne Zuschauer, die von K. S. Karanth, einem bekannten Schriftsteller, entwickelt wurde, und die klassische Version, die weitgehend das Ergebnis der Rekodierungsarbeit von Rao und Ashton ist. Welcher der Stile ist nun mehr oder weniger indisch?

Die Haltung der Puristen dazu, die sich weigern, Rituale, die sie aufnehmen (auf Tonband, Film oder als Buch), auch aufzuführen, ist ausgesprochen ambivalent. Ihre Haltung entspricht der des ‹auteurs› Richard Foreman, der in vielen seiner Produktionen zwischen den Spielern und dem Publikum saß, ein Tonband mitlaufen ließ, um seine Stimme aufzunehmen, wie sie interpretierte, Fragen stellte und Anweisungen gab. Für die Gesellschaft, in die der Feldforscher für einige Zeit ‹einzieht›, repräsentiert er seine eigene Kultur in einem ihrer unerklärlichsten Aspekte: Warum schickt man jemanden um die Welt, um zu beobachten und aufzunehmen, wie eine andere Gruppe lebt? Für diejenigen, die seine Berichte sehen oder lesen, führt er den Beweis unserer oft behaupteten, manchmal überprüften, aber nie bewiesenen These, daß alle Menschen kulturell von einer Art seien, ‹menschlich› und biologisch.

Die Situation, die durch die Anwesenheit des Feldforschers entsteht, ist theatralisch: Er kommt, um zu sehen, und er wird gesehen. Aber was spielt er für eine Rolle? Er ist kein Darsteller, aber er ist auch kein Nicht-Darsteller. Er ist kein Zuschauer, aber er ist auch kein Nicht-Zuschauer. Er befindet sich zwischen zwei Rollen, wie er sich auch zwischen zwei Kulturen befindet. Während seiner Untersuchungen repräsentiert er – ob er das möchte oder nicht – die Kultur, der er entstammt; wieder in seiner Heimat, repräsentiert er dann die Kultur, die er erforscht hat. Wie der Schauspieler den Workshop/Proben-Prozeß durchlaufen muß, so geht auch der Feldforscher durch einen dreiphasigen Prozeß, der dem rituellen Prozeß ähnelt:

1. Phase: Das Abstreifen des eigenen Ethnozentrismus. Das bedeutet oft eine brutale Trennung und ist für den Feldforscher der heftigste, nie zu beendende Kampf. Was soll er essen? Wie? Seine Hygieneprobleme.

Dutzende von anderen Dingen, die ihn immer wieder an den Abstand zwischen seiner eigenen Kultur und derjenigen, in die er eintauchen will, erinnert. Aber wenn seine Arbeit erfolgreich sein soll, muß er eine Art von Transformation durchmachen.

2. Phase: Die Offenbarung, die oft plötzlich, wie eine Eingebung kommt und ihm zeigt, was an der Kultur, die er gerade bewohnt, ‹neu› ist. Diese Entdeckung ist seine Initiation, sein Übergang, die Übernahme einer neuen Rolle in seiner Adoptivgesellschaft, eine Rolle, die oft eine neue Identität oder einen neuen Status bedeutet. Der Forscher ‹naturalisiert› sich, auch innerlich.

3. Phase: Die schwierige Aufgabe, aus seinen Notizen (Filmmaterial, Tonbänder) ein akzeptables ‹Produkt› herzustellen – einen Film, Vorlesungen, ein Buch –, und das in einer Form, die von der Welt, in die er zurückkehrt, auch verstanden werden kann. Kurz: Er muß aus dem ganzen Workshop- und Probenmaterial eine annehmbare Aufführung herstellen. Seine Ernennung zum Vollprofessor wird dann seine Wiedereingliederung in die alte Gesellschaft bestätigen.

Die dritte Phase dieses Prozesses erweist sich im allgemeinen als die problematischste. Monographien werden immer im Stil der eigenen Kultur geschrieben. Erst seit kurzer Zeit wird, im Zusammenhang mit der Zunahme der ‹Lebensgeschichten› versucht, mit der Stimme der ‹anderen› Kultur zu sprechen. Aber selbst die Lebensgeschichten sind Übersetzungen. Filme zeigen Vorstellungen und Bilder, die den Anschein erwecken, direkt aus der anderen Kultur zu stammen, sie selbst zu Wort kommen zu lassen. Aber natürlich sind Kameraeinstellungen, Bildausschnitte, Schnitt und Regie selbst Entscheidungen der Filmemacher und reflektieren ihren kulturellen Hintergrund. Wenn der Filmemacher aus der beobachteten Kultur selbst stammt, mag sein Blickwinkel eher ihrem Inneren entspringen. Vielleicht aber noch nicht mal das, denn selbst die Technologie hat noch einmal ihre eigene Logik. Oder der entstandene Film ist dann vielleicht nicht ethnographisch im klassischen Sinn. Ethnographie erfordert die doppelte Vision, erfordert gleichzeitig, abwechselnd, drinnen und draußen zu sein. Wenn der Feldforscher in der Lage ist, all das zu zeigen (vielleicht mit einem Kamerateam und Schneidepersonal, das er vor Ort engagiert hat), dann fällt die dritte der beschriebenen Phasen mit der ersten zusammen. Er versucht seinen eigenen Leuten zu zeigen, wie die andere Kultur – in ihrem eigenen Selbstverständnis – ist. Das ist aber wohl entweder zuviel verlangt oder überhaupt der falsche Zugang.

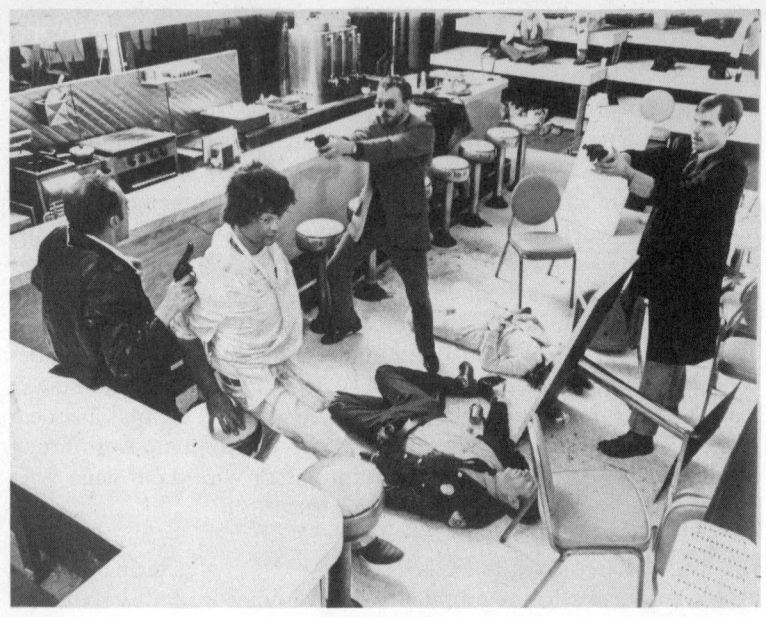

Das Stück: *Fox's Cops* von Terry Curtis wurde von der ‹Performance Group› in diesem sehr naturalistischen Bühnenbild aufgeführt. (Foto David Behl)

In früheren Zeiten brüsteten sich die Anthropologen mit der Behauptung, eine Schwester der sogenannten ‹exakten› Wissenschaften zu sein. Aber die exakten Wissenschaften arbeiten nach Modellen, die streng abgeschirmt sind vom tatsächlichen Leben, außerdem hängen sie von einer überschaubaren Theorie ab. Die ‹weichen› Wissenschaften dagegen sind in Wirklichkeit Verlängerungen der Künste und der Humanwissenschaften. Bühnen- und Alltagswirklichkeit sind so ineinander verschlungen, wie ich es mit dem obigen Foto zu zeigen versucht habe. Die sozialwissenschaftliche Theorie ist nicht viel mehr als das, was Geertz «thick description» nennt. Gegenwärtig verläßt der Regisseur die schattige Hinterbühne, auf der er ungesehen agieren konnte. Er betritt die Bühne, und zwar nicht bloß wie einer seiner Darsteller, sondern als eine einzigartige Figur: als die Verkörperung des gesamten Workshop/Proben-Prozesses. Feldforscher beobachten nicht mehr nur, sondern sie lernen, nehmen teil und setzen Dinge in Gang. Regisseure waren es stets, und Feldforscher sind dabei, es zu werden: Spezialisten der Rekodierung von Verhalten.

Die Ideen von D. W. Winnicott erweitern meine Beschreibung dessen, was Darsteller tun um eine ontogenetische Ebene und um eine Reihe neuer Kategorien. Winnicott, ein britischer Psychoanalytiker, untersuchte die Mutter-Kind-Beziehung und im speziellen die beginnende Unterscheidungsfähigkeit des Kindes zwischen Ich und Nicht-Ich. Winnicott bestimmte einige Objekte als «Übergangsobjekte», da sie weder eindeutig zur Mutter noch zum Kind gehörten (eine Kuscheldecke, bestimmte Spielzeuge). Die Umstände, unter denen diese Übergangsobjekte benutzt werden, nennt er dementsprechend «Übergangsphänomene».

«Ich möchte hier die Aufmerksamkeit auf ein Stadium lenken, das zwischen der völligen Unfähigkeit und der wachsenden Fähigkeit des Kleinkindes liegt, die Realität zu erkennen und zu akzeptieren. Deshalb untersuche ich das Wesen der *Illusion*, die dem Kleinkind zugebilligt wird und im Leben des Erwachsenen einen bedeutsamen Anteil an Kunst und Religion hat...

Ich glaube, daß wir einen Begriff für die Wurzeln der Symbolbildung im zeitlichen Verlauf brauchen, einen Begriff, der die Entwicklung des Kindes vom rein Subjektiven zur Objektivität beschreibt; und das Übergangsobjekt (der Zipfel der Decke usw.) scheint mir eben das zu sein, was wir von diesem Prozeß der Annäherung an objektive Erfahrung zu sehen bekommen... was ich für die wichtigste Funktion des Übergangsobjektes und der Übergangsphänomene halte. Diese Objekte und Phänomene geben jedem Menschen, was stets für ihn Bedeutung behalten wird: einen neutralen Erfahrungsbereich, der nicht in Frage gestellt wird...

Das Wesentliche an diesem Konzept ist folgendes: Während die innerpsychische Realität irgendwo im Bereich des Geistes oder im Leib, im Kopf oder sonstwo innerhalb der individuellen Persönlichkeit und die sog. äußere Realität außerhalb des Individuums lokalisiert wird, ergibt sich eine Lokalisation für Spiel und kulturelles Erleben, wenn man vom Konzept des potentiellen Raumes zwischen Mutter und Kleinkind ausgeht» (Winnicott 1973, S. 12, 15, 22f, 65).

Der potentielle Freiraum ist der Workshop/Proben-Prozeß, der grenzwertige/grenzüberschreitende Raum, die Vorgänge von 1 → 5 a → 5 b.

Die Ideen Winnicotts verbinden sich auf angenehme Weise mit denen Van Genneps, Turners und Batesons, in deren «Spielrahmen» (1955, 1981, S. 241–261) «transitorische Phänomene» stattfinden. Eine der prägnantesten Formulierungen Winnicotts ist die Beschreibung des Babies, das sofort und später als Kind, im Spiel und noch später als Erwachsener in der Kunst (und der Religion) gewisse Dinge und Situationen als ‹Nicht-Ich› und andere als ‹nicht Nicht-Ich› identifiziert. In Workshops und Proben spielen die Darsteller mit Worten, Dingen und

215

Handlungen, von denen manche ‹Ich› und manche ‹Nicht-Ich› sind. Am Ende dieses Prozesses geht ‹der Tanz in den Körper über›. So ist Olivier nicht Hamlet, aber er ist auch nicht Nicht-Hamlet. Die Umkehrung dessen ist genauso richtig: In dieser Inszenierung des Stücks ist Hamlet nicht Olivier, aber er ist auch nicht Nicht-Olivier. Innerhalb dieses Rahmens der doppelten Negativität bleiben Wahl und Virtualität aktiviert.

Die Kinder machen die Bewegung vom ‹Nicht-Ich› zum ‹nicht Nicht-Ich› an ihrer Beziehung zur Kuscheldecke oder einem Lieblingsspielzeug fest, Gegenstände, die, gleich wie alt oder defekt sie immer sein mögen, ihnen nicht weggenommen werden dürfen. Spiel als solches dekonstruiert die Wirklichkeit im Sinn des ‹Nicht-Ich› oder ‹nicht Nicht-Ich›. Die Hierarchie, in der normalerweise Tatsächliches als ‹Wirklichkeit› und Phantasie als ‹Unwirklichkeit› gesehen wird, ist für die Spielzeit aufgehoben. Eine andere Definition des Workshop/Proben-Prozesses, des rituellen und Aufführungsprozesses stellt das Auflösen alltäglicher Hierarchien dar, das Sammeln von Gegenständen ohne Rücksicht auf ihren Nutzen, das Reservieren von Zeiten und Orten, um in einer besonderen Welt die Dinge anders wahrzunehmen.

Wenn solche Darstellungswirklichkeiten dem Publikum dargeboten werden, dann haben auch die Zuschauer eine Rolle zu spielen. Winnicott hat dafür einen eigenen Begriff geschaffen, er nennt das die «bewußte Außerkraftsetzung der Skepsis»:

«Ich möchte hier den Hinweis einfügen, daß der wesentliche Gesichtspunkt im Konzept der Übergangsobjekte und -phänomene nach meiner Auffassung... ein *Paradoxon* und die *Annahme* dieses Paradoxons ist: Das Kleinkind... verschafft das Objekt, aber das Objekt war bereits vorher da, um geschaffen und besetzt zu werden. ... [Ich wollte diesen Aspekt der Übergangsphänomene besonders hervorheben, als ich sagte, daß] es zu den Grundregeln gehört, von einem Kleinkind niemals eine Antwort auf die Frage zu verlangen: Hast du das selbst gemacht, oder hast du es erfunden?» (Winnicott 1972, S. 104)

Olivier wird nicht mitten in seinem ‹Sein oder nicht Sein› unterbrochen und gefragt werden: «Wessen Worte sprichst du da?» Und wenn er unterbrochen würde, wie könnte seine Antwort ausfallen? Die Worte gehören oder gehören nicht zu gleichen Teilen Shakespeare, Hamlet und Olivier. Würde eine solche Unterbrechung stattfinden, würde man im Publikum vermuten, daß Pirandello oder Brecht sich ans Werk gemacht hätten, um in den Aufführungstext auch die Ebene der Reflexion noch einzubauen. Aber wem würde so eine Unterbrechung zugerechnet werden? Man sieht, daß es im Theater keinen Moment gibt, der nicht unter den Tatbestand der versuchten Täuschung fällt. Selbst der Schuß, der Lincoln tötete, muß für den Bruchteil einer Sekunde wie eine Szene aus einem Theaterstück gewirkt haben.

Jede Form von rekodiertem Verhalten – ob in Ritualen, Theateraufführungen, Museumsdörfern, ob im Agnicayana ist ‹Übergang›. Elemente, die ‹Nicht-Ich› sind, werden zu ‹Ich›, ohne ihr ‹Nicht-Ich-Sein› zu verlieren. Darin steckt die vertrackte, aber notwendige doppelte Negativität, die symbolische Handlungen ausmacht. Während der Aufführung nimmt der Schauspieler sein eigenes Selbst nicht direkt, sondern durch das Medium der Erfahrung mit anderen wahr. Während der Aufführung ist er nicht mehr er selbst, sondern sein ‹nicht Nicht-Ich› agiert. Diese doppelt negative Beziehung verdeutlicht auch, wie rekodiertes Verhalten gleichzeitig privat und sozial ist. Eine darstellende Person kann ihr Selbst nur wiedergewinnen, wenn sie aus sich herausgeht und die anderen trifft, indem sie ein soziales Feld betritt. Die Art und Weise, in der ‹Ich› und ‹Nicht-Ich›, Darsteller und das Dargestellte in das ‹Nicht ich... nicht Nicht-Ich› verwandelt werden, bildet sich im Workshop/Proben-Prozeß aus. In diesem Prozeß werden die Grenzen der normalen raum-zeitlichen Wahrnehmung überschritten. Der Charakter der Potentialität, der dem allen zugrunde liegt, spiegelt sich in dem sich der Strukturierung zunächst entziehenden Rahmen, der den gesamten Prozeß umgibt.

Die Abbildung auf der folgenden Seite stellt dieses System dar. Es handelt sich um eine Version von $1 \rightarrow 5\,a \rightarrow 5\,b$. Handlungen bewegen sich in der Zeit, werden von der Vergangenheit in die Zukunft katapultiert, vom ‹Ich› zum ‹Nicht-Ich› und vom ‹Nicht-Ich› zum ‹Ich›. Auf der Reise werden sie von dem grenzwertigen, potentiellen Zeit/Raum des ‹Nicht-Ich... nicht Nicht-Ich› absorbiert. Diese(r) Zeit/Raum schließt sowohl Workshop und Proben als auch die Aufführungen mit ein. Dinge, die in die Zukunft verlegt wurden (‹Behalte das›), werden wieder in Erinnerung gerufen und später bei Proben und Aufführung gebraucht. Wenn alles gutgeht, wenn der Fluß der gewöhnlichen Zeit und der Fluß der Aufführungszeit sich treffen und auf dem Nullpunkt ineinander verschmelzen, entsteht eine Erfahrung von Gleichzeitigkeit. Dieser Nullpunkt ist der ‹Augenblick der absoluten Präsenz›, die synchrone Ekstase, der sich selbst genügende Fluß von grenzenhafter Stasis. Diejenigen, die dieses Gleichgewicht beherrschen und in die Zeit verlängern können, sind Künstler, Schamanen,n, sind Künstler, Schamanen, Akrobaten. Niemand allerdings kann es lange halten.

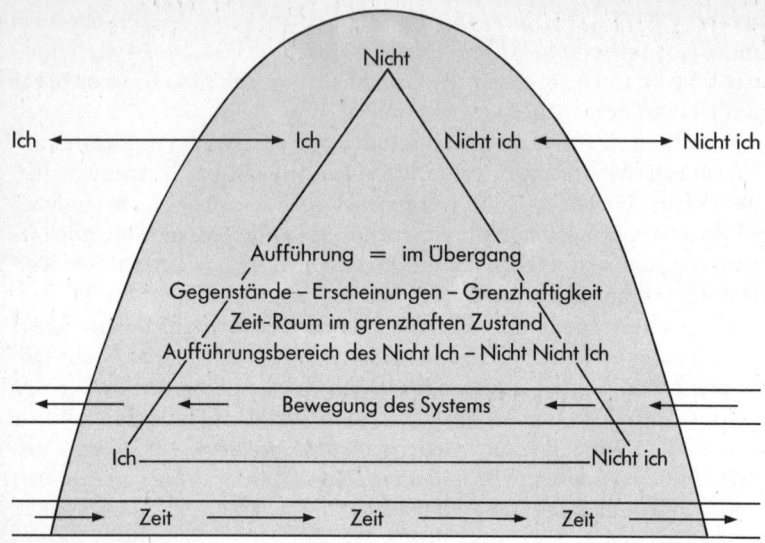

Unter Berücksichtigung der Gedanken von Winnicott, Turner und Bateson und meiner eigenen Arbeit als Regisseur schlage ich eine Theorie vor, die die Ontogenese des Individuums, die soziale Aktion des Rituals und die symbolische oder sogar fiktive Handlung der Kunst einbezieht. Ganz sicher überschneiden sich diese zum Beispiel darin, daß der ihnen zugrundeliegende Prozeß identisch ist. Eine Aufführung ‹findet statt› im ‹Nicht-Ich... nicht Nicht-Ich› zwischen Darstellern, zwischen Darstellern und Texten, zwischen Darstellern, Texten und Umgebung; zwischen Darstellern, Texten, Umgebung und Publikum. Je größer die ‹Zwischen-›Räume, desto stärker ist wahrscheinlich die Aufführung. Die Gegenstruktur ist die, daß die Aufführung anschwillt, bis sie zu platzen droht. Der Trick dabei ist, es bis zum Explosionspunkt auszudehnen, aber nicht darüber hinaus. Es ist das Bestreben in allen Aufführungen, diesen Bereich soweit als irgend möglich auszudehnen, so lange, bis er alle Wesen, Dinge und Beziehungen umfaßt, was selbstverständlich niemals geschehen kann. Dieses Gebiet ist prekär, weil es virtuell, grenzenhaft und in ständigem Übergang begriffen ist: es beruht nicht darauf, wie die Dinge sind, sondern darauf, wie sie nicht sind. Seine Existenz hängt von der Einhaltung von Vereinbarungen ab, die von allen Teilnehmern, einschließlich des Publikums, getroffen worden sind. Das Gebiet ist die Verkörperung des Möglichen, des Virtuellen, des Vorgestellten, des Fiktiven, des Negativen, des ‹nicht Nicht›. Je größer dieses Gebiet wird, desto faszinierender stellt es sich dar, aber desto mehr Angst und Zweifel setzt es auch frei. Katharsis entsteht, wenn etwas mit den Darstellern und/oder den Charakteren passiert, aber nicht, wenn der Aufführung selbst etwas geschieht. Aber wenn der Zweifel größer wird als das Vertrauen, dann bricht das Feld zusammen. Das Resultat ist ein großes Durcheinander: Bühnenangst, Alleinsein, Leere und ein Gefühl schrecklicher Unangemessenheit, wenn man dem bodenlosen, unstillbaren Appetit des Publikums gegenübersteht. Wenn das Vertrauen überwiegt und die notwendigen handwerklichen Fähigkeiten vorhanden sind, dann gibt es nichts, was die Darsteller nicht tun können. Eine ganz besondere Eindringlichkeit und Sympathie vibriert zwischen Darstellern und Publikum. Die Zuschauer setzen dann nicht bewußt die Skepsis außer Kraft. Sie glauben und glauben nicht, und zwar gleichzeitig und zur Freude des Regisseurs. Die Aufführung ist real und nicht real zur gleichen Zeit, dies gilt für Darsteller und Zuschauer. Der Grund dafür ist diese besondere Faszination, die die Bühne für diejenigen bereithält, die sich auf ihr bewegen oder sich in ihrem Dunstkreis aufhalten. Ob die Bühne heilig ist oder nicht, etwas Besonderes ist sie allemal.

Der Workshop/Proben-Prozeß bildet die grundlegende Maschinerie für die Rekodierung von Verhalten. Es ist nicht zufällig so, daß dieser Prozeß im Theater genauso funktioniert wie beim Ritual. Die Grundfunktion sowohl des Theaters als auch des Rituals ist es, Verhalten zu rekodieren, Aufführungen vom Typ $1 \rightarrow 5\,a \rightarrow 5\,b$ herzustellen. Demgegenüber ist die Bedeutung einzelner Rituale zweitrangig. Diese grundlegende Funktion ist eine Art kollektiver Erinnerung an Handlungen.

Die erste Phase des Prozesses zerbricht den Widerstand des Darstellers und macht ihn zu einer Art Tabula rasa. Um dies besonders effektiv tun zu können, muß der Darsteller seine vertraute Umgebung aufgeben bzw. sich für eine begrenzte Zeit aus ihr lösen lassen. Daher erklärt sich das Bedürfnis nach Abgeschiedenheit, nach ‹geheiligten›, besonderen Räumen und nach einer Nutzung der Zeit, die sich von der üblichen unterscheidet. Die zweite Phase ist eine Initiation oder ein Übergang: Neues Verhalten wird entwickelt oder altes Verhalten rekodiert. In der dritten Phase, der Reintegration, wird das rekodierte Verhalten so lange geübt, bis es zur zweiten Natur geworden ist. Den Abschluß der dritten Phase bildet die Aufführung. Im euro-amerikanischen Theater werden öffentliche Aufführungen wiederholt, bis sich keine Interessenten/Kunden mehr dafür finden. In den meisten Kulturen werden Aufführungen nach einem bestimmten Plan gezeigt, der ihre Verfügbarkeit regelt. Was wir als neues Verhalten bezeichnen, ist also, wie gesagt, die Reartikulation von Verhaltensstreifen innerhalb eines bestimmten Rahmens. Experimentelle Darstellungen maskieren diese Wiederherstellungen als Neuheiten und leben davon. Aber das ethnologische Repertoire an Verhalten, selbst an menschlichem Verhalten ist nicht unbegrenzt. In Ritualen werden relativ lange Streifen von Verhalten rekodiert, die durch ihre Tradition den Eindruck von Kontinuität entstehen lassen.

In den kreativen Künsten werden relativ kurze Verhaltensstreifen neu arrangiert, deren Ergebnisse nie neu wirken. Das Gefühl der Veränderung, das uns die experimentellen Künste geben, mag auf der Ebene der Rekombination echt sein, aber auf der grundlegenden, prozeßhaften Ebene ist es eine Illusion. Wirkliche Veränderung ist ein sehr langsamer evolutionärer Prozeß.

Viele Menschen befürchten heute eine Zerstörung der historischen kulturellen Vielfalt durch eine weltweite Monokultur. So wie die körperliche Gesundheit von einem variierenden ‹Genpool› abhängt, so hängt die soziale Gesundheit von einem variierenden ‹Kulturpool› ab. Rekodierung von Verhalten ist eine Möglichkeit, so einen variierenden ‹Kulturpool› zu erhalten. Es ist eine Strategie, die sich in die Weltmonokultur einpaßt, aber doch das Gegenteil noch behauptet. Es ist ein künstliches Mittel, die Wildheit zu bewahren. Normalerweise sind es nicht die Eingeborenen, die Rekodierung von Verhalten auf diese bewußte Weise praktizieren. Die Devadis waren zufrieden, ihren Sadir nac zu tanzen, auch wenn er verdammt wurde. Die Mura und die Dom tanzten und trommelten ihren Chhau, bevor Bhattacharyya 1981 ankam, auch wenn er da schon im Zerfall begriffen war. Ohne Staal und Gardner wäre das Agnicayana in Kerela nicht wieder aufgeführt worden. Auch aus Plymoth sind die Pilgrims schon lange verschwunden. Moderne Sensibilität will in diese postmoderne Welt ‹authentische kulturelle Werte› bringen. Vielleicht ist es nur eine Art postmoderner Souvenirjagd, doch vielleicht ist es auch mehr und besser.

Im Rahmen der postmodernen Informationstheorie ist alles Wissen reduzierbar und/oder transformierbar zu kleinen Informationsbits. So zerkleinert können die Bits neu zusammengesetzt werden und neue Faktizitäten ergeben. Eine Illusion wird rückwärts in die Zeit getrieben (5 a) und nach vorn (5 b). Diese Illusion ist kunstvoll, denn sie selbst ist

Kunst und reines Theater. Diese Illusion mag den Status von ‹Realität› haben, genauso wirklich sein wie jede andere Ordnung und Form der Realität. Die dahinterstehende Idee, daß die Information, nicht die Dinge, die Matrix von Kultur und sogar von ‹Natur› sein könnten, bildet die Wurzel für solche neueren Entdeckungen wie die Rekombination der DNA, die Genteilung und das Klonen. Diese Experimente bedeuten letztlich eine Grenzexistenz zwischen Natur und Kultur. Sie schlagen vor, was die darstellende Kunst schon lange behauptet, daß nämlich der Gegensatz von Kunst und Natur eine unsinnige Zweiteilung sei und beide Bereiche in Wirklichkeit keine Entgegensetzungen aufzuweisen haben, sondern nur unterschiedliche Verarbeitungen der gleichen Informationsbits sind.

Anmerkungen

1 «Ich verwende den Ausdruck ‹Abschnitt› oder ‹Stück› (‹strip›) für einen beliebigen Ausschnitt aus einem in Gang befindlichen Vorgang, darunter auch Abfolgen von – wirklichen oder fiktiven – Ereignissen vom Standpunkt derjenigen aus gesehen, die subjektiv an den Dingen interessiert sind. Ein ‹Abschnitt› soll keiner natürlichen Einteilung entsprechen, die die untersuchten Personen machen, und keiner analytischen Einteilung der Untersuchenden; es soll sich lediglich um ein Rohbündel von Ereignissen (von beliebigem Wirklichkeitsstatus) handeln, auf das man als Ausgangspunkt der Analyse die Aufmerksamkeit lenken möchte» (Goffman 1980, S. 10).

2 Labannotation, die eine grobe Ähnlichkeit mit musikalischen Notationen aufweist, wurde von Rudolf von Laban 1928 entwickelt. Einem Artikel in den *New York Times* (6. Mai 1979) zufolge ist Labannotation «Ein System, das Tanzbewegungen mit Hilfe von Symbolen beschreibt, die von unten nach oben gelesen werden müssen. Drei vertikale Grundlinien repräsentieren das Zentrum des Körpers auf der rechten und auf der linken Seite. Wo die Symbole auf den Linien plaziert sind, soll anzeigen, welcher Teil des Körpers sich gerade in Bewegung befindet. Die Gestalt der Symbole kennzeichnet die Bewegungsrichtung und die Länge der Symbole die Dauer derselben. Diese und andere Notierungen, wie die Form einer versuchten Bewegung, ermöglichen es, eine Tanzinszenierung relativ lang in mehr oder weniger intaktem Zustand zu erhalten, auch, wenn sie längst nicht mehr aufgeführt wird. Systeme dieser Art finden neuerdings im Tanz sehr viel Anwendung, werden aber im Theater sehr viel seltener benutzt.

3 Alle Zitate von John Emigh entstammen einem Brief, den er an einige Leute verteilte. Der Brief betraf seine Arbeit im westlichen Iran 1975. Er kehrte nach Asien zurück und setzte seine Forschungen fort. Emigh versuchte Beziehungen zwischen balinesischen Aufführungen und rituellen Praktiken im westlichen Iran herzustellen und konzentrierte sich dabei besonders auf die

Formen der Ahnenverehrung. Die meisten Arbeiten Emighs sind noch nicht veröffentlicht.

4 Bis mir John Emigh, der den Vortrag von Margret Mead im Museum für Naturgeschichte gehört hatte, davon erzählte, war ich der festen Überzeugung, der Film *Trance and Dance in Bali* sei völlig authentisch. Diese Erfahrung zeigt, wie leicht man in die Falle gehen kann. Für viele Studenten in Amerika gibt der Film, besonders wegen der Autorität von Mead and Bateson, den authentischsten Eindruck davon, wie balinesische Trance ‹wirklich ist›.

5 Ich benutzte das Modell 1977 zum erstenmal. Damals setzte ich soziales Drama mit ästhetischem Drama in Verbindung. Turner benutzte dieses Modell mehrfach.

1977 nahm ich an, daß theatralische Techniken soziale und politische Aktionen in sich bergen, die theatralische Arbeit der politischen und sozialen Aktion zugrunde liegt. Ich leugnete damit die in eine Richtung gehende aristotelische Mimesis und gleichzeitig den Vorschlag, daß die ‹ganze Welt eine Bühne› sei. Beide Aussagen akzeptiere ich jetzt als dialektische Wahrheiten, jede macht die Existenz der anderen notwendig.

6 Boussac (1982) setzt sich mit dem Problem der geplanten Zufälle auseinander. Er fragt provozierend, ob solche Handlungen vom Standpunkt des naiven Betrachters analysiert werden sollten, der den Zufall für echt hält, oder vom Standpunkt desjenigen, der weiß, was wirklich passiert. In meiner eigenen Arbeit habe ich versucht, meine Absichten so klar wie möglich zu machen – ich bin dem Prinzip gefolgt, daß, was auch immer bewußt gemacht wird, den Horizont für möglicherweise entstehende Dinge erweitern kann und daß die Arbeit des Künstlers heute entmystifiziert werden muß.

7 Weitere Informationen über das ‹Theatre of Sources› finden sich in der ‹International Theatre Information›, Winter 1978, und in Grimes: Beginnings in Ritual Studies. Washington DC 1982. Zu Barbas Theateranthropologie vgl. Jenseits der schwimmenden Inseln. Reinbek (Rowohlt) 1982.

8 Aus einem Programmheft, das die Tournee von Rao-Ashtons Truppe in Amerika ankündigte.

Literatur

Andrews, Edward Deming: The Dance in Shaker Ritual, in: Magriel, P. D. (Hg.): Chronicles of American Dance. New York (Henry Holt) 1948.

–: The Gift to Be Simple: Songs, Dances and Rituals of the American Shakers. New York (Dover) 1967.

–: People Called Shakers. New York (Dover) 1963.

Ashton, Martha Bush/Christie, Bruce: Yaksagana. New Delhi (Abhinav Publications) 1977.

Barba, Eugenio: Theateranthropologie, in: E. B.: Jenseits der schwimmenden

Inseln. Reflexionen mit dem Odin-Theater. Theorie und Praxis des Freien Theaters. Reinbek (Rowohlt) 1985, S. 147–174.

Bateson, Gregory: Ökologie des Geistes. Anthropologische, psychologische, biologische und epistemologische Perspektiven. Frankfurt/M. (Suhrkamp) 1981.

Bhattacharyya, Asutosh: Chhau Dance of Purulia. Calcutta (Rabindra Bharat University Press) 1972.

Bierman, James H.: Disneyland and the «Los Angelization» of the Arts, in: Matlaw, Myron (Hg.): American Popular Entertainment. Westport/Connecticut (Greenwood Press) 1979.

Bouissac, Paul: System versus Process in the Understanding of Performances, in: Hess-Lutich, Ernest W. B. (Hg.): Multimedia Communication. Bd. 2: Theatre Semiotics. Tübingen (Gunter Narr) 1986.

Burzyński, Tadeusz/Osiński, Zbigniew: Das Theater Laboratorium Grotowskis. Warszawa (Interpress) 1979.

Christie, Bruce: s. Ashton und Christie

Eliade, Mircea: Rites and Symbols of Initiation. New York (Harper) 1965.

Evanchuk, Robin: Problems in Reconstructing a Shaker Religious Dance Ritual, in: Journal of the Association of Graduate Dance Ethnologists 1 (University of California). Los Angeles 1977–1978.

Geertz, Clifford: The Interpretation of Cultures. New York (Basic Books) 1973.

Goffman, Erving: Rahmen-Analyse. Ein Versuch über die Organisation von Alltagserfahrungen. Frankfurt/M. (Suhrkamp) 1980.

–: Wir alle spielen Theater. Die Selbstdarstellung im Alltag. München (Piper) 1986.

Grimes, Ronald L.: Beginnings in Ritual Studies. Washington D. C. (University Press of America) 1982.

–: The Theatre of Sources, in: Drama Review 25 (1981), Nr. 3, S. 67–74.

Grotowksi, Jerzy: Für ein Armes Theater. Vorwort von Peter Brook. Zürich/Schwäbisch Hall (Orell Füssli) 1986.

–: Holiday, in: Drama Review 17 (1973), Nr. 2, S. 113–135.

Haas, Irwin: America's Historic Villages and Restorations. Secaucus, N. J. (Citadel Press) 1974.

International Theatre Information: Theatre of Sources, Winter 1987, Paris (UNESCO), S. 2 f.

Khokar, Moran: The Greatest Step in Bharatanatyam, in: New Delhi Sunday Statesman, 16. Januar 1983, S. 1–4.

Kolankiewicz, Leszek (Hg.): On the Road to Active Culture. The Activities of Grotowski's Theatre Laboratory Institute in the Years 1970–1977. Wrocław (Theatre Laboratory) 1979.

Kriazi, Gary: The Great American Amusement Park. Secaucus, N. J. (Citadel Press) 1976.

Loeffler, Carl E. (Hg.): Performance Anthology. San Francisco (Contemporary Arts Press) 1980.

223

Lomax, Alan: Cinema Science and Cultural Renewal, in: Current Anthropology 14 (1973), Nr. 4, S. 480.

Mackey, Patricia: Theme Parks, in: Theatre Crafts, September 1977, S. 27 ff.

Martin, Carol: *The Shakers:* Sources and Restoration. Manuskript 1979.

Martin, Carol/Schechner, Richard: Seminars/Workshops at the Padatik/ITI Calcutta Meetings, January 1983, in: Quarterly Journal of the National Centre for the Performing Arts. Bombay 1983.

McNamara, Brooks Barry: Come on Over: The Rise and Fall of the American Amusement Park, in: Theatre Crafts 11 (1977), S. 86 ff.

–: The Scenography of Popular Entertainments, in: Drama Review 18 (1974), Nr. 1, S. 16–24.

Mead, Margaret: Presenting: The Very Recent Past, in: New York Times Sunday Magazine, 15. März 1970, S. 29–32.

Mennen, Richard: Grotowski's Paratheatrical Projects, in: Drama Review 19 (1975), Nr. 4, S. 58–69.

Moore, Alexander: Walt Disney World: Bounded Ritual Space and the Playful Pilgrimage Center, in: Anthropological Quarterly 53 (1980), Nr. 4, S. 207–218.

Moran, Maurice J., Jr.: Living Museums: Coney Islands of the Mind. (Diplomarbeit) 1978.

Paul, Robert A.: Review of *Altar of Fire*, in: American Anthropologist 80 (1978), S. 197–199.

Rassers, W. H.: Panji, the Culture Hero. The Hague (Martinus Nijhoff) 1959.

Reilly, Tom: Artikel der Zeitung «Sippican Sentinel», 19. April 1981.

Rubin, Dorothy: Historical Authenticity? The Process of Reconstruction. Manuskript (New York University, Department of Performance Studies) 1982.

Schechner, Richard: The End of Humanism. Writings on Performance. New York (Performing Arts Journal Publications) 1982.

–: Environmental Theater. New York (Hawthorn) 1973.

–: Essays on Performance Theory. New York (Drama Book Specialists) 1977.

Singer, Milton: When a Great Tradition Modernizes. London (Pall Mall Press) 1972.

Staal, Frits: Agni: The Vedic Ritual of the Fire Altar. Berkeley (Asian Humanities Press) 1983.

–: Comment: *Altar of Fire* (Kommentar zum Artikel von Robert A. Paul), in: American Anthropologist 81, S. 346–347.

–: The Meaninglessness of Ritual, (Manuskript) 1978.

Stanislawskij, Konstantin Sergeevič: Die Arbeit des Schauspielers an der Rolle. Fragmente eines Buches. Berlin (Das europäische Buch) 1946.

–: Die Arbeit des Schauspielers an sich selbst. Tagebuch eines Schülers. 2 Bde. Berlin (Das europäische Buch) 1946.

Turner, Victor Witter: Dramas, Fields, and Metaphors. Ithaca, N. Y. (Cornell University Press) 1974.

–: From Ritual to Theatre: The Human Seriousness of Play. New York (Performing Arts Journal Press) 1982.

–: The Ritual Process. Structure and Antistructure. Chicago (Aldine) 1969.

Turner, Victor Witter/Turner, Edith: Performing Ethnography, in: Drama Review 26 (1982), Nr. 2, S. 33–50.

Vatsyayan, Kapila: Classical Indian Dance in Literature and the Arts. New Delhi (Sangeet Natak Akademi) 1968.

–: Indian Classical Dance. New Delhi (Publications Division, Ministry of Education and Broadcasting, Government of India) 1974.

Wilmeth, Don B.: Variety Entertainment and Outdoor Amusements: A Reference Guide. Westport/Connecticut (Greenwood Press) 1982.

Winnicott, Donald Woods: Vom Spiel zur Kreativität. Stuttgart (Klett) 1973.

Youngerman, Suzanne: The Translation of Culture into Choreography, in: Woodruff, Dianne L. (Hg.): Essays in Dance Research. New York (Dance Research Annual, Bd. 9) 1978.

5 Zuschauer und Schauspieler – transformiert und transportiert

Ein Anwärter für die Initiation auf dem Weg zum Ritual. Die Kleidung entspricht dem Initiationskostüm der Tubuan in Papua-Neuguinea. Die Zeremonie fand im Rahmen der ‹aufgeführten Ethnographie› an der Universität von Virginia statt und wurde von Victor und Edith Turner geleitet. (Foto Pamela Freese)

Theatralische Wirklichkeit zeichnet sich als eine ungewöhnliche Wirklichkeit aus durch den Gebrauch von Masken, Kostümen, körperlichen Handlungen, die auf eine bestimmte Weise arrangiert oder nach vorher festgesetzten Regeln improvisiert werden. Theatralische Wirklichkeit entsteht auch, indem Aufführungen einem Skript, einem Szenario oder jedenfalls festen Regeln folgen. Diese Wirklichkeit ist an besondere Orte gebunden oder an solche, die durch die Aufführungen zu etwas Besonderem gemacht werden. Gespielt wird in den Ferien und in bestimmten dafür reservierten Zeiten, neben und nach der Arbeit oder an Wendepunkten im Leben einzelner, zum Beispiel bei Initiationen, Hochzeiten oder Beerdigungen.

Diese und andere Faktoren bewirken, daß theatralische Wirklichkeit ausschließlich ‹für den besonderen Gebrauch› bestimmt ist. Des weiteren ist das Aufgeführte verschlüsselt – sozusagen eingebettet, gefangen, enthalten, gehalten, destilliert, eingeschränkt, verbildlicht in einer oder mehreren Kommunikationsformen: entweder als Mischung aus Erzählung und hinduistischem Tempeldienst, wie im *Ramlila* oder in einer festgelegten Erzählung individueller Kreativität vom Zuschnitt etwa des Tschechowschen *Kirschgarten* oder aber in einer vertrauten Sequenz von Ereignissen, die mehr den Kenner anspricht als die ‹gewöhnlichen› Zuschauer, zum Beispiel das *Kuse mai* in dem Nô-Drama *Yorimasa*, wie es von der Kanze-Schule aufgeführt wird. Eine andere spezielle Kommunikationsform sind die streng gehüteten Geheimnisse, die den Initiierten während einer Aufführung selbst enthüllt werden, wie etwa das Sichübergeben und das Bluten, das Teil der Initiation der Gahuku-Jungen in Papua-Neuguinea ist oder, wieder etwas vollständig anderes, ein Skript, das von einem einzelnen Autor-Regisseur-Szenographen festgelegt wird, wie Richard Foremans *Pain(t)*, oder Worte und Handlungen, die kollektiv entwickelt worden sind wie die *Mysteries and smaller Pieces* des Living Theatre. Es gibt die Möglichkeit, ein Szenario Hunderten von Menschen zu schicken, darunter Freunden und gänzlich Fremden, die es dann auf die verschiedensten Weisen verwerfen oder benutzen, so geschehen bei den Happenings von Allan Kaprow.

Diese homerische Liste mag zwar den Leser erschöpfen, aber bei weitem nicht den Gegenstand. Sie ist mehr als ungenügend angesichts der unglaublichen Vielfalt darstellerischer Möglichkeiten. Dabei habe ich um der Deutlichkeit willen Ereignisse wie die Heilige Messe, den professionellen Fußball, die Psychodramen, Tanzende Derwische, Sumo-Ringer, weite Bereiche darstellerischer Rituale, Spiele und Sportarten und die schwer definierbaren Tätigkeiten, die zwischen oder außerhalb der etablierten Formen liegen, weggelassen. Schließlich bezeichnet der Ausdruck ‹etablierte Formen› dasjenige, das seinen Platz bereits gefunden hat, während theatralische Aktivitäten grundsätzlich als Prozeß begriffen werden müssen. Ein gewisser Teil dessen wird sich immer in einer begrifflich nicht zu fassenden Transformation befinden. Allen Aufführungen aber ist mit Sicherheit eine Qualität gemeinsam: sie sind weder leichtfertig noch freischwebend. Darstellerisches Verhalten ist wissendes und/oder eingeübtes Verhalten – oder rekodiertes, ‹wiederhergestelltes Verhalten›[1] –, entweder geprobt, im voraus bekannt, seit frühester Zeit erlernt, während der Aufführung durch Lehrer, Gurus oder Eltern enthüllt oder durch Regeln bestimmt wie im Improvisationstheater oder beim Sport.

Weil darstellerisches Verhalten weder leichtfertig noch freischwebend ist, gehört es nie vollkommen dem Darsteller allein. Im euro-amerikanischen Theater (etwa seit Stanislawski) erscheint viel von der Trainingsarbeit und den Proben, so ‹als ob› es den Schauspielern selbst gehöre.

«Es ist immer das Beste, wenn der Schauspieler vom Stück ganz ergriffen ist. Dann lebt er unwillkürlich das Leben der Rolle, ohne zu merken, wie er fühlt, ohne zu denken, was er tut – alles geschieht von selbst, aus dem Unbewußten heraus» (Stanislawski 1946, S. 25).[2] Doch Stanislawski wußte andererseits sehr genau, wie unzuverlässig dieser intuitive Fluß ist. Sein ‹System› widmet sich deshalb in großen Teilen dem Training des Schauspielers mit dem Ziel, den Fluß durch einen bewußten Prozeß hervorzubringen. Diese nahtlose Verknüpfung des ‹Lebens› in der Rolle mit dem Leben des Schauspielers ist nicht Ziel jeder Theaterform. Im Westen mißtraute Brecht dem zutiefst. Er formte sich seinen eigenen idealen Schauspieler, eine Person, die zwischen Fluß und Reflexion wechseln können sollte, zwischen dem Aufgehen in einer Rolle und dem Zeigen und dem Sprechen über eine Figur, so wie er es dem asiatischen Theater, vornehmlich dem chinesischen, abgeschaut hatte. Und im *Ramlila* von Ramnagra stehen die Regisseure, die *vyases*, während der Aufführung mit dem offenen Regiebuch in der Hand hinter ihren Darstellern, korrigieren ihre Worte und Handlungen und garantieren auf diese Weise, daß alles vor sich geht, wie es geschrieben steht. Interessanterweise gibt es unter den Zuschauern des Ramlila keine Besorgnis darüber, ob die Handlungen Ramas oder Hanumans wegen der Anwesenheit des Vyases oder sogar seiner Intervention weniger ‹real› seien. Trotzdem ist es natürlich so, daß sich das Leben Ramas und Hanumans mit denen der Schauspieler zwar überkreuzt, aber nicht deckt. Vergleichbar etwa mit der Anwesenheit des Regisseurs Tadeusz Kantor, der während der Aufführung *Die tote Klasse* kleine Veränderungen am Gebaren seiner Schauspieler vornimmt. Mal senkt er die Hand eines Spielers oder er flüstert einem anderen zu, bestimmte Zeilen schneller zu sprechen – die Korrektur der Aufführung wird zu einem Teil von ihr. Die Bühne – und ich meine damit nicht allein den gegenständlichen Ort, sondern das Aggregat aus Zeit/Raum/Zuschauer/Darsteller – wird zu einem zentripetalen Bereich, der alles aufsaugt, was in ihm oder in seiner Nähe geschieht. Absorbiertheit durch das Zentrum ist eine der wichtigsten Parallelen von darstellerischem und rituellem Prozeß, es ist das, was Kafka mit seiner Miniparabel meinte: «Leoparden brechen in den Tempel ein und saufen die Opferkrüge leer; das wiederholt sich immer wieder; schließlich kann man es vorausberechnen, und es wird ein Teil der Zeremonie» (Kafka 1983, S. 31).[3]

Nach einigen Aufführungen wurden die Korrekturen Kantors voraussehbar. Einige, die *Die tote Klasse* mehrere Male sahen, behaupteten, die Gesten Kantors seien nicht mehr frei, sondern Teil der Partitur der Aufführung. Doch auch die Eingriffe der Vyases während des Ramlila, die nur im Bedarfsfalle vorgenommen werden und damit unvorhersehbar sind, haben damit teil an der Aufführungspartitur. Ähnlich verhält es sich mit den Schiedsrichtern beim Fußballspiel, die eingreifen und sich wieder zurückziehen. Sie werden nur bei Regelverstößen aktiv und spielen dennoch eine entscheidende Rolle im Spiel. [...]

Mit aller Entschiedenheit muß immer wieder festgestellt werden, daß darstellerisches Verhalten und damit auch die Aufführungen selbst weder leichtfertig noch freischwebend sind, sondern ‹aufgesetzte› Verhaltensweisen benutzen. Daher hat das Theater seinen schlechten Ruf. Der alte Meister sagt über die Schauspielkunst: «In der Schauspielerei dreht sich alles um die Wahrheit, wenn man soweit ist, perfekt aus Lüge Wahrheit zu machen, hat man es geschafft» (Lévi-Strauss 1963,

S. 167–185).[4] Diese Bemerkung ist keineswegs ausschließlich zynisch, wie man einer Geschichte entnehmen kann, die Lévi-Strauss von Quesalid, einem Kwaikiutl, erzählt, der die Schamanen als Quacksalber entlarven wollte. Getrieben von Neugier auf ihre Tricks und der Begierde, sie zu enttarnen, begann er, sich ihnen anzuschließen und so lange von ihnen zu lernen, bis sie ihm schließlich anboten, ihn in ihren Kreis aufzunehmen, worum er sich nicht zweimal bitten ließ. Quesalid wurde nun sorgfältig ausgebildet in magischen Handlungen und im Singen. Er lernte, wie man Bewußtlosigkeit und Anfälle vortäuscht, wie man sich erbricht und Spione anstellt, die einem über das Leben der Patienten berichten. Er lernte, eine kleine Menge Dauen im Mund zu verstecken und dann, indem man sich auf die Zunge beißt oder das Zahnfleisch bluten läßt, vor dem Patienten und den Zuschauern den blutigen Beweis dafür zu erbringen, daß der kranke Fremdkörper herausgesaugt wurde. Quesalid beherrschte diese Kunst schließlich so gut, daß er nicht nur die anderen Schamanen als Quacksalber entlarven, sondern sich selbst einen Ruf als wahrer Schamane erwerben konnte. Mit den Jahren glaubte er selbst immer mehr an seine Kuren, obwohl er wußte, daß sie auf Tricks beruhten. Er rechtfertigte sich damit, daß es seinen Patienten besserging, weil sie an ihn glaubten, und sie glaubten an ihn, weil er seine Kunst beherrschte und überzeugend ausübte. Letzten Endes gewöhnte er sich an, die blutigen Dauen und all die anderen Tricks als Manifestationen seiner eigenen Kraft zu betrachten.

Lévi-Strauss sagt: «Quesalid wurde nicht deshalb ein großer Zauberer, weil er seine Patienten heilte, sondern er heilte sie, weil er ein großer Zauberer wurde» (1963, S. 167–185). Quesalid wurde – wie die Leoparden in Kafkas Parabel – in das Feld seiner eigenen Performance quasi eingesogen. Er wurde selbst zu dem gemacht, was er eigentlich hatte preisgeben wollen.[5]

Im Ramlila von Ramnagar, Indien, ist es einer der besten Schauspieler, der den sagenumwobenen Halbgott Narad-muni spielt. Wenn Narad-muni spricht oder singt, dann hören die Zuschauer – oft mehr als 25 000 – mit besonderer Aufmerksamkeit zu. Viele Leute glauben daran, daß der Darsteller des Narad-muni über besondere magische Kräfte verfügt, die ihn seiner Rolle würdig werden lassen. Dieser Mann wird nicht mehr bei seinem Familiennamen gerufen, er nennt sich selbst schon nicht mehr so. In den 25 Jahren, die er den legendären Weisen spielt, ist er mehr und mehr mit ihm identifiziert worden. Er ist ein Brahmin, und jeder Brahmin darf das Priesteramt ausüben. Narad begann vor ein paar Jahren, das zu tun, und heute ist er der *mahant* (Besitzer und oberster Priester) zweier Tempel in Mirzapur, einer Stadt, die ungefähr vierzig Meilen entfernt von Ramnagar liegt. Er ist reich, und die Menschen kommen von weit her zu ihm, weil sie wissen, daß Narad-muni durch Narad, den Priester, spricht. Dabei hat Narad nie behauptet, eine Inkarnation von Narad-muni zu sein. Jedes Jahr zum Ramlila jedoch wird seine Beziehung zu Narad-muni erneuert, ausgestellt, und ritualisiert in Anwesenheit von Tausenden von Zuschauern.

Dieser Mann ist nicht Narad-muni, aber auch nicht nicht Naradmuni: Seine Aufführung befindet sich zwischen einem Feld der einfachen und einem der doppelten Negation, einem Feld grenzenloser Möglichkeiten, da es weder von der realen Person (die er nicht ist) noch von der verkörperten Person (die er nicht-nicht ist) besetzt ist.

Alle wirklichen Performer besitzen diese Qualität des ‹nicht und nicht-nicht Seins› ihrer selbst und ihrer Figuren: Olivier ist nicht Hamlet und genauso aber nicht-nicht Hamlet. Seine Darstellung liegt zwischen der Leugnung, ein anderer zu sein (Ich bin ich), und der Leugnung, kein anderer zu sein (Ich bin Hamlet). Schauspieltraining richtet seinen Ehrgeiz nicht darauf, die Schüler in andere Personen zu verwandeln, sondern darauf, ihnen die Möglichkeit zu eröffnen, sich zwischen zwei Identitäten zu bewegen. In diesem Sinn ist Schauspielerei ein Paradigma für das, was ich mit ‹Grenzwertigkeit› meine.

Die indische Kultur, in der Reinkarnationen zur Tradition gehören, ermutigt zu diesen vielfältigen Verkörperungen. Als alle *gopis* sich nach dem schönen schwarzen Gott Krishna sehnten, da vervielfältigte sich Krishna, so daß jede Frau ihren eigenen Krishna haben konnte: Dieses Thema gehört zu den beliebtesten der darstellenden und bildenden Künstler Indiens und ist der Kern vieler Krishna-Verehrungen. Gibt es aber den einen, den wirklichen Hamlet? Ist es Olivier, Burton oder Bernhardt? Oder vielleicht Barbage, der ihn 1603 als erster spielte, oder der unbekannte englische Schauspieler, der noch früher mit einem Stück durch Frankreich tourte, das uns heute nur noch als Ur-Hamlet in Erinnerung ist? Die Frage der multiplen Realitäten, von denen jede eine Negation aller anderen ist, betrifft nicht nur eine Besonderheit der Bühne, sondern verweist auf den Kern darstellerischer Kunst überhaupt: die Tatsache, daß den Bühnenrealitäten gleichzeitig etwas sehr Konkretes und etwas Flüchtiges, Unfaßbares innewohnt. Indem die darstellenden Künste ein Modell allgemeiner menschlicher Verhaltensweisen sind, werden nicht nur der Ruhm, sondern auch die Abgründe dieses grenzwertigen, multirealen Prozesses menschlicher Freiheit darin sichtbar.

Es gibt wenige Darsteller, die eine Transformation wie die Narads am eigenen Leib erfahren haben. Selbst im Ramlila sind die meisten Darsteller nicht von ihren Rollen besessen, was wiederum nicht heißt, daß diese Rollen das Leben ihrer Darsteller nicht tiefgehend und nachhaltig beeinflussen. In dem Dorf, in dem die Familie lebt, aus der der Darsteller des Dämonenkönigs Ravana kommt, sagte man mir: «Dort drüben wohnt Ravan raj.» Jeder kennt Ravan. Er ist ein König unter den Bauern. Seine Familie ist reich geworden seit der Zeit, als der Urgroßvater Ravanas vom Maharaja von Benares erwählt wurde, den Ravana zu spielen. Über die Jahre hat sich die Situation dieser Familie zu einer direkten strukturellen Antithese der Erlebnisse des Jungen entwickelt, der den Rama spielt. Rama ist der Erzfeind Ravanas, diese Rolle ist analog zu der des Satan in *Paradise Lost*. Diese Jungen müssen sich jährlich einer neuen Auswahl unterziehen, sie entstammen meistens städtischen Familien und sind gut erzogen. Nachdem sie die Rolle des Rama einmal absolviert haben, wählen sie später oft Berufe wie den des Priesters, des Schauspielers oder des Journalisten. Während der 31 Tage, die der Ramlila-Zyklus dauert, leben die Jungen, die Rama und seine Brüder verkörpern, in drei verschiedenen abgeschlossenen *dharamsalas* in Ramnagar. Sie bewegen sich mit der Prozession zu den unterschiedlichen Herbergen; allein Ravana kehrt jede Nacht in seine ursprüngliche Unterkunft zurück. Wie die mythische Figur des Lanka lebt er fernab von Rama, Hanuman oder Sugiva. Aber auf dem Höhepunkt des Zyklus, wenn Ravana in der Schlacht von Rama getötet wird, nimmt der Performer zum Zeichen dieses Momentes seine zehnköpfige Maske ab, verbeugt sich vor Rama und küßt ihm die Füße.

Und wieder frage ich mich, warum küßt er ihm die Füße? Der Schauspieler ohne seine Maske erniedrigt sich vor dem Jungen, der *mit* seiner heiligen Krone die Inkarnation Ramas darstellt. Beide, der Mann und der Junge, sind ‹Zwischen-Personen›, in dem grenzwertigen doppelt negativen Feld, in dem sie weder sie selbst noch ihre Rollen ‹sind›. Wenn auch wenige Performer eine Transformation wie die Narads selbst durchgemacht haben, so fühlen doch die meisten Ravan rajs und Ramas das doppelte Sein, wissen, was es bedeutet, in einer Rolle aufzugehen, von ihr besessen zu sein – in ihrem Fluß zu sein oder im Fluß des Publikums, das nach Illusion – *ludus*, *lila*, *Spiel* – hungert.

Diese Hingabe an den *flow* der Handlung macht den rituellen Prozeß aus. «Ein Mensch im *flow*-Zustand hat keine dualistische Perspektive: Er ist sich zwar seiner Handlungen bewußt, nicht aber seiner selbst... den Schritte zum *flow*-Erlebnis... es geht jedesmal darum, die jeweilige

Realität einzugrenzen, dadurch die Kontrolle über einen Abschnitt zu erlangen und auf die Rückmeldungen mit einer Konzentration einzugehen, die alles andere als irrelevant ausschließt» (Sikszentmyhalyi 1975, S. 38, 53–54). Oder, wie Richard Cieslak, der große Schauspieler, der in vielen Stücken Grotowskis mitwirkte, mir einmal sagte:

«Die Partitur ist wie ein Glas, in dem eine Kerze brennt. Das Glas ist fest, es ist da, man kann sich darauf verlassen. Es enthält sie und es gebietet der Flamme. Aber es *ist* nicht die Flamme. Die Flamme drückt meinen inneren Prozeß in jeder Nacht aus, in der ich spiele. Die Flamme erleuchtet die Partitur, ist, was der Zuschauer sieht. Die Flamme ist lebendig. So wie sich die Flamme im Glas bewegt, flackert, sich aufrichtet, fällt, fast erlischt, plötzlich hell erstrahlt, auf jeden Windzug reagiert, so variiert mein inneres Leben Nacht für Nacht, von Augenblick zu Augenblick... Ich beginne in jeder Nacht voraussetzungslos. Das ist am schwierigsten zu lernen. Ich bereite mich nicht darauf vor, etwas zu fühlen. Ich sage mir nicht ‹letzte Nacht war diese Szene ausgezeichnet, ich werde das gleiche wieder versuchen›. Ich versuche nur, bereit zu sein für das, was geschieht. Wenn ich mir meiner Partitur sicher bin, kann ich auch nehmen, was sich mir bietet. Ich weiß, daß, auch wenn ich nur ein Minimum fühle, das Glas nicht zerbrechen, die äußere Struktur, die wir über Monate hinweg erarbeitet haben, mir weiterhelfen wird. Aber wenn eine Nacht kommt, in der ich glühen, scheinen, leben, mich offenbaren kann – ich werde bereit sein, indem ich nie versuche, es vorwegzunehmen. Die Partitur bleibt die gleiche, aber alles ist anders, weil ich anders bin» (Schechner 1973, S. 295).

Cieslak ist der Zen-Meister, für den der Augenblick der Handlung dann gekommen ist, wenn alle Vorbereitungen abfallen und nichts bleibt, als bereit zu sein.

Wenn die Vorstellung vorüber ist, muß Cieslak sich herunterstimmen, abspannen. Oft trinkt er Wodka, redet und raucht viel. Sich der Rolle zu entwinden ist manchmal schwerer, als in sie hineinzufinden. Man hat sich noch sehr wenig mit dieser Phase des Ausklingens beschäftigt, zumindest im euro-amerikanischen Theater gibt es darüber kaum Erkenntnisse. Die Schwerpunkte liegen im Gegenteil auf dem warm-up, dem Training und den Proben. Im Kontrast dazu gibt es auf Bali Rituale für diese Phase, wie etwa das Besprengen mit heiligem Wasser, das Einatmen von Weihrauch, Massagen oder Tieropfer. Das Herunterstimmen führt den Darsteller auf die Ebene seiner normalen Existenz zurück, bringt ihn zu dem Punkt, von dem aus er begonnen hat. Schauspielerei ist in den meisten Fällen die Kunst zeitweiliger Transformation, nicht nur der Reise fort, sondern auch der Rückkehr. Quesalid und Narad geben sich beide auf Dauer der Rolle hin; Cieslak weiß, wie er sich auf den Fluß der Rolle vorbereitet, aber er hat Probleme damit, hinterher etwas zu tun, was ihn entspannt. Manche Rollen bewirken eine unvorhersehbare, aber bleibende Transformation, wie es zum Beispiel bei Initiations- und Übergangsriten der Fall ist. Ich interessiere mich für die verschiedenen Veränderungen bei den Darstellern und entsprechend beim Publikum, jedoch nicht von einem psychologischen Blickpunkt aus, sondern als eine Basis, von der aus die verschiedenen Darstellungsarten in ihrer formalen Unterschiedlichkeit einer Untersuchung unterzogen werden können. Diese Auswahl soll sowohl Erkenntnisse über die Aufführungspraxis verschiedener Kulturen als auch über ihre interkulturellen Aspekte vermitteln. Sie reicht von Aufführungen, durch die der Darsteller bleibend verändert wird, bis hin zu solchen, in denen er an den Ausgangspunkt seiner ‹Reise› zurückkehrt. Eine vertikale Achse durch dieses Kontinuum hindurch würde zeigen, ob sich die Transformation allmählich vollzieht, wie bei Quesalid und Narad, oder plötzlich wie bei einem Gahuku-Jungen, der durch eine einzige Initiation zum Mann wird. Weiter werde ich zeigen, wie oft diese zwei Aufführungsarten – transportierende und transformierende – gemeinsam vorkommen bzw. zusammen wirken.

Aufführungen, in denen die Darsteller verändert werden, nenne ich ‹Transformationen›, und solche, in denen sie zu ihrem Ausgangspunkt zurückkehren, ‹Transporte›. Ich wähle den Ausdruck ‹Transporte›, weil der Darsteller während der Aufführung fortgeführt und am Ende, oft mit Hilfe anderer, ‹abgekühlt› wird, um dorthin zurückzukehren, wo er seinen Ausgangspunkt genommen hat.

Der Darsteller tritt aus der ‹gewöhnlichen Welt› in die ‹Welt der Darstellung› ein, geht von einem Raum/Zeit-Bezug in einen anderen über und von einem Persönlichkeitsbezug zu einem anderen. Er spielt eine

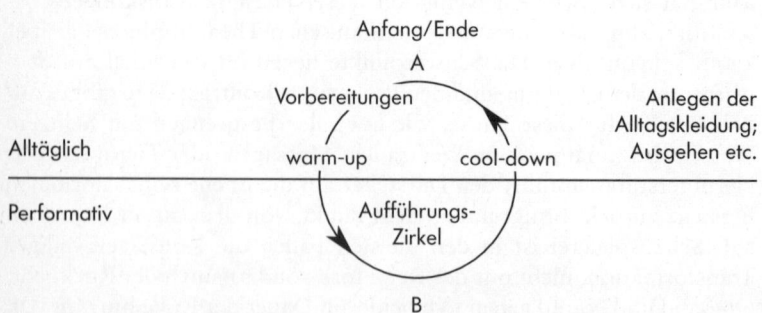

Rolle, bekämpft Dämonen, fällt in Trance, reist in den Himmel hinein, ins Innere der Erde oder des Meeres. Er ist transformiert, in die Lage versetzt, Dinge im Spiel zuwege zu bringen, die er im alltäglichen Leben nicht bewältigen würde. Aber am Ende der Vorstellung oder, in manchen Kulturen, während des Schlußteils kehrt er dorthin zurück, von wo er ausging. Wenn er es nicht schafft, sich zu fangen und in sein normales Leben zurückzugehen, bleibt er, wie einige unglückliche Filmschauspieler es erfahren mußten, auf der Strecke. Ein John Wayne mag vielleicht eine persönliche Befriedigung darin suchen, in seinem privaten Leben zu dem Westernhelden zu werden, den er in seinen Filmen darstellt (wie Narad), Bela Lugosi tut das nicht. Wenn sich eine Veränderung im Status des Darstellers oder bei ihm selbst vollzieht, dann geschieht das durch eine Reihe von Vorstellungen, von denen jede ihn um ein weniges fortbewegt.

Das war der Fall bei Narad und John Wayne. So ist jede einzelne Aufführung ein Transport, der ungefähr da endet, wo er begann. Eine Reihe transportierender Aufführungen kann hingegen eine Transformation bewirken. Das beste Beispiel für transformierende Aufführungen sind die Initiationsriten, deren Sinn es ist, den Beteiligten von einem Zustand bzw. von einer sozialen Identität zu einer anderen zu verhelfen. Eine Initiation markiert nicht nur die Veränderung, sondern ist selbst das Mittel, durch das eine Person ihr neues Ich erlangt: keine Aufführung – keine Veränderung. Kenneth E. Read berichtet, wie der junge Asemo aus Papua-Neuguinea aus seinem Elternhaus genommen und mit Gleichaltrigen zusammen über mehrere Wochen im Busch isoliert wurde. Dort unterzog er sich Prüfungen, die er mit den anderen absolvieren mußte, und einem Training und wurde schließlich mit seinen Gefährten zusammen zurück ins Dorf gebracht – verwandelt in einen Mann. Read läßt keinen Zweifel daran, daß die der Initiation zugrundeliegenden Handlungen darstellerischen Charakter haben.

«Der Lärm und die Bewegung waren überwältigend. Hinter uns die Frauen in schrillem Wehklagen, rituelle, stilisierte hohe Schreie, getrieben von archaischen Emotionen ausstoßend, die wie scharfe Instrumente in den betäubenden Lärm um mich herum stießen. Die heulenden Männerstimmen, durchsetzt mit mörderischen Schreien wie tiefe Trommelschläge, die den Gegentakt zum Rhythmus der nackten Füße bildeten, und über allem das Geräusch von Flöten...

Asemo und seine Kameraden waren irgendwo in der Menge, vom Staub wie geblendet, vorwärtsgetragen vom Druck stärkerer Körper... andere Jugendliche erzählten mir lachend von der Panik, die sie bei der Eröffnung der den ganzen Tag während Prüfung überkommen hatte» (Read 1965, S. 159, 160).

Zu den Prüfungen gehört das forcierte Sichübergeben und Nasenbluten. Read beschreibt, wie «herzerweichend schmutzig», mutlos und ermattet Asemo und die anderen waren. Im wahrsten Sinn erschöpft wurden die Jungen zu einem Spießrutenlauf getragen, gestoßen und gedrängt, bei dem die Gahuku-Frauen die Männer und Jungen mit «Steinen und gefährlichen Holzstücken, einer herumliegenden Axt, sogar mit Pfeil und Bogen» angriffen. Die Männer nahmen die Jungen auf ihre Schultern und liefen mit ihnen ins Niemandsland.

«Die Männer rannten so dicht aneinandergepreßt, daß sich ihre Arme und Beine ständig berührten. Im Zentrum der Menge saßen die initiierten Jungen auf den Schultern der Männer und schwankten vor Müdigkeit gefährlich hin und her, die Finger fest in dem gefiederten Haar zwischen ihren Beinen verkrallt» (Read, 1965, S. 172). Read sagt, daß es an der Ernsthaftigkeit der Attacken der Frauen keinen Zweifel geben kann. Auch wurden sie von den Männern nicht wie eine «zeremonielle Scharade» aufgenommen, sondern durchaus im Bewußtsein, «sich am Rand eines wirklichen Unglücks» zu bewegen. Zwar am Rand eines Unglücks, aber diese Randzone zum Tatsächlichen wird nicht überschritten: Die Attacke ereignete sich innerhalb solcher performativen Grenzen, wie sie etwa ein blutiges Eishockeyspiel haben kann, das trotz seiner offensichtlichen Brutalität immer ein Spiel bleibt. Die Prüfung, das Spießrutenlaufen, der Angriff sind so eine Art ‹doppelt behandeltes› Verhalten – alles wurde schon mal gemacht, festgelegt, so erwartet, aufgeführt. Sechs Wochen später wurde im Dorf der «Schlußakt aufgeführt». Asemo verbrachte die Wochen davor absorbiert von hartem Training. Der Tag, an dem er wieder erschien, wurde mit Tanz gefeiert und gipfelte in der Präsentation der Initiierten vor dem ganzen Dorf. Diesmal griffen die Frauen ihre Männer nicht an, sondern grüßten sie mit einem «aufsteigenden Chor von Willkommensrufen». Danach tanzten die Eingeweihten in einer Gruppe ohne die Hilfe und den Schutz der älteren Männer.

«Sie bewegten sich unsicher unter der beeinträchtigenden Dekoration, und es gelang mir im Moment nicht, den großartigen Unterschied wahrzunehmen, der den erfahreneren Augen so offensichtlich schien. Sie strahlten eine bestimmte Würde aus, als sie, mit Rücksicht auf das Gewicht ihres großen Haarschmucks, einen langsamen, gemessenen Tanz begannen. Einen Augenblick lang befand ich mich in eins mit der Gruppe der Bewunderer» (Read, 1965, S. 177).

Im Wertsystem der Gahuku waren aus Asemo und seinen Kameraden jetzt Männer geworden mit allen Privilegien und Pflichten, die dieser

Status mit sich brachte. Die Abschaffung der Initiationsriten – als Read 1965 *The High Valley* schrieb, glaubte er, daß sie nicht wieder aufgeführt würden – signalisiert einen Wandel in der Grundlage der Gahuku-Gesellschaft. Denn in den Initiationsriten werden nicht nur Veränderungen angedeutet, die sich an anderer Stelle in der Gesellschaft vollzogen haben – wie es im euro-amerikanischen Kontext beim *Bar-Mizwa*, der Reifeprüfung oder beim Eintritt in einen beruflichen Zusammenhang der Fall ist. Der Ritus ist selbst der Mechanismus, der den Wechsel anzeigt *und* bewirkt. Ohne diesen Ritus würden aus den Gahuku-Jungen andere Männer werden.

Man ist daran gewöhnt, transportierende Aufführungen ‹Theater› und transformierende Aufführungen ‹Ritual› zu nennen. Doch hält diese säuberliche Trennung einem zweiten Blick nicht stand. In den meisten Fällen bestehen beide Phänomene in einer Vorstellung nebeneinander. So wie Asemo und seine Gefährten transformiert wurden, so wurden die Gahuku-Männer, die sich mit ihnen übergaben und bluteten, die sie auf den Schultern trugen und mit ihnen die Tänze übten, transportiert. Sie agierten als Trainer, Anführer und Mitdarsteller. Diejenigen, die sich nicht mehr oder nicht dieses Mal verändern, bewirken die Veränderung.

Um dieses System aufrechtzuerhalten, muß der Transportierte unverändert bleiben, während der Transformierte bleibend verändert wird. Die Rolle des Transportierten besteht darin, sich in die Aufführung einzubringen, seine Rolle zu spielen, seine Maske zu tragen – normalerweise die eines Agenten höherer und größerer Kräfte, wenn er nicht direkt von ihnen besessen ist – und sich wieder zu entfernen. Der Transportierte ist hierin identisch mit einem klassischen Schauspieler bzw. ist der Schauspieler im euro-amerikanischen Sinn ein Beispiel für den transportierten Riten-Darsteller. Aus Gründen, die ich erst später erläutern will, ist das euro-amerikanische Theater ein Theater der Transportation ohne Transformation. In den 60er Jahren hat man damit begonnen, viel Arbeit in die Suche nach der Transformation auf dem Theater zu investieren.

Und das Publikum? In den transformierenden Aufführungen haben die Zuschauer normalerweise einen großen Anteil am Erfolg der Aufführung. Sie werden zu Verwandten der Schauspieler oder zu Mitgliedern der gleichen Gemeinschaft. In solchen Aufführungen läuft die Aufmerksamkeit der Transportierten und der Zuschauer an dem Punkt der Transformation zusammen (siehe Abbildung nächste Seite).

In dieser Konzentration der Aufmerksamkeit ist der Grund zu su-

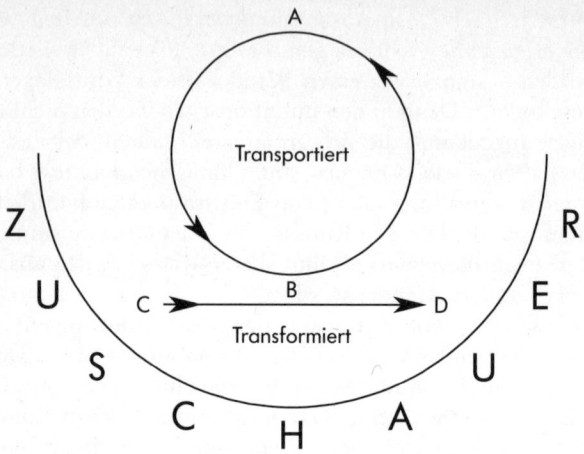

chen, daß heute so viele transformierende Aufführungen mit der Beteiligung der Zuschauer arbeiten. In Susuroka fieberten alle dem Tag des gemeinsamen Tanzes entgegen, an dem Asemo und seine Gefährten ihr Debüt als Männer gaben. Zuerst tanzten nur die Jungen, die jetzt Männer wurden, aber dann fanden sich alle in einer großen Feier zusammen. So ist es auch beim Bar-Mizwa, bei Hochzeiten und sogar auf Beerdigungen.

In transformativen Aufführungen mögen die Stars vom technischen Standpunkt her gesehen vielleicht nicht die besten Schauspieler sein. Asemo und seine Gefährten können nicht so gut tanzen wie die älteren Männer, so wie ein Bar-Mizwa-Junge seine Torah nicht so gut singt wie der *chazan*. Während des Initiationsprozesses haben sich die älteren Männer darauf konzentriert, die Jungen zu unterstützen, ihnen zur Seite zu stehen – sie taten, was getan werden mußte, um die Initiation vollständig, d. h. wirksam werden zu lassen. Und am letzten Tag richtet sich die Aufmerksamkeit des Dorfes auf das Ergebnis: neue Männer – die Arbeit ist getan. Interessanterweise stammt das Wort ‹Drama› vom griechischen dran: tun, machen, ab. Wie bei einer Hochzeit richtet sich die Aufmerksamkeit auf das junge Paar, bei einem Bar-Mizwa auf den Bar-Mizwa-Jungen usw. Aber abgesehen von den Fähigkeiten der Transformierten, müssen die Transportierten schon erfahrene Darsteller sein. Überall hängt das Vergnügen, das ein Publikum an einer transformierenden Vorstellung gewinnen kann, sehr von den älteren bzw. den professionellen Darstellern ab, denen, die trainieren, führen und betreuen und oft mit den Transformierten gemeinsam aufführen. Der Bar-Mizwa-Junge wird für seinen Gesang gelobt, aber der Chazan singt besser, und das gleiche gilt für den Tanz von Asemo und seinen Gefährten auch.

Einfach wäre es, wenn es an diesem Punkt endete. Jedoch der Status des Transportierten ist oft sehr viel wichtiger als sein darstellerisches Können – selbst wenn wie im Falle von Quesalid der Status durch das darstellerische Können entsteht. Man möge sich vorstellen, was geschähe, wenn der Papst bei den Oberammergauer Festspielen den Christus spielte. Tatsächlich überträgt das nationale amerikanische Fernsehen, wie der Papst eine Zuhörerschaft oder besser Gemeinde von 17000 Teenagern besäuselt, die in den Madison Square Garden gekarrt wurden. Als Papst fällt Johannes Paul mit dieser Vorstellung aus der Rolle, aber immerhin legt er ein verwaschenes Zeugnis seiner ‹Menschlichkeit› ab, und dieses ‹menschliche Image› läßt die Menschen oft seine konservative Theologie vergessen. Außerdem ist der polnische Johannes Paul eine ungewöhnliche Besetzung für eine Rolle, die normalerweise Italienern vorbehalten ist. Was allerdings würde wohl mit einem französischen Pfarrer geschehen, wenn das nationale Fernsehen *seine* Berieselung einer Schar von Teenagern live ausstrahlen würde? Eine eher absurde Vorstellung, denn das nationale Fernsehen würde sich hüten, die Versuche eines normalen Priesters im Fernsehen und noch dazu in dieser Rubrik zu senden. Trotzdem hat aus der Sicht der Kirche der Gemeindepriester, der die Messe zelebriert, eine größere Wirkung als ein Schauspieler, der in *The Deputy* den Papst spielt. Wie wäre es also mit der unwahrscheinlichen Möglichkeit, daß ein Priester (oder der Papst selbst) die Rolle des Papstes in diesem Stück spielt?

So undenkbar diese Vorstellung ist, weist sie doch auf die vier Variablen hin, die in jeder Aufführung zum Tragen kommen: 1. Ob die Aufführung wirksam ist und direkte Veränderungen im wirklichen Leben hervorruft (Initiation, Hochzeit usw.) oder ob sie, auch wenn es sich um wirkliche Ereignisse handelt, fiktiv ist (gewöhnliche Stücke, Dokumentarstücke). 2. Der Status der Rollenträger *innerhalb* der Aufführung. 3. Status der Personen, die die Rollen spielen – ob sie sich selbst spielen (wie bei Initiationen), von anderen besessen sind oder, im Sinn von Stanislawski, ‹eine Rolle entwickelt haben›. (Man erinnere sich daran, daß Quesalid seine Rolle zunächst als ‹Enthüller› spielte und dann hinter der Maske endete, die er anderen herunterreißen wollte. Auch der Karneval beruht auf Rollenumkehrungen. (Narren spielen Könige, und von Königen erwartet man, daß sie sich närrisch verhalten.) 4. Die Qualität der Aufführung, gemessen daran, inwieweit die Darsteller die verlangten Mittel beherrschen (auch diese variieren von Gesellschaft zu Gesellschaft und von Anlaß zu Anlaß). Manchmal, zum Beispiel in Gaunerstücken, wird sogar die Fähigkeit verlangt, mangelndes Können zu simulieren. Keine dieser Variablen fehlt in irgendeiner Aufführung, sei sie transformativ oder transportierend.

Mein Modell transportierender/transformierender Aufführungen ist überaus offen angelegt. Es kann auf verschiedene Formen und Kulturen angewandt werden. [...]

Das *Natyasastra*, das für traditionelles indisches Theater grundlegende Buch, enstand zwischen dem 2. und 4. vorchristlichen Jahrhundert und ist, wie mit relativer Sicherheit angenommen werden kann, nicht die Arbeit einer einzelnen Person. Es enthält Einzelheiten über die Theaterarchitektur, Aufführungen, genaue Gesten des Körpers, der Glieder und der Mimik. In ihm werden die Gefühle, Schauspielstile, verschiedene Stückgattungen und der mythische Ursprung des Theaters diskutiert, der von den Göttern entworfen und später zu den Menschen auf die Erde gebracht wurde. Alles deutet auf eine blühende Tanz/Theater-Tradition hin, die dem erhaltenen Sanskrit-Drama lange vorausging. Anders als Aristoteles, der aus einer literarisch-philosophischen Perspektive schrieb, gehen die Autoren des Natyasastra von einer komplizierten und sehr lebendigen Aufführungsgeschichte aus. Das Buch ist so sehr mit Details und genauen Beschreibungen gespickt, daß es nur für den handwerklichen Gebrauch bestimmt gewesen sein kann. Aus dieser Fülle möchte ich die Beziehung zwischen Mitteln theatralischer Produktion (Gesten, Tanz, Schritte, Art der Dialekte, Kostüme, Masken, Schminke, Bühnenbild) und der besonderen Art der ‹Unterhaltung›, die die Zuschauer genossen, herausgreifen und einer genauen Beschreibung unterziehen. [...]

Diese Beziehung ist sehr gedrängt formuliert in dem Sanskrit-Begriff des *rasa*. Rasa bedeutet Geschmack, Duft, ist etwas Sinnliches, das durch die Wahrnehmungsorgane – Nase, Mund, Zunge – eintritt und Augen und Ohren anzieht wie ein prächtiges Mahl, das den Magen (für Yoga-Vertraute der Sitz des Atems) ganz und gar befriedigt. Rasa ist weder derb noch schwerfällig, sondern hochentwickelt und sublim. Gemeinsames Essen ist nicht allein ein Paradigma des indischen Theaters. Essen und damit verbundene Opfergaben in Form von *ghee* (geschlagene Butter), Wasser, Glocken und Feuer verbindet das indische Theater und das *puja*, eine alte Hindu-Zeremonie, deren Wurzel bis in die vor-arische Stadt Harappa zurückreichen. (Harappa war eine altertümliche Stadt [und ist heute eine Ruine] in Nordwestindien. Ausgrabungen an diesem Ort lassen auf eine hochentwickelte Zivilisation vor ungefähr 5000 Jahren schließen; Anm. d. Übers.) Das Kernstück des Puja ist die Darreichung von *prasad*, den Speisen der Götter. Das Essen geht auf eine kreisförmige Reise, aber in dieser Zeit verwandelt sich das menschliche Opfer in eine göttliche Gabe. Die Speisen werden von den Göttern geweiht und dann den Menschen zurückgegeben. Verschiedenes Essen, verschiedene Geschmacksrichtungen und Materialien, verschiedene Referenzen und Assoziationen haben verschiedene Funktionen und Bedeutungen; Früchte, Süßigkeiten, Reis usw. auf verschiedene Weise zubereitet, konstituieren eine ‹Sprache des Essens›.

Indisches Theater hat seinen Ursprung laut Natyasastra in der Unterhaltung, die sich die Götter gegenseitig haben zukommen lassen; genauso aber ist es eine Opfergabe, Speisung für die Götter, die sie den Menschen zurücksenden, damit sie sich daran erfreuen. Die Götter sind sowohl ständiges Personal als auch Zuschauer des menschlichen und des göttlichen Theaters. Im Ramlila von Ramnagar werden die Götter als Figuren auf hohen Pfählen präsentiert, die von oben auf die Aufführung herunterblicken. Für ein Volk, das an die Reinkarnation glaubt, ist das Erscheinen von Göttern sowohl als Zuschauer als auch als Mitspieler eher etwas Normales, gerade wenn in seinen Religionsbüchern die Götter als modellierte Menschen und nicht umgekehrt erscheinen.

Auch ist und war die Aufführungspraxis in Indien nicht von Konkurrenz oder Wettstreit zwischen Autor und Schauspielern geprägt. Aufführungen finden in Indien zu allen denkbaren Anlässen statt, angefangen bei jährlichen Feierlichkeiten wie dem Ramlila, dem Raslila, dem Chhau, über reine Unterhaltung in den kommerziellen Theatern wie Jatra und Tamasha bis hin zu glückversprechenden Ereignissen wie Hochzeiten, dem Besuch eines Würdenträgers oder der Erholung von einer Krankheit. Manchmal wird die Aufführung als Opfergabe betrachtet, es versteht sich, daß sich Anlässe und Funktionen der verschiedenen Feierlichkeiten überschneiden. [...]

Rasa ist der Geschmack der Aufführung – die Art, wie dieser Geschmack die Menschen der verschiedenen *jati*, der Kasten, berührt. Inder benutzen, anders als wir, das Wort Geschmack mit großer Zartheit und sozio-ästhetischer Differenziertheit. Es gibt Theater, die sehende Zuschauer brauchen, und andere, die vor allem auf Zuschauer, die hören, Wert legen – das indische Theater sucht Leute, die ‹abschmecken›. Es ist hier nicht der Ort, genau zu erklären, was Rasa ist und wie es gebraucht wird. Worauf ich indessen besonders hinweisen möchte, ist, daß zu Zeiten des Natyasastra und auch in heutigen indischen Aufführungen das Vergnügen zwischen den Darstellern und den Zuschauern oder besser zwischen denen, die eine Aufführung vorbereiten, und denen, die daran teilnehmen, geteilt wird. Rasa findet da statt, wo die Erfahrung der Vorbereitenden und der Teilnehmer aufeinandertreffen. Es verhält sich mit diesen Erfahrungen ähnlich wie mit einer guten Mahlzeit, bei der die Köche wissen müssen, wie sie hergestellt werden kann, und die Esser in der Lage sein müssen, das Vorbereitete zu schätzen. Und, wie bei asiatischen Banketten üblich, gibt es immer viel mehr zu essen, als je verzehrt werden könnte. Die Könnerschaft besteht im wesentlichen darin zu wissen, wie und was man zu bestimmten Anlässen auswählt. [...]

Eine erfolgreiche Aufführung bedarf hochentwickelter Fähigkeiten auf beiden Seiten, der der Vorbereitenden und Teilnehmenden gleichermaßen. Wenn die Teilnehmer mehr erwarten, als die Vorbereitenden geben können, ist die Aufführung unangemessen, geben hingegen die Vorbereitenden mehr, als die Teilnehmer aufnehmen können, ist sie verschwendet. Geringes Können, das sich mit geringer Verständniskapazität paart, ist einem Ungleichgewicht vorzuziehen. Perfektes Rasa entsteht beim Zusammentreffen eines beidseitig sehr hohen Niveaus. Das Nô-Drama in Japan funktioniert in ähnlicher Weise, nur daß die Grundmetapher die Gärtnerei ist, und was geteilt wird, die *hana* (Blume). Mehr davon aber erst später.

Das indische System beidseitig aktiver Teilnahme am Theater, von den Zuschauern, zumindest geistig, wie von den Darstellern – ein System, das nach Südostasien, China und Japan exportiert wurde –, ist einer der Hauptgründe für Brechts Faszination am asiatischen Theater. Dieses System bezieht die Zuschauer in höchst aktiver Weise mit ein und steigert gleichzeitig ihr Vergnügen an der Aufführung. Es arbeitet im wesentlichen mit vier Variablen:

1	2		3	4
Darsteller / Dargestelltes Vorbereitender	$\longrightarrow$	RASA	$\longleftarrow$ ‹Abgeschmecktes› /	Zuschauer Teilnehmer

Rasa steht zwischen 1/2 und 4/3, Rasa existiert nicht unabhängig, sondern ausschließlich als Spannung zwischen zwei Variablen. Jeder Begriff des Systems kann unabhängig von den anderen variiert werden.

So können z. B. unterschiedliche Zuschauer unterschiedliche Teile der Aufführung ‹abschmecken›. Ein Darsteller kann in einem Augenblick in seiner Rolle aufgehen, in einem anderen Moment in Distanz zu ihr treten. Brecht nahm diese Technik der voneinander unabhängigen, variablen Elemente zum Ausgangspunkt für seine Theorie und Praxis der *Verfremdung*. Ich muß noch einmal betonen, wie verwandt das System des asiatischen Theaters der Art ist, in der ein sehr gutes Essen behandelt werden will. Denn bei einem Bankett, einem Fest oder einem Mahl in einem guten Restaurant, am deutlichsten zu beobachten bei zeremoniellen Anlässen oder rituellen Vollzügen, wird erwartet und vorausgesetzt, daß jeder Gang hervorragend ist oder geheiligt, trotzdem wird immer nur ein wenig davon genommen: Eine der Bedeutungen von ‹Geschmack› ist, nur ein wenig zu kosten, abzuschmecken.

Auf diese Weise werden dem Natyasastra zufolge beide, sowohl der Darsteller als auch der Teilnehmer, transportiert, aber nicht transformiert.

Rasa heißt Gegenseitigkeit, Teilen und Mitteilen, die Zusammenarbeit zwischen den Vorbereitenden und den Teilnehmern. Jede Einzelheit der Vorführung ist genau ausgearbeitet, doch variabel: Theaterarchitektur, Inszenierung, Gesten, Musik, Auswahl der Stücke, Zuschauerverhalten, der entsprechende Anlaß für Theater usw. Wenn die Aristotelische Poetik so knapp erscheint, daß man sie für Notizen über einen Text halten könnte, ist das Natyasastra so detailliert, daß der Eindruck entsteht, ein Kollektiv von Verfassern zeichnete hierfür verantwortlich, habe über Jahrhunderte die Informationen zusammengetragen und ein kollektives Buch der Überlieferung von Aufführungswissen erstellt. Aber während die Einzelheiten in einem Grad ausgearbeitet erscheinen, der dem Westen unbekannt ist, bleibt doch ein großer Freiraum innerhalb des Schemas erhalten, eben weil die einzelnen Teile variabel sind. Dies berührt nicht nur die Aufführungen selbst, sondern auch das Training, die Proben und die Überlieferung der Aufführung und des darstellerischen Wissens. Paradoxerweise ist das griechische System, so wie es sich im westlichen Theater historisch entwickelt hat — im Training und in den Proben — freier als das indische, in den Aufführungen selbst dagegen festgelegter. Im Training und in den Proben werden die ‹Idee› bzw. ‹Handlung› einer Aufführung ‹ent-deckt›; das erfordert Freiheit bei der Suche. In der Aufführung wird die Idee dann nur noch ausgestellt; dieses Verfahren bedarf festgelegter Muster. In den asiatischen Systemen sind Training und Proben festgelegt, es wird nicht nach einer Idee gesucht, sondern die Elemente der Aufführung werden in kleine erlernbare Teile segmentiert und so vermittelt. Die Aufführung selbst ist dann wirklich zufällig, und je erfahrener und respektierter ein Darsteller ist, desto weitergehender ist es ihm erlaubt, Elemente der Vorstellung während des Spiels zu verändern. Die Vorstellung ist ein ewig sich veränderndes *lila* (Spiel, Sport, Illusion) zwischen den Vorbereitenden und den Teilnehmern. Heutzutage aber, wo sogar klassischer Tanz und Volkskunst nach westlichen Trainingsmaßstäben zurechtgestutzt werden, verliert das indische Theater diese hohe Qualität der Zufälligkeit. Die Analyse des Unterschieds zwischen kausalen Ketten und vererbten Relationen kann den Blick dafür schärfen, warum das westliche Theater sich in seine Krisen hineinmanövriert, aus denen das Avantgardetheater, die Performance-Kunst, ihm dann wieder heraushelfen muß. Weder das Sanskrit-Drama noch das zeitgenössische indische Theater will ‹originell› sein. Es ist nicht dafür gemacht, in eine Richtung aufzubrechen, Tendenzen hervorzubringen, um sie im nächsten Atemzug zurückzunehmen. Es ist auch kein Drama im klassischen Sinn, sondern ein auf der Verschmelzung verschiedener Sinneseindrücke beruhendes, spielerisches und variantenreiches, eher musikalisches System und hat mit Aristoteles kaum etwas zu tun.

Nichts jedoch könnte den narzißtischen Experimenten des heutigen Theaters ferner sein als das japanische Nô-Theater. Diese Form ist mit dem von mir für das Natyasastra entworfene Schema beschreibbar. Im Nô gibt es die gleiche Beziehung zwischen den exzellent geschulten Darstellern – viele von ihnen gingen seit frühester Kindheit beim Vater, Onkel oder Großvater in die Lehre – und einem kenntnisreichen Publikum. Seami und sein Vater Kannami gaben dem Nô im 14. und 15. Jahrhundert seine endgültige Form. In einer Reihe von Monographien äußert sich Seami sehr genau dazu, wie Nô-Schauspieler ausgebildet und Nô-Spiele aufgeführt werden müssen und welche Kunsttheorie dem allen zugrunde liegt. Ich kann in diesem Rahmen auf die reiche Literatur – das umfassendste und detaillierteste, was eine einzelne Person je über Theater verfaßt hat – leider nur sehr knapp eingehen. Seami war nicht nur ein Schauspieler und Regisseur von großer Kraft, sondern auch Autor vieler Nô-Stücke, die sich noch heute im Repertoire halten. Seine Produktivität entspricht, grob gesagt, der Brechts und Stanislawskis zusammengenommen.

Seami besteht darauf, daß die Umstände, die den näheren Rahmen einer Nô-Vorführung betreffen, genau zu beachten sind; Jahreszeit, Wetter, die Qualität und das Verhalten der Zuschauer spielen eine Rolle:

«Es handelt sich darum, daß man bei Aufführungen zur Ehre und Unterhaltung von Gottheiten oder bei solchen vor hohen Persönlichkeiten, während die Zuschauer schon versammelt sind, jedoch noch Unruhe unter ihnen herrscht, so lange wartet, bis sich Ruhe einstellt, und dann den Augenblick nützt, da die Herzen der Hunderte sich in gespannter Erwartung in der Frage: ‹Beginnt es denn noch immer nicht?› zu einem einzigen zusammenschließen, das seine ganze Aufmerksamkeit auf den Schauspielerraum richtet. In diesem Augenblick, der auf keinen Fall verfehlt werden darf, tritt man plötzlich auf die Bühne und stimmt den Issei-Gesang … an. Auf diese Weise wird der ganze Zuschauerraum in den Bann dieses Augenblicks gezogen, und das Herz der Hunderte folgt bis ins letzte den Bewegungen des Schauspielers… Da der Beginn einer Nô-Aufführung sich aber nach dem Erscheinen der hohen Persönlichkeiten zu richten hat, muß man, auch wenn diese zu früh ihre Plätze eingenommen haben, gleichgültig, wie es im Zuschauerraum aussieht, unverzüglich mit dem Spiele beginnen. Da sich in den Reihen der Zuschauer noch nicht alles beruhigt hat oder sogar Nachzügler verspätet hereinkommen, herrscht Unruhe unter ihnen, ihr Herz ist dem Nô noch nicht ganz zugewandt, und so fällt es nicht leicht, sie durch das Spiel zu fesseln. Bei dem Eröffnungsstück muß man sich in einem solchen Fall bunter und farbiger bewegen als sonst, lauter singen, heftiger mit den Füßen aufstampfen und sich ganz allgemein lebhafter gehaben, um so die Aufmerksamkeit aller auf das Spiel zu lenken. Damit vermag man die Unruhe der Zuschauer zu dämpfen… Das Urteil, ob sich die Zuschauer in gespannter Erwartung auf das Nô nun schon eingestellt haben oder nicht, fällt freilich nicht leicht, wenn man in der Nô-Kunst nicht sehr erfahren ist» (Seami 1986, S. 63 f).

«Ein großer Künstler kann im allgemeinen von einem unkundigen Zuschauer nicht gewürdigt werden, und für den ungeschickten Schauspieler ist es schwierig, einem kundigen Zuschauer zu gefallen. Daß ein ungeschickter von kundigen Augen nicht anerkannt werden kann, erstaunt nicht weiter, daß aber ein guter Schauspieler von einem unkundigen Laien zumeist nicht gewürdigt wird, kommt daher, daß die Erkenntnis jener Laien unzureichend ist» (Ebd., S. 65).

Die Beziehung zwischen Darstellern und Publikum ist so eng und unmittelbar, daß es möglich ist, wenn das Publikum zu unruhig ist, kurzfristig die Kostüme zu wechseln, hellere anzulegen, von denen man sich, wie von homöopathischen Mitteln, eine Beruhigung der Zuschauer verspricht. Die formelle Feierlichkeit und der Eindruck von Festgefügtheit des Nô-Theaters sind trügerisch. Im Kern enthält es eine Reihe von Möglichkeiten, die nirgends sonst auf der Welt im Theater ausgespielt werden. Die gesamte Gruppe, bestehend aus Schauspielern, dem Chor und den Musikern, trifft vielleicht ein- oder zweimal vor einer Aufführung zusammen. Der Shite erklärt ihnen dann seine Pläne. Proben in einem euro-amerikanischen Sinn werden kaum je abgehalten. Die verschiedenen Stränge – Gesang, Sprechgesang, Vortrag, Tanz, Musik – treffen in der Vorstellung selbst aufeinander und werden zu einer öffentlichen Aufführung verwoben. Die Aufführung ist nicht nur in der Weise variabel, die Seami beschreibt, sondern der Shite hat außerdem die Möglichkeit, den Musikern zu signalisieren, daß ein Tanz wiederholt oder gekürzt werden soll. Wiederum, wie in der indischen Raga-Musik, macht sich der Shite die Unmittelbarkeit des Aufeinandertreffens unter den Künstlern und zwischen Künstlern und Publikum zunutze. Das aus Kennern bestehende Publikum ist sich dieser Möglichkeiten bewußt und findet daran sein Vergnügen. Nô – das Wort bedeutet ursprünglich ‹Können› – ist wie Sport, bei dem das Vergnügen des Zuschauers um so größer ist, je besser er die Einzelheiten des Zusammenspiels auf der Bühne versteht, wie beim Baseball, wenn er die Zeichen des Betreuers der dritten Basis an die Spieler (Schläger und Läufer) entziffern kann.

Nicht Rasa, Geschmack, sondern Hana, Blume, ist die Grundmetapher des Nô. Um Hana zu verstehen, muß man viele *sumi-i-Malereien* betrachten, in denen jeder Pinselstrich nur ein einziges Mal erlaubt ist und keine Korrekturen möglich sind, so daß ein großes Werk nur dann entsteht, wenn alle Übung von demjenigen abfällt und eine unumkehrbare Begegnung zwischen Künstler und Medium stattfindet. Seami spricht oft von Hana, aber nirgends zwingender als hier:

«Mein Vater starb am 19. Mai (1384) im Alter von 52 Jahren. Am vierten Tag des gleichen Monats gab er eine Vorstellung vor dem ‹Segen-Tempel› in der Provinz Suruga. Besonders seine eigene Vorstellung in diesem Programm war brillant und das Publikum, hohes und ungebildetes, applaudierte. Er hatte viele der spektakulären Stücke den unerfahrenen Shites überlassen und führte selbst in sehr zurückhaltender Weise die einfachen auf, aber mit welch unbeschreiblicher Brillanz tat er das, seine Blume erblühte wie nie zuvor. Sie war eine *shinno-hana* (eine *hana*, die durch Übung erworben war, wörtlich: die wahrhaftige Blume), die ihn bis ins hohe Alter nie verlassen hat, sondern bei ihm blieb, wie ein blätterloser Baum, der trotzdem blüht» (Seami 1968, S. 23–24).

Beckett pur: eine Kunst destillierter Disziplin. Nicht nur Sumi-i, sondern auch Zen-Steingärten und Bonsai-Bäume sind dem Nô analog. Hana besteht zwischen Darstellern und Zuschauern; wenn es existiert, werden beide, Darsteller und Zuschauer, transportiert.

Wenn die Zuschauer allerdings nicht wissen, was im Nô, hervorgerufen durch bestimmte Anweisungen, vor sich geht, dann fehlt Hana. Wie in der Teezeremonie ist die Fähigkeit, den Dienst selbst und die dazu verwandten Gegenstände zu würdigen, dem Wissen der Gäste direkt proportional. Das ist ein Unterschied zur Situation in Indien, wo zwar Gegenseitigkeit, aber kein besonderes Wissen verlangt ist. Das Leben in einem nordindischen Dorf kann einem fünfjährigen Kind alles das geben, was notwendig ist, um am Ramlila teilzunehmen, die Erfahrung wird sich Jahr für Jahr vertiefen. Der Nô-Zuschauer dagegen muß zum Kenner werden, wenn die Aufführung ihm nicht entgehen soll. Deshalb halten so viele Neulinge das Nô für unzugänglich.

Es braucht keine besondere Übung, um Broadway-Shows zu mögen, in dieser Hinsicht ist experimentelles Theater dem Broadway ähnlich. Fast jedes euro-amerikanische Theater brüstet sich damit, leicht verständlich zu sein – es verlangt von seinen Zuschauern kein besonderes Wissen, sondern lediglich Aufgeschlossenheit.

Die historischen Wurzeln dieser Theaterform sind nicht so sehr religiöse Rituale oder Initiationsriten als volkstümliche Unterhaltung. 1979 sah ich am Broadway *The Elephant Man*. Philip Anglims Darstellung der Hauptrolle war ein Vorbild an Professionalität, wie es den Konventionen des amerikanischen Theaters entspricht: sehr körperlich und trotzdem beherrscht, genau die Vorgaben eines stilisierten Naturalismus einhaltend. Indem er seinen rechten Arm ausstreckte, ihn an der Schulter und wieder am Handgelenk drehte, indem er seine rechte Schulter fallen ließ, seinen Hals nach links drehte, indem er sein linkes Handgelenk nach unten drehte und zu einer Faust ballte und dann diese qualvolle Haltung mehr als zwei Stunden beibehielt (wenn er auf der Bühne war), vermittelte Anglim den Eindruck von Deformation ohne Hilfe des Kostüms oder einer Maske. Sehr im Kontrast, sagen wir zu Lon Chanerys *Glöckner von Notre-Dame* oder Dutzender anderer Filme, in denen Schauspielern kaum mehr als die Funktion zukommt, den effektreichen Einsatz monströser Aufbauten zu unterstützen. Allerdings diente Anglims Arbeit auch einem anderen Zweck. Der einzelne Zuschauer konnte mit der Figur sympathisieren, er wurde nicht abgestoßen. Die Bewunderung für sein Können und das Wahrnehmen der Unbehaglichkeit, der er selbst ausgesetzt war, befreiten den Zuschauer von der direkten Konfrontation mit seinem Aussehen und seinem Gestank als Elephant Man. Eine Zuschauerin beglückwünschte sich selbst: «Ich sah Anglim/Elephant Man und war nicht entsetzt. Ich sah, daß er ein menschliches Wesen war, ganz wie ich.» Diese Art sentimentaler Emphase, gepaart mit großem schauspielerischem Können, brachten der Produktion großen Erfolg ein, sowohl wirtschaftlich als auch bei den Kritikern. Der Darsteller ist transportiert, während die Zuschauer auf einer fast privaten Ebene reagieren. Manche mögen, so wie ich auch, einfach auf das Können Anglims reagiert haben. Es gibt keine gemeinsame Arbeit, die die Zuschauer tun könnten oder an der sie teilnehmen würden. Man kann seine individuellen Erfahrungen parallel zu den anderen Mit-Zuschauern machen, aber nicht gemeinsam mit ihnen. Der Unterschied zwischen Asemos Initiation, Natyasastra und Nô tritt klar hervor. In jeder der anderen Formen spielen die Zuschauer eine bestimmte gemeinsame Rolle. Die Bindungen hören nicht mit der Aufgeschlossenheit auf, sondern schließen bewußte, artikulierbare und erkennbare Interaktionen ein.

Brecht wußte hierum und wollte erreichen, daß die Menschen das Theater mit der gleichen kritischen Einstellung betreten sollten, mit der sie zum Sport gingen. Der Mangel an Gegenseitigkeit, ein Symptom für die Machtlosigkeit der Zuschauer, und der Mangel an transportierendem Potential der Aufführungen führte zu den Experimenten der 60er und 70er Jahre. [...]

Heute scheint es um die amerikanischen Theater recht still zu werden, aber der Schein trügt, unter der glatten Oberfläche brodelt es.

Der organische Aufbau des Theaters, seine immanenten Strukturen bewegen sich auf eine Kollision der verschiedenen Kulturen zu. Wo Traditionen fallen – oder sich radikal voneinander abzugrenzen versuchen –, kann kreative Energie hervorbrechen. Wenn das im Moment an der ‹Kunstfront› nicht sichtbar zu werden scheint, trifft es doch um so mehr in den Sozialwissenschaften zu, wo Disziplinen sich erheblichen Transformationen unterziehen.

1980 schrieb Clifford Geertz über die verschwimmenden Grenzen der Genres – und verucht, Bewegungen aufzugreifen und kritisch zu betrachten, die sich mit ‹Drama›, ‹Spiel› und ‹Text› befassen. Geertz ist ein Pionier auf dem Gebiet dieser Prozesse (die noch nicht zu ‹Methoden› erstarrt sind), er sieht darin einen möglichen Umgang mit der seit dem Ende des Zweiten Weltkrieges veränderten Welt: eine Welt kollidierender Kulturen, eine Welt, die weder von den Europäern und Amerikanern noch von irgend jemand anderem länger dominiert werden kann. Dies gilt gleichermaßen für Politik und Ökonomie wie für die Kultur, die Wissenschaften und die Philosophie und die Kunst. In keiner dieser Sphären sollte es jemals wieder eine Hegemonie geben. Ich glaube, daß schon in allernächster Zukunft diese veränderten Beziehungen zwischen den Völkern in der Ersetzung des Begriffs ‹Internationalität› durch den der ‹Interkulturalität› einen Niederschlag finden werden. Die Rückkehr von Stammesgesellschaften wird mit der interkulturellen Phase menschlicher Geschichte sicher nicht auf unsere industrialisierte Zeit hereinbrechen, aber die gleichberechtigte Stellung von metaphorischem (dem, was von der Kunst freigesetzt wird) und dem faktischen Denken wird eine Folge sein und das theatralische Bild vom rekodierten und aktualisierten Verhalten ein Grundmotiv. Denn Theater ist gleich Aktion ist gleich Transport und Transformation. Aus Platos Republik vertrieben, hat das Theater dennoch zu allen Zeiten existiert. An den Rand gedrängt, irrational manchmal, auch subversiv, aber immer wieder und zunehmend mehr lugt es aus allen Ritzen hervor: in den persönlichen Erfahrungen, den sozialen Dramen, in jedem öffentlichen Akt, der Politik und Ökonomie. In der Kunst.

Anmerkungen

1 Diese Idee vom ‹rekodierten Verhalten› wird an anderer Stelle von mir genauer diskutiert, indem ich den Probenprozeß selbst als Paradigma für so etwas wie Rituale betrachte und in einem Aufsatz über ‹Rekodiertes Verhalten› Parallelen ziehe zu diversen Aktivitäten, zum Beispiel Ritualen, Theater, Psychotherapie, Schamanismus und Reflexivität.
2 Zitiert nach K. Stanislawski: Die Arbeit des Schauspielers an sich selbst I, 1946 (dt. Lizenzausgabe West-Berlin 1983, S. 25). Csikszentmihaly nennt das «Mitgerissenwerden» «*flow*» und findet es in verschiedenen Tätigkeiten wie im Sport, im Bergsteigen, Schachspiel, in der Chirurgie (für den Chirurgen) und im Theater. Es ist das Gegenteil von Reflexivität.
3 Kafka, Franz: Hochzeitsvorbereitungen auf dem Lande und andere Prosa aus dem Nachlaß. Frankfurt/M. (Fischer) 1983, S. 31.
4 Ein weiteres Beispiel für die Kraft einer Darstellung ist ihre Fähigkeit, Ursache und Wirkung zu vertauschen. Die «Kraft» eines Darstellers ist sowohl Ursache als auch Wirkung (siehe Lévi-Strauss 1963, S. 167–185).
5 Die besten Erörterungen, die ich dazu kenne, sind die von M. Singer: The Radha-Krishna *Bhajanas* of Madras City, in: When A Great Tradition Modernizes. London (Pall Mall Press) 1972, S. 199–244, und die von N. Hein: The Miracle Plays of Mathura. New Haven (Yale University Press) 1972.

Literatur

Csikszentmihalyi, Mihaly: Das *flow*-Erlebnis. Jenseits von Angst und Langeweile: im Tun aufgehen. Stuttgart (Klett-Cotta) 1985.
Geertz, Clifford: Blurred Genres, in: American Scholar 49 (1980), Nr. 2, S. 165–182.
Grotowski, Jerzy: Für ein Armes Theater. Vorwort von Peter Brook. Zürich/Schwäbisch Hall (Orell Füssli) 1986.
Hawley, John Stratton: At Play with Krishna. Pilgrimage Dramas from Bridavan. Princeton (Princeton University Press) 1981.

Hein, N.: The Miracle Plays of Mathurā. New Haven (Yale University Press) 1972.

Kolankiewicz, Leszek (Hg.): On the Troad to Active Culture. The Activities of Grotowski's Theatre Laboratory Institute in the Years 1970–1977. Wrocław (Theatre Laboratory) 1979.

Lannoy, Richard: The Speaking Tree. A Study of Indian Culture and Society. London (Oxford University Press) 1971.

Lévi-Strauss, Claude: Der Zauberer und seine Magie, in: ders.: Strukturale Anthropologie, Bd. 1. Frankfurt/M. (Suhrkamp) 1978, S. 183–203.

Read, Kenneth E.: The High Valley. New York (Charles Scribner's Sons) 1965.

Schechner, Richard: Drama, Script, Theatre, and Performance, in: Drama Review 17 (1973), Nr. 3, S. 5–36.

–: Environmental Theatre. New York (Hawthorn) 1973.

–: Essays on Performance Theory. New York (Drama Book Specialists) 1977.

Seami: Die geheime Überlieferung des Nō. Aufgezeichnet von Meister Seami. Frankfurt/M. (Insel) 1986.

Singer, Milton: When a Great Tradition Modernizes. London (Pall Mall Press) 1972.

Stanislavskij, Konstantin Sergeevič: Die Arbeit des Schauspielers an sich selbst. Berlin (Das Europäische Buch) 1946.

Turnbull, Colin M.: Das Volk ohne Liebe. Der soziale Untergang der Ik. Reinbek (Rowohlt) 1973.

6 Nachrichten, Sex und Aufführungstheorie

wie dotte-
Territorium

i

Es ist ebenso schwierig, über die Theorie und Praxis von Aufführungen zu schreiben, wie eine Idee als solche auf die Bühne zu bringen; denn das Schreiben über etwas ist stets indirekt und repräsentativ, es verhält sich zu seinen Gegenständen wie die Landkarte zur Landschaft selbst. Die Bühne verändert sich nicht und ist zunächst physisch wie ein weißer Fleck, vage die Umrisse einer Landschaft andeutend. Das Schreiben und auch die Aufführung schaffen Negativität. Emily Dickinson sagt: «Staunen ist etwas nicht wirklich wissen und nicht wirklich nicht wissen, es ist ein schöner, aber ungeschützter Zustand» (Gedicht Nr. 1331, Vers 3).

Eine gute Aufführungstheorie trägt diesem schönen, ungeschützten Zustand genauso Rechnung wie der Negativität, die angefüllt ist mit japanischem ‹mu›, vielsagenden Pausen, lebendiger Leere, dem, was die Bühne so ganz und gar ausmacht. Mit Artaud gesagt, ist die Bühne zuerst der rein physische Raum, der darauf wartet, gefüllt zu werden. Aber wenn die Bühne mit etwas gefüllt werden kann, so mit einem Vorschlag von Leere. Allen wirkungsvollen Aufführungen ist diese Qualität des ‹nicht-nicht nicht› eigen. Das Training der Darsteller und die Workshops richten ihre Aufmerksamkeit nicht so sehr auf die Vermittlung der Fähigkeit, ‹jemand anders› zu sein, seine Identität zu wechseln, sondern darauf zu lernen, sich zwischen zwei oder mehreren Identitäten zu bewegen. In diesem Sinn ist die Aufführung ein Paradigma für Grenzwertigkeit, d. h. eine ‹Schwelle›[1], ein Bereich, der Räume verbindet und trennt, das eigentlich Wesentliche des Zwischen-Raums. Das ist mein Thema: die Schwelle, die kreative Negativität, die doppelte Verneinung, die in der Multiplikation ausschließlich positive Summen ergibt.

Es gibt zwei Hauptbereiche der Aufführungstheorie: 1. Die Betrachtung des individuellen und sozialen menschlichen Verhaltens als eines Genre des Theaters; 2. Die Betrachtung der Aufführungen – im Bereich des Theaters, des Tanzes und der anderen Kunstformen – als einer Form persönlicher und sozialer Interaktion. Diese beiden Bereiche oder Sphären könnte man in einem Bild als zwei sich gegenüberstehende durchsichtige Doppelspiegel beschreiben. Von der einen Seite des Spiegels blinzeln die ins ‹Leben›, die sich für die ästhetischen Genres interessieren, und von der anderen Seite spähen die auf die ‹Kunst›, die an den Sozialwissenschaften interessiert sind. Da es sich nicht um feststehende Begriffe handelt, sind sie in Anführungszeichen gesetzt. Das Hindurchspähen selber läßt sie schon schwanken. Oder, wie Erving Goffman 1959 sehr witzig bemerkte: «Natürlich ist nicht die ganze Welt eine Bühne, aber die entscheidenden Punkte, an denen sie es nicht ist, sind nicht leicht zu finden» (1969, S. 67).

Fast immer sehen die Menschen, die durch die Spiegel hindurchspähen, nicht nur auf die andere Seite, sondern auch auf ihre eigenen Vorstellungen. Das Zwischenstück der beiden Bereiche ist wieder ein Spiegel. Nur wenn sie einwilligen, das eigene Bild für einen Moment außer acht zu lassen, werden sie die andere Seite sehen. Aber dieser Luxus scheint teuer geworden. Die meisten Menschen ziehen es vor, sich bei der Betrachtung der Dinge dieser Tatsache des Betrachtens selbst bewußt zu bleiben. So besteht dann die Wirklichkeit des wahrgenommenen Ereignisses, ob Kunst, ob Leben, immer in dem, *was* gesehen wird, und dem, *wie* es gesehen wird. [...]

Dieser Vorgang – der Versuch, alles zu sehen, was es gibt, sich selbst eingeschlossen, alle Konventionen abzulegen, um nichts zu blockieren – führt zur Entwicklung von Metatheorien. Diese Theorien berücksichtigen nicht nur das, was die Menschen auf beiden Seiten des Spiegels sehen – im Bereich der Kunst oder des Lebens –, sondern auch ihre Erfahrung, wenn sie sich von einer Seite zur anderen bewegen.

Die Berichte solcher Metatheoretiker sind durchgehend kompliziert und oft verwirrend, noch dazu weil so viele Ebenen, Sehweisen und Erfahrungen gleichzeitig präsentiert werden. Eine Person sieht das Ereignis, sie sieht sich selbst und sieht sich selbst das Ereignis sehend, sieht gleichzeitig sich selbst und die anderen das Ereignis sehend, die vielleicht sich selbst bei der Betrachtung des Ereignisses sehen. Es gibt also die Aufführung, die Darsteller und Zuschauer, die Zuschauer der Zuschauer und das sich selbst sehende Ich, welches Darsteller, Zuschauer und Zuschauer der Zuschauer sein kann. Es ist diese Fähigkeit, Schichten zu bilden und zu formulieren, welche die Kunst der Tiere, ihren Symbolismus, ihre Kommunikation und ihr Denken von der menschlichen so radikal trennt. Diese Zerlegung kann auch als Spiel bezeichnet werden. Das Phänomen des Spielens wird dadurch bei weitem nicht vollständig erfaßt, aber es ist ein wichtiger Bestandteil dessen. Bateson sieht die Beziehung zwischen Spiel und Theater folgendermaßen:

«Wir könnten erwarten, daß Drohung, Spiel und Theatralik drei unabhängige Phänomene sind ... Aber es scheint, als wäre das, zumindest was die Kommunikation unter Säugetieren anbelangt, falsch. Schon eine sehr kurze Analyse kindlichen Verhaltens zeigt, daß Kombinationen wie theatralisches Spiel, Bluff, spielerische Drohung und Necken einen einzigen Gesamtkomplex von Phänomenen bilden. Und Phänomene bei Erwachsenen wie Glücks- und Risikospiele haben ihre Wurzeln in der Kombination von Drohung und Spiel. Es ist auch offenkundig, daß nicht nur Drohung, sondern auch das Gegenstück der Drohung – das Verhalten des bedrohten Individuums – ein Teil dieses Komplexes ist. Wahrscheinlich fällt nicht nur die Theatralik, sondern auch der Voyeurismus in dieses Gebiet» (Bateson 1981, S. 246 f).

Aber was ist Spiel? «Nun konnte dieses Phänomen Spiel nur auftreten, wenn die beteiligten Organismen in gewissem Maße der Metakommunikation fähig waren, d. h. Signale austauschen konnten, mit denen die Mitteilung ‹Dies ist Spiel› übertragen wurde» (Bateson 1981, S. 244). Solche Signale könnten sein: eine clowneske Grimassse, eine Spiellaune, ein Zucken der Augenbraue oder Fallen der Kinnlade, Zeichen, die in Millisekunden gegeben werden. Diese Signale können transformiert, in Konventionen dieser oder jener Kultur verschlüsselt und auch vorgetäuscht werden. Wenn sie erst sozial etabliert sind, können sie innerhalb eines sehr weiten Spektrums von Aktivitäten benutzt werden, um zu sagen ‹Dies ist ein Spiel›.

Der Kauf von Eintrittskarten ist ein solches Spiel in unserer Kultur. Wenn ich Karten reserviere, um im Madison Square Garden die ‹Rangers› zu sehen, bin ich darauf eingestellt – in einem bestimmten kontrollierbaren Rahmen –, Verletzungen zu sehen. Wenn ich am gleichen Ort den Zirkus ansehe, dann weiß ich, man wird mir gefährliche Dinge zeigen, mich aber gleichzeitig auch über die angebliche Gefährlichkeit von Dingen täuschen. Wenn ich ins Theater gehe, zum Broadway oder Off-Broadway, werde ich vielleicht sogar einen fingierten Tod zu sehen bekommen. Wäre ich ein Römer und ginge in den Circus Maximus, dann sähe ich wirklichen Tod, der sich aber immer noch im Rahmen eines Spiels ereignete. Es geht also nicht allein um die Konsequenz – stirbt der Schauspieler oder nicht –, sondern auch um den Kontext. Die Gladiatoren müssen sich nicht mehr verfeinden als die Darsteller von Hamlet und Claudius. Es sind die Konventionen des Circus Maximus, die normalerweise den realen Tod des Verlierers erfordern, wohingegen die Konventionen des Shakespeare-Theaters verlangen, ‹daß der Natur der Spiegel vorgehalten werde›, um es mit Hamlet zu sagen. Der Unterschied zwischen dem Circus Maximus und dem Globe entspricht dem zwischen spanischem und portugiesischem Stierkampf. Sicherlich steht dieser Unterschied für untheatralische gesellschaftliche Unterschiede, und ich selbst ziehe friedvolle den blutrünstigen Dramen vor. Trotzdem schaue ich mir jeden Sonntagnachmittag den Profi-Fußball im Fernsehen an. (Der amerikanische ‹Football› ist eine wesentlich verletzungsträchtigere Sportart als der europäische Fußball. Anm. d. Übers.) Wenn ich also für den Frieden spreche, habe ich doch nichts gegen einen Sport, der einen Haufen gebrochener Knochen mit sich bringen kann.

Selbst in New York gibt es heutzutage Theater – nicht Sport, kein legalisierter Kampf wie Boxen, sondern wirkliches Theater, in dem eine bestimmte Form des Realen mit der Phantasie verknüpft wird. Zu dieser Art von Theater gehören Live-Shows und Fernsehserien. Aber ich werde im folgenden über die Realität des Fernsehens noch einiges sagen. Vorläufig möchte ich von ‹Belle de Jour›, einem sadomasochistischen Theater in der neunzehnten westlichen Straße von Manhattan, sprechen. Die Eintrittskarten bei Belle's kosten für Männer 30 Dollar und fünf für Frauen. Belle selbst begrüßt die Zuschauer und führt sie durch die Räumlichkeiten. Vor Beginn der theatralischen Präsentation sieht man auf einem Gerüst eine Frau ausgestreckt liegen, die überaus offensichtlich nur vorgibt, verletzt zu sein, einen Mann, der von einer Kerze verbrannt wird, und eine Frau, die in den Mund eines Mannes uriniert. Dann nimmt das Publikum Platz auf Bänken gegenüber einer kleinen erhöhten Bühne aus auf Hochglanz poliertem Holz. Die Bühne erinnerte mich an eine Nô-Bühne. Im Rahmen einiger Nummern, von denen manche komisch sein wollen und andere Furcht einflößen sollen, werden die verschiedensten sadomasochistischen Aktionen durchgeführt, zum Beispiel peitschen, mit Klammern in die Brust zwicken, Hoden abbinden oder geschmolzenes Wachs auf den Körper und die Brüste einer Frau tropfen lassen. Einer der Höhepunkte der Vorstellung ist dann erreicht, wenn Belle einen neun Zentimeter langen Nagel durch den Penis ihres ‹Hausklaven› treibt, und das ist kein Grand Guignol-Trick. Nichts bei Belle ist wie im Grand Guignol, wo wir als Zuschauer damit rechneten, getäuscht zu werden. Belle erlaubt es sich, die Zuschauer mit Wirklichkeit zu konfrontieren.

Nach der Vorstellung bittet sie die bis dato passiven Beobachter auf die Bühne, damit sie schlagen und sich schlagen lassen. Ungefähr 15 der etwa 50 Anwesenden sind bereit, sich darauf einzulassen, oft bedarf es dazu einiger Überredung. Mehr Männer als Frauen folgen Belles Einladung, und die Teilnehmer schlagen und werden geschlagen (siehe Foto). Ein oder zwei werden einer kräftigeren Behandlung unterzogen. Ich sah

Ein Zuschauer wird von einem anderen Zuschauer geschlagen, wobei Belle (mit Peitsche) und ihre Assistentin zuschauen. (Foto Catherine Burgheart)

einen entkleideten Mann, der mit dem Kopf nach unten an den Fußgelenken aufgehängt war. Er wurde so lange geschlagen, bis sein Hinterteil erhebliche Rötungen aufwies. Normalerweise agieren die Zuschauer nicht miteinander, sondern arbeiten mit den Angestellten von Belle oder diese mit ihnen, und alles wird dabei sorgfältig kontrolliert. Die meisten Zuschauer kommen einmal, manche regelmäßig. Wenn der ‹öffentliche› Teil vorüber ist, kündigt Belle die ‹privaten Sitzungen› an, die meist bis tief in die Nacht andauern. Diese Sitzungen beschäftigen Belle und ihre Angestellten den größten Teil der Woche über. Hier verdienen sie das große Geld, hier dürfen die Klienten ihre eigenen Szenarien vorschlagen, die dann an und mit ihnen ausagiert werden. In Belles Theater wird viel von dem praktiziert, was in Genets *Der Balkon* nahegelegt ist. Ich fragte Belle danach, aber sie hatte von Genet nie etwas gehört.

Im Gespräch mit ihr erfuhr ich, daß die meisten Teile ihrer Artistik, um es theatralisch auszudrücken, sehr zufällig entstanden waren. Als Besitzerin einer Boutique, die sich auf sadomasochistische Bekleidung spezialisiert hatte, entwarf sie diese Kleidung selbst und bezeichnete sich als ‹Domina›. Eines Tages zog sie um, in das Dachgeschoß einer Wohnung in der 19. Straße, die eine kleine Bühne hatte. «Ich wußte nicht, was ich mit diesem Ding in der Mitte meiner Wohnung tun sollte», sagte sie. Nach etwa einem Jahr dämmerte ihr ‹Bühne = Theater›, und so gründete sie ‹Belle de Jour›. Sie war sehr erfolgreich damit und erzählte mir von einer neuen Idee, sie wollte ein kleines Theater-Restaurant eröffnen, mit speziellen Sado-Maso-Aktionen als Einlage und ‹Humble Pie› zum Nachtisch.

Belle will Schauspielunterricht nehmen, aber ich würde ihr davon abraten. Ihre Bühnenpräsenz ist so stark, weil sie nicht einstudiert ist. Sie blickt den Zuschauern direkt in die Augen und ärgert sich wirklich, wenn etwas schiefgeht. Mit ihren 50 Jahren, ihrem kurzgeschnittenen grauen Haar ist sie überzeugend in ihrem Ledermini, ihren Netzstrümpfen und ihrer Reitpeitsche. Sie ist ein Original und ihr Theater ist authentisches Volkstheater.

Ist das dekadent? Wenn mit Dekadenz gemeint ist, was mit dem Zerfall einer Kultur einhergeht (an sich schon ein eher vager Begriff), dann wäre ich vorsichtig damit, Belles Theater als dekadent zu bezeichnen. Ich nehme an, daß es Tätigkeiten wie die ihren unter verschiedenen Umständen und in verschiedenen Kulturen schon sehr lange gegeben hat. Verglichen mit dem, was ich in Schwulenbars, in Badehäusern oder in Punk-Kneipen schon gesehen habe, ist das Publikum bei Belle eher bourgeois, die vorherrschende Kleidung dort ist konservativ und ich würde auch Bars, Badehäuser und Clubs kaum als dekadent bezeichnen wollen.

Die Menschen, die zu Belle kommen – Spieler, reine Zuschauer und auch Zuschauer, die als Mitspieler agieren –, spielen und spielen gleichzeitig nicht. Anders gesagt: Ihr Spiel erreicht eine Intensität, Konzentration und Ernsthaftigkeit, wie wir sie im ‹wirklichen Theater› nicht häufig erleben. Dort haben wir uns an die fahrlässige Täuschung gewöhnt. Eine derartige Konzentration, wie ich sie bei Belle erlebte, habe ich sonst nur im Sport oder in der Schwarzen Kirche von Harlem oder in meiner eigenen Familie bei der Feier des Passah-Mahls gefunden.

Intensität, Leidenschaft, Konzentration, Hingabe: das alles ist Teil der Spiellaune. Aber allein dadurch wird das Spiel noch nicht zum Spiel, hinzu kommen müssen eine Qualität des Ausagierens, der Lust, einen normalerweise versteckten Teil seiner selbst hervorzukehren und ein anderer zu werden, ohne sich um die Konsequenzen zu kümmern. Das man ungestraft davonkommt, ist Teil des Spiels. «Diese Handlungen, in die wir jetzt verwickelt sind, bezeichnen nicht, was jene Handlungen, die sie bezeichnen, bezeichnen würden. Das spielerische Zwicken bezeichnet den Biß, aber es bezeichnet nicht, was durch den Biß

260

bezeichnet würde» (Bateson 1981, S. 244). Oder wie Belle es ausdrückt: Wenn jemand in ihrem Theater wirklich verletzt würde, sei etwas schiefgegangen. Knabbern ist vorgetäuschtes Beißen, und selbst wenn es weh tut, wird es im Rahmen des Spiels (normalerweise) verziehen. Aber selbst diese vorgeblichen Bisse erinnern uns daran, daß dieses spielerische Knabbern eine Art Biß ist, der, fiele der Rahmen des Spiels weg, zu ‹wirklichem› Beißen werden würde.

Wo bleibt bei solcher Betrachtung der blutende Gladiator oder der wirkliche Sadomasochist bei Belle? Deren Bedingungen sind theatralisch gesprochen ganz andere. Der Gladiator will nicht spielen. Er spielt nicht. Er ist selbst ein Spiel für die Zuschauer. Er ist wie ein Tier, wird unter Bewachung hereingeführt und benutzt zum Vergnügen der Zuschauer. Für das Publikum ist das Zuschauen Spiel, aber der Gladiator ist ein Sklave, der nur die Wahl hat, jetzt oder später zu sterben. Trotzdem ist seine Situation, die mit Spiel nichts zu tun hat, im Rahmen eines Spiels ausgestellt. Wenn das seltsam oder gar obszön erscheint, so unterscheidet es sich doch nicht sehr von dem, was uns jeden Abend in den Lokalnachrichten, dem ‹six o'clock Report›, auf dem New Yorker Channel 4 präsentiert wird.

Der Mann, der sich bei Belle seinen Penis nageln läßt, ist im wirklichen Leben Mechaniker. Er mag den Nagel in seinem Schwanz. Er wird nicht dafür bezahlt. Er hat es auch gern, wenn Belle in seinen Mund uriniert, und es ist eine Frage des psychologischen Standpunktes, ob man diesen Mann für freier oder unfreier hält als einen gewöhnlichen Schauspieler, der seinen Beruf liebt, in dem ihm die Simulation einiger recht grausamer Situationen abverlangt werden kann. Eines jedenfalls muß klar sein, der Mann bei Belle wird nicht, wie der Gladiator, mit körperlicher Gewalt zu dem gezwungen, was er tut.

Aber sind die beschriebenen Handlungen – ich habe Extreme gewählt, um Batesons Begriff vom ‹Spielrahmen› einem Test zu unterziehen – wirklich bloß das spielerische Knabbern, das für den Biß steht, aber nicht für das, wofür der wirkliche Biß stehen würde? Anders gefragt: Ist der Tod des Gladiators ein Zeichen für die Feindschaft zwischen ihm und seinem Gegner oder zwischen ihm und dem wilden Tier? Wird der Mann bei Belle durch den Nagel verletzt; bestraft oder foltert sie ihn?

Wie immer die Fragen beantwortet werden, sicher ist, daß Belles Theater grenzwertiges Theater ist. Ihre Vorstellungen werden (noch) nicht auf der Theaterseite der *Village Voice* annonciert, aber doch in einer fast klassischen Abteilung ganz am Schluß unter dem Titel ‹Unterhaltung für Erwachsene›. Dort werden verschiedene ‹phantastische› Unterhaltungen aufgelistet, wobei es oft nur um schlecht getarnte Prostitution geht. [...]

Zwar werden diese Art Vergnügungen auch nicht im ‹*Village Voice*› oder in der ‹*New York Times*› besprochen, aber nachdem Sexualität in allen Spielarten ein ursprüngliches und weitverbreitetes Thema in den Theatern aller Zeiten ist und war, ist die März-Nummer von 1981 des *Drama Review*, der führenden Theaterzeitung des Landes, dem Thema ‹Sex und Performance› gewidmet. Ein Artikel darin handelte von der Art Theater, die Belle in ihrem Etablissement praktiziert. [...] Catherine Burgheart beschreibt darin die Einzelheiten eines sogenannten Netzwerks unter den Sextheatern und behauptet, daß diese eine ‹kleine und intime Gemeinschaft› bilden. Mit anderen Worten seien diese Theater genauso wie die Leute, die sie betreiben und die sie besuchen, noch nicht fester Bestandteil der konkurrierenden ‹Unterhaltungswelt›, aber eben auch nicht-nicht Bestandteil dieser Welt. Genau wie die Aktivitäten in diesen Theatern, das was auf der Bühne unter Mitwirkung des Publikums passiert, mit Begriffen wie Theater, Prostitution, Ritual, ökonomische Ausbeutung, gemeinschaftliche Tätigkeit nicht exakt kategorisiert werden können, so stehen auch die Theater selbst immer in irgendeinem Zwischen-Raum.

Grenzwertigkeit ist nicht eine Frage ‹legaler› oder ‹halblegaler› Theater, sondern ein Phänomen, mit dem innerhalb einer jeden Theaterform experimentiert wird. (Gibt es etwas Vergleichbares in der Literatur oder den sogenannten pornographischen Schriften?) Im experimentellen Theater verläuft diese Grenze zwischen ‹Kunst› und ‹Leben› beziehungsweise zwischen ‹zufälligen› und ‹festgelegten› Strukturen. Ein großer Teil dieser Arbeiten, von denen John Cages Werk vielleicht das jüngste ist und ihm deshalb zu größerer Verbreitung verholfen hat, schließt die Verarbeitung surrealistischer Einflüsse ein, bei denen ich mich aber in diesem Rahmen nicht länger aufhalten will. Statt dessen möchte ich über ein Theater sprechen, das in New York heute noch existiert und dessen gesamte Geschichte sich in der von mir angesprochenen Weise ‹grenzwertig› gestaltet.

Ich meine das Squat Theater, eine Gruppe, die in der 23. Straße, westlich des Chelsea-Hotels ihren Sitz hat, dort auch arbeitet und aufführt. Diese Gruppe hat in New York für großes Aufsehen gesorgt und wird als eine der führenden experimentellen Theatergruppen bezeichnet. Wie der Name ‹Squat› schon nahelegt, sind die Gruppenmitglieder sämtlich Emigranten, ein Haufen Siedler (Squatters). Sie begannen ihre

Arbeit in Ungarn, waren dann gezwungen, das Land zu verlassen, arbeiteten für ein paar Jahre verstreut in Europa und kamen erst 1977 nach Amerika. Hier traten sie zum erstenmal auf dem ‹New Theatre Festival› in Baltimore in Erscheinung. Kurz danach zogen sie nach New York. Dort mieteten sie das Erdgeschoß eines mehrstöckigen Gebäudes, in dessen Theaterraum sich ein großes Fenster befindet, das den Blick auf die 23. Straße freigibt. Der Raum bietet ungefähr 65 Zuschauern Platz, die alle mit dem Gesicht zu diesem Fenster, mit dem in fast allen Stücken gespielt wird, plaziert werden. Dieses Fenster ist tatsächlich ein Modell für den doppelt durchsichtigen Spiegel, von dem ich eingangs sprach. Auf der 23. Straße spielt sich ‹Leben› ab und im Innern des Raumes, von dem aus man die 23. Straße sehen kann, ‹Kunst›. Und in der Mitte zwischen beidem sich hin- und herbewegend spielt das Squat.

Zur Verdeutlichung werden mir einige Beispiele aus den Stücken *Pig, Child, Fire* (1977) und *Mr. Dead and Mrs. Free* (1981) dienen. In weiten Teilen von *Pig* dient das Fenster als Bühnenhintergrund und sorgt für einige Überraschungen. Die Passanten sehen etwas Seltsames sich hinter dem Fenster ereignen, eine Ziege, die Gemüsereste frißt, eine Familie, die zu Tisch sitzt, ein Mädchen, das mit einem riesigen Schaumgummibusen herumläuft. Die Zuschauer des Stückes lachen über die Fußgänger, als wären sie in der ‹versteckten Kamera›. Die Zuschauer wissen, daß es ein Spiel ist, wenn auch ein ungewöhnliches, während die Passanten, das was sie sehen, nicht einordnen können. Sie sehen ein Publikum, das etwas sehr Ungewöhnliches betrachtet, für das sie selbst dort draußen keinen Rahmen angeben können, während das Publikum im Saal sich der Verwirrung der zufälligen Zuschauer vor dem Fenster erfreut. Im späteren Verlauf des Stücks wird eine Video-Kamera auf die Zuschauer im Saal gerichtet. So können die zahlenden Zuschauer sich selbst beim Zuschauen zuschauen.

Es passiert sogar, daß Leute, die *Pig* einmal von innen gesehen haben, wiederkommen, um diesmal außen vor der Fensterscheibe zu stehen. So gibt es dreierlei Zuschauer: Insider, Nicht-Insider und Insider, die draußen stehen.

Manchmal wird die Straße für einen Coup de Théâtre benutzt. Beispiel: Ein Mann flaniert vorbei, dessen Arm lichterloh in Flammen steht (er trägt eine spezielle Kleidung, die bei sehr niedrigen Temperaturen brennt). Ich werde hier nicht den gesamten Handlungsablauf aller fünf Teile von *Pig* diskutieren, die nicht als Drama, Geschichte oder sozialer Kommentar zusammenhängend konstruiert sind (schon diese

Tatsache als solche ist ein Problem der Bedeutung oder des Inhalts). Die Aktionen in *Pig* setzen ein System von Transformationen in Gang, das sie zugleich durch das In-Beziehung-Setzen von ‹Kunst› und ‹Leben› illustrieren. Wieder und wieder betont das Squat die Unterschiede beider Bereiche, um sie dann sofort wieder in Frage zu stellen. Beispiele dafür:

1. Eine große Puppe hängt mit dem Kopf nach unten. Aus ihrem Anus ragt die Hand eines Mannes heraus, dessen Gesicht mit dem der Puppe identisch ist. Um den Hals trägt er eine Schlinge. Etwa 20 Minuten starrt der Mann das Publikum an, ohne dabei mit den Augen zu zwinkern. Die Puppe wird so entfernt, daß es scheinen muß, als gebäre sich der Mann aus dem Anus der Puppe. Kaum ist er geboren, wird er erhängt. Dann entfernt er langsam sein ‹Gesicht› (eine geschickt angefertigte Maske, die seinen Gesichtszügen genau entspricht). Das Gesicht unter der Maske ist mit der Maske identisch. Dadurch soll eine Erwartung der Zuschauer verwirrt werden. Wozu eine Maske, wenn sie das dahinterliegende Gesicht nicht verdeckt, wenn es nicht zumindest anders aussieht als das ‹wirkliche› Gesicht? Dieser Darsteller trug eine Maske, die ihrer Maskenhaftigkeit beraubt war. Oder, um die Kategorien zu benutzen, von denen ich ausgegangen bin, die Puppe ist, bezogen auf den Mann, der aus ihrem Anus stieg, ‹Kunst›. Aber das Gesicht des Mannes, das seiner eigenen Maske gleicht, kann weder als ‹Kunst› noch als ‹Leben› eingeordnet werden. Ich kann keine Seite meines ‹Leben/Kunst›-Doppelspiegels eindeutig der Maske oder dem Gesicht zuordnen. Eine Zeitlang nahm ich an, daß diese ungerührte Maske tatsächlich ein Männergesicht sei, weil ich die Maske mit dem Gesicht der Puppe verglich, das mehr ‹Kunst› war und weniger ‹Leben› als die Maske. Das Squat gab mir eine gute Lektion in der Relativität der Dinge.

2. Ein Taxi fährt vor dem Theater vor. Ein Mann steigt aus und zieht eine Pistole. Auf der anderen Straßenseite hält ein anderer Mann an, ein Fußgänger kniet neben der Straßenlaterne und zieht ebenfalls eine Pistole. Zwischen beiden fließt der normale Autoverkehr der 23. Straße in Manhatten. Einige Passanten und auch Autofahrer gehen in Deckung, wenn sie die beiden Männer mit den gezogenen Waffen wahrnehmen. In typischer New Yorker Manier halten die meisten Autofahrer nicht an, sondern fahren durch die Kampfzonen hindurch. Im Innern des Theaters zieht eine Schauspielerin eine Pistole und zielt auf den Schützn, der mit dem Taxi gekommen war. Sie schießt – er fällt –, aber die Glasscheibe zwischen ihnen ist nicht gesprungen. Wieder wird

hier ein System verdeutlicht. Das Taxi gehört zum ‹Leben› und der 23. Straße. Die Schützen auf der Straße sind nicht eindeutig zuordenbar. Sie gehören sowohl zum Bereich der ‹Kunst› als auch zu dem, was wir in zunehmendem Maße als ‹Leben› der Straße zu betrachten gewohnt sind. Für die vorbeieilenden Passanten sind die Schützen ‹Leben›. Dann demonstriert die Frau, die aus dem Inneren des Theaters schießt, unmißverständlich, daß die Schützen draußen ‹Kunst› sind. Der blinde Schuß, der den Mann draußen fallen läßt, ist der Beweis. Aber wem beweist dieser Schuß etwas? Die Menschen auf der Straße sehen einen Mann mit einem Revolver fallen. Vielleicht merken sie, daß sie keinen Schuß gehört haben, oder sie nehmen an, daß ein Film gedreht wird. Oder sie denken gar nichts, eilen vorbei und haben ihre eigenen Geschäfte im Kopf.

3. In *Mr. Dead and Mrs. Free* fährt ein Jeep auf den Bürgersteig und hält dicht bei der Glastür, die an das Schaufenster anschließt. Zwei Soldaten im Kampfanzug nehmen einen blutenden Passagier vom Rücksitz und tragen ihn durch die Tür ins Theater. Sie legen ihn in eine Hängematte. Ein Priester und eine Krankenschwester gehen zu ihm. Zuschauer versammeln sich außerhalb des Theaters, spähen hinein und starren auf den Jeep auf dem Bürgersteig. Schon bald kommt die Polizei. Es ist ein richtiges New Yorker Polizeiauto. Warum kommt es? Hat jemand im Theater danach gerufen? Oder ein Passant? Kommt die Polizei jede Nacht, weiß sie nicht, daß hier eine Theatervorstellung läuft? Als ich *Dead/Free* sah, lief es schon seit einem Monat. Hat das Squat eine Erlaubnis, die 23. Straße zu benutzen? Darf es einen Jeep auf den Bürgersteig fahren lassen? Die zwei Cops steigen aus ihrem Auto und sprechen mit den Spielern, die direkt am Jeep stehen. Dann betreten die Cops das Theater durch die Glastür. Die Zuschauer lachen. Sie lachen noch mehr, als ein Krankenwagen mit Blaulicht und Sirenen vor dem Polizeiwagen anhält. Die Beamten reden mit den Darstellern im Theater, einer schreibt in sein Notizbuch. Sie verschwinden. Der Krankenwagen fährt ab. Der Polizeiwagen fährt ab. Dann fährt der Jeep. Die Cops und der Krankenwagen verkörpern ‹Leben› – aber sobald sie das Theater betreten, werden sie zu ‹Kunst›. Der Jeep auf dem Bürgersteig ist ‹Kunst›. Aber für einige Passanten ist er auch ‹Leben›.

Das Squat vermischt diese Begriffe absichtlich. Ich denke, warum eigentlich nicht, man muß genießen, was sich einem bietet. Die Aufführungen von *Pig* und *Dead/Free* stellen Begriffe als nicht flexibel oder dynamisch genug dar, um damit heutige Erfahrungen zu bewältigen.

Die Zuschauer im Theater sind nicht schockiert; die Passanten ebensowenig. In gewisser Weise ist der gesunde Menschenverstand besser in der Lage, mit solchen Situationen fertig zu werden als orthodoxe ästhetische Theorie. Zuschauer, Passanten und sogar die Polizisten kommen mit der Situation zurecht. Aber es gibt keine Aufführungstheorie, die diese Fähigkeit, sich auf Dinge einzustellen, erklären könnte.

Eine genauere Untersuchung der Raumaufteilung, die in beiden Stücken gefunden wurde, ergibt fünf verschiedene Bereiche. Zwischen ihnen entsteht Kommunikation. Jeder Raum wird von einem anderen durch ein bestimmtes Element getrennt und gleichzeitig mit ihm verbunden. Der Jeep gehört zur Straße, wird aber auf den Bürgersteig gefahren. Die Cops stiegen aus dem Auto auf den Bürgersteig und gehen ins Theater. Glastüren und Fenster trennen die Innenräume von den Außenräumen, verbinden aber auch beide, da sie durchsichtig sind. Die Filmleinwand und der Vorhang (im ersten Teil von *Dead/Free* wird ein Film gezeigt) grenzen den Zuschauer- und den Bühnenraum voneinander ab, verbinden aber auch wieder beide. Häufig wird der Vorhang nicht nur als Barriere oder zur Verhüllung des Bühnenbereichs, sondern als Verbindungsglied benutzt. Gegen Ende der Vorstellung tritt aus dem Technikerbereich hinter den Zuschauern ein Roboter hervor und bahnt sich einen Weg durch den Seiteneingang. Er dreht sich vor den Zuschauern und verschwindet durch den Spalt zwischen dem Vorhang. An der gleichen Stelle tauchen direkt danach ein Mann mit einer Geige und eine Sängerin auf. Sie singt, er begleitet sie. Es ist ein Zwischenspiel, nur das hinter dem Vorhang keine Fortsetzung geplant wird. Wenn der Vorhang sich nach dem Zwischenspiel öffnet, ist die Bühne leer und die Vorstellung vorbei.

Solche verschobenen Bewegungen zwischen Polizei, Zuschauer, Spieler, Roboter und ihre Umkehrungen – die Polizei betritt das Theater als Teil der Vorstellung, der Schlußvorhang hebt sich, um das Ende der Vorstellung anzukündigen, statt sich zum Ende zu schließen (oder sich zu öffnen, um den Anfang anzukündigen) – machen auf Grenzen, Brüche und Schnittpunkte der verschiedenen Aufführungsbereiche aufmerksam. Des weiteren laden sie zu einer Überprüfung der formalen und begrifflichen, der experimentellen und pragmatischen Regeln ein, die die Beziehungen der Bereiche regieren, festlegen und bestimmen. Anders gesagt, sind die Vorstellungen des Squat Theaters eine Einladung, Aufführungstheorie zu betreiben.

Fragwürdig bleiben zumindest die Bedeutung und der Inhalt dessen, was die Squat-Spieler, zugegebenermaßen, sehr gekonnt, tun. Aber was genau machen sie beziehungsweise was bedeutet das, was sie tun? [...] Meines Erachtens wird in *Dead/Free* eher thematisch und ikonographisch verfahren als erzählerisch und charakterisierend. Die Vorstellung assoziiert Muster stereotyper fiktiver Handlungen mit Leitmotiven des New Yorker Straßenlebens. Die Schießereien, die Kriegsszenen, die Kabarett-Songs, deren entzifferbarste Worte «Sexmaschine» lauten, der penisartige Roboter, der sich seinen Weg vom hintersten Teil des Theaters durch die Zuschauer hindurch auf die Bühne bahnt, der Film mit zwei Frauen, Teenagern, die sich in klischeehaft pornographischer Sprache unterhalten, so wie sonst wohl nur Männer sprechen, eben drastisch, aber voller Klischees: All das erweckt in mir eine Stimmung von ironischer Verzeiflung. Ist New York wirklich so? Vor mir leben die letzten Tage der Weimarer Republik wieder auf, und ich frage mich, wo wohl der amerikanische Hitler eines Tages herkommen wird. *Dead/Free* hat die 23. Straße als Bühnenhintergrund. Eine Straße wurde ins Theater eingeladen – die Zuschauer können tatsächlich die Straße sehen (über die sie wahrscheinlich ins Theater gelangt sind, um sie zu vergessen). Das Stück insistiert auf dem Einfluß der Straße auf jeden Lebensbereich. Der banalen Gewalt kann man nicht entrinnen. ‹So ist das Leben heutzutage in New York›, ‹sagt› das Stück. Kaum etwas anderes wiederholen die Nachrichten im Fernsehen für uns schon jeden Abend.

Was immer die Bedeutung von *Dead/Free* sein mag – und die Frage des Inhalts ist für uns wieder so wichtig geworden, wie sie es seit den fünfziger Jahren nicht mehr war –, die Künstler des Squat verwirren ganz absichtlich orthodoxe ästhetische Kategorien. Sie finden ihr Vergnügen daran. Das provoziert die gebildeten Zuschauer, von denen viele es sich zum Lebensinhalt gemacht haben, Kategorien und Begriffe zu definieren. Obwohl die Zuschauer im Squat bewegungslos mit dem Blick nach vorn dasitzen, wird das Publikum Zeuge einer systematischen Verkehrung westlicher theatralischer Konventionen. Indem es die 23. Straße auf die Bühne lädt, geht das Squat in seinen Anstrengungen über Pirandello und das Living Theatre hinaus. Indem es die gleiche 23. Straße jedoch in den Rahmen der Vorstellung hineinholt, schenkt es ihr die Milde ästhetischer Betrachtungsart. Das Squat stellt ironischerweise das wirkliche Straßenleben unter die Schutzherrschaft der Ästhetik. Ich sage ironischerweise, weil die Squatleute sehr wohl wissen, wie zerbrechlich und auch unbeständig eine ästhetische Ordnung ist. Die zufälligen Gewalttätigkeiten des alltäglichen Lebens können die ästhetischen Kategorien mit Leichtigkeit wegwischen.

Die Frage, die das Squat Theater an sein Publikum richtet, ist die gleiche, die Goffman 1969 stellte: ‹Wie kann man zwischen Aufführung und Nicht-Aufführung, zwischen Leben und Kunst unterscheiden?› Ich bin mir nicht im klaren darüber, ob diese Frage als solche wichtig ist. Die Künstler des Squat sind sicher, daß Kunst eine Frage des Rahmens ist. Wenn die Cops die Bühne betreten, wird das zu einem ‹Kunstvorgang›, gleichgültig, was sie mit ihrem ‹Auftritt› auf der Bühne bezweckt haben mögen oder wie sie sich selbst dabei fühlen. In einer Zeit der Massenmedien, ich meine damit Fernsehen, Filme, Radio, den Mikrochip, die Satellitenschaltungen, in denen ‹Authentizität› häufig nur als höchst verfeinerte, zubereitete, idealisierte (oder brutalisierte) ‹rohe› Erfahrung erscheint, fragen sich die Menschen oft, was ist eigentlich ‹roh› und was ‹gekocht›? Gibt es so etwas wie menschliche Natur im Sinne unmittelbarer, direkter und unerprobter Erfahrung? Und wenn es das nicht gibt (das gibt es nicht), wie kann uns das Verständnis des gesamten theatralischen Prozesses von Proben, Training, dem Aufwärmen, den Vorbereitungen, dem Abkühlen, der Nachbereitung und der Aufführung selbst überhaupt helfen, soziale Prozesse zu verstehen? Zu begreifen, wie das alltägliche Leben mit all seinen Krisen bewältigt werden kann?

Das sind Fragen nach dem ‹Inhalt›, sowohl als auch nach dem ‹Wert›. Nachrichten ‹zurechtkochen› heißt: sie so zubereiten, daß sie bestimmte soziale und politische Positionen unterstützen. Es gibt keine neutrale Information. [...]

Es gibt Theater im Theater und Theater im alltäglichen Leben, es gibt Ereignisse des alltäglichen Lebens, die als Theater interpretiert werden können, und Ereignisse aus dem Leben, die aufs Theater gebracht werden, wo sie als Kunst und als Fortsetzung des alltäglichen Lebens weiterbestehen (die Cops im Squat). Für einige ist das Theater ein Motor sozialer Prozesse und der Krisenbewältigung. Für andere, zu denen Goffman zählt, hat jede menschliche Regung a priori eine große theatrale Qualität.

«Eine Theatervorstellung oder ein Betrug setzen eine gründliche Bearbeitung des gesprochenen Rollentextes voraus; aber die vielen Rollen, bei denen es um die persönliche Ausstrahlung geht, sind oft von spärlichen Regieanweisungen bestimmt. Es wird erwartet, daß der Darsteller bereits einiges darüber weiß, wie er seine Stimme, sein Gesicht und seinen Körper bewegen muß, auch wenn es ihm selbst – oder seinem Regisseur – schwerfallen würde, dieses Wissen in Worte zu fassen. Hier kommen wir natürlich wieder der Situation des geraden, aufrichtigen Menschen nahe. Eingliederung in das soziale Leben setzt vielleicht nicht so sehr das Lernen der vielen spezifischen Details einer einzigen konkreten Rolle voraus – oft würden weder Zeit noch Energie dazu ausreichen. Was anscheinend vom Einzelnen verlangt wird, ist, daß er genügend Ausdrucksdetails lernt, um jede Rolle, die ihm übertragen wird, auszufüllen und irgendwie mit ihr fertig zu werden. Die legitimen Darstellungen im täglichen Leben werden nicht in dem Sinne ‹gespielt› oder ‹dargeboten›, daß der Darsteller im voraus weiß, was er tun wird, und es allein um seiner Wirkung willen tut. Die Ausstrahlung, die andere von ihm empfangen, wird ihm selbst besonders ‹unzugänglich› sein. Aber ebensowenig wie bei ‹unaufrichtigen› Darstellungen hat die Unfähigkeit des gewöhnlichen Menschen, die Bewegungen seiner Augen und seines Körpers vorauszubestimmen, zu bedeuten; nicht mit Hilfe dieser Mittel wird er sich so ausdrücken, wie es in dem Repertoire seiner Handlungen dramatisch vorgeformt ist. Kurz gesagt, wir alle spielen besser, als wir es zu tun glauben» (Goffman 1969, S. 68).

Goffman erklärt, daß «die Einzelheiten des Ausdrucks und der Bewegung nicht dem Drehbuch entstammen, sondern die Beherrschung einer bestimmten Sprache voraussetzen, die, wenn sie beherrscht wird, ohne viel Voraussicht oder Berechnung von Augenblick zu Augenblick in Praxis umgesetzt wird» (Goffman 1969, S. 69).

Was aber trennt dann die Darstellung im strikten theatralischen Sinn von alltäglichem Verhalten? Aus Goffmans Perspektive und aus der von John Cage – nichts. Für beide ist Theater nur deshalb Theater, weil es im Theater, also in dessen Rahmen, gezeigt wird und deshalb als Theater rezipiert wird. So wie die Aussage ‹Das ist Spiel› entsprechendes Spielverhalten kennzeichnet, macht die Aussage ‹Das ist Theater› es als solches kenntlich. Innerhalb dieses Rahmens ‹Das ist Theater› wird jede erdenkliche Art von Verhalten gezeigt – vom ruhigsten und prosaischsten bis hin zum allerintensivsten und erregendsten. Manche Theaterformen, das Happening und auch die Performance Art, spezialisieren sich tatsächlich oft darauf, möglichst undramatisch zu sein, wohingegen sich manche ‹Aufführungen›, die unter der Rubrik ‹normales Leben› firmieren, äußerst dramatisch geben. Zeitungen und Magazine präsentieren sich durch Schlagzeilen und Fotos seit langem sehr dramatisch, die Fernsehnachrichten haben das Theater des gewöhnlichen Lebens zu ihrer Domäne gemacht.

Fernsehnachrichten scheinen mir ein gutes Beispiel für diese grenzwertigen Aufführungen, die sich ‹zwischen etwas› bewegen und mit denen wir mehr und mehr konfrontiert werden. Sie belegen die Theorien von Goffman, Turner und Geertz, indem sie Aufführungsformen anbieten, die denen des Squat ähneln. Trotz der behaupteten Referenz auf das reale Leben präsentiert und beweist das Fernsehen nichts anderes als die These, daß Leben Theater sei und sonst nichts.

Es gibt zwei regelmäßige Nachrichtensendungen, die lokalen und die nationalen Nachrichten. (Sogenannte ‹Specials› sind wieder etwas anderes.) Manche Meldungen werden in beiden Sendungen gebracht, die Spätnachrichten wiederholen normalerweise viele Nachrichten vom frühen Abend. So garantiert der Rahmen, den man sich dafür gesetzt hat, schon eine Art ritueller Wiederholung, geradezu eine Beschwörung, die helfen soll, die Nachrichten ‹an den Mann zu bringen›. Hier ähneln die Nachrichten der Werbung sehr. (Im amerikanischen Fernsehen werden die Nachrichten anders als bei uns in lokale, auf etwa 50 km Umgebung beschränkte, und in Nachrichten aus der Welt aufgesplittet. Auf manche der besonders ‹wichtigen› Ereignisse wird in den sogenannten ‹Specials›, die etwa eine halbe Stunde dauern können, die Aufmerksamkeit der Zuschauer nochmals gesondert gelenkt. Anm. d. Übers.)

So wie es zwei verschiedene Arten von Nachrichten gibt, existieren auch zwei verschiedene Arten von Aufführenden. Es gibt die regulären Nachrichtensprecher, deren Anwesenheit dem Zuschauer die Stabilität der Welt beweist, sie bringen die Nachrichten, machen Reportagen und berichten darüber. Einige der ‹Regulären› bleiben normalerweise im Studio. Das sind die sogenannten ‹Anker›, andere gehen vor Ort. Die zweite Art der Aufführenden sind die ‹dramatischen Personen› selbst (die, über die berichtet wird), und auch die lassen sich in zwei Kategorien gliedern. Zunächst gibt es die ‹normalen› Menschen, die in irgendein Ereignis verstrickt sind, das sie ‹nachrichtenreif› werden läßt. Manchmal haben sie am Ereignis teilgenommen, manchmal sind es Zeugen. Zufällig waren sie zum Beispiel in einem Flugzeug aus Warschau in der Woche nach der Verhängung des Ausnahmezustands im Dezember 1981. Andere ‹normale› Menschen sind Teil der ‹Tragödien des Lebens›: Feuer, Mord, Raubüberfall, Armut, Arbeitslosigkeit. Die Nachrichten setzen solche Ereignisse nie in einen deutlich ideologischen Rahmen, sie bedienen sich entweder der unparteiischen Form des griechischen Dramas oder der Ibsenschen Episode. Es gibt Helden und Schurken, aber die werden nie als Agenten bedeutender sozialer Kräfte oder gar als solche der schlichten Sehnsucht gesehen. Dann gibt es die Stars aus Politik, Sport und Showgeschäft. Zwischen diesen Darstellern und dem Fernsehen selbst existiert eine symbiotische Rückkoppelung. Stars werden sie erst durch Präsentation, aber sind sie erst einmal berühmt, garantiert das, zumindest für eine Weile, die Präsentation im

TV. Die Stars erscheinen, solange sie noch hoch am Himmel stehen, aber sie verschwinden schnell, wenn ihr Stern sich neigt. Wie oft sieht man heute noch Jimmy Carter im Fernsehen? Das ist nicht überraschend. Die dauerhaftesten Stars gehören der Unterhaltungsbranche an. Leute wie Orson Welles, Bob Hope und Lauren Bacall bleiben oben. Verwandlungsfähig wie sie sind, zeigen sie sich an einem Tag als Schauspieler, am nächsten in der Werbung und an einem dritten als sie selbst in einer Talkshow. Durch die Wiederholung alter Filme sinken einige Sterne nie. John Wayne, Marilyn Monroe und Humphrey Bogart (um nur drei von vielen zu nennen) sind heute so präsent wie vor zwanzig Jahren.

Seit einiger Zeit führe ich ein Logbuch über die Fernsehnachrichten. Am 24. Dezember 1981 zum Beispiel wurden in den lokalen Nachrichten um 18 Uhr auf Kanal 4 der NBC in New York 18 Nachrichtenblöcke und 25 Werbespots gesendet. Die Werbeblöcke schluckten 20 Prozent der gesamten Sendezeit. Die Nachrichtensendung begann mit der Meldung zweier Feuersbrünste – es ist immer eine Attraktion, wenn solche Katastrophen sich ereignen. Bei beiden Bränden kamen Kinder zu Schaden. Die zweite Meldung berichtete über eine Nonne, die vor einer Kirche in der Bronx zusammengeschlagen worden war. Bei einem Einbruch in diese Kirche wurden mehrere Gegenstände gestohlen. In der dritten Meldung, die nach der Werbung folgte, ging es um das Weihnachtsfest in Israel. Die darauffolgenden Werbespots waren von American Express, Harvey Bristol Cream Sherry, ‹Annie›, einer Show am Broadway, und dem New Yorker ‹Health and Racquet Club›. Über die Stunde verteilt häuften sich die Werbespots für Luxusgüter, American Express erschien nochmals, drei Spots für Pelzmäntel waren zu sehen, zwei weitere warben für Broadway Shows und mehrere andere für Parfüms, Uhren und Wein. In weiteren Nachrichten ging es um Menschen, die über Weihnachten verreisen wollten, um die Ereignisse in Polen (an sechster Stelle und über 25 Minuten der Sendezeit), um Haitianische Flüchtlinge, die seit Juni in Untersuchungshaft saßen und jetzt in den Hungerstreik getreten waren, über die Hochzeit des Führers der Guardian Angels, einer Wachmannschaft in der Untergrundbahn, sowie die üblichen Meldungen vom Sport, die Verbraucherhinweise und um das Wetter. In der 12. Meldung wurde berichtet, daß Ford und General Motors rund 300 000 Arbeiter entlassen würden, diesem Bericht folgte unmittelbar eine beglückende Nachricht aus der Wall Street: Der Dow (Aktienindex an der New Yorker Börse ist der Dow-Jones-Index) hatte um einige Punkte angezogen. Es folgte ein

Block Werbung, in dem für Tanz auf dem Broadway, Flemington, Pelze, Honda-Autos und wieder für American Express geworben wurde. Es steht außer Frage, daß die Nachrichtensendungen sorgfältig vorbereitet werden. Die Werbespots dazwischen richten sich bei weitem nicht an alle Menschen gleichermaßen, sondern nur an eine kleine Schicht von Stadtbewohnern.

Vermittelt werden soll das Gefühl, jeder kann in den Nachrichten erscheinen – wenn er ermordet wird oder bombardiert oder wenn sein Haus ausbrennt. Aber die entscheidenden Zuschauer sind die wenigen Reichen unter ihnen, die Patrone der Nachrichten sind. Es gibt mittlerweile viele Untersuchungen darüber, wer wann was sieht. (In Amerika gibt es so viele konkurrierende Nachrichtensendungen, daß ihr Schicksal von den Einschaltquoten abhängt und von Sponsoren, die eine glamouröse Ausstattung der Sendungen mit ihrem Geld garantierten oder eben nicht. Anm. d. Übers.)

Ich habe mein Logbuch nicht lange genug geführt, um Verallgemeinerungen anstellen zu können. Statt dessen will ich auf einige der Meldungen ein wenig näher eingehen. Ein Bericht vom Morgen danach. Ein Haus in Staten Island wurde vom Feuer zerstört, und zwei Kinder starben. Der Rest der Familie wurde obdachlos. Es bestand der Verdacht auf Brandstiftung. Einige Feuerwehrleute wurden verletzt. Während die Kamera über die noch rauchenden Trümmer fährt, beschreibt der Sprecher die ‹tragische Situation›. Die Aufnahme entstand am Morgen danach. Als nächstes wendet sich der Reporter an die Mutter der Kinder. Sie war nicht zu Hause, als das Feuer ausbrach. Sie war, obwohl sie all ihres Hab und Gutes beraubt war, beherrscht und keineswegs hysterisch. Vor der Kamera unterdrückt sie ihr Schluchzen und wird von den Nachbarn gestützt. Sie erzählt, wie ihr Vermieter sich geweigert habe, die elektrischen Leitungen eneuern zu lassen. Andere Nachbarn drängen sich vor die Kamera, um zu bestätigen, daß sie die Wahrheit sagt. Dann beschreibt wieder der Reporter, das Feuer habe sich in Windeseile ausgebreitet, und trotz des ‹heroischen› Einsatzes der Feuerwehr hätten die Kinder dem Inferno nicht mehr entrissen werden können. Vertraute Worte – fast eine Liturgie. Zum Schluß eine kurze Einblendung des Vermieters, den man ausfindig gemacht hatte und der behauptete, verleumdet zu werden, in seinem Haus sei alles sicher gewesen. Der Studiosprecher versichert schließlich, daß man von der Redaktion aus den Anschuldigungen gegen den Vermieter nachgehen werde, und Schnitt zu einem Kurzbericht über ‹Evita›, einem Musical, das im dritten Jahr am Broadway läuft und einen Preis erhielt (zufällig zeigt der Werbespot Darsteller, die längst nicht mehr in dem Musical auftreten).

Das ‹tranche de vie› ist eines der gängigsten Verfahren der abendlichen Nachrichten in New York. Es ist tatsächlich berührend und ganz offensichtlich manipulativ zur gleichen Zeit. Es schaudert mich, wenn ich sehe, zu was diese Mutter benutzt wird. Manchmal, besonders wenn kleine Kinder die Opfer sind, muß ich weinen. Danach verachte ich mich dafür, daß ich weine und mich durch diese billige Katharsis von meinen Schuldgefühlen befreie. Gleichzeitig frage ich mich, warum die Mutter eigentlich nicht Gelegenheit haben sollte, ihren Schmerz und ihre Wut öffentlich zu zeigen, und warum sollte es nicht an alle Mitglieder der Polis, die sich eingeschaltet haben, ausgestrahlt werden, so wie bei den Troerinnen vielleicht? Und warum wollte ich über so ein ‹Lebensdrama› nicht meine Tränen vergießen? Warum sollte die Fähigkeit, Gefühle zu entwickeln, auf fiktive Ereignisse beschränkt werden? Demonstriert dieser Bericht nicht die amerikanische Art, solche Dinge auszuagieren, die Ankündigung des kleinen eskapistischen Vergnügens eingeschlossen, die zu einem eher geringen Peis zu haben ist?

Ich kann meine Bewunderung darüber nicht verhehlen, wie gekonnt die Nachrichtenredaktion dieses Minidrama komponiert hat: Ereignis, Heldin, Opfer (sie bleiben dem Publikum unsichtbar, wenn man von ein paar schwarzen Plastiksäcken absieht, in denen offensichtlich etwas eingewickelt ist, das auf Bahren aus dem ausgebrannten Haus geschafft wird), der Bösewicht, der Chor, der Erzähler. Und natürlich, der Erzähler verspricht einen Deus ex machina, eine Untersuchung – und das alles im Rahmen von Nachrichten. Während so scheinbar das Bedürfnis der Gesellschaft nach Fakten befriedigt wird, zeigt man in Wahrheit eine ‹Soap Opera›-Tragödie.

Es heißt, daß zu viele solcher Geschichten die öffentliche Verantwortungsfähigkeit abtöten. Von diesen Dingen verstehe ich nichts. Aber ich weiß, daß die Aufmachung der Fernsehnachrichten extrem auf ihre Wirkung hin durchkalkuliert ist. Die zwei Botschaften ‹Das hier ist Leben› und ‹Das hier ist Theater› werden simultan ausgestrahlt. Diese schnellen, sekundengenau erarbeiteten Schnitte, die Vermischung von Nachrichten und Werbung, das Auftreten der immer gleichen Identifikationsfiguren, die oft zu Stars werden, das Nebeneinander von Meldungen, die in ihrer konkreten Ausformung neu, ansonsten aber bekannt und auch vertraut sind (Kriege, Feuer, gewöhnliche Berichte, die sich immer ein wenig ähneln, wie Sport und Wetter), das alles zusammengenommen verleiht der Aufmachung der Nachrichtensendungen den Charakter rituellen Theaters. Der Stückeschreiber Jack Richardson notierte dazu vor einigen Jahren:

«Zu einer bestimmten Zeit mit Millionen von anderen Menschen zusammenzuhängen, den gleichen Text und die gleichen Bilder mit ihnen zu teilen, wenn einem immer wieder der gleiche, polierte, in säuberliche Bedeutungseinheiten unterstellte Tag vorgeführt wird, wenn der Rundfunkangestellte vor Ort immer und immer wieder mit seinem Namen dafür bürgt, daß wir die Wahrheit zu sehen bekommen haben, wenn direkte und indirekte Kommentare uns immer wieder davon überzeugen, daß wir an einem Tag voller wichtiger und neuer Ereignisse teilgenommen haben und daß wir ihre Bedeutung vollständig in uns aufgenommen haben, was unterscheidet das alles von einem perfekten Ritual?» (1975, S. 38)

Das Ritual ist eine Frage der Aufmachung, nicht des Inhalts als solchem. Es ist die Form, die dafür garantiert, daß bestimmte Inhalte und Ereignisse sich wiederholen. In der Wiederholung liegt die wichtigste Eigenschaft des Rituals. Der Tatsachencharakter, die damit verbundene Aufregung und die Aktualität der Berichte (die nicht vorher schon irgendwo zu sehen waren) suggerieren dem Zuschauer, daß es sich um ‹wirkliches Leben› handelt. Das ‹wirkliche Leben› ist in die rituelle Aufmachung eingebettet. Jede Tatsache ist Teil anderer ähnlicher Ereignisse, diesem Feuer folgt das nächste und das übernächste, dieser internationalen Krise eine andere und wieder eine nächste. Das Schema des Rahmens von Fernsehnachrichten weist eine große Ähnlichkeit zu der Hindu-Vorstellung vom ‹*Maya-Lila*› auf, in dem die Erfahrung immer gleichzeitig authentisch und theatralisch ist und in dem die gesamte Existenz einen unendlichen rituellen Zirkel bildet.

Es erscheint in diesem Zusammenhang lohnenswert, den Unterschied zwischen lokalen und nationalen Nachrichten einer näheren Betrachtung zu unterziehen. Lokale Nachrichten bestehen hauptsächlich aus jener Art häuslicher Tragödien, wie ich sie eben beschrieben habe. Sie werden in eine Aufmachung eingebettet, zu der auch harmlos vertraute Berichte über Sport und Wetter gehören können. All das wird vermischt mit Details über Besonderheiten des lokalen Marktes, die auf die besonderen Interessen der jeweiligen potentiellen Zuschauerzielgruppe abgestimmt sind. In Wisconsin wären das Nachrichten aus dem Landleben und in New York die Risiken der Untergrundbahn. In den nationalen Nachrichten finden sich unmittelbar persönliche mit offensichtlich dramatisiert, aufgeputschten Meldungen auf der einen und den streng lokalen Meldungen auf der anderen Seite. Trotzdem ist es so, daß alle Nachrichten für irgendeinen Punkt der Welt lokale Meldungen sind. Ein Besuch in den Studios der NBC, in denen die ‹Nightly News›, ‹Today› und die ‹News Overnight›, die besten Programme, die zur Zeit gesendet werden, gemacht werden, zeigt eher bescheidene Häuslichkeiten, theatralisch gesprochen. In der Nahaufnahme erweisen sich die Interieurs als durchschnittlich, sogar schäbig. Es sind die Kameras, die eingeblendeten Filmstreifen, die Nähe und das Charisma der Reporter, besonders das der sogenannten ‹Anker›, über die ich weiter oben schon berichtet habe, die beim Zuschauer den Eindruck entstehen lassen, etwas besonders Kostspieliges, Tatsachen von übergreifender Wichtigkeit präsentiert zu bekommen. Die Aufmachung der nationalen Nachrichten – die internationalen eingeschlossen – machen den Eindruck, als kämen sie von überall und nirgends her, aus diesen Studios, von der Straße oder dem Wohnzimmer des Nachbarn. Es herrscht eine Atmosphäre mephistophelischer Selbstgefälligkeit bei den nationalen Nachrichten. Neuigkeiten gibt es da, wo ich gerade bin, in meinem Heimatstudio oder irgendwo sonst auf der Welt, und es muß schon etwas Großartiges passieren, so etwas wie die Ermordung Sadats, der Start der Columbia-Raumfähre oder die Hochzeit von Prinz Charles und Lady Di, um den ‹Anker› aus seinem angestammten Boden zu ziehen. Andererseits kann auch die Anwesenheit des Sprechers ein Ereignis zu etwas Bedeutsamem machen. So vollzieht sich eine gegenseitige stumme Verstärkung von Ereignis und Sprecher.

Wenn Berichte von sowohl lokaler als auch internationaler Bedeutung sind, wie zum Beispiel das iranische Geiseldrama, die Verhärtung des Kriegszustandes in Polen, das große Erdbeben in Italien 1980, dann werden sie von allen lokalen Besonderheiten sozusagen ‹reingewaschen›, um allein die weltweite Bedeutung in den Vordergrund zu stellen. Das wird ermöglicht durch die große Flexibilität, die dem globalen Informationsnetz eigen ist. So sehen wir Panzerfahrzeuge in Warschau, hören einen Bericht über die Vorgänge aus Washington, begegnen Reisenden, die aus Polen kommend gerade in London eintreffen, und werden Zeugen eines Protestmarsches polnischer Amerikaner in Chicago. Das alles passiert während vier oder fünf Minuten. Nur woher kommt eigentlich die Nachricht? Die Meldungen über diese ganzen Ereignisse werden von Stimmen präsentiert, die uns vertraut sind, die zumindest eine gleichermaßen standardisierte Ausdrucksweise an sich haben. Selten haben Sprecher oder Reporter einen kleinen Dialekt. Sprecher, Reporter und Regierungssprecher tendieren dazu, selbst die kleinste lokale Nachricht aufzublähen und gleichzeitig zu homogenisieren. Ein

Bericht in den nationalen Nachrichten ist per definitionem von ‹nationaler Bedeutung› und wird als solcher in vielen Landesteilen Aus- und Nachwirkungen haben. Eine Ausnahme bilden ein oder zwei Berichte am Schluß, die eher eine lokale Färbung haben, aber diese Berichte sind dann meist keine Nachrichten im engen Sinn des Wortes, sondern dienen zur Erbauung, Erheiterung, sind pikant, scharf gewürzt oder humorvoll.

Die Bedeutung des Sprechers der nationalen Nachrichten, der Ton seiner Stimme, wessen Stimme es ist, welche Botschaft sie wie vermittelt, das sind Faktoren, deren Wichtigkeit kaum zu überschätzen ist. Bei den lokalen Nachrichten wird ein Großteil der Sprache von den ‹Betroffenen› selbst geführt, wie zum Beispiel der Mutter auf Staten Island. In den nationalen Nachrichten ist die Sprache meist offiziell und wird von Reportern oder Regierungssprechern getragen. Die visuellen Zeichen mögen lokal sein (obwohl sie meistens den Vorzimmern der Regierungsetagen entstammen, die auf der ganzen Welt gleich sind), aber die kognitive Information, in englischer Sprache vorgetragen, homogenisiert die Nachricht. [...]

Das, worum es in den nationalen Nachrichten geht, wird oftmals als wesentlich bedrohlicher empfunden als die Dinge, die in den lokalen Nachrichten verhandelt werden. Von Atomwaffen, Einmärschen fremder Armeen in andere Länder, Hungersnöten, Flüchtlingen und großen Naturkatastrophen wird in aller Ruhe und in einem Gelassenheit ausstrahlenden Rahmen berichtet. Die häusliche Tragödie in Staten Island wird mich vielleicht berühren, aber sie bedroht mich nicht direkt. Die Untergrundbahnen in New York können unsicher sein, ich kann mich entscheiden, sie nicht zu benutzen. Aber ein Atomkrieg? Lokale Nachrichten sind hautnah, brandaktuell, gut dramatisiert und persönlich ansprechend, die nationalen Nachrichten dagegen kühl und kontrolliert. Interessant für die Aufführungstheorie ist, daß diesen verschiedenen Nachrichtenformen verschiedene Gestaltungsmuster zugrunde liegen, die alle theatralischen Konventionen folgen. Die lokalen Nachrichten sind, wie die modernen naturalistischen Dramen Ibsens, eingebettet in eine Burleske oder in ein Varieté, und sie werden von gewissen rituellen Schemata umgeben. Die nationalen Nachrichten sind eher cinematographisch. Sie stehen in engem Bezug zu den Wochenschauen der 30er und 40er Jahre und zu jener Art von Dokumentarfilm, in der Bilder mit wohltuenden Kommentaren unterlegt werden.

Ganz gleich, welche Lippenbekenntnisse über Nachrichten abgelegt werden, die Art, wie für diese Sendungen in Zeitungsanzeigen und auf

Reklametafeln geworben wird, wie versucht wird, das Publikum zu ködern, zeigt, daß es sich hierbei um reines Showgeschäft handelt. [...]
Ich behaupte nicht, daß es sehr viel anders sein könnte. Das Fernsehen ist ein visuelles Medium, und tiefgreifende Gespräche gingen ihm gegen den Strich. Aber durch längere Einstellungen und auch geeignetere Bilder wäre es möglich, anders in die Geschichten einzusteigen. Sie würden dann journalistisch und intellektuell einen anderen Sinn bekommen. Das jedoch geschieht nicht, weil die Öffentlichkeit und vor allem diejenigen, die von der Öffentlichkeit profitieren, nach entschiedener Theatralisierung verlangen, was wiederum Vereinfachung bedeutet, schnelles Wachrütteln und eine befriedigende Auflösung der Spannung. Die schleppende iranische Geiselaffäre (zehn Monate) bereitete da große Probleme. Zum Glück für die Medien traf die Freilassung der Geiseln mit der Amtseinführung Ronald Reagans zusammen. Ein großartiger Fernsehtag. [...]

Fernsehnachrichten übermitteln drei Dinge gleichzeitig: Der Inhalt der Meldungen ist voller Gewalt, die Form dagegen läßt diesen Inhalt seidenweich und wohltuend einwirken, die Werbung, von der das alles gestützt wird, verkauft den Zuschauern mit Geld (angefangen bei einigen Pfennigen für Schmerzlinderung bis hin zu den Tausenden, die man braucht, um die Möglichkeit des Vergessens auf den Karibischen Inseln zu bezahlen) ein Amerika, in dem die Zahnprothesen nicht verrutschen, die Därme über Nacht zuverlässig arbeiten, der Himmel freundlich strahlt und die Sheraton Hotels Stil besitzen. Wo läßt sich in diesem Bild Belle de Jour situieren, das Squat, Phänomene wie Sex und Gewalt, die Straßen, die gebrochene Wirklichkeit, die dort entsteht und immer wieder dorthin zurückgetragen wird? Manche Leute stellen diese Verbindung einfach nicht her. Aber anstatt Sex und Gewalt zu trennen, wie das im Fernsehen – zumindest an der Oberfläche – immer wieder versucht wird, gründet Belle ihre ganze Show darauf, diese beiden Phänomene miteinander zu verbinden. Auch beim Squat entstehen die meisten Bilder aus dem Zusammenhang zwischen Sexualität und Gewalt, aber immer mit dem ironischen Kommentar versehen, daß die 23. Straße davon noch viel mehr enthält als jede Bühnenwirklichkeit.

Genau diese Wirklichkeit, die der 23. Straße, findet in den lokalen Nachrichten ihre Bestätigung. Die Atmosphäre der Sexualität entsteht durch das Verhalten der Sprecher untereinander und zum Zuschauer. Sie scherzen und liebäugeln durch die Kamera. In den Lokalnachrichten findet man fast ausschließlich ‹attraktive› Männer und Frauen, wobei die berühmte Ausnahme dieser Regel fast in jedem Team der ‹Wettermann> ist. Gewalt und Sexualität sind in den Nachrichten nicht grundsätzlich voneinander unterschieden, es ist immer impliziert, daß, wo das eine ist, auch das andere sein kann. Die Nachrichten sind trocken und werden <sexy> vorgestellt. Wenn sich ein geeigneter erotischer Mordfall ereignet – wie die Ermordung eines Arztes durch seine Geliebte –, dann wird er in vollem Umfang ausgespielt.

Nationale Nachrichten übergehen diese Verbindung zwischen Sexualität und Gewalt vollständig. Die dominierenden Persönlichkeiten dort waren der alte Onkel (Cronkite) und der weise Bruder (Brinkley). (Walter Cronkite und David Brinkley sind zwei berühmte amerikanische Nachrichtensprecher. Cronkite arbeitete bei CBS (Columbia Broadcasting System), Brinkley bei der ABC (American Broadcasting Company). – Anm. d. Übers.) Mit dem Erscheinen von Tom Brokaws und anderen attraktiven jungen Nachwuchsleuten veränderte sich das allerdings. Geballten Sex gibt es auch in den Werbeblocks, die, ich möchte darauf ausdrücklich hinweisen, nicht von der übrigen Nachrichtenshow zu trennen sind. Interessanterweise werden Nachrichtensprecher*innen* in den nationalen Nachrichten entsexualisiert. Vielleicht, weil die Amerikaner immer noch glauben, daß eine erotische Frau nie die Wahrheit sagen kann. Überall ist es die <Persönlichkeit>, die zählt. Den Nachrichtensprecher Tom Snyder trennt sehr wenig noch von dem Unterhaltungskünstler Jonny Carson oder dem Interviewer Phil Donahue. Der <Anker> ist ein Star, und seine berufliche Lebensdauer hängt von seinen Einschaltquoten ab. Wenn die lokalen Sprecher miteinander flirten, dann zwinkern sie gleichzeitig in die Kamera und signalisieren dem Zuschauer, alles sei Spaß und vorgespielt. [...]

Das Fernsehen hat jetzt eine Entwicklungsstufe erreicht, auf der es ebenso zu einem privaten wie zu einem öffentlichen Instrument geworden ist. Videospiele, Heimcomputer, Kabelanschlüsse, privates und öffentliches Fernsehen, Systeme, die es den Teilnehmern ermöglichen, miteinander oder mit einem Zentrum zu kommunizieren, zu wählen, einzukaufen, Bankgeschäfte zu erledigen, all das und vieles andere ist üblich geworden. Das Programm hat sich von dem entfernt, was die Sendeanstalten anbieten können, und ist wesentlich erweitert: Einkauf im Supermarkt per Bildschirm, vierundzwanzig Stunden Pornographie und Sportübertragungen, aktuelle Börsenpreise für Schlachtvieh und Getreide. Alles ist für den Fernsehzuschauer abfragbar, ohne daß er je einen Fuß vor die Tür der eigenen Wohnung setzen muß. Wir erleben heute eine Überflutung fast aller Lebensbereiche mit Video, die sich in Zukunft noch stärker ausweiten wird.

Das Theater nimmt einen relativ kleinen Zwischenbereich inmitten der zwei riesigen Videozonen ein, einmal dem privaten Kommunikations-Heimelektronik- und Spieleprogramm und den Massenprogrammen UHF und VHS (den zwölf bekanntesten Kanälen). ‹Nachrichten› bewegen sich als Informationsgeber durch dieses komplizierte System hindurch. Vielleicht haben lokale und nationale Nachrichten der großen Anstalten und ihrer Tochtergesellschaften den Appetit auf Nachrichten geweckt, vielleicht waren die wichtigen Neuigkeiten in unserem Leben immer sehr lokal, vielleicht ist aber auch die gewöhnliche Vorstellungskraft der Theorie weit voraus, und es gibt keine deutliche Unterscheidung zwischen Nachricht und Unterhaltung. Vielleicht geht es beim Klatsch über lokale Katastrophen und Weltereignisse, bei dem ‹was geschieht› oder bei dem, was als Ereignis aufgeführt wird, immer auch um die Lust und das Vergnügen daran, etwas herauszufinden. Wie auch immer es sich verhalten mag: die Tatsache existiert, daß die Systeme zur Kommunikation, zur Erziehung, zur Information und zum Kauf und Verkauf sich immer stärker einander annähern und letztlich auf eine Identität zustreben. Begriffe, die noch vor kurzer Zeit in Form verschiedener Konzepte streng voneinander getrennt wurden, beginnen zu verschwimmen. Eine Welt der sicheren Positionen wird schwindelerregend relativistisch.

Es wird mehr und mehr die ‹zwischen etwas› liegenden Aufführungsformen geben, diese Formen werden sogar zur Norm: zwischen Literatur und Vortrag, zwischen Religion und Unterhaltung, zwischen Ritual und Theater. Gleichermaßen das ‹Zwischen etwas› innerhalb der Kulturen. Man wird nicht mehr behaupten wollen, etwas stamme aus der einen Kultur oder gehöre in die andere, alles ist übergreifend und reicht in verschiedene Kulturen hinein. Wie die nächtlichen Nachrichten, die weder nächtlich noch Nachrichten sind.

Die Zukunft wird die Massenkommunikation nicht verleugnen, aber das Fernsehen als Instrument zum privaten Gebrauch gleichermaßen nutzen. Wird das für die Massenmedien eine Privatisierung bedeuten, oder werden die Mittel der Massenkommunikation für private Beziehungen, selbst für die intimsten (medizinischen Rat oder Partnersuche), in Zukunft genutzt werden? Wahrscheinlich wird beides ein wenig zutreffen. Das Verschwimmen der Begrifflichkeiten hält derweil an. Der ‹extreme Individualist› und auch der ‹Massenmensch› sterben aus. Es entsteht eine ironischere, skeptische, durchaus nicht leicht zu manipulierende Öffentlichkeit – oder man sieht verschiedene Bereiche der Öffentlichkeit, die Sache bleibt sich gleich: der politische Prozeß verändert sich. Kleine lokale Gruppen und die Verbindung solcher Gruppen untereinander werden wichtiger. Das ‹nationale Interesse› ist nicht leicht zu bestimmen. [...] Um die vielschichtige Öffentlichkeit mit Informationen und Unterhaltung zu bedienen, wird man neue Formen entwickeln, in denen Information und Unterhaltung nicht wie voneinander getrennte Dinge betrachtet werden. Ich persönlich bin nicht sicher, ob mich diese ungeahnten neuen Möglichkeiten anspornen oder ob mich das Ungewohnte eher deprimieren wird.

Ich nehme an, es ist notwendig und gut zu versuchen, unsere disparate Gesellschaft wieder zu einer Form kollektiver Einheit zusammenzubringen. Das wird unter der Schirmherrschaft der ‹videonics› vonstatten gehen. Dieses absolute Muß einer Notwendigkeit irritiert mich immer sehr, aber ich kann keine humanistische Alternative vorschlagen. Damit bin ich wieder bei Emily Dickinson und ihrem ‹schönen ungeschützten Zustand› angekommen, dem nicht Wissen und nicht-nicht Wissen.

Wenn ich die Wahl hätte, ich würde mich selbst für das nicht Wissen entscheiden. Aufführungen, die sich zwischen ‹Kunst› und ‹Leben› ansiedeln, machen diese ganzen Anführungszeichen notwendig, weil sie als Aufführungen genau die Kategorie in Frage stellen, die sie auch repräsentieren. Fernsehnachrichten behaupten: Das ist ‹Leben›, aber es stimmt nicht. Belle drängt die teilnehmenden Zuschauer dazu, sich gegenseitig freiwillig Schmerz zuzufügen, während draußen die Sonne scheint. Das Squat stellt seine Aufführungen in einen Rahmen, der die Identifikation mit irgendeiner verläßlichen Wirklichkeit einfach als dumm erscheinen läßt. Die Aufführungen, die ich hier erwähnt habe, und noch viele andere, die unberücksichtigt blieben, unterminieren nicht nur die klassischen euro-amerikanischen Vorstellungen von Ästhetik, sondern auch eine soziale Wirklichkeit, die von dieser Ästhetik reflektiert und geschützt werden soll.

Anmerkung

1 Rilke, Rainer Maria: aus: Neunte Duineser Elegie, in: ders.: Werke in 3 Bänden. Hg. von Horst Nalewski. Bd. 1. Frankfurt/M. (Insel) 1978, S. 607 f:

«Schwelle: was ists für zwei/Liebende, daß sie die eigne ältere Schwelle der Tür/ein wenig verbrauchen, auch sie, nach den vielen vorher/und vor den Künftigen..., leicht

Hier ist des *Säglichen* Zeit, *hier* seine Heimat./Sprich und bekenn. Mehr als je/fallen die Dinge dahin, die erlebbaren, denn,/was sie verdrängend ersetzt, ist ein Tun ohne Bild.

Tun unter Krusten, die willig zerspringen, sobald innen/das Handeln entwächst und sich anders begrenzt.»

Literatur

Bateson, Gregory: Ökologie des Geistes. Anthropologische, psychologische, biologische und epistemologische Perspektiven. Frankfurt/M. (Suhrkamp) 1981.

Benamou, Michel/Caramello, Charles (Hg.): Performance in Postmodern Culture. Madison (Coda Press) 1977.

Burgheart, Catherine: Sex Theatre, in: Drama Review 25 (1981), Nr. 1, S. 69–78.

Dasgupta, Gautam: Squat: Nature Theatre in New York, in: Performing Arts Journal 7 (1983), Nr. 1, S. 7–20.

Davis, Douglas: Post Performancism, in: Artforum, Oktober 1981, S. 31–39.

Davy, Kate: Foreman's *Vertical Mobility* and *PAIN(T)*, in: Drama Review 18 (1974), Nr. 2, S. 26–37.

Drama Review: Sex and Performance-Ausgabe 25 (1981), Nr. 1.

Geertz, Clifford: Blurred Genres, in: American Scholar 49 (1980), Nr. 2, S. 165–182.

–: The Interpretation of Cultures. New York (Basic Books) 1973.

Goffman, Erving: Wir alle spielen Theater. Die Selbstdarstellung im Alltag. München (Piper) 1969.

Reinhold, Robert: An «Overwhelming» Violence-TV Tie, in: New York Times, 6. Mai 1982, C – 27.

Richardson, Jack: Six O'Clock Prays: TV News as Pop Religion, in: Harper's, Dezember 1975, S. 38.

Schechner, Richard: The End of Humanism. Writings on Performance. New York (Performing Arts Journal Publications) 1982.

Schwartz, Tony: The Tumult in TV News, in: New York Times, 1. März 1982, C – 15.

Shank, Adele Edling/Shank, Theodore: Squat Theatre's *Andy Warhol's Last Love*, in: Drama Review 22 (1978), Nr. 3, S. 11–22.

Shank, Theodore: American Alternative Theatre. New York (Grove Press) 1982.

Squat Theatre: Answers: Making a Point, in: Drama Review 22 (1978), Nr. 3, S. 3–10.

Waters, Harry F.: Life According to TV, in: Newsweek, 6. Dezember 1982, S. 136–140.

Nachwort von Susanne Winnacker

«Damit etwas kommt, muß etwas gehen!»
Heiner Müller

Neben Grotowski und wohl immer noch Straßberg und auch Stanislawski gehört der 1929 geborene Theaterregisseur und -revolteur der 60er Jahre Richard Schechner, Professor für Performance-Theorie an der Staatlichen Universität New York, zu den wenigen, die das amerikanische Avantgardetheater unvermindert beeinflussen.

Pendelnd zwischen Utopie und Erfahrung, besitzt Schechner noch genug Unbefangenheit, die ‹großen› Fragen zu stellen und sich (mit Beckett) ‹nur› für alles zu interessieren, statt sich im sogenannten Besonderen zu verlieren. Er bewegt sich in der von ihm selbst aufgestellten Kategorie des ‹Inbetween›, benutzt das ‹Dazwischen› als Zwischenraum, in den er Fragen trägt, die man noch vor einigen Jahren nicht im entferntesten mit ‹Theater› in Verbindung gebracht hätte. In den hier zusammengestellten Texten aus nahezu zehn Jahren plädiert er für eine lebendige Verbindung von Theorie und Praxis. Das eine ohne sein anderes wird für undenkbar, für unlesbar erklärt, einer allzu festgefahrenen Spaltung – der Regisseur inszeniert, aber ‹denkt› nicht, des Denkers Praxis ist allein die Theorie – auf den Leib gerückt, um sie zu überwinden. Hierzulande ist man in der Rezeption jener Art von semitheoretischen Texten, wie sie hier vorgelegt werden, noch immer ungeübt, was daran liegen mag, daß die Verbindung von wissenschaftlicher Gründlichkeit mit eigenem Alltagsbewußtsein den traditionellen Anspruch auf theoretische Lückenlosigkeit auszuzählen scheint. Die Möglichkeiten eindeutiger Zuordnung werden ungewiß, die damit verbundene Öffnung auf viele assoziierte Disziplinen setzt ein zu großes Maß an Souveränität des individuellen Lesers voraus.

Schechner hat sich das – vielleicht auch sehr amerikanische – Genre, in dem er zu denken gewillt ist, selbst geschaffen, ein Genre, in dem er sich jederzeit das Recht vorbehält, geteilter Meinung zu sein. Es stellt sich dar als Versuch, angesiedelt zwischen wissenschaftlicher Abhandlung (oft auch der ungehemmten Ausbeutung recht zufälliger wissenschaftlicher Fundstücke, die auf direkte Weise den eigenen Auslegungsstrategien eingeordnet werden und die aus den Bereichen der Mathematik, Biologie, Ethnologie, auch der Philosophie stammen können) und der Form des Essays, in der eine Weltsicht – intellektuelle Analyse – verbunden wird mit der Formulierung ganz privater, subjektiver Ängste, die eigene Zukunft und die der Welt betreffend.

Schechner besichtigt den Zustand des amerikanischen Avantgardetheaters, von dem er selbst ein nicht unwichtiger Bestandteil ist. Die Texte setzen ein bei der Frage, was amerikanisches experimentelles Theater in seiner Blütezeit, den 60er und 70er Jahren, einmal war, woran es gescheitert ist und wo seine lebendigen Wurzeln, die allein Fruchtbarkeit für Kommende(s) ermöglichen, gesucht werden können. Ihre besondere Brisanz und Aktualität gewinnen diese Fragen vor einem Hintergrund, den der Theaterwissenschaftler Hans-Thies Lehmann so beschreibt:

«Das Theater droht sich derzeit einzurichten in der gemütlichen Ecke einer irgendwie rührend unzeitgemäßen Bastion der gediegeneren kulturellen Ansprüche. Von einem dankbaren und zufriedenen Publikum wird es angenommen und genossen bei einem wieder stilvollen Gang ins Theater, der eingebunden ist in die vielfältigen Aktivitäten, zu denen eine ‹Kulturgesellschaft› einlädt, die entschlossen scheint, auch noch die letzte freie Minute ‹primitiven› Vergnügungen zu entziehen und sie kulturvoller Nutzung zuzuführen. Soziologisch geht das breite Interesse an einem im überkommenen Sinn literarischen Theater (bunter und abwechslungsreicher gemacht durch die Avantgarden der 60er und 70er Jahre) nicht zuletzt von sozialen Gruppen aus, die von den politischen Reformen der 68er Epoche profitieren konnten.» *

In einem vergleichbaren Kontext ließe sich die Kritik Schechners an der ‹Sterilität› der amerikanischen Avantgarde situieren. Einer der Anknüpfungspunkte ist seine Feststellung, das experimentelle Theater sei hinter die einmal gefundenen Formen zurückgefallen, diese hätten von den sogenannten etablierten Theatern integriert und aufgesogen werden können. Die Dominanz des Textes ist ihm dafür ein schlagendes Beispiel. Überwunden selbst von neueren Versuchen des dramatisch-literarischen Theaters, werde dort jedoch nicht mit dem Widerspruch zwischen dramatischem und ‹Performance›-Text gekämpft, den das experimentelle Theater hervorbrachte, sondern man eliminierte oft seine semantische Dimension, ohne sich aber damit der ‹Beunruhi-

* Lehmann, Hans-Thies: «Theater des Konflikts. Ein Versuch über Einar Schleef», in: Vorwort: Hg. vom Schauspiel Frankfurt, Nr. 21/1989.

gung› auszusetzen, dieser formell gewordenen Aussparung einen neuen Inhalt abzugewinnen. Eine tiefe Resignation habe die Rückkehr zum frontalen Theater der Guckkastenbühnen gefördert, man habe die Formen zu bloßer Beliebigkeit verkommen lassen – und das zum großen Teil aufgrund eines tiefgreifenden Mangels an Bewußtheit über die fremden Wurzeln des Eigenen, zumal des ‹eigenen› theatralischen Schaffens. Schechner nimmt die Suche nach Alternativen zum ‹dramatischen› Theatermodell auf und versucht, die Wahrnehmung dafür zu schärfen, daß japanische, indische, chinesische und andere Theaterkulturen nicht länger als Exotismen nach den Maßstäben des eurozentristischen Blicks gemessen werden, sondern daß sie authentische Varianten und Alternativen, eigene Theaterästhetiken anbieten, deren Kenntnis nicht ohne Rückwirkung auf das amerikanische und europäische Theater bleiben darf und kann. Der Versuch einer Rekodierung von alten Mythen, die Suche nach kulturellen Alternativen etwa in asiatischen Ländern und allgemein in den noch von mythischen Modellen geprägten Kulturen kennzeichnet Schechners Erörterung der Wurzeln des theatralischen Schaffens innerhalb seiner eigenen Gesellschaft. So lauten einige seiner Fragen:

Was ist Theater. Ist es ‹heilig› oder ‹besonders›? Wo findet es statt? Existiert das Phänomen säkularisierter Rituale? Wie weit ist der Weg vom Ritual zum Theater (und zurück)? Welche Rolle spielt ein Mythos dabei? Wie erklärt sich das Interesse, das Theatermacher und Theoretiker neuerdings an diesem Gegenstand nehmen? – «I've even come to doubt that there is a core or a single self that a person can ‹be›.»**

Das Interesse am Mythos als subjektloser Rede scheint nicht nur mit den Einsichten über den Selbstverlust im Spiel des Diskurses eine Analogie aufzuweisen, sondern auch zu der verstärkten Bedeutung der Anthropologie zu passen. Da andererseits der Begriff der ‹Postmoderne› für Schechner nur Index einer veränderten Bewußtseinslage ist, in keinem Moment aber analytisches Instrument, kann ihm die Problematik des Mythos auf «der Ebene der Appetite» (Brecht) Aufschluß geben über die vielfältigen Variationen vom Sinnverlust im und im Umkreis der Theater.

Mit der Entwicklung von Performance-Texten im Sinne Schechners (im Gegensatz zu dramatischen Texten) rückte aber auch die Frage

---

** Schechner, Richard: The End of Humanism. Writings on Performance. Performing Arts Journal Publications. New York 1982, S. 14

nach dem ‹performativen Wissen› und seiner Tradierung in den Mittelpunkt, ebenso eine schon von Brecht geforderte Sichtung klassischer Texte hinsichtlich ihres ‹Materialwertes›: «My generation failed to develop it's own means of training – of getting performance texts across to the future. For this reason alone the work of the past thirty years may prove steril.» * * *

Jedermann kann Brecht oder Ibsen aufführen, aber wer außer den Erfindern, den ‹auteurs›, wie Schechner sie in Analogie zur Filmtheorie (politique des auteurs) nennt, kann einen Breuer, Foreman oder Wilson inszenieren?

Die Weitergabe von etwas begrifflich so Ungeklärtem wie ‹performativem Wissen› oder ‹Bühnenpräsenz› kann denn auch, so Schechner, nur von Körper zu Körper geleistet werden. Jedes Schreiben, losgelöst von der Praxis, bleibt, so großartig es sein mag, ohne Chance, diesem Gegenstand gerecht zu werden. Die Aura einer Performance wird selbst der postmodernen Endlösung solcher Probleme, dem Video, immer verschlossen bleiben.

Solange ein Anstoß zur Weitergabe dieser Art von Wissen, die Initiation in das ‹Geheimnis›, in der westlichen Theaterpraxis nicht kultiviert und nur durch den folkloristisch vagen Hauch von außereuropäischen ‹Einflüssen› überhaupt ermöglicht wird, können Menschen wie Schechner in diesem Bereich nicht überwunden werden, wird jede Auflehnung gegen sie und ihre hartnäckigen Fragen doch immer wieder zu ihnen zurückführen, wird die oft vermißte Generation der dreißig- und vierzigjährigen Theatermacher weiterhin fehlen, wird das Theater unter ihnen leiden.

Frankfurt, im Dezember 1989

* * * A. a. O., S. 36

Kunst und Anspruch des Theaters in der Bundesrepublik

Ivan Nagel porträtiert in diesem Band drei große deutsche Theaterregisseure, die das Theater der Bundesrepublik seit dem Kriegsende geprägt haben. Kortner, Zadek und Stein dienten nicht dem Theater, wie sie es vorfanden; sie haben weder Geschmack noch Politik des Bildungspublikums bedient. Mit jeder Inszenierung haben sie versucht, gegen die Zwänge des Betriebes ihre eigene Kunst und Ethik durchzusetzen. Die Deutung ihrer Arbeit ist auch eine Geschichte der bundesrepublikanischen Mentalitäten, die sie formten und gegen die sie ankämpften.

Ivan Nagel
Kortner Zadek Stein
EDITION AKZENTE
88 Seiten.
Broschur.